大同

天局

太平天国文化与中国近代史的开端

吴国瑛 吴国璋——著

东南大学出版社

图书在版编目（CIP）数据

天局：太平天国文化与中国近代史的开端 / 吴国瑛，吴国璋著 . -- 南京：东南大学出版社，2021.12

ISBN 978-7-5766-0015-5

Ⅰ . ①天… Ⅱ . ①吴… ②吴… Ⅲ . ①太平天国革命 – 研究②中国历史 – 近代史 – 研究Ⅳ . ① K250.7

中国版本图书馆 CIP 数据核字（2021）第 280479 号

天局：太平天国文化与中国近代史的开端

TianJu：TaiPingTianGuo WenHua Yu ZhongGuo JinDaiShi De KaiDuan

著　　者：吴国瑛　吴国璋
出版发行：东南大学出版社
地　　址：南京市四牌楼 2 号　邮编：210096　电话：025-83793330
网　　址：http://www.seupress.com
经　　销：全国各地新华书店
印　　刷：南京鸿润印刷有限公司
开　　本：700mm × 1000mm　1/16
印　　张：24.5
字　　数：462 千字
版　　次：2021 年 12 月第 1 版
印　　次：2021 年 12 月第 1 次印刷
书　　号：978-7-5766-0015-5
定　　价：85.00 元

本社图书若有印装质量问题，请直接与营销部联系。电话：025-83791830
责任编辑：刘庆楚　　　责任印制：周荣虎　　　封面设计：王俊

目 录

绪

论

绪

论

（一）

我们认识一个朋友，名叫刘刚，在中国近代史博物馆工作。该馆位于南京长江路 282 号，原为太平天国天王洪秀全的府邸。刘先生为古建专家，业余时间喜欢吹小号。每天的清晨或傍晚，也就是上班前或下班后，他便会在院子里吹上一曲。号声时而清亮，时而悠远。晴窗霞透，花底重门，很是有些意境。问他：有人听吗？他说：当然有。又问：是洪秀全吗？他答：不一定。

太平天国运动，是中国近代史上比较重要的一个事件，至今过去了 170 余年。就中国历史而言，它太短了；就近代史来讲，它似乎又太长，长得让人已经淡忘了。历史不怕悠久，就怕被遗忘。对历史的研究，则既怕冷又怕热。冷是淡漠，热是茫然。

生活在南京这样的城市，与历史相遇的机会多一些。古代、近代，中国、外国，都会有些不期而遇的惊喜或苦恼。对于学术研究来讲，有些机缘巧合往往让人费解。

吴晗先生为罗尔纲先生所撰《太平天国史纲》一书，写下了这样的序言：

过去的学者以为一个好史家的必须具备的条件是史才、史学、史识和史德。我以为一本好的历史著作之出见，最主要的条件是时、地、人。才学识德都是属于人的训练。没有好史家当然不能产生好的历史著

作，可是有了好史家，而不给以客观条件的方便，不得其时，不得其地，
也绝对不能有好的成绩出来。①

这里的"得其时"，更多的是指机缘。如果罗先生不是广西人，不在童年时期饱听了太平天国的诸多逸闻轶事，断不会对这个题目有兴趣。兴趣不是老师，而是理由。

太平天国的历史，并不是中国历史上的奇迹，也并非某种文化或文明的源头。但是，其兴其亡的历史进程，的确给跨入近代社会门槛的中国社会，带来了一些影响。这些影响，时而被忽视，时而被夸大。在五花八门的片段资料中，人们总是很难去像触摸肌肤般地感知那段历史。在不长的时间之中，大部分的学者已经极难追寻这些历史的真相。

对于每一个生活在南京的人来讲，无论是普通百姓还是历史学家，都会面临同样一个问题，那就是，历史就在我们身边。它既不抽象也不遥远，它可以在小号的乐曲声中，也可以在单调的方格纸之间。有些历史事件，就好像发生在昨天。对每一个历史事件的探寻，的确会让我们产生更多和更深刻的个人情感。并且，当我们记忆起，或者更好地理解那些历史的时候，就能重回那些年代。对与错，是与非，那些被改变的世界，那些被创造出的生活，都会栩栩如生。

我们与太平天国历史研究的机缘，始于一本奇书——《推背图》。这是一千四百年前后，以《易经》为背景，研究朝代更替、政权嬗变的书籍。有意思的是，历朝历代，此书均为禁书，不知是因为准确，还是因为无聊。

渴望知晓未来之事，这是人的本能之一。未来所体现出的不确定性，往往会左右当下的思维及行为。把未来这件事情或那件事情讲清楚，其本身就是一件神奇的事情。

《推背图》最早见诸文献的，是元代脱脱等撰写的《宋史》（卷二〇六·志第一五九·艺文）："《推背图》一卷。"未注明作者。

---

① 罗尔纲：《太平天国史纲》，岳麓书社，2013年1月版，第3页

宋代岳珂《桯史》：

> 唐李淳风作《推背图》。五季之乱，王侯崛起，人有幸心，故其学益炽，开口张弓之谶，吴越至以遍名其子，而不知兆昭武基命之烈也。宋兴受命之符，尤为著明。艺祖即位，始诏禁谶书。惧其惑民志以繁刑辟。然图传已数百年，民间多有藏本，不复可收拾，有司患之。一日，赵韩王以开封具狱奏，因言犯者至众，不可胜诛。上曰："不必多禁，正当混之耳。"乃命取旧本自己验之外，皆素其次而杂书之，凡为百本，使与存者并行。于是传者懵其先后，莫知其孰讹；间有存者，不复验，亦弃弗藏矣。①

宋代禁而不绝，倒弄得人皆有之，而且"其学益炽"，这是有意思的事情。

关于作者李淳风，《旧唐书》：

> 李淳风，岐州雍人也。其先自太原徙焉。父播，隋高唐尉，以秩卑不得志，弃官而为道士，颇有文学，自号黄冠子。……淳风幼俊爽，博涉群书，尤明天文、历算、阴阳之学。贞观初，以驳傅仁均历议，多所折衷，授将仕郎，直太史局。

这位作者身为国家"天文台"的最高官员，并精通星象学及象数易学，这是《推背图》的知识背景。

重要的是，《推背图》讲到太平天国这一段。

《推背图·第三十四象·丁酉巽下巽上·巽》：

> 谶曰：头有发，衣怕白。太平时，王杀王。颂曰：太平又见血花飞，五色章成里外衣，洪水滔天苗不秀，中原曾见梦全非。

具体讲：

"头有发，衣怕白。"太平军起兵时，人皆留长发，包红头巾。清代法令汉人"薙发"，留发不留头，留头不留发。这是一奇。

---

① （宋）岳珂：《桯史》，中华书局，1981年12月版，第2页

天
局

"太平时，王杀王。""太平又见血花飞"，印证"天京之变"，诸王内乱，血染金陵，军民死伤约三万人，东王杨秀清、北王韦昌辉皆死于非命。这是二奇。

"五色章成里外衣。"印证太平军东、西、南、北、翼五王的旗色。行军列阵，彩旗招展，五色相杂，夺人声势。这是三奇。

"洪水滔天苗不秀，中原曾见梦全非。"印证了"洪秀全"之全名，以及曾国藩、曾国荃兄弟二人之名姓。这是四奇。

唐代之人，预测明清之事，相隔千余年，如此之精准。说是真的，谁也不会信。

民国四年《推背图》版本，内有金圣叹的评注，他认为：

> 证已往之事易，推未来之事难，然既证已往，似不得不推及将来。吾但愿自此以后，吾所谓平治者皆幸而中，吾所谓不平治者幸而不中，而吾或可告无罪矣。此象疑遭水灾或兵戎与天灾共见，此一乱也。

赵尔巽等《清史稿》：

> 秀全以匹夫倡革命，改元易服，建号定都，立国逾十余年，用兵至十余省，南北交争，隐然敌国。当时竭天下之力，始克平之，而元气遂已伤矣。中国危亡，实兆于此。[1]

这里的中国，当然是指晚清政权。至于危亡程度，是危还是亡，清代人说了不算。

如果是历史唯物主义者，以上这段就当个笑话看。如果是个历史宿命论者，就会有一些其他的想法。《推背图》是以《易经》为脉络的，《易经》中有朴素的唯物观和辩证思想，其体系又事关以天道推人道，这样看，历史还是有宿命的。《说文》："宿，止也。"历史与人生皆止于性命。东汉《四十二章经》："沙门问佛：以何因缘得知宿命会其至道？"这是佛法。

《尚书·周书·召诰》：

> 我不可不监于有夏，亦不可不监于有殷。我不敢知曰，有夏服

---

① 赵尔巽等：《清史稿》，中华书局，1977 年 8 月版，第 12966 页

天命，惟有历年；我不敢知曰，不其延。惟不敬厥德，乃早坠厥命。我

不敢知曰，有殷受天命，惟有历年；我不敢知曰，不其延。惟不敬厥德，

乃早坠厥命。今王嗣受厥命，我亦惟兹二国命，嗣有功。

这不是宿命，而是规律。这里的国运，即指国家历史与政治的命运，似乎敬天顺民，才能国祚绵长。

到了汉代大儒董仲舒那里，宿命成了体系。他在《春秋繁露·天地阴阳》中认为，"天、地、阴、阳、木、火、土、金、水九，与人而十者，天数毕也"。这个体系，既包括了自然与人，也明确了方法论，特别是引申出了各种"象数学派"，为《推背图》之类的国运预测学，提供了理论支撑。

历史是不可以假设的。对于未来，所谓的预测也是贻笑大方。但是，正如《周易·系辞下》中所说的，"天下同归而殊途，一致而百虑"，这既是历史的现实，也是现实的历史。

从这个意义上讲，在中国历史之中，在政权更迭之中，在社会不断演进和蜕变之中，如果按照历史的真实，去观照太平天国运动的话，就不难发现，它既是历史的偶然结果，又开启了历史的必然未来。在这个宏大叙事中，它不是宿命主义的极致，也并不是神秘主义的崇拜，更非英雄主义的篇章。一切都在那些能够洞悉未来的数字之中。

金圣叹《推背图·序》：

谓数可知乎，可知而不可知也。谓数不可知乎，不可知而可知也。可知者数，不可知者亦数也。可知其所不可知者数，不可知其所可知者亦数也。……我生以前之天地可知也，可知者数也。我生以后之天地不可知也，不可知者亦数也。有生我以前之天地，然后有我生以后之天地，此可知其所不可知者数也。我生以后之天地，岂不同于我生以前之天地，此不可知其所可知者亦数也。数之时义大矣哉。[1]

① 苗元一：《中国历史宿命论研究》，岳麓书社，2011年7月版，第87-88页

天
局

金圣叹为有清一代才子，十岁读《大学》《中庸》《论语》等经典，十二岁批《水浒传》，十六岁批《推背图》，以经为脉，以数为络，曾对国势做过大致准确的判断。其"全集"中，并未涉及《推背图》撰论国势，认为这是宋以后的传说。至于金先生"玩其词，参其意，胡运不长，可立而待，毋以天之骄子自处也。"（《推背图·序》），则更像是对自己一生的预测。

苗元一先生在解释《推背图》中第三十四卦象时，是这样将谶语与卦爻相对应的：

巽☴互睽☲通震☳兑☱。

头有发：巽☴，二至四兑☱通艮☶为头为有，上下皆巽☴为发。

衣怕白：震☳，下震☳为衣，互坎☵为怕，上震☳为白。

太平时：震☳，上震☳为太，互坎☵为平，互艮☶为时。

王杀王：震☳，上震☳为王，互坎☵为杀，下震☳又为王，故王杀王。另：兑☱亦为杀。

太平又见血花飞：震☳，上震☳为太，互坎☵为平，初至四☶艮正覆，艮☶为见，故又见，互坎☵为血，下震☳为花为飞。

五色章成里外衣：震☳，互艮☶河图书五，为色为成，上下震☳皆章，故五色章成。下震☳为衣在里，上震☳亦为衣在外，故里外衣。

洪水滔天苗不秀：巽☴，上初至四☱为兑上下正覆，兑☱为洪水，正覆故滔天，上下巽☴，巽☴为苗为秀，为伏，故苗不秀。

中原曾见梦全非：震☳，互坎☵为中，互艮☶为原，故中原，初至四为☶艮☶正覆之象，艮☶为见，故☶为曾见，互坎☵为梦为全为非。[1]

这里的对应关系，行家看得出来，我是有些吃力的。至少看上去还是比较牵强的。这是古代的大数据，一千多年过去了，弄清也不容易。我们往往习惯基于普通逻辑的分析与预测，而中国传统文化中基于易学逻辑的分析与研判，恰恰是

---

[1] 苗元一：《中国历史宿命论研究》，第 260–261 页

两个话语系统，也就是两种局。

不过，无论按哪种局来复盘这段历史，都是有意义的。一方面，是我们健忘；另一方面，是因为我们习惯于摇晃。忘记历史，当然意味着背叛；左右摇晃，不仅对历史不公平，对于那些在历史语境和生活中生存过的生命，也是不公平的。这里，公平的意涵中，更多是寻找真相。

在历史研究这个局中，近代史研究是最不容易探寻真相的，因为时间离得太近，禁忌太多；在太平天国研究这个局中，最不容易的是探寻人性的本源，满目血腥，不辨西东；在南京从事太平天国研究的这个局中，最不容易的是抛弃"乡曲之见"，容易费力辩护掩饰，而缺谨慎公正。然而，此局之中，仍有使命存在。

在历史研究中，一旦发现意义并寻至真相，就会有真正影响力。知往开今当然是一个伪命题，但历史的定数，或者是历史的规律，都是显而易见的。除非你能视而不见，或者做个睁眼瞎子。

（二）

罗尔纲先生在其《太平天国史纲》结尾处写道：

总之，太平天国虽然过去了，虽然在七十年前便如急浪骤潮般地消逝了，但是，太平天国所留的影响却永远磨灭不了。它的革命的目的，它的典章制度，有的后来的革命者已经给它实现了，有的余波所及至今还有人憧憬着，追求着，以至于渺茫的将来。[1]

罗先生是太平天国研究的开先河者，既是训诂学家，也是晚清兵志学家。这本奠定其学术地位的著作，出版于 1937 年 1 月。也就是说，在八十多年前，罗先生即看出太平天国的"革命"性质，且"只求在真确可信的史料中，写出一部真确可信的历史"（吴晗语）。然后，罗先生以毕生的精力从事研究，孜孜矻矻数十

---

[1]　罗尔纲：《太平天国史纲》，第 116 页

年，成果宏富，博洽精深。而围绕太平天国研究的主旋律，均在罗先生定的调子下展开。当然，这是后学向前辈的致敬，但是，就史学研究而言，也极不正常。

罗先生在《太平天国史·自序》中写道：

> 历史学科乃是一种阶段斗争的科学，历史研究工作必须为无产阶级服务。我年轻时，受资产阶级教育，中了资产阶级客观主义的大毒，错误地认为历史研究应该为历史而历史。解放后，经过改造，批判了资产阶级思想。但是，思想通了，实践时还不懂得怎样去达到目的。①

这个几近检讨式的论述，可信又可叹。然而，它却是研究的主基调。

让人费解的是，以罗先生这样的智慧，看出其革命的性质，然后进行自我革命，同时举着"革命"的研究旗帜，数十年来使"太平天国研究"成为史学界的显学。除了在资料积累上的成就，以及按照历史学既有逻辑形成的学术判断，其余皆令人叹息。这是史实本身的问题，还是研究者的问题？实际上，这是后来每一个研究者必须回答的问题。

梁启超先生在《中国历史研究法》一书中，这样认为：

> 近今史学之进步有两特征。其一，为客观资料之整理：畴昔不认为史迹者，今则认之；畴昔认为史迹者，今或不认。举从前弃置散佚之迹，钩稽而比观之；其凤所因袭者，则重加鉴别，以估定其价值。如此则史学立于"真"的基础之上，而推论之功，乃不至枉施也。其二，为主观观念之革新：以史为人类活态之再现，而非其僵迹之展览；为全社会之业影，而非一人一家之谱录。如此，然后历史与吾侪生活相密接，读之能亲切有味；如此，然后能使读者领会团体生活之意义，以助成其为一国民为一世界人之资格也。②

---

① 罗尔纲：《罗尔纲文选》，钟文典选编，广西师范大学出版社，1999 年 1 月版，第 8 页
② 梁启超：《中国历史研究法 中国历史研究法补编》，四川人民出版社，2018 年 2 月版，第 24 页

按照梁先生的标准，罗先生治学的方向完全正确。梁、罗为同时代人，以此判断，既为历史逻辑起点，亦为实践理论之源头。但是，为何今人读之仍觉别扭？实际上，有一内核需今人把握，即治近代史，其政治取向决定了研究的方向，这是近代史研究的现实逻辑。也就是说，学术的政治化，在近代史研究中，是研究者必须遵循的规则。同时，这个规则，也是规律。

陈恭禄先生在其《中国近代史》一书的自序中，这样写道：

> 著者著书之目的，深愿赞助读者明了现时中国国际上之地位，政治上之嬗变，外交上之趋势，社会上之不安，经济之状况，人口之问题；认识其交相影响之结果，分析其造成经过之事迹，讨论其成功或失败之原因，辨别事后之得失利弊。吾人处于今日议论古人，原非难事。著者之论断，专欲读者了解当日之背景环境，及其失策与责任，非别有好恶也。综之，近代史之广大，事迹之繁赜，制度之剧变，生活情状之改易，开中国旷古以来未有之奇局。①

这里的"奇局"之中，就包括了政治性色彩。政治成为中国近代史的底色。

因此，就太平天国研究领域而言，既然是中国近代史的一部分，它就应该跟政治发生极大的关联。罗先生的研究方向，包括陈先生的研究目标，我们觉得都是殊途同归，没有太大的问题。

当然，不同的政治取向，会形成不同的政治立场。不同的政治立场，应该只是学术领域的立场，与水平的高低并无太大的关系。学术问题的政治化，政治问题的学术化，在太平天国理论研究中，不仅是被允许的，也应该是无可厚非的。政治上的差异性，并不涉及学术品质，以及学人的品德。政治立场和方向上的取舍，可能会影响到研究者个人的生活以及学术地位。但是，并不能从根本上臧否其人的学术质量。以学术研究去博取政治影响力，在今天这种时代背景下，已成为一种不可能。

---

① 陈恭禄：《中国近代史》，煤炭工业出版社，2017年10月版，第4页

天
局

学者研究问题的角度，往往构成了研究对象最初的印象。角度并不能代表一切，它有时也就是一种方向。从研究问题的角度看，政治方向是完全可以为学术概念以及学术范畴构建理论框架的。这是一种较为特殊的话语系统，当它符合某种政治利益的时候，这种理论就会得到认可并被广泛推行。史学研究目的的政治化，史学叙述方式的政治化，容易形成意识形态色彩的研究范式，这也是研究的一种。它可以被批评，但不宜被否定。

从近代史研究的领域来看，从20世纪30至40年代开始，不同政治倾向的学者，在中国近代史的分析框架中，就有着尖锐的政治冲突。以蒋廷黻《中国近代史》为代表，就为民国时期国民党政权的合法性提供了历史依据；由李鼎声《中国近代史》开启，并由范文澜《中国近代史》光大的理论，证明了中国共产党政权的必然性与历史的合理性。如此仅从历史研究的角度看，应分属不同的研究流派。

在学术研究中表明政治立场，是一种特有的思维表达系统。虽然这种研究容易被政治局势所左右，但是，其研究成果却容易产生最为直接的社会效果。这也就是有一段时期，太平天国研究成为显学的原因。

现在回看罗尔纲先生等一批学界先贤，他们的努力以及探寻，容易被湮没在政治的色彩之中，从而忽略其学术价值，这是不应该的。以罗先生为代表的学人，在当时特定的政治结构中形成的研究立场以及治学方法，一方面是社会的需要，另一方面也是学人自身的需要。对于学术研究而言，或者说，对于真正的学术研究而言，外因从来都是通过内因起作用的。

德国哲学家，同样也是革命的导师马克思认为：

> 一切划时代的体系的真正内容，都是由于产生这些体系的那个时期的需要而形成的。①

因此，所有的研究者，都不能轻易地否定前人的研究成果。对于太平天国研究而言，即使是在那些充满了特定政治话语体系的研究之中，也可以窥探中国近

---

① （德）马克思、恩格斯：《马克思恩格斯全集》第三卷，人民出版社，1960年5月版，第544页

代的政治是如何制约中国近代历史研究的。

所谓近代史，本来就是一个相对的概念，是指距当下不远的时代。顾颉刚先生在《当代中国史学》中指出：

> 所谓近代史，现在史家对于它的含义与它所包括的时代，有两种不同的看法。第一种认为新航路发现以来，世界的交通为之大变，人类生活以国际关系，较之中古时代显然有不同的地方，是为中古史与近世史的分界；这时期历史孕育出未来的局势，每一民族的思想为其演变的原动力；故近世史的范围，实包括近三四百年来的历史，无论中国与西方皆如此；此派可以郑鹤声先生的《中国近世史》为代表。第二种则认为在新航路发现的时候，欧洲仅产生了商业革命，明季以来，中国虽与西方接触，但并没有显著的影响。其后欧洲产生了工业革命，中国与西方发生新的关系，以中国言关系近代史的开始；此派可以蒋廷黻先生的《中国近代史》为代表。[①]

实际上，史学界公认的中国近代史，是以 1840 年的中英鸦片战争为开端的。明末的西学东渐，并非开启了中国新的历史篇章，而鸦片战争的重要影响，是一个新局。这个体系，则是"政治史为经，事件史为纬"的研究框架。这是中国社会现实的反映，也是政治现实的要求。同时，也开创了一个新的史学分支，即中国近代史学科。

把这件事情弄明白，十分重要。近代史的分期，以事件区分了历史的氛围。对于研究者而言，以政治史为研究主体的框架，并渗入诸多与时代密切相关的政治元素，也就不足为怪了。政治事件，看起来是人与事，实际上也是另一种"密码"，也是由某种"数"构成的。必然中的偶然，偶然中的必然，必然与偶然之中的不以为然，具有明晰的逻辑线索。这是世界观，也是方法论。

1851 年，也就是鸦片战争爆发的十一年之后，金田起义爆发。在中国近代史

---

① 顾颉刚：《当代中国史学》下编，上海古籍出版社，2002 年 4 月版，第 79 页

天
局

这个大局中，太平天国能够独立成局，其意义重大。

意大利历史学家克罗齐指出：

> 实用性历史——这种历史是怀抱着一种实际目的的叙述出来的，它的目的是为了引起导致德行、悔恨、羞愧或热忱的情绪，以便在行动中很好地利用这一形象或那一形象在重新号召，去推动自己或别人的工作。①

无论是千余年前《推背图》所预言的历史，还是近百年来关于太平天国的流言蜚语，它都是在一种实用主义哲学的框架之中。"显学"也好，"冷宫"也罢，都是一种需求。是需求，就一定有价值。有价值，也许就会有意义。

对于太平天国研究这个局而言，去掉其政治意义，并非否定其政治价值，而是构建出一个新的研究体系，不再着眼于中国近代史的解释主导权，而着力于探寻与历史有关的真相；不去费力创造历史，而是去诚实地解释历史，这样也许可以是一个新的研究方向。

美国历史学家柯文，其《在中国发现历史——中国中心观在美国的兴起》一书的序言中，这样写道：

> 历史事实俱在，但它们数量无穷，照例沉默无语。……史学家的任务在于追溯过去，倾听这些事实所发出的分歧杂乱中断断续续的声音，从中选择比较重要的一部分，探索其真意。②

这也是我们的想法。

美国历史学家史景迁，一位耶鲁大学历史学系的高材生，在他的一本重要著作《太平天国》中指出：

> 1840年代，洪秀全开始向广西山区一小帮农民和短工传道时，他曾想过由他的信念所启动的事件，其发展成为导致千百万生灵涂炭，让

---

① （意）克罗齐：《历史学的理论和实际》，商务印书馆，1986年3月版，第28页

② （美）柯文：《在中国发现历史》，中华书局，1989年9月版，第1页

中国一流的政治人物集中财力兵力，耗时十年岁月来镇压吗？大概不可能，因为洪秀全以为自己就是上天的力量，慢慢相信自己已经不受世道评判。如果，他真的想过的话，那么他仔细读过的《启示录》已明载，这等浩劫早已被道出了，混沌惧怖不过就是行将来临的光荣和平的一部分而已。我心头没有希望洪秀全实现目标的念头，但我也不能全然否认他的追寻中有真诚的热情。①

一个外国的历史学家，对中国近代史中的某一个人物，有如此亲切的评价，充满了历史的同情与了解，并能够充分肯定在特殊的黯淡的历史氛围中，仍然奋力追寻哪怕一点点的光明。那么，我们又有什么理由不去欣赏并重新认识这段历史呢？

可以肯定的是，洪秀全最初接触的西方文化的代表作品——《圣经》，也许，就是他心中的《推背图》。那位名叫梁发的传教士，在1832年完成的那部简本《圣经》——《劝世良言》，将历史引向了一种可能，并使太平天国以及洪秀全本人，成为中国近代历史上最为"诡谲"的事件和人。"有些人相信自己身负使命，要让一切'乃有奇美新造，天民为之赞叹'，而洪秀全就是其中之一。那些从事这等使命的人极少算计后果，而这就是历史的一大苦痛。"②

历史当然会引人入胜，但是，历史不会计较后果。只有后来的人能看见并承受后果。此时，历史已离他们而去。

一切刚刚开始。

---

① （美）史景迁：《太平天国》，广西师范大学出版社，2011年9月版，第7页

② 同上书，第8页

第一章

乱局

（一）

如果说近代史的开端是鸦片战争，那么，晚清的乱局，亦是由此开始的。

蒋廷黻《中国近代史》：

> 那次战争中国人称为鸦片战争，英国人称为通商战争。两方面都有理由。关于鸦片问题，清政府力图禁绝，英国则希望维持现状：我攻彼守。关于通商问题，英国力图获得更大的机会与自由，清政府则要维持原状：彼攻我守。就世界大势来讲，那次的战争是不能避免的。[1]

鸦片战争最终以中国的失败而结束。按照蒋先生的分析，其失败的主要理由是，中国的军器和军队是中世纪的款式，中国的政府管理亦是中世纪的方式，甚至中国人民，也都是中世纪的人民，于是失败是自然而然的事情。按照蒋先生的说法，"从民族的历史看，鸦片战争的军事失败，还不是民族致命伤；失败以后还不明了失败的理由，然后去力图改革，那才是致命伤"[2]。

蒋先生这一派的历史学家一致认为，如果将清同治、光绪年间的改革，移至道光、咸丰年间，那么，中国的现代化就要比日本早二十年，远东的近代史就要

---

[1] 蒋廷黻：《中国近代史》，中国华侨出版社，2016年1月版，第15页

[2] 同上书，第20页

完全改写。可惜当时之人，未能领受军事失败的教训，战后与战前一样，麻木不仁、妄自尊大。所以，中国因此一战，丧失了二十年的宝贵光阴。

鸦片战争打了两年，清朝的军队几乎没有打过一次像样的胜仗。不能说政府无能，也不能说官员不拼命，在整个战争过程中，阵亡殉国的官员，计有一位钦差大臣两江总督、两位提督、三位总兵、一位副都统、一位副将。清代以武力立国，如此败绩，前所未有。以至道光帝留下遗嘱，不准他的儿孙在他的墓地上铭塑"圣神功德碑"。

所有的乱局之中，军乱是最致命的。

美国学者费正清先生，在《古代中国的战争之道》的导言中指出：

> 中国的军事传统的魅力，不仅在于它的实效，还在于它每每能够推陈出新，有时创造力甚至更胜西方。中国人不仅发明了弩、铸铁、火药，还发明了纸、印刷术、科举和职业文官制度。他们还有一项很早就取得的成就：确立文主武从的观念。因此，中国"和平主义"的名声在西方民间经久不衰。中国古史中兵制和战功的记载很多，在现代民族中无出其右者。公元前221年，名副其实的战国时代定于一统，其后的十二个主要朝代，和其他十六个次要朝代，都是通过军事手段建立的。可谓"刀剑里面出政权"。统一一方面要靠武力，一方面也要靠非军事因素，这些因素军事史家也不能忽视。①

具有良好军事传统，以及复杂军事实践的中国清代，在西方坚船利炮的硝烟下，一触即溃，让人不可思议。究其原因，还是一个"穷"字作祟。

陈恭禄《中国近代史》：

> 军队分八旗绿营已如上述，八旗就军旗颜色而言，曰：正黄、镶黄、正红、镶红、正白、镶白、正蓝、镶蓝。中分满军旗、汉军旗、蒙古旗。

---

① （美）费正清、小弗兰克·A.基尔曼：《古代中国的战争之道》，民主与建设出版社，2019年8月版，第2页

兵有定额，初约二十万人。其驻京师者，前锋亲军等每兵月饷四两，
骁骑铜匠等月饷三两，岁均支米四十八斛。步军领催月饷二两，步兵
一两五钱，岁支米二十四斛，教养兵月给一两五钱，但不给米。其家
人不准另谋生计，男子皆有当兵之义务，然限于马甲之定额，及后人口
滋殖，一家三男，一人补甲，二人则无职业，全家唯恃饷米糊口，生活
遂大困难。朝廷筹其生计，出款还其欠债，略赠马兵教养兵等，但以人
数众多，豢养究非办法，终无补救于事。旗人自居内地以来，进为土著
民族，所处之环境迥异于前，传至子孙，改变旧俗。其优秀分子美仰汉
人之思想文艺，无知之徒乐于放纵声色货利之欲，乾隆用兵多用绿营，
业已证明其丧失战斗力矣。各省防军初用绿旗以便识别，故称绿营，全
国凡六十四万。其在京师巡捕者，马兵月饷二两，步兵一两，米皆三斗。
各省马兵月饷二两，战兵一两五钱，守兵一两，米亦三斗。其待遇不及
八旗，缺额约六七万人，乾隆将其补足，后再裁减一万余人，兵士各以
衣食艰难，自谋生计。平日势难操练，营中缺额之饷，皆为营官侵蚀，
有事则临时召募，平乱御侮则力不足，扰于民间则绰然有余。[1]

迟云飞先生也认为，晚清军队缺乏战斗力的原因是多方面的，一种是武器方
面的，另一种是体制方面的，后者甚至更加严重。绿营兵的基本装备是冷兵器，
且驻地极为分散。相当多的士兵所承担的职能，是地方的安保杂务，官不热衷兵，
兵不认可官，基本上不训练，毫无战斗力可言。它并不是真正意义上的"近代常
备军"。其实，不仅清代如此，但凡没有"边患"的历朝历代，均是如此。这样
的军队，对付小规模的造反、骚乱可能有用，但对付强大的外敌，包括后来异军
突起的太平军，也就无能为力了。[2]

在清代的兵制中，绿营和八旗兵还不是一回事，他们是两支不同系统的军队。

---

[1] 陈恭禄：《中国近代史》，煤炭工业出版社，2017 年 10 月版，第 8—9 页

[2] 迟云飞：《晚清大变局》，中国大百科全书出版社，2020 年 3 月版，第 7 页

八旗是清朝未入关之前的部落军队,绿营却是接受明朝各省降军建立起来的。清朝统治者,虽然利用绿营作为军事工具,但由于民族畛域的关系,还是另眼相看的。以驻屯来讲,八旗集中驻屯,务求其合;绿营分散驻屯,力求其分。以兵器来讲,八旗既新且精,绿营则又老又旧。以京师禁卫来讲,八旗独当其任,而绿营不得染指。以劳役来讲,八旗不负差役,绿营则兼充百役。以待遇来讲,八旗若犯罪,则可出旗为民,而绿营兵丁遇罪则视如奴卒。凡此种种,一个是亲娘生,一个是后娘养,差距十分明显。

乾隆二十三年(1758年),乾隆帝谕八旗(《嘉庆大清合典示例·卷五百十九》):

旗员与绿营迥别,是以一切条例亦皆人相悬殊。现今旗员有愿就绿营者,不过因所得较旗员为优,遂不顾颜面,一切置之漠然,惟以得外任为快。则伊等既至外任,或退任,或终于其任,即当照绿营官员办理,乃回旗之后,又以身系旗人,侥幸照旗员办理,朕为伊等愧之。

清代以八旗武力占据中原,但占据时即腐败时。《清史稿·清世祖本纪》:"顺治十四年正月甲子谕:我国家之兴,治兵有法。今八旗人民怠于武事,遂至军旅隳敝,不及曩时。"

此事居然见于圣旨,恐怕已经坐实。顺治十六年(1659年)郑成功攻南京之役,镇守江宁的总管喀喀穆所统的八旗军畏战,乃以绿营军出击郑成功军于仪凤门、钟阜门外。总兵梁化凤、提督管效忠率众击退郑成功。此战十分重要。郑氏从此一蹶不振,退守台湾,所谓大明复兴的最后一点希望覆灭,永历帝亦败亡。绿营此功,对于清朝来讲,可谓至关重要。

到了康熙初年,三藩起事,八旗军的弱点尽显无遗。大将军多罗顺承郡王勒尔锦奉命讨伐,驻兵荆州,划江为界,日索督、抚、司、道馈送,不敢进取。其贝勒尚善、察尼、鄂鼎等进攻岳州,奉命以舟师断饷道,动以舟楫未具,风涛不测来推诿。又简亲王喇布逼留于江西,贝子洞鄂失机于陕西。凡各路八旗皆无功。据时人亲见八旗进攻岳州情况,是劳师糜饷,按兵不敢一战,闻退则"三军欢声如雷"(王沄《鹪园集》)。

八旗既不可用，于是乃不得不倚仗绿营。当时作战，都是以绿营军为先锋，八旗兵以尾随，前敌将帅以此为奏请，谕旨以此为方略，贻笑大方。

《清史稿·列传·卷三·多罗顺郡王勒克德浑》：

> （多罗顺奏）贼立垒掘堑，骑兵不能冲突，须简绿旗步兵造轻箭、帘车、炮车并进，填其壕，用炮轰击，继以满兵，则逆贼可灭。

这个先绿后满的战术，丢了大清朝的脸面。

王先谦《乾隆朝东华录·卷七十五》：

> （乾隆帝谕军机大臣）桂林奏所称满洲劲旅实远胜绿营，但番地跬步皆山，非平地对仗可比云云，此必桂林见成都满洲兵无用，又未深知健锐营之兵所向无敌实为得力，故有此言。今京兵且不起程，俟温福奏到时再定行止。……至所请再调贵州兵三千名，已飞谕署抚图恩德、提督拜凌阿即行选派，听候川省调取，速即起程。

看起来是随机应变，实际上是无可奈何。所以，一时汉人如张勇、赵良栋、王进宝、孙思克在陕西，蔡毓荣、徐治都、万正式在湖北，杨婕、施琅、姚启圣在福建，李芝芳在浙江，傅宏烈在广西，都用绿营替清朝统治者做了戡定大功。

八旗以骑射见长，在西北作战，本应大显身手。但是，当时对准噶尔与回部用兵，如年羹尧、岳钟琪等，都以陕、甘（或川、陕）总督为督师大臣，他们都用绿营为主力见功勋，可知绿营在西北用兵中的地位。至于乾隆时金川用兵之役，尤以绿营独当其任，那时候前敌将帅因八旗无用，乃至"番地跬步皆山，非平地对仗可比"做借口，奏停调八旗，而请续调绿营，卒以用绿营收功。从上述各次战役来看，绿营反客为主，其作战的功能皆在八旗之上，主衰而从强，是国运开始走向衰败的特征之一。

魏源《圣武记·卷十三》：

> 国朝以少击众立功者，康熙中，游击潘之筹以兵二百败厄鲁特数千于哈密。雍正中，副将韩勋以兵四百破滇苗数千，旋以兵二千破苗数万于乌蒙，副将樊廷以兵二千拒厄鲁特二万于巴里坤。乾隆中，兆惠以兵

千六百自伊犁转战至巴里坤，又以兵四百敌霍集占兵三万于黑水营，皆蒙列圣优褒，宣示中外。而康熙五十四年哈密之役，圣祖谕言："岁此承平休息兵革之时，乃能仓卒间以少击众，奋勇直前，此皆绿营将士感戴朕恩，皆有捐生敢死之心。游击潘之筹临阵左手弓、右手刀，欢呼而出，视贼蔑如，回子厄鲁特无不赞服，尤汉人所难得。"

这个记载，看起来是讲汉人英勇，实则是夸满人领导有方，不足为道。只是败象已显，各位帝王皆茫然而已。

罗尔纲先生认为，绿营的数量多于八旗，绿营的战斗力也胜于八旗，可知八旗军与绿营，虽同为清朝的国家军队，但主要任务还是由绿营完成的。

罗尔纲先生认为：

> 乾隆末年以后，绿营这一个工具逐渐腐朽了，嘉庆白莲教之役，已经要依靠一部分乡勇的力量，但绿营经制未变，其武力虽已衰退，而清朝靠绿营的支持，其统治权依然巩固如固。乃到太平天国革命，绿营经制扫地以尽，曾国藩用勇营制度组织湘军，对太平天国进行反革命的斗争。太平天国失败后，清朝虽定国重建绿营旧制，但终归失败，于是勇营代替了绿营地位，清朝中央政府遂日在动摇之中。绿营制度崩溃，清朝不久也跟着覆亡。[①]

所谓兵乱，也就是军事乱象，与某次战役的胜与败并无关系。系统之乱，乃是兵乱的最根本的原因。所谓的绿营制度肇自明代的镇戍之制，为中国近五百年来的主要兵制。这种制度与中国的皇权制度密不可分，也是其最为主要的保证。此制一乱，八旗无力，湘军与淮军崛起，看似有一城一地的所约，实际上国本已动，国祚岂能得以延续？清代统治者以少数民族的身份，统治广袤的中华大地，以新的兵制来对内实施统治，本也是一大创举，可以奠下收集兵权于中央的基础。但民族矛盾尚存，地大物博，难免顾此失彼，既用之又防之，终至内乱。看上去乱的是军

---

① 罗尔纲：《罗尔纲文选》，第302页

制，实际上动摇的是对国家的基本控制力，终至削弱了这一统治全国的好工具。

顺治六年，也就是 1649 年，南赣巡抚刘武元向清廷献上《安攘十计疏》，他认为：

> 我朝定鼎之初……一征而江、浙定，再征而闽、广服，黔、滇诸邦旦夕可以入版图，天下之大未有如今日者。夫何，而将帅蓄谋激成异变，江西一叛，而广东随之，良由图之不早，以致酿成大患也。孰谓满洲旧人中无特出之才略者乎？且命将出师，道途遥涉，动经岁月，运粮载草，劳民动众，及杀贼恢城，旋即班师，又无重备以弹压之，苟且塞责，终成何济？臣以为国家之大事在兵，得一省必镇一省，连络声势，既不烦于远调，呼应即灵，又不难于速灭，而久安长治之策，端在于此。[①]

这个分析比较透彻。在清人领导下的汉人，聪明才智不一般。但是，兵乱则心乱，兵安未必国安。这一点，恐怕也是这位巡抚大人未曾想到的。

人类社会的阶级、民族争斗，以及政权的对立，都是导致战争的原因。政治体制中不同人群的利益驱动、形式追求，则会决定战争的发动形式以及具体的战役方式。此外，政权的组织形式、政治模式的区别，往往也会导致战争动员的程度、战术运用的水平差异，从而产生不同的战争和政治后果。至于军事战争对政权的意义，显而易见的是，要么夺取政权，要么巩固政权，要么丧失政权，都与战争有关。因此，军事制度以及组织形式，与政权的形态有着极大的关联。军事将领在政权中的地位和作用，显然也是举足轻重的。清代军事体制，较多地保留了诸多草原部落的形态特征，它实际上是更有利于进攻，也就是攻城略地，对于戍守一方，以及震慑各种政治势力，其功能相对弱一些。王先谦《康熙朝东华录·卷二十四》记载："（康熙帝谕张勇）自古汉人逆乱，亦惟以汉兵剿平，彼时岂有满兵助战哉？"这看起来是诡辩，但也是大实话。

时至晚清，有此一乱，诸乱便纷至沓来。

---

① 《皇清奏议·卷三》，转引自《罗尔纲文选》，第 295 页

（二）

经济的纷乱，既是社会乱象的标志，更是社会动荡的根源。所有的社会经济行为，都直接影响了人民的生活。生活困顿，民不聊生，往往是积聚民怨、扰乱民心，从而激发民愤最为直接的动因。晚清经济之乱，乱在方方面面。细梳下来，让人瞠目结舌。

1840 年鸦片战争之后，清政府的各项战争费用以及赔款，立即使政府财政捉襟见肘，入不敷出。在此期间，政府的战争开支约为 2500 万两，赔款 2100 万银元，加上其他开支总计约 4500 万两。这一数字，远远超过了当时年度财政收入（约三四千万两），清政府的压力可想而知。道光二十一年（1841 年）至道光二十九年（1849 年）的九年中，只有一年，即道光二十七年（1847 年）有财政盈余，其余年份皆为赤字，总计达 1000 万两，户部的库存只有 100 余万两。[①]

陈恭禄《中国近代史》：

> 乾隆中叶，国库岁入凡四千万两，地方官之浮收，及其进贡物品，尚不与焉。支出以皇室经费、军饷、政费为大宗。皇室经费有陵寝、祭祀、修缮、采办、织造等名，用款从无定数，估计殆在五百万两以上。政费以养廉较多，朝中王公百官，每年俸银仅一百万两左右，合计京外官约七百余万两。兵饷约二千万，驿站百万有奇，两数相抵，国库尚有余款。乾隆经营新疆，岁支三百万。募足绿营，增加赏恤，岁费二百万。及嘉庆嗣位，收入略有增加，曾至四千三四百万两。无如内乱迭起，裁去之额兵，不过岁省四十万。而黄河为害，修治南河增至三百万，东河二百万。其先修河，邻近州县，拨派民夫，乾隆中始全发帑，为数不过百余万耳。宗禄亦以宗人繁衍，数大增加，由是财政

---

① 周育民：《晚清财政与社会变迁》，上海人民出版社，2008 年 7 月版，第 67、71 页

渐趋于困难，尤以嘉庆末年为甚。①

　　政府入不敷出，百姓的日子就更苦。这里的苦痛，首先是人口的增加。人多地少，入不敷出。据《皇朝文献通考》记载，康熙五十年（1711年）省直人口二千四百余万，乾隆十四年（1749年）增至一亿七千七百余万，相去三十八年，增加了七倍。到了乾隆四十五年，增达二亿七千七百余万。又据《皇朝文献通考》，嘉庆十七年（1812年）丁口凡三亿六千余万。百年之内，人口增至十五倍。而康熙五十年前，人口已高速增长，各省却未有确报。康熙曾诏定永不加赋，诏："凡巡幸地方所至，询问一户或有五六人，止一人交纳钱粮，或有九丁、十丁，亦止一二人交纳钱粮。"隐匿丁数，实际上是苦于交不出丁税。

　　《皇朝文献通考·卷三》：

　　　　（上谕）我国家休养生息，数十年来，户口日繁，而土地止有此数，苟非率天下农民竭力耕耘，兼收倍获，欲家室盈宁，必不可得。

　　杨锡绂《陈明米贵之由疏》：

　　　　盖户口多，则需谷亦多。虽然十年荒土未尝不加垦辟，然至今日而无可垦之荒者多矣。则户口繁滋，足以致米谷之价逐渐加增，势必然也。

　　罗尔纲《太平天国史纲》：

　　　　这些不断的日在增加的人口，在当日，既没有新兴的都市来容纳他们，而移民殖边的政策，政府非但不举行，反把满洲封锁，禁止汉人移殖，即蒙古、新疆等地汉人也不是轻易去得。所以他们之中，除了南方一小部分流浪到海外去谋生，或在内地寻得苦力工作（如码头脚夫、长途担夫、漕船水手等）外，其大部分没有出路的便流为游民，为流氓，为烟贩，以至为盐枭，为盗匪。他们都是太平天国革命运动的预备军。②

---

① 陈恭禄：《中国近代史》，第11页
② 罗尔纲：《太平天国史纲》，第9页

实际上，田地的不敷分配，人口的大量激增，是一个根本性的政策问题。

据《皇朝文献通考》记载，其时沿海岛屿，严禁人民往垦，其私往者，官焚其居，驱之回籍。乾隆五十二年（1787 年）谕称"浙江大小岛仍循旧章，永远封禁，凡请开垦者，从重治罪"。顺治十六年（1659 年），国内耕种土地，凡五亿四千九百万亩，乾隆三十一年（1766 年），其七亿四千一百万亩，相去百余年，开垦之地不足二亿亩。而人口增加，则在十倍以上。向者每人平均耕地二十余亩，今则二亩有奇。十人耕种一人所耕之地，每亩生产虽稍增加，但用力多而出产少，粮食问题可想而知，对于中国这种农业大国来讲，粮是国之本，缺粮是国之难。

清代学者张海珊，家住太湖之滨，算过这样一笔账：

> 一家五人，每人平均不足一亩，湖田原为植稻膏腴之地，生产力强，无如土地太少，收入有限，其生活可想。淮水以北，一家耕种十数亩地，贫苦之情状殆犹过之。贫民潜往直隶、山西北部，为满蒙地主佃户。其近海者，冒禁耕种于岛中，乾隆末年，谕称山东海岛有民二万余名，浙江岛屿时亦有人潜往开垦。更有耕种于山地者，如浙民开山，长官禁之，其往皖南闲旷山间搭棚栖止者，道光饬官逐回其新至者。人民多以耕种为业，所出之粟，价无剧变，而民间通用之制钱日贱。清初每银一两易钱七八百文，继则增至一千左右，至道光末年，兑至一千五六百文以上。人民纳税，出粟易钱，以钱易银，于是所纳之税，名虽照旧，实则倍于往日。官民交困，农民之生计益难。[①]

《皇朝经世文编·卷三十九》载章谦《备荒通论》：

> 夫农民之常困于他途者，他途贫，谋口而止，而农民不但谋口而止。一亩之田，耒耜有费，籽种有费，蜀斛有费，雇募有费，祈赛有费，牛力有费，约而计之，率需钱千。一亩而需千钱，上农耕田二十亩，则口食之外，耗于田者二十千。以中年约之，一亩得米二石，还田主租息一

---

① 陈恭禄：《中国近代史》，第 13–14 页

石，是所存者仅二十石。当其春耕急需之时，米价必贵，折中计之，每石贵一千有余，势不得不贷之有力之家。而富人好利，挟其至急之情，以邀其加四加五之息，以八阅月计之，率以二石偿一石。所存之二十石，在秋时必贱，富人乘贱而索之，其得以暖不号寒，丰不啼饥，而可以卒岁者，十室之中，无二三焉。

历朝历代，不乏懂得农民之苦的人。农民之苦，乃是农耕社会之最为痛彻的苦，也是社会面积最大的伤口。因此，均贫富、打土豪，极易成为广大贫困之人的共识。共识之下，铤而走险，也是生计所迫。关于其中的道理，不用细察，均在日常生活之中。

"在这种情况下，一方面少数地主富商过着'席富原，乐骄逸，诙调舞歌，穷园林亭沼倡优巧匠之乐'的豪华生活。另一方面，大多数的贫农则过着乐岁不免饥寒，凶岁填沟壑的非人生活。太平天国革命的远因，就深深地种在这个社会关系上。"①

实际上，清朝末年商人富户在积累财富方面，的确是不择手段。《皇朝经世文编·卷十一》钱维城《养民》记载，乾隆时，富商大户挟其金钱，买贱卖贵，子母相权，岁入往往数万金，富者资产以数百万计。《东华续录》记载，富者有屋宇至千余间，园亭环丽，游十日未竟。如京师米商祝氏，宛平查氏、盛氏等商人。该书还记载，广西浔州府贵县，也就是太平天国的发祥地，有林、罗两姓，在嘉庆、道光年间，便都以典当业积累家财二百万以上，并称一县首富。一县如此，全国也大差不差。典当亦如高利贷，涉及面广，大都买贱卖贵，吃人不吐骨头，成为社会公害。昭梿《啸亭杂录》记，乾嘉以来的富户，称为"海内殷富素丰之家，比户相望"。社会财富的过于集中，是产生诸多社会矛盾的主要根源。

清代为满人建立的政权，对满族人的关爱和呵护，在财富日益集中的清晚期，政府似乎也无能为力。

---

① 罗尔纲：《太平天国史纲》，第6页

天
局

《皇朝文献通考·卷五》：

　　（上谕）八旗地亩，原系旗人产业，不准典卖与民，向有定例。
今竟有典卖与人者，但相沿已久，著从宽免其私相授受之罪。各旗将典
卖与民之地，一一清出，奏请动支内库银，照原价赎出，留在各旗，
给限一年，令原业主取赎，如逾期不赎，不论本旗或别旗人，均准其照
价承买。

　　朝廷想给旗人谋恒产，可谓想尽了办法，实为无奈之举。是时，大量土地已
相对集中至少数地主手中，大多数旧日有田有地的汉人，已沦为佃耕之户，这一
小部分旗人安能幸免？

　　《皇朝经世文编·卷三十五》中，御史范咸所作《八旗屯种疏》：

　　满洲八旗生计，久已上廑宸衷。而恒产至今未定，盖以内地已乏
闲田，而满汉总归一视，其间经画固有甚难者。

　　市场是残酷的，社会也是无情的。满汉虽有民族之异，但在社会之中，却已
难敌这种兼并的浪潮。富人的致富各不相同，但穷人的贫穷都是相似的。在农耕
文明的社会之中，农业、农村、农民的动荡，往往涉及的面极广，也极难控制。
人口与土地比例的失调，米价昂贵，特殊利益群体的保护政策失灵，贫富差距的
日益剧增，既构成了社会动荡的现实，也体现着清代末期统治日益脆弱的根本。
经从政出，主要原因还是朝廷的腐败。

　　容闳《西学东渐记》：

　　政以贿成，上下官吏，即无人不中贿赂之毒，美其名曰馈遗，黄
金累累，无非暮夜苞苴。官吏既人人欲饱其贪囊，遂日以愚弄人民为能
事。于是所谓政府者，乃完全成一极大之欺诈机构矣。

　　这是气话，也是实情。

　　从经济的角度看，外乱也是致命的。

　　这就不得不说到鸦片。鸦片战争作为历史分期，并非军事的因素，更多则是
经济的原因。

鸦片战争之后，中国赔付的赔款共约二千一百万银元，均以白银支付。那时，以香港为中心，南起广东北到奉天，包括汕头、泉州、厦门、福州、宁波、吴淞、天津、金州，走私贩利用轮船、快艇、趸船公开进行鸦片走私，极其猖狂。在战争的前五年，即1835年至1840年，每年输入的鸦片大约为三万四千七百二十箱，到了1847年，便增加到四万二百五十箱，至1849年，更是增加到五万三千七十三箱（盛康《皇朝经世文续编·卷五十八》）。英国商人通过鸦片贸易每年换取白银约在两千万至三千万两之间。鸦片潮水般地涌入，白银泄洪般地外流，使清政府捉襟见肘，难以为继。民间亦怨声载道，苦不堪言。

清代的币制，虽是银钱并用的制度，但社会上仍以用钱为主。如地丁钱粮的输纳、市面的交易、工资的支付，都以钱折银计算。银钱的价值比例，法定是钱一千换银一两。而道光年间，北京银钱的交换价格，却达到了钱二千换银一两的标准，外省各地比此还要高一些。这也就是说，由于银贵钱贱，使农耕者和小土地所有者的负担加重了。他们受不了"吏役四出，昼夜追比，鞭扑满堂，血肉狼藉"（《曾文正公奏稿·卷一·备陈民间疾苦书》）。许多自耕农和小土地所有者，均迫不得已出售土地，走向破产。

鸦片战争以后，五口通商，英美资本主义国家将棉纱、棉布向中国销售。1820年，英国运至中国的棉纱仅为五千零四十磅，到了1843年，达到六百二十一万磅，增加了一千二百多倍。1830年英国运到中国的棉布仅是六十万码，1845年，已达到一百一十二亿码，增加了近二万倍。这些洋纱洋布涌入中国，极大地打击了中国东南地区的棉纺织手工业。当时，中国纺织业最为发达的江苏、松江、太仓一带，由于"洋布盛行，价当梭布，而宽则三倍"，到1846年就已出现"无纱可纺，松、太布市消灭大半，生计路绌"的萧条局面（《安吴四种·卷二十六·包世臣致许太常书》），甚至到了"木棉与土布，弃置绝问津"的境地（朱鸿儒《爱唔庐诗钞》）。1845年，兼管闽海关的官员，曾向道光皇帝奏报："由是江、浙之棉布不复畅销，商人多不贩运，而闽产之土布土棉，遂亦因之壅滞不能出口。"（《道光朝筹办夷务始末补遗》）

天
局

龚自珍在嘉庆二十五年（1820年）时，曾大声疾呼：

> 各省大局岌岌乎皆不可以支月日，奚暇问年岁？（《定盦文集·卷中·西域置行省议》）

蒋廷黻先生认为：

> 清道光二十二年八月二十九日在南京所订的《南京条约》，不过是战后新邦交及新通商制度的大纲，次年的《虎门条约》才规定细则。……当时的人对于这些条款最痛心的是五口通商。他们觉得外人在广州一口通商的时候已经不易防范，现在有五口通商，那么外国人可以横行天下，防不胜防。直到前清末年，文人忧国者莫不以五口通商为后来的祸根。五口之中，他们又以福州为最重要，上海则是中英双方所不重视的。割让土地当然是时人所反对的，也应该反对的。但是，香港在割让以前毫无商业的或国防的重要性。英国人初提香港的时候，北京的当权者还不知道香港在哪里。时人是反对割地，不是反对割香港。[①]

蒋先生还认为，"不平等条约的根源一部分由于当时中国人的无知，一部分由于当时清政府的法制未达到近代文明的水平"。[②] 这个认识是可疑的。对于通商来讲，当基本的生产力水平，以及各项贸易保护措施未能落实之时，单方面的开放，对民族工业，当然，当时还谈不上工业，还是手工业的冲击，是毁灭性的。经济的动荡，是全民的动荡，因为涉及社会的每一个阶层，无论是统治阶层还是被统治阶层。涉及社会的各种管理制度，以及政治的、税收的、社会治理的方方面面。不是因为我们的无知，而是整个社会经济形态的无能；也不是我们未达到近代文明之水准，而是农耕文明的本质与工业文明的本质，既无法相比拟，更无法相抗衡。

陈恭禄先生在谈及鸦片战争失败的原因时，其见地十分有意思。他认为：

---

① 蒋廷黻：《中国近代史》，第23—24页

② 同上书，第25页

战争之失败，由于不知英国之情况，海陆军之实力，而自信太深，造成祸机，以致无法挽救也。战争期内，及和议成后，朝臣疆吏尚未觉悟，琦善访知英国女主择配，奏曰："是因蛮夷之国，犬羊之性，初未知礼仪廉耻，又安知君臣上下？"关于其人，林则徐言其腿足伸屈不便，耆英称其夜间目光昏暗。道光批曰："众口一辞，信然。"骆秉章奏曰："该逆兵目以橡皮铜片包护上身，刀刃不能伤，粤省义民以长梃偷击其足，应乎即倒。"福建举人黄惠田呈平夷策略："逆夷由安海放桅而来，日食干粮，不敢燃火，其地黑暗，须半月日始出口，方至息辣。"道光于战争迭败之时，访求安南人造船，以为可败英船。乃得其人，毫无所用，而官吏仍信天下水师，以安南最强。……战争之损失，要由国际知识之幼稚，和议成后，耆英、伊里布等均为当时清廷所不容，军机大臣王鼎反对议和，相传其在道光之前，指摘穆彰阿之误国，常乱以他语。王鼎愤懑自尽，遗疏极论穆彰阿之欺君误国，以求皇上之觉悟，其刚愎无识，殆不可及，是以代表所谓贤士大夫之怀抱。英人观察官吏，谓其多为极端顽固。其害则自蔽聪明，不受忠告，而偾事误国也。[①]

这个分析，比较接近现实。

军乱在前，商乱在后，然后又是军乱。由内而外，由外而内，其根本，即是这批文武大臣目光短浅，了无国际视野。这在农耕文明时代，可以原谅，但对国家造成的伤害，则永无弥补，以至清亡。其荒谬无识，可称绝伦，这仿佛也是历史的必然。其主政者，也就是所谓的皇帝，更是无法言说。皇帝乱了分寸，臣下也是百般无奈，唯有捏造军功，造假事实。道光皇帝曾批奕经奏文曰："不实不尽之至……朕只恨世道人心，何至如是之不诚不实？朕以重任付诸臣，诸臣无不还朕一欺字，再不解是何存心也。"乱世是上下乱，乱世之下，即使有明白人，也无力回天，无可奈何。这是真乱。

---

① 陈恭禄：《中国近代史》，第60-61页

天
局

有人祸必有天灾。1846 年至 1851 年，黄河流域与长江流域，各省均受到水旱灾害。广西地区也是水、旱、蝗灾连年不断。其中 1849 年，长江沿岸六省的大水灾，为百年未遇，估计直接涉及受灾的人口达三千多万。道光时人杨士达书《张武救荒事》："今则州县多出于匪荒。"（《皇朝经世文续编·卷三十八》）

《浔州府志》：

> 庚寅（道光十年）四月大旱。癸巳（道光十三年）五月蝗灾。甲午（道光十四年）五月蝗灾复大水，七月大宣里、鹏化、紫荆、五指三山之水同日崩溃，平地水深三尺，岁大欠。庚子（道光二十年）六月浔州大旱，戊申（道光二十八年）八至十二月复大旱。宣里居民死屠人鬻于市。又宣二里民某甲，与其邻某乙樵于山，斧死之，熏其肉鬻于市。[1]

毛泽东先生认为：

> 帝国主义和中华民族的矛盾，封建主义和人民大众的矛盾，这些就是近代中国社会的主要矛盾。……这些矛盾的斗争及其尖锐化，就不能不造成日益发展的革命运动。伟大的近代和现代的中国革命，是在这些基本矛盾基础上发生和发展起来的。[2]

从哲学家和革命家的角度来看，这个分析是正确的。国家阶级的对立，社会阶层的分化，是动乱的原因。利用动荡，推动矛盾激化，可以达到许多政治目的。阶级斗争，当然是社会动荡和分化的标志。但是，这并不是唯一的。

传统的阶级分析方法，是把社会分成非此即彼的对立阵营。在奴隶社会是奴隶主与奴隶，在封建社会是农民与地主，在资本主义社会是资本家与工人。然后，阶级对立导致阶级斗争，阶级斗争推动社会进步。这个理论，不仅在哲学界，也包括历史界，堪称主流。但是，就学术的角度来看，主流也只是一种流派，而不

---

① 广西省太平天国文史调查团：《太平天国起义调查报告》，生活·读书·新知三联书店，1956 年 5 月版，第 14 页

② 毛泽东：《毛泽东选集》，人民出版社，1952 年 7 月版，第 625 页

能成为唯一流派。学术有是非，但学派无对错。就鸦片战争后期而言，阶级矛盾包括在军事混乱以及经济混乱之中，形成了非常突出的社会动荡，引发了极其尖锐的社会矛盾。这种分析，有助于我们把握社会的本质，并理清社会动荡的根源，被大多数历史学家所接受。包括如罗尔纲之类受过旧学传统训练的学人，的确接受这一观点，这是必然的。这不是所谓一种学术观对另一种学术观的否定或改造，而是一种较为妥帖的方法可以探寻其内在的规律。罗尔纲先生作《太平天国史纲》时，是民国二十五年，也就是1936年，彼时即用此阶级分析方法，是一种自觉的运用，而非其他。

人类社会，由初级至高级，是一个螺旋式的上升轨迹。原始社会之后，社会有阶级分化，但并非就是相互对立的两个阶级，它更多是多维的。不同的社会地位、生产状况、生活方式，以及利益诉求，恐怕都不是非白即黑，或是非此即彼。可能有冲突，但可能也有妥协，大多情况应是相安无事的。冲突与战争，在人类历史长河中，可能还是少数的。和谐与共生，应该是人类社会的一种常态。看过《动物世界》也知道，生物界大都如此。阶级的对立，是社会的一种极端。阶层的共生，大多数时候，是生活本来的样子。人类进化至生存，然后生活，然后去追求更加好的生活，大多数时候，手段还是比较平和的。政权的更替，在任何社会、任何组织中，都具有血腥味，也是不可避免的。明白这个道理，当然，就理论研究而言，它并非道理，而是常识，对我们的研究具有方向性意义。

在中国近代史开端的年代里，将军事上的混乱与经济上的无序放在一起看，它恰恰是一种政治变革的前奏。是前奏，就不会太清晰。所谓百年未有之大变局，也并非等到李鸿章来开启的。他也仅是这个局中的一个棋子。明眼之人，应该是包括一大批人，早就以秘密的结社组织，来对抗当时的体制，并酝酿改变的方略。

天

局

（三）

社会真正的混乱，恰恰是以非既有的组织去对抗既有的组织。组织的分化，组织的相互对立，使这种动荡具备了团体的力量，同时具备了区域性的影响。这些对抗性的组织，不管以什么样的方式或什么样的理由形成，它对生活既有组织的破坏，往往是毁灭性的。

清代为少数民族统治，当然满汉都是一家人，但在清代，区别仍十分明显。当年的圈地政策，特别是顺治元年（1644 年），上谕将近京各州县无主田地，以及明代皇室贵族产业，一概由满洲诸王勋任意指圈，这是胜者的掠夺。且同时将关外资源与关内隔绝，不让汉人染指。加上平三藩、平准噶尔、平青海等军事行动，从经济、政治等方面强化统治，再包括自雍正、乾隆以来的文字之狱、禁书之令，确是高压行为。有压迫必有反抗，这也是必然的。对汉人来讲，当然不能说是国破家亡，但对民族来讲，也的确是受到异族之欺压。

从个体方面来看，王夫之："即便桓温功成而篡，犹贤于戴异类以为中国主。"从群体来讲，结社之风便风起云涌，这是汉族反对清廷统治的集体意识。当时王夫之的《读通鉴论》、黄宗羲的《明夷待访录》，均有此类民族思想及民权倾向。阎尔梅《阎古古全集·卷三》中有诗《真空寺饯别》：

> 柳巷垂青旆，芦沟涨紫尘。几多亡国士，私送死心人。琨逖双图晋，荆高再击秦。临风徒握手，不觉泪沾巾。崔卢争仕宦，燕赵寝悲歌。故国沦如此，新亭泣奈何。暂投夸父杖，迟待鲁阳戈。试看长陵气，青松朴樕多。

其意境甚是悲壮，但也于事无补。时至康熙十三年（1674 年）甲寅，"天地会"成立。这是以光复明代为宗旨的秘密结社，其要义："三点暗藏革命宗，入我洪门莫通风。养成锐势从仇日，誓灭清朝一扫空。"[1] 这种"洪家兄弟通四海"的

----

① 参阅：《国立北平图书馆馆刊》第八卷，第四号

组织口号，极易迎合社会大众之心理。于是，"天地会"从福建深山中的一个小寺，蔓延至珠江流域，再至长江流域，并渐成一个庞大的反政府组织。天地会之外，"白莲教"的活动亦十分著名。此教本为元末汉族志士假借佛教之名，并"以驱逐胡元"为宗旨而组成的秘密结社。明亡以后，此教又以"兴汉灭胡"为旗帜。至清时，白莲教与天地会殊途同归，负担起反清的运动。是运动，当然可称为革命。

当时的中国，北方以白莲教为领导，南方以天地会为倡导，书写了血色的反清记录。乾隆五十一年（1786 年），天地会由林爽文首先起事于台湾，与清兵血战一年。乾隆末年，白莲教刘之协假称明裔朱姓，密谋起事。就全国范围来看，仅《东华录》中谕旨内容所涉及的，计有：

1841 年，湖北崇阳县人钟人杰，聚众三千人，设立都督大元帅府，自称钟王，攻占崇阳、通城二县，次年始平定。

1843 年，湖南武冈人曾如炷、曾以得，因阻米出境，聚众戕官，据守洪崖洞，谋起事，旋被捕。

1844 年，台湾嘉义县人洪协，与武生员郭崇事聚众二千余人谋起事，旋被捕；又湖南耒阳县段、阳二姓，因抗粮起衅聚众千余人，由阳大鹏统率进攻县城，经月始平。

1845 年，山东捻匪滋事，聚众拒捕，与官兵接仗。

又广东各家土匪四起，谕军机，谓："……有人奏称广州府一带土匪，劫掠为生，结党聚会数万余人；其著名积匪，如香山、新会、顺德等地，姓名皆历历可数；上年查拿之卧龙、三合等会匪，搜捕未净，嗣后复有新安、新宁各县匪徒，在香山之港口及隆都乡，引人入会，千百为群，肆行无忌；又香山、下沙地面，近来匪类渐多，地方文武，不肯实力查拿，以致农民不安耕作……又香山县城以外，自上年冬至今年春夏之交，报劫者不下数千案，并有香山巡检鲁凤林被盗劫去，剃须勒赎等语。"

1848 年，谕军机，谓："有人奏广西盗窃各案……北流县境有陈、李二姓，于道光二十六年为盗匪掳掠，横州所属南乡墟地界，本年五月内有商船二十余号，并遭劫抢，计赃一万余金……著桂府郑祖琛认真查办。"

以上是见于谕旨官书的。但当时一班大小官吏，仍皆以文饰隐蔽为务，能瞒则瞒，不能漏也漏，朝廷所知之乱，百不过二三。官书可以说是群盗如毛，记载可谓是烽烟四起。广西各境，如庆元的钟亚春，柳州的陈亚癸、山猪羊，武宣的刘官芳、梁亚九，象州的区振祖，横州的谢江殿，都是著名的会党首领，号称拥众千万。曾国藩奏曰："湖南会匪自粤逆入楚，大半附之而去。然犹有'串子''红黑''边钱''香会'等成群啸聚，如东南衡、永、郴、桂，西南宝庆、靖州，万山崇薄，为卵育之区。有司亦深知其不可遏，特不欲其祸自我而发，相与掩饰弥缝，苟且偷一日之安……"①

道光末年，魏源痛论：

> 楚粤边郡，奸民为天地会，缔党歃约，横行乡曲。小剽掠，大擅杀，各有名号。兵役皆其耳目羽翼，一呼百诺，吏不敢问。金龙起事，即戕杀会匪，故会匪不附。而郴桂两粤奸民已所在蠢动。州县借籍军兴团练，随时禽治渠魁，又瑶平迅速，故幸未生变。然党与蔓三省，遁逃薮聚，论者谓边防隐忧在苗瑶之右。（《圣武纪·卷七》）

农耕文明之中，农民因田地分散，农事劳作皆以家庭为单位，村落聚居，亦因间隔较远，不易组合。但是，农民一旦组织起来，不论以何理由，也不论以何方式，只要是有人呼，必然有人应，这是一件十分重要的事情。中国的历史，夏商周不知道，唐宋元明清大抵都是这样。成王败寇，农民兄弟看得十分清楚。政权兴替，朝代更迭，概莫如此。有组织的抗争，最容易造成社会的震荡及瓦解，从而导致一代又一代的王朝灭亡。清代的覆亡，也是如此。究其原因，虽多种多样，但其本质都是一样的。

郭嵩焘《养知书屋文集·卷十》：

> 自汉唐迄今，政教人心，交相为胜，吾总其要曰"名利"。西汉务利，

---

① 李剑农：《中国近百年政治史》上册，中州古籍出版社，2016年9月版，第59、60页

东汉务名；唐人务利，宋人务名；元人务利，明人务名。二者不偏废也，要各有其专胜：好名胜者气必强，其流也揽权怙党而终于无忌惮；好利胜者量必容，其流也倚势营私而终归不知耻。是说也，吾于数年前及见之，曾以告胡文忠公，自谓笃论。故明人以气胜，得志则生杀予夺，泰然任之，无敢议其非。本朝以度胜，得志则利弊贤否，泛然听之，亦无敢议其非。一代之朝局成，而天心亦定。

历朝历代都有明白之人，政治风气靠明白人是改变不了的，独善其身能做到就不错了。如果再有一两条合理化建议，朝廷听与不听并不重要，青史留名才最为重要。当清朝的爵禄可以开卖之后，官员想不贪腐都难。

顾琮《请分繁简重名器疏》：

朝为白丁，上一千七百两，而暮则堂堂县令矣。再上一千两而先用矣。再上一千两而即用矣。通计不过三千七百两，即授一小县，而烟火万家司其政令，光荣极矣。（引自《皇朝经世文编·卷十七》）

这个捐纳制度，看起来是有经济收获，实际上则开了政治腐朽之门。

王命岳《惩贪议》：

臣闻致理必在惩贪，惩贪莫先旌廉。今天下吏治方饬，而纠墨之章日满公车。议者谓小吏之不廉，大吏导之也。至大吏之不法，又谁导之？臣于是不能为在内部臣讳也。盖其一能鬻朝廷之爵，而使天下无廉吏；其一能卖朝廷之法，而使天下之贞良无所劝，污黩无所惩也。夫天下无廉吏，而又善者无所劝，恶者无所惩也，几何不纵千百虎狼于天下，而尽吮天下之苍生哉！（引自《皇朝经世文编·卷十九》）

这是制度性的腐败，谁也无力为之扭转，徒生一声叹息。军事组织混乱无序，经济上混乱无方，所以，这种捐纳是停不下来的。乾隆即位不久，也曾一度下谕停止捐纳事例，但不久，江皖之灾，捐例又开。到了嘉庆、道光两朝，国力益敝，捐纳之事，屡开不已。清廷此时将捐纳已作为正常的营收，以此处理各种突发事件。又开特捐，如川楚、土方、工赈、豫东诸例，相继而起，已成常态。至于吏治，就顾不上这么多了。

罗尔纲先生在《太平天国史纲》一书中认为，在这样一个国家里，一方面朝廷有意以好利风气养士，另一方面卖官鬻爵成为常态，并且税收机关的分肥已成为制度性的安排，在这种风气下，政治贪污已然成为必然。当时督抚如国泰、王亶望、陈辉祖、伍拉纳、浦霖等，都投托和珅门下，贪赃枉法，侵亏公帑，动辄数十百万。嘉庆四年（1799年），和珅伏罪，其家产先后查抄，其值约八亿两。道光二十一年（1841年），又有库案发生，户部银库先后被司员通同盗蚀，共约银九百二十五万两。[①]

实际上，几乎所有支撑国家的重要支柱，都发生了动摇。这是看得见的，而看不见的意识形态，即信仰部分，更是让人忧心。

（四）

意识形态的滋生，往往是由地理环境决定的。中国的地理环境，在数千年的历史中，又是相对稳定的，也就是大陆型的。大陆型的环境，又有几种类型，中亚一带属于大漠大陆型，匈奴人、突厥人、蒙古人在此开拓并享受游牧经济；东欧是草原—森林大陆型，斯拉夫人在那里发展了半农半牧的经济。当然，在东方的满族人，也是这种文化类型，这实际上是一种过渡形态，它与作为主体的汉人集聚区，也就是湿润半湿润的大河大陆型，并不完全一样。恩格斯在《家庭、私有制和国家的起源》一书中指出："农业是整个古代世界的决定性的生产部门。"农业取得进步的地区，往往也是文化和意识形态首先得以繁荣的地区。

中国先民的主体，大约在六千年前后，就逐渐超越了狩猎和采集经济的阶段，进入以种植经济为基本方式的农业社会。《论语·宪问》："禹稷躬稼而有天下。"中原地区的古代部落，能长久地实现统治，也是发展农业的结果。这与游牧民族

---

① 罗尔纲：《太平天国史纲》，第27、28页

靠硬弓快马制服诸部落，还是有极大差别的。古代中国人的主体，也就是农民，大都被束缚在土地之上，日出而作，日落而息，凿井而饮，较少有流动的行为。这种周而复始的生产活动，这种定而不动的生活方式，使农民既能成为国家赋役的基本承担者，又成为社会上层建筑赖以立足的根基。这也就注定了中国文化在很大程度上的"农耕文明"属性。中国周边的少数民族，长期从事游牧经济，从先秦到两汉的戎、羌诸族，以及汉代的匈奴人、唐代的突厥人，到此后活跃在北方和西北、东北的契丹人，女真人、党项人、蒙古人、满洲人（由女真人发展而来），都是强悍的游牧民族，从而造就了与中原文化显然不同的草原文化。在历史的大格局中，草原文化与农耕文明反复碰撞，在融合与湮灭之中，产生出相对稳定的新的文化类型，即华夏文化。其生活方式及意识形态，均由此派生而出，成为社会心理和泛民族心理，使社会的精神结构得以搭建并着力维持，这是一个重要的前提。尊重并理解，社会即可稳定；鄙视及傲慢，社会极容易处于动荡之中。

农耕文明的意识形态，也有着鲜明的特点。一方面，由千百个彼此雷同、极其分散而又少有交换的村居和城镇组成社会，需要产生高高在上、君临一切的中央集权政治及统治思想，这就是所谓的"东方专制主义"。中国早在距今两千余年的秦汉社会，就确立了此种政体。欧洲到中世纪晚期，才出现类似的政体，这是东方式农耕文明社会的显著特点。另一方面，农耕文明和农业社会的发展，是依靠农业劳动力——农民的。农民"安居乐业"十分重要，一旦这种"安"与"乐"的状态被破坏，便有可能导致整个社会的崩溃。在古代中国，大多数的统治者均能悟出"以民为水""以君为舟"这样的概念。"民为邦本""使民以时"的民本思想，成为中国农耕文明中的一种传统思想观念和意识形态。但是，这种形态，与游牧民族的政治倾向及意识，有着相当大的差距。这种差距是由长期的生产方式与生活方式造成的，即使控制中原的少数民族，再如何努力地学习中原文化及农业性质的思想主体，这种差距还是显而易见的。

由农耕文明派生出的宗法制度，则是渗透到社会生活最深层的东西。严复在《社会通诠》一书的译序中，曾经指出：

天
局

　　自唐虞以讫于周，中间二千余年，皆封建时代，而所谓宗法亦于此时最备。其圣人，宗法社会之圣人也。其制度典籍，宗法社会之典籍也。物穷则必变，商君、始皇帝、李斯起，而郡县封域，阡陌土田，燔诗书，坑儒士。其为法欲国主而外，无咫尺之势。此虽霸朝之事，侵夺民权，而迹其所为，非将转宗法之故，以为军国社会者欤。乃由秦以至今，又二千余岁矣。君此土者不一家，其中之一治一乱常自若，独至于今籀其政法，审其风俗，与其秀桀之民所言议思惟者，则犹然一宗法之民而已矣。[①]

　　宗法制度在中国根深蒂固，不仅由于氏族社会解体极不充分，还由于此后自然经济长期延续，"鸡犬之声相闻，民至老死不相往来"的生活，构成中国社会的细胞群。这些村社中又包含家庭宗族与邻里乡党两大环节，由家庭而宗族，组成社会，进而成为国家的基石。这种社会结构，给宗法制度、宗法思想的迁延、流衍提供了丰厚的土壤。但是，如果遇到异族侵入，则极有可能转化为对抗性的体系组织。因为，宗法制度下的社会集体心理，首先表现为对祖先的顶礼膜拜，"天、地、君、亲、师"五位一体，是中国人普遍敬奉的神主。但是，更重要的是"君子之事亲孝，故忠可移于君；事兄悌，故顺可移于长；居家理，故治可移于官"（《孝经·广扬名》）。宗法家族是"国"与"民"的中介，而异族异君，则极难获得宗族的集体认同。

　　总之，在一个半封建的暖湿带大陆上繁衍起来，以农业经济为生存基本手段的家国一体的宗法社会，遇到了以草原游牧民族文化为主体的极具侵略性的民族，双方的冲突，彼此的文化认同感，以及普遍的社会意识形态，都会发生激烈的博弈。在王朝建立的初期，可能会因为一方的强势而使另一方暂时地妥协。但是，到了王朝的后期，各种统治手段皆用尽，并且，统治能力日益疲惫的时候，另一方的

---

　　① 复旦大学历史系：《中国传统文化的再估计——首届中国文化学术讨论会（1986年）文集》，上海人民出版社，1987年5月版，第95页

反弹可能会更加强烈一些。此时，对抗的方式就会由所谓的意识形态，上升为民族之间的矛盾。

罗尔纲先生指出：

> 在文化方面，自雍正、乾隆以来，文字之狱、禁书之令，一时纷起，文网密布，检章摘句，稍有不当，即指罪而诛，又企图以高压手段消灭汉人的种族思想。可见满人处心积虑处处都严守着满汉的大防，以征服者的地位来宰割汉族。但是，汉族虽给满人如此的任意来宰割，而这个源远流长泱泱大民族，不但不因受异族的统治稍有屈服，反之，内潜的民族意识，却因受了异族的压迫而发扬光大起来。[1]

这是气话。但是，以当时的社会形态，不仅是现实之一种，而且是造成现实动荡的主要一种矛盾。

传统中国的现实命运，就是一个强烈的认同危机，也就是意识形态的危机。由传统中国所创造出来的整个价值体系，无法阻挡来自北方（那是少数民族），还有西方（那是外来列强等）的侵蚀，而始终面临着崩溃的态势。这种态势渐渐成为一种动荡的循环。在这种情况下，源远流长的文化传统，在某些方面和濒临断层的集体记忆，形成了一个鲜明的对比，从而使一些社会动荡极难消失，也使一些文化差异极难弥合。实际上，中国的近代历史有着许多断层，每隔五年、十年，就会发生一次根本性的崩溃。这种断层时期的转折或折腾，极易造成社会的窒息。这种文化心理的构建，也使得现代中国人相对缺乏统一的、明确的、持续的归属感。

（五）

乱局之中，没有最乱，只有更乱。而这种更乱之处，在两广，即广西与广东。

广西旧称"瘴疠之区"，明代初年为流放罪人之场所。其大部分区域由当地

---

[1] 罗尔纲：《太平天国史纲》，第20页

土司统领，后逐渐改土归流，清末尚有始设州县者，其省多山，土壤硗瘠。境内原有苗人、狼人、瑶人等杂居，其人名称繁多，而统领为苗瑶，生活未脱野蛮人之状态，有所谓身体强健、愍不畏死之传说。其人深受环境影响，轻身好斗，且又迷信极深，苟人得其信心之后，则虽为之赴汤蹈火，亦在所不辞。广西东部桂平、武宣一带，山势高峻，蜿蜒千里，古称猺山，地为天险。其附近居民出入山中，登高如履平地，敏捷如猿猴。其人有土著客民之分，巡抚周天爵曾奏朝廷："初粤西地广人稀，客民多寄食其间，莠多良少者，结土匪以害土著之良民。良民不胜其愤，聚而与之为敌，黠桀者啸聚其间，千百成群，蔓延于左右江千里之间。而其原因州县不理之曲直，邪教见民冤抑之状，因好鬼之俗，倡为蛊惑之辞，盖自道光二十二三年，祸基已兆。"[1]

杜文澜《平定粤寇纪略》：

> 广西去京师四千六百余里，五岭西偏，蛮夷杂育，丑类素易啸聚。唐时黄巢肇乱，编筏浮湘水逾江而东，渡淮而北，祸遍天下，发轫实维桂州。桂即今广西省会也。我朝声教所讫，反舌、裸身之国，雕题、黑齿之乡，罔不航宝梯琛，稽颡交臂，即间有边隙，一经挞伐，克日荡平。……初，道光二十七年，粤西岁饥多盗，巡抚郑祖琛严檄缉治，不能戢。适有湖南叛民雷再浩扰至粤境，盗乃益肆。柳、庆、思、浔及南宁、梧州各郡尤甚，按察使劳崇光驰往捕治，南路稍平。二十九年，新宁逆民李沅发复窜及柳州、桂林。三十年四月，沅发回新宁，甫就擒。而粤贼复蜂起，有陈亚癸、欧祖润、山猪箭、颜品瑶等各率党羽数千，四处劫掠。[2]

这一地区的治安状况，可用此起彼伏来形容。造成这一局面的，固然有山高林密、民风彪悍之因，但更大程度上是明显的官逼民反，民还真的不得不反。所

---

[1] 陈恭禄：《中国近代史》，第 111 页
[2] 太平天国历史博物馆：《太平天国史料汇编》第一册，凤凰出版社，2018 年 6 月版，第 7 页

谓土匪，在官则言匪，在民则称勇。官无能力维持境内之安宁，于是乡民只好创立团练。于是，所谓的秘密组织蜂拥而起，揭竿灭官，其狡黠者，就相聚为盗了。对于一个正常的社会来讲，这些非正常的组织横行乡里，遇到适当的时机，星星之火，可以燎原。按照罗尔纲先生的说法，这叫作"放任的统治"。

严正基《论粤西贼情兵事始末》：

粤西……吏治之不饬，则由于十数年前院司以文酒征逐为豪举，于地方惩办盗案之员，目为俗吏，或加之摈斥，有司讳匿不报，逆至盗势益张，涓涓不塞，终成江河，厥有由来。（引自《皇朝纪世文续编·卷八十一》）

都说一方水土养一方人。当时两广地区的"客""土"械斗，也十分有地方特色。"客"是指从广东嘉应州一带移民至广西的客家人，"土"是指广西的土著居民。土著以耕种为生，世代居住，代代相传。客家人来广西，亦以耕种为主，土地有限，客来就显得局促。客家人往往借土而耕，所以，到了人兴地隘的时代，双方难免会发生矛盾。农耕文明中，矛盾冲突一般都会使用生产工具，于是，持械相斗便成风俗。彼时，村落与村落，氏族与氏族，农民与农民，为了睚眦小怨，都会棍棒相见。于是，此一事怼，彼一事打，此一村怨，彼一村恨，各自结党寻仇，打得不可开交。此时，有心人，那些本欲反抗既定社会秩序的人，可能是农民，可能是地主，也有可能是知识分子，抓住时机，扩大自己的势力，形成与既有秩序相抗衡的组织。

最有意思的，还是客家人。他们精耕细作，通晓经商，入桂之后，形成了"逢山必有客，无山不住客""无东不成市，有烟必有市"的格局，推动了地方经济的发展。但是，在有限的资源空间内，必然挤占了当地土人的资源，出现了"客强主弱"的现象（魏笃《浔州府志·卷四》）。再加上"客家人无论迁徙何地，乡音不改，习俗难易，其族党之谊甚笃，遇有仇敌即好勇斗狠，一呼百诺，荷戈负锸而至，憨不畏死。"（温德浦《武鸣县志·卷四》）双方以血缘、地缘关系为纽带，各方营垒，相互对立。"田州属之八角山因客争雄，各集亡命，肆行焚劫。"（温德浦《武鸣县志·卷十》）

天
局

客与土之间的矛盾，极难划归阶级矛盾或民族矛盾，它只是在特定区域内的氏族矛盾。这种矛盾给社会造成了动荡，虽然是根深蒂固，极难改变，但是，它的确考验着地方治理的水平。对清政府而言，在地方治理这一块，恰恰又是最为差劲的。

清政府在广西的治理状况，极为不佳。官员少，驻军少，经费少。从全省的范围看，县的建制较少，面积颇大，对偏远地区肯定是鞭长莫及。内地官员，特别是北方官员，均不愿来"瘴乡"就职。咸丰元年（1851 年）八月，新任广西巡抚邹鸣鹤在细询乡绅后，向皇帝上奏："（广西吏治之坏）由于庸劣牧令自甘暴弃者，十仅二三。由于边荒地瘠，困苦异常，吏役稀少，有呼无应，牧令以官为传舍，且以官为桎梏，相率苟安，旦夕畏避思去者，十之六七，此弊积渐甚久。"①

此外，广西还是南方最为贫瘠的省份。道光末期，"粤西额征钱粮通计四十万有零，本省绿营兵饷岁需四十二万余两，既属不敷；其关料杂税不及十万余两，支给文武员弁廉俸及祭祀、书役、工食等项，亦多短缺。常年征收足额，尚须外拨接济"②。事实上，由于外省协济银通常都不能足额到位，部分州县正常开支都十分困难，治理更是无从谈起。再加上"州县各官，胆大贪婪，任听家丁者十居八九，百姓受其欺凌，终无了期，往往铤而走险。奴才日接呈词数十张，多系控告书差、家丁舞弊者。……粤西至匪蓄谋已非一日，缘大吏因循、州县逼迫所致"③。

这里的原因十分明了。地方民众积怨深，地方官府无力治理，再加上民风尚武，会匪纷起，矛盾爆发只是时间问题。这种矛盾，是由社会阶层纷争而引起，其定性还应是民间滋炽骚动。

清代学者杜受田认为：

粤西贼匪为患，自道光初年各府州县已有结盟联会，匪徒隐成党羽，

① 中国第一历史档案馆：《清政府镇压太平天国档案史料》第二册，光明日报出版社，1990年 3 月版，第 227 页
② 严正基：《论粤西贼情兵事始末》，载《太平天国史料丛编简辑》第二册，中华书局，1962 年 3 月版，第 5 页
③ 《赛尚阿奏折》，《清政府镇压太平天国档案史料》第二册，第 79 页

私逞强梁。逮自道光二十五六年间，左右江及府江接境广东等地盗风滋炽，行旅成途，于是劫物伤人掳人勒赎之事所在有闻。……凡贼自广东来曰"广匪"，又曰"广马"；出本地者曰"土匪"，又曰"土马"。广匪率多悍勇凶横，土匪多由裹胁附从。凡至一处，必先投书勒索多银，号曰"打单"。及至群哄搜刮财物，号曰"开合"。①

土匪之名由此而来，看来这是渊源。与土客之间的械斗相比，这种勒索抢掠活动，对社会危害更大。虽然他们并非针对官府，但是，动荡的是社会的基本秩序。当时有一首歌谣："贼去兵方至，兵来贼已空；不知兵与贼，何日得相逢？日日皆防贼，村村望发兵；谁知兵更恶，杀掠不容情。"②

客土的械斗，兵匪的滋扰，物产的贫瘠，缺兵少饷的窘境，如此种种，社会如何太平呢？在这种环境中，人们怎么能不用暴力的手段去寻求太平呢？

清代龙启瑞《上某公书》：

> 窃念粤西近日情事，如人满身疮毒，脓血所至，随即溃烂，非得良药重剂，内扶元气，外拔毒根，则因循敷衍，断难痊愈，终必有溃烂不可收之一日。（《经世堂文集·卷六》）

杜受田《奏陈两广起事情形并剿捕方略》：

> 不惟一方糜烂可忧，他省之蔓延尤可为虑。③

可谓一语成谶。

严正基《论粤西贼情兵事始末》：

> 近年盗贼充斥，人民离散，除蠲缓外，完纳不过十之五六，愈形不足。近年左、右江面不靖，关税短缺，大吏亦不能自给，州县疲惫日

---

① 中国第一历史档案馆：《清政府镇压太平天国档案史料》第一册，社会科学文献出版社，1992 年 5 月版，第 206 页

② 罗尔纲、王庆成：半窝居士《粤寇起事纪实》，载《中国近代史资料丛刊续编·太平天国》第四册，广西师范大学出版社，2004 年 6 月版，第 3 页

③ 中国第一历史档案馆：《清政府镇压太平天国档案史料》第一册，第 207 页

甚。军兴时借公济私，尚可支持。今请领无款支发，盗多民困，征粮则民多抗欠，失事则官即逮褫。州县不愿到任视事，每下檄严催，始行登程。民不聊生，官亦不聊生，可为太息。[1]

一个社会，如果到了"民不聊生，官亦不聊生"的地步，是十分可怕的。黄体正有诗："六月新债催，十月新租急。两造谷穰穰，终岁无一粒。"[2] 于是，在客土械斗中得到的磨练，在抗击匪患中形成的团结，在对抗官兵中滋生的愤懑，最终成漫漶全国的动荡。

（六）

结语：晚清社会的乱局，是一个不争的事实，而且是真正地乱成了一团麻，很难有头绪。这个乱局，是否就是危局，不得而知。在此乱局中，这样一些有关太平天国的答案，需要因此明确。在研究太平天国时，许多人极难明白的道理，便会从整个过程中去寻找。但是，其基本的东西，一定在初始。天国理论中并无"初心"二字，但初始的局面，往往会决定性质以及过程，包括最后的结果。结语并非结果，也非结论，只是一个初始的判断。晚清的乱局，细细梳理下来，就会从中寻找出这样几个问题的答案。

一是"必然"还是"偶然"。晚清乱局中的政治、军事、地缘、民族、对外关系等诸因素，看下来，并非必然会催生出像太平天国这样规模的动荡。这其中的偶然因素，的确多于必然因素。对于结果来讲，必然与偶然并不重要；对于过程来讲，必然与偶然都是痛苦的经历。因为其偶然性，所以，清政府极度痛恨太平天国，甚至到了令人发指的地步，这就不难解释了。人们容易接受必然的结果，但都会下意识地拒绝偶然的局面。历史事件的偶然，在历史长河中一定有它的

---

① 太平天国历史博物馆：《太平天国史料丛编简辑》第二册，第5—6页
② 黄体正：《带江园诗草·卷一》，中华书局，1978年9月版，第41页

必然性。这不是宿命论，也不是《推背图》所能阐释的。

二是"正义"还是"正当"。对于正义与非正义来讲，历史本身与历史研究者，往往会给出不同的标准。前者是事实，后者是判断；前者是客观，后者更多的是主观。正义中的"义"，更多的是大义凛然的"义"，是一种气概或态度，并非对错。而正当性中的"当"字，则是有是非的。对于晚清政府来讲，太平天国谈不上正当，但从统治者与被统治的关系来讲，被统治者的反抗，天然具有正义性。无论是政治的角度，还是历史的角度，太平天国的这一段历史，不仅有其正当性，其中亦有其正义的内涵。

三是"革命"还是"夺命"。革命是一种运动，夺命是一种方式。就晚清乱局而言，社会反抗、民族抗争、氏族纷争，并不能称为革命，即使这种反抗具有最为华丽的外表。其实，革命本身也是一个中性词。革命的本质终究是一种手段。在每一个稳定的社会秩序中，最为需要的则是续命，是维持这个社会的统治，而并非去追溯它的合理性。特别是清代末年，经过二百多年的民族融合，满与汉就像后来的满汉全席一样，并不能分出谁是满馐，谁是汉馔。而对革命的定义，一个政权取代另一个政权，大多以夺命的方式进行。这里所夺之"命"，既有"性命"，更是"命脉"。

四是"无能"还是"无知"。徐广缙称晚清两广总督郑祖琛，"世故太深，周旋过甚，只存市恩之心，全无急公之义，且年老多病，文武皆不知畏服"①。而徐广缙本人接替赛尚阿出任钦差大臣，又被咸丰帝斥"军情缓急，但凭禀报，如在梦中"②。这种运转失灵，弊端丛生之态，并非一日之寒。因此，从晚清政府来讲，其乱之根，仍然是"无能"及"无知"。中国的历史上，历朝历代到了晚期，大都如此。否则，旧朝的结尾，新朝的替代，也不会如此的周而复始。如果都有"能"，都善"知"，改朝换代的难度就会更大一些。

---

① 徐广缙：《奏本》，载《清政府镇压太平天国档案史料》第一册，第27页

② 同上书，第68页

天
局

五是"乱世"还是"危势"。平心而论，太平天国并未从根本上动摇清王朝的统治。虽然坚持了十多年，纵横了十数省，就其军事和政治影响力来讲，此乱非彼乱，此乱尚未成危。清代最后的毁灭和消失，是始于它的后期，也就是太平天国失败以后的数十年。所谓的变革和维新，恰恰是革了自己的"命"，维了新时代的"新"。社会的动荡，其本身的破坏力是由外而内的，容易持续一段时间；社会的毁灭，往往是由内而外的，消逝也就是一瞬间的事。这个道理，被普遍证明过。

晚清重臣李鸿章《临终诗》：

　　劳劳车马未离鞍，临事方知一死难。三百年来伤国步，八千里外吊民残。秋风宝剑孤臣泪，落日旌旗大将坛。海外尘氛犹未息，诸君莫作等闲看。

晚清危局之中，即便有才干者如李氏之人，也无力回天。这是当局者对乱局最好的注解。

第二章

入局

（一）

社会发展的规律之一，就是趁乱好入局，乱局可添新局。因此，乱局可能更乱，而入局者，也就有可能获得自己想要的东西。对于洪秀全来讲，这一刻，他并不知道自己想要什么。

如果把历史比作是一场牌局的话，首先需要介绍的，是持牌者。这个人，名字叫洪秀全。对于今天的人们来说，这已是十分陌生的名字。但对于一百七十年前的那段历史来说，此人叱咤风云，威震四方。

美国历史学家史景迁，在其《太平天国》一书中，这样写道：

洪秀全和太平天国是中国历史上最诡奇的人和事件之一。19世纪初，洪秀全生于华南一个普通农家，做过村里的塾师，当时传入中国的西洋思想让年轻的洪秀全深为着迷，其中以某些基督教教义影响他的命运最深（有一群新传教士和当地信徒专心把《圣经》和一些阐释教义的文字译成中文）。洪秀全刚接触这个宗教不久，但他内心有一部分与时代的脉动相契合，使得他对基督教里头的一些要素作了字面上的理解，深信自己是耶稣的幼弟，天父交付给他特殊的使命，要把神州从妖族的统治下解救出来，带领着选民，到他们自己的人间天堂去。

洪秀全怀抱着这种千禧年式的信念，从1840年代末开始纠集一支

"拜上帝教"信徒，到了 1850 年汇成太平天军。洪秀全带领这支军队，转战华南华中，攻无不克，但也生灵涂炭。1853 年年中，洪秀全麾下的水陆联军攻克了长江重镇南京，把那只存在于经文上，出于想象，扎根于土地的社会，创建为他们的太平圣地，并以此作根据地达 11 年之久，直到 1864 年为止——其间有两千多万人或战死，或饿死——洪秀全及其残兵则死于兵燹饥馑。①

然后，史先生还给出了分析：

洪秀全及其信徒在一种天启式的灵视（apocalyotic visions）之中步上这场惊心动魄的大浩劫，其根源可追溯到公元前 2 世纪。在这种灵视出现之前，许多文明盛行的是不同的信仰模式——在埃及文明、美索不达米亚文明和印度–伊朗文明中尤其明显。照之前的这种信仰来看，宇宙是秩序、繁荣与黑暗、混乱、毁灭这两种力量之间脆弱但又僵持不下的平衡。②

这个概括是简洁的，但这个分析显然不准确。

罗壬《平发逆志》：

洪秀全者，广东花县人也。身痴肥，略识字。父母早逝，素饮博无赖，以演卜游湖、湘间。先是广东奸民朱九涛倡上帝会，秀全及冯云山师之，旋以秀全为教主。道光十六年，秀全、云山游广西，匿桂平、武宣接壤鹏化山传其教。教中口号三八十十一，盖以洪字拆之也。每日诵赞美，七日一礼拜。丁酉春，秀全诈病，诡言死七日而苏，能知未来事。谓举世将有大灾，惟入会拜上帝可免。拜上帝者，各纳银五两为香赀。凡入会不称师徒，而曰兄弟，遇妇女则曰姐妹，意不欲人自贬，则易广其传，故亡命之徒皆乐从其事。秀全自知无术，不足惑众，乃托名西洋教。彼

---

① （美）史景迁：《太平天国》，第 1 页
② 同上书，第 2 页

教所崇为耶苏，秀全欲驾而上之，撰天父名目，谓天父名耶火华，以耶稣为长子，秀全为次子。复与冯云山等造真言宝诰，密为传布。愚民被惑，附从日多，敛赀亦渐巨，潜蓄而萌逆志，蚁聚金田村。[①]

魏秀仁《咄咄录》：

国侨有言："人道迩，天道远。"夫天道亦何尝当远者。道光二十九年己酉四月二十四五日，日旁巳小星，或云太白昼见，盖粤乱于其时矣。粤乱始自李世德、元德。两逆平后，洪秀全接踵而起。秀全，广西浔州府桂平县人，祖籍广东花县。生于嘉庆十七年壬申，痴肥，略识字。父国游与母均早死。素无赖，初挟拆字法及命数蛊惑乡民，后召集亡命，护送鸦片为生，往来两粤及湖南边界。土匪杨秀清、萧朝贵、冯云山皆其党也。先是剿办英夷，秀全等旁觑营务废弛，潜萌不轨，云山遂传教于胡以晀村内。当时歃血为盟仅三十余人。嗣夷务议和遣散之勇多归之，所聚亦不过三百人。而地方官以访缉为辞，至今秀全等伏匿深山，蓄发尺许，犹未起获。未几，而李沅发滋事，巡抚郑祖琛招敢死勇，云山传教之众且出而应募，其打仗比官兵得力，坐是骄横不可制。有石达开者，居大校村，家富饶，贼假其资十余万起事，僭封翼王。又有韦昌辉者，博白监生也，因谬悬登仕郎匾额，官绅叠次讹诈，遂献银于贼，僭封北王。[②]

这些记载，显然是官方手笔，记其事亦辱其名，但因是当时之人记当时之事，恐怕大致准确。至于阶级立场，肯定是有问题的。此类记载，在文字狱盛行的清代，即使到了晚期，亦十分恶心。以至于留下的史料，不知是官方文稿还是民间记载。到了后来，还走向了反面。

赵尔巽《清史稿·卷四百七十五·洪秀全列传》：

① 太平天国历史博物馆：《太平天国史料汇编》第三册，第965页
② 同上书，第1100页

天
局

洪秀全，广东花县人。少饮博无赖，以演卜游粤、湘间。有朱九畴者，倡上帝会，亦名三点会，秀全及同邑冯云山师事之。九畴死，众以秀全为教主。官捕之急，乃往香港入耶稣教，藉抗官。旋偕云山传教至广西，居桂平。时秀全妹婿萧朝贵及杨秀清、韦昌辉皆家桂平，与相结纳。贵县石达开亦来入教。秀全尝患病，诡云病死七日而苏，能知未来事。谓："上帝召我，有大劫，惟拜上帝可免。"凡会中人男称兄弟，女称姐妹，欲人皆平等，托名西洋教。自言通天语，谓天父名耶和华，耶稣其长子，己为次子。嗣是辄卧一室，禁人窥伺，不进饮食，历数日而后出。出则谓与上帝议事，众皆骇服。复造宝诰、真言诸伪书，密为传布。潜蓄发，藏山菁间。喉人分赴武宣、象州、藤县、陆川、博白各邑，诱众入会。[1]

《清史稿》相对公允，将洪秀全与曾国藩、左宗棠、李鸿章等人单独立传，以显其重要性。这里的重要，是差一点颠覆清王朝的重要，与其他的所谓中兴名臣还不太一样。《清史稿》是这样给出对洪秀全本人的结论的：

成则王，败则寇，故不必以一时之是非论定焉。唯初起必托言上帝，设会传教，假"天父"之名号，应"红羊"之谶，名不正则言不顺，世多疑之。而攻城略地，杀戮太过，又严种族之见，人心不属，此其所以败欤？[2]

这个失败的结论，下得有些过早，但对洪秀全的评价，还是十分到位的。作为历史人物的洪秀全，一定有他本来的面目。

男人在对待权力的问题上，往往会表现出最为根本的东西。

洪秀全《诰谕天下不准称皇帝称大哥诏》：

天王诏曰："咨尔清胞，名份昭昭；诰谕兵士，遵命遵条。普天

---

① 赵尔巽等：《清史稿》，第 12863 页

② 同上书，第 12966 页

之下，皇帝独一，天父上主皇上帝是也。天父上主皇上帝而外，有人称皇帝者，论天法该遇云中雪也。天下大哥独一，天兄耶稣也。天兄耶稣而外，有人称大哥者，论天法该过云中雪也。继自今昭明天下，以后犯者勿怪也。钦此。"①

这个称谓，既有宗教的背景，也有人间的烟火，更有洪秀全对权力的理解，恰恰是我们理解他的钥匙。

洪秀全《永安封五王诏》：

天王诏令："通军大小兵将，各宜认实真道而行。天父上主皇上帝才是真神，天父上主皇上帝以外，皆非神也。天父上主皇上帝无所不知，无所不能，无所不在，样样上，又无一人非其所生所养，总是上，总是帝。天父上主皇上帝而外，皆不得僭称上、僭称帝也。继自今，众兵将称朕为主则止，不宜称上，致冒犯天父也。天父是天圣父，天兄是救世圣也。天父上主皇上帝是神爷，是㪣爷，前此左辅、右弼、前导、后护各军师，朕命称为王爷，姑从凡间歪例，据真道论，有些冒犯天父，天父总是爷也。今特褒封左辅正军师为东王，管治东方各国；褒封右弼又正军师为西王，管治西方各国；褒封前导副军师为南王，管治南方各国；褒封后护又副军师为北王，管治北方各国；又褒封达胞为翼王，羽翼天朝。以上所封各王，俱受东王节制。另诏，后宫称娘娘，贵妃称王娘。并钦此。"②

刚刚开始革命征程，先把权力分配清楚，后宫安置妥当，这并不是纯粹的农民意识，而是渗透着外来宗教观以及本土封建意识，包括世俗社会人情的复杂决定。正是这种最初的决定，让洪秀全走出广西，走向清王朝的对立面，并走到中国近代史的开端。

如果说权力观是一种本能，那么，宗教规则是后天学习的。无论如何伪饰，

---

① 太平天国历史博物馆：《太平天国文书汇编》，中华书局，1979年8月版，第41页
② 同上书，第35页

这一点，不太容易瞒盖得住。在古代中国，追求知识的过程虽然痛苦，但由于科举这一制度设计，使得拥有知识，通过举仕即可获得权利，这种追求不仅被允许，而且是被鼓励的。洪秀全16岁起，先后参加四次科举考试，均名落孙山，这是对传统读书人最致命的打击。至于这种落第的愤怒是如何转化为制度的对立面的，原因也不复杂。当个人的感受转化为对社会的不满情绪的时候，只能借助于宗教，至于生了一场病，做了一个梦，读了一本书，这种戏剧性，是需要漫长的社会认知及心理建设的。

以宗教的面目出现并入局，不仅是形势的需要，更是切合了洪秀全本人的异禀天赋以及性格特质。

简又文《太平天国革命运动史》：

> 从偶然地接触到基督教开始，洪秀全从信仰中发展出了自己一生的事业，即以基督之名统治中国，完成消灭一切异教偶像，并在对唯一真神的敬仰中团结人民的神圣事业。尽管满人也有相似的君权神授主张，但洪秀全却大胆地努力在世俗界中实现属于神的天国；并且因为对神的热忱，毫不畏惧牺牲自己和亲族的生命。在很短的时间内，这种新宗教的信奉者从寥寥数人发展成了一支庞大的，立志推翻清朝统治的革命军队。这支太平军始终坚信基督教上帝的真实存在，他所应许的王权以及他的绝对权力：恪守十诫，日日敬拜；他们的宣言、文件、宣传册、书籍、公报和通信中充满了典型的基督教风格的措辞和用法；他们在与外国使团的交涉中一贯秉持的基本原则，即是对上帝为父、世人皆兄弟的坚定信仰。洪秀全本人与其他太平天国领袖一直坚持基督信仰，至死不渝。忽略、低估太平天国运动的宗教本质和它的基督理想，或者如其他一些史家将其宗教性归结为无奈的权宜之计，都是错误地理解了太平天国运动的这一本质。①

---

① 简又文：《太平天国革命运动史》，王然译，九州出版社，2020年11月版，第7页

在人类社会有组织体系以来的历史中，宗教体系不仅历史悠久，且结构缜密，有着特殊的黏合性及稳定性。历史上的宗教建设，无一不是从组织体系建设开始的，并将组织和动员能力推向极致。简先生的这个论述，有其独到的一面，但也有其局限的一面。可以肯定的是，在太平天国的初始阶段，在洪秀全倡导并推广他的思想的起始阶段，其宗教的性质，无疑起到决定性的作用。

但是，仅用宗教性是无法概括太平天国起事的真正动因。洪秀全的基本身份，并不完全是宗教领袖。他的知识结构中最让人惊异的，的确是宗教的强烈倾向。太平天国的确是以宗教起家，以宗教立国，其核心信条的确是独尊上帝。这其中，当然有宣传和鼓动的成分，但是，也的确有着十分突出的自身信仰。他是真信，也是真迷。只不过，他又用自身的知识结构对此加以改造，他虽然搬来了上帝，但是却颠覆了基督教的基本信条，并揉进了儒家学说及中国民间宗教的东西，带有鲜明的形而下的东西。太平天国不是宗教组织，洪秀全的目标也并非宗教领袖。宗教在这里，既是目的也是手段，既是过程也是结果。从这个角度来看洪秀全的传道、布经、以及礼拜，包括他要求的入伍新兵都需要经历的洗礼仪式，就比较客观了。

客观的历史是历史，具有强烈情感倾向的历史，也是历史。二十世纪五十年代，范文澜先生认为太平天国使旧式的农民起义的面目为之一变，揭开了旧民主主义革命的序幕，是中国历史上第一次提出政治、经济、民族、民权四大平等的革命运动，已然成为学界的主流观点。但是，由于过于溢美，似乎也站不住脚。

实际上，宗教只是一种外衣，在这件外衣下，是洪秀全本人的斗争性以及作为暴力理想主义者的诉求。简又文《太平天国革命运动史》：

> 然而，有一点变得愈来愈明显，那就是洪秀全的传教方式被他自己火爆的脾气和偏狭的性格染上了暴戾。只要有人拒绝接受传播的新信仰，就会遭到他的苛评，甚至是直接的诅咒。这种战斗性在现实中也有着实在的象征，洪秀全回到他的表兄李敬芳的村子后，二人就会佩戴一把特制的"斩妖剑"。洪秀全在这一时期所作的文字材料中已经展现出

对威压和武力的依赖，这也是将来太平天国革命运动的一个显著特征。[①]

大多数宗教的发展，都不是和风细雨的。人类历史上的宗教纷争，其血腥性及残酷性，远远超过国与国、民族与民族之间的纷争。因此，宗教的安宁，大多是纸质的。宗教的信仰，有时真的是伴随终身的。维持和不断强化这种信仰，有时，也是对人性的极致考验。

实际上，洪秀全所憧憬的"地下太平，人间恩和"，的确有改造社会的具体构想。国号为"太平天国"，也是理想社会的集中体现。基于世人灵魂均来自上帝的说法，也的确是基督教的要义。所谓的"天下一家"，具有"均富贵"的理念，与共产主义有点类似。由此引申而出的"人皆兄弟""民胞物与"等理念，也的确有基本人权的思想内涵。再加上《天朝田亩制度》对经济社会生活的重新设计，的确有社会革命的影子。以如此复杂的思维内涵与模式，切入当时极为严苛的社会政治环境，其生存状态如不采取非一般的手段，是无法苟活的。这里的极端形态，除了宗教疯狂以后，还有就是民族主义的情绪。

在入局之初，为了凸显其社会对立面和文化反叛者的角色，洪秀全的意识形态中，强烈的汉民族倾向是其鲜明的特征。他对于"严别华夷""兴汉灭满"的态度，源于对满族灭明的沉痛记忆。当然，更多的是源于对黑暗现实的义愤。洪秀全更是斥清朝统治者为"满妖""鞑妖"，号召民众奋发易服响应起义，廓清华夏。不过，到了清朝晚期，反满的口号并未引起过于强烈的响应。只是到了太平天国兵败，同为广东客家人的孙中山先生，又重提"驱逐鞑虏，恢复中华"，并一举在辛亥年推翻了清王朝，才使这一口号真正落到实处。

新宗教主义与民族主义，是洪秀全舞得上下翻飞的两杆大旗。作为旗手的洪秀全，具有领袖的气质，以及异于常人的性格，在舞旗时不仅挥洒自如，而且有意想不到的效果。

按照罗尔纲先生的说法，洪秀全是整天处在烦躁之中，这是他二十五岁那年

① 简又文：《太平天国革命运动史》，第24页

患的精神病的后遗症。早在金田起义的前两年，萧朝贵就假托天父的话语，来劝诫洪秀全。《天兄圣旨》戊申年十一月中旬，记天兄下凡带萧朝贵上天，天父对萧朝贵说："洪秀全是我子，有其父必有其子，我性烈，他性也烈。但朕在天上，他性烈在凡间，尔要劝他不可十分性烈，要看事来，要发令才好发令也。"《天兄圣旨》乙酉年正月二十一日天兄下凡，时洪秀全要从广西回花县家中，天兄谕他："洪秀全胞弟，尔回家中去，时或尔妻有些不晓得，尔慢慢教导，不好打生打死也。"这样婉转地劝洪秀全不要打老婆，也是醉了。洪秀全自己也意识到有时控制不住情绪，《洪秀全·天父诗二百二十六首》：

> 这个又冲，那个又冲，尔主哪得安乐在宫中？这个不然，那个不然，尔主哪得安乐在高天？这个又赦，那个又赦，尔主哪得乐管天下？这个又饶，那个又饶，尔主哪得安乐坐天朝？

看得出洪秀全并不快乐，但是，这就是领袖气质的一部分。[①]

按照简又文先生的说法，洪秀全成为太平天国革命运动领袖的最后一步，是他于 1847 年 3 月中间，与洪仁玕一同在广州拜访了美南浸信会的传教士罗孝全（Issachar J. Roberts）。罗孝全是在得知洪秀全奇怪的幻象，以及他的传教热情之后，邀请他来广州的。当洪秀全把自己的幻象以及他的亲身经历联系起来的时候，罗孝全从好奇转而变得惊异，他建议洪秀全更多地了解基督教的基本教义。于是，洪秀全与洪仁玕便在传教团中，开始读原著、学原文、参加服侍、考察教团的组织架构，吸收了很多内容运用在太平天国以后的实际活动中。一个月后，他们的盘缠用光了，才恋恋不舍地离开。离开时，罗孝全还派了两位教徒陪同他们返乡，主要是为了观察二洪的品行，来决定是否可以任命他们为自己的助手。后来，显然是由于罗孝全的短视，他放弃了自己原先的想法。这样，在中国近代史上，也许少了两位好的传教士，但是，多出了两位真正的叛逆者。他们逆行的背影，不仅轰动全国，而且震惊世界。

---

① 罗尔纲：《太平天国史》第三册，中华书局，1991 年 9 月版，第 1667、1669 页

天

局

洪秀全第一次研读《圣经》，是麦华陀（Walter H. Medhurst）和郭士立（Karl F. A. Gützlaff）的译本。他还有机会接触并熟悉了不同教团的传教士们所制作的宣传单页以及手册，这为他日后的意识形态工作奠定了良好的基础。洪秀全对其他一些传教士，尤其是那些专于教育和医药的传教士，印象极为深刻，那些传教士在传教过程中所表现出来的博爱与自我牺牲，引得了洪秀全的尊重，并开启了"天下兄弟是一家"的基本理念。洪秀全还从唱诗、讲道与查经等活动组织程序中，训练了自身的组织能力。在教义层面，洪秀全借用了郭士立"皇上帝"的术语，以及各种赞美诗和训诫语的形式。所有的一切，"似乎都在暗示着洪秀全所见幻象的真实性，并催促洪秀全尽快履行上帝赋予他的使命"[1]。

此时的洪秀全，已成为一名学习型的大师。他热衷宗教教义，善于将教义中的灵魂部分抽出来，与现实生活相结合。与此同时，他对宗教组织结构体系的逻辑，把握得十分准确，对其动员能力、推广方式，以及驾驭人心的具体方法，均有所涉猎。然后，以此为主要架构，用于军事活动。这种创举，不仅极其明智，而且十分符合当时的社会状况。这个时候，宗教已经不是洪秀全的目的，而真正成为一种手段。至于用这种手段去达到什么目的，此时的洪秀全仍未想好。毕竟，以一己之力去挑战整个社会，风险是极大的。

这里有一个十分奇怪的现象。基督教的教义中，有关暴力的成分并不多，而传教士的主要任务，并非弘扬暴力美学或人生观。但是，洪秀全却从中看到了暴力的作用，以及暴力的各种组织方式，并与所谓的传教活动完美地在偏远的广西地区结合在一起，宗教活动演变为一场暴力运动。这是真正的天才。实际上，从一开始，洪秀全就采取威压或者训导的方式，让人们转信新的信仰，把那些拒绝改变信仰的人视为敌人。同样，洪秀全认为激进地捣毁所有的偶像，也是他引领社会敬拜上帝的神圣使命。除了用诗歌这种浅显的方式以外，洪秀全更加迷恋直接用暴力的方式去捣毁既有的偶像，大肆破坏乡间的寺庙以及神坛。还有一部

---

[1] 简又文：《太平天国革命运动史》，第29、30页

分洪秀全的崇拜者，则开始用暴力的手段骚扰那些不肯信教的人。

民众对他们这种传教的方式，特别是对旧信仰亵渎方式，褒贬不一。许多村民对洪秀全及其信徒表现出来的敢于挑战偶像的勇气感到叹服，但是，大多数人仍是不解或有敌意。这种敌意逐渐演变成了村民和破坏偶像的信徒之间的零星摩擦。这些摩擦中体现出的战斗性，并由当地山区多年滋养起来的民风催生，逐渐形成了反抗社会的潜在力量。破坏既有的偶像，只是挑战既定社会秩序的一个开始。这个开始，首先是精神层面的。到了挑战既有的社会管理秩序，涉及个人的经济生活和政治认同，就是涉及根本了。不同偶像追随者形成的矛盾对立，完美地转化为不同阶层对统治者的利益诉求。这种诉求，离开了精神层面，放弃了和风细雨，从而形成了最为直接的挑战。以宗教之名，反社会之弊，在中国历史上，太平天国不是第一次，但是，是最为完美的一次。

因此，在太平天国入局之初，《劝世良言》不是重要的，"拜上帝会"也不是重要的。重要的是宗教信仰的鼓动性、宗教式的组织结构的严密性，以及捍卫信仰及组织的坚定性，在起事伊始，即被推向一个极端。

不是所有的宗教行为，都会转化为既有社会的对立面。相反，历史悠久的宗教行为或宗教派别，都能与现实社会达成和解，这也是各种宗教能够得以生存的理由。当宗教行为外化为对现实世界的挑战的时候，宗教本身就不再是目的，而是一种手段。洪秀全、冯云山发起的拜上帝会，从毫无公信力的宗教集会，成长为一个拥有两万多名信众，随时可以挑战既有社会秩序的强大组织，只用了五年的时间。可以讲，除了宗教组织的号召之外，任何组织均达不到这样的目标和效率。在这里，洪秀全的暴力美学性格，起到了决定性的作用。

革命所使用的手段，一定是暴力的。但是，并不是所有的暴力手段和行为，都具有革命的性质。关键是要看其动机与目的。至少，在太平天国入局之初，其革命的性质是十分突出的。它在理论上构建的理想社会，反映了大多数社会底层生命的诉求，特别是反映了广大农民的根本愿望。虽然，洪秀全本人，以及他的领导核心，大多也非农民。但是，在特定的社会条件下，他们成了农民的利益代言人，他们渴望发生的改变，至少在当时，不是个人的，而是集体的；不是眼前的，而是长远的。

宗教是一种社会化的观念体系和行为体系。不同的宗教都有着不同的观念及教义，这也就决定了其外在的组织形式也有着各自的特点。基督教的组织形式，也是随其宗教观念的变化而变化的。但是，宗教组织不论其教义如何变化，其组织形式的固定性以及推广方式的鼓动性，是所有社会组织中最为完善的，也是最有效率的。有意思的是，由洪秀全和冯云山设计出的这一套兼军事、宗教、行政于一体的"三合一"的组织模式，既是宗教活动的基本单位，也是所辖区域的生产单元。以信仰控制精神，以组织聚合能量，以挑战既定秩序为主要目标，这就构成了太平天国能够一呼百应、横扫千军的强大力量。从而不仅顺利入局，且开局大捷，令世人刮目相看。

瑞典学者韩山文，在其《太平天国起义记》中记载：

> 秀全病时，神游四方，常在其室内走动跳跃，或如兵士战斗状。常大声疾呼："斩妖，斩妖，斩呀！斩呀！这里有一只，那里有一只，没有一只可以挡我的宝剑一砍的。"其父甚以其病状为可虑，以为其咎乃在堪舆师误择不吉利的坟地以葬其先人所致也，于是延请巫道法师回家作法逐鬼，但秀全言："这些妖魔怎能反对我呢？我必需杀死他们！多多妖魔，都不能反抗我。"在幻想中，彼追起鬼妖，鬼妖形影似是变化无穷，有时如飞鸟，有时如猛狮，为操必胜之权计，彼每操老人所赐之印绶以抵挡之，一见此印，妖魔即尽行飞遁。……在卧病中彼作诗一首，原文曰："手握乾坤杀伐权，斩邪留正解民悬。眼通西北江山外，声振东南日月边。展爪似嫌云路小，腾身何怕汉程偏，风雷鼓舞三千浪，易象飞龙定在天。"……一日，其父见有一小纸塞在门柱之缝隙中，纸上有朱色字云："天王大道君王全。"彼持此遍示家人，均不能解此七字含义。自此之后，秀全身体却日渐康健。①

---

① （瑞典）韩山文：《太平天国起义记》，载于《太平天国》（Ⅵ），中国史学会主编，神州国光社，1952 年 7 月版，第 840–843 页

在这里，梦境可疑，但诗作为真。这种杀伐之心，究竟源于多次落第的愤懑，抑或是世道之悲惨，不得而知。而后，洪秀全从广西回到家乡，并继续传教和教书，并在道光二十五年至二十六年（1845—1846 年）撰写了《百正歌》《原道救世歌》《原道醒世训》等文章。冯云山则前往广西桂平县西北的紫荆山地区，成立了拜上帝会。一个在闭门思考，另一个在壮大组织。二人的信徒已遍及桂平、平南、武宣、贵县等地。清廷大厦将倾，已成必然。

宗教传播的结果，最后导致了暴力的革命，这与宗教本身有关系，也没有太大的关系。重要的是推广和鼓动的这种形式，可以形成大范围的裂变效果。有时，连传播者都会大吃一惊。当洪秀全意外地成为拜上帝会众信徒心中的偶像时，他是从心底里感激冯云山的。在冯云山的传教中，总会出现洪秀全升入天堂，接受圣命的故事。当洪秀全在比较广阔的地域受到广泛欢迎的时候，人们开始称呼他们的新领袖为"洪先生"。

至此，洪秀全由一个失魂落魄的塾师，成为万人敬仰的"先生"。传道授业解惑并不是他的目标，穿上黄袍，手握权杖，挥斥方遒，体验做一回上帝的感受，才是他的理想。对抗性人格的形成，并不需要漫长的过程，有时也就是一瞬间的事。现在，回过头来看洪秀全的一生，波澜壮阔是肯定的，但其复杂而又多元的价值观，以及新旧掺杂、不中不西的宗教观，伴随了他的一生，也折磨了他的一生。在他极高的情商之中，在他号召并集聚的大批有才华的人群之中，对既有社会秩序造成的冲击，的确是毁灭性的。当他以杀戮的方式毁灭一切的时候，那个他所期待的新世界并未到来。

奥地利著名的精神分析学家，个体心理学的创始人，人本主义心理学家的先驱，与弗洛伊德、荣格并称为现代心理学的三大奠基人之一的阿尔弗雷德·阿德勒（Alfred Adler，1870—1937 年）指出：

> 性格特点不是遗传的，它们就好比是一种生存的模式，这个生存
> 模式使每一个人能够不需经过有意识的思考而过活，而且能在任何一种
> 情况下表现其人格，性格也不是一个人的癖性，而是他为了在生活中维

持独特习惯而取得的。……有一种人，由于无节制地追求权力，导致他投入与环境的长期战争中，这种人往往发展出一些适合其战争的权力表现，比如野心、嫉妒、怀疑等。我们相信，这类性格特点本与人格无异，但它却绝非遗传，也非不能改变。[①]

如果太平天国的起点，不是洪秀全那不可捉摸的性格的话，历史也许会有另外一种可能。

（二）

对于"金田起义"这个概念，金田好理解，是个地名，"起义"二字，其中的"义"字，意不明了，也不准确。"金田起义"，从定性到日期，均异说纷呈。

《浔州府志·卷五十六·纪事》：

金田，去浔州城五十余里，其后为紫荆山。层峦叠嶂，易于出没，中有径通平南、武宣、象州，明侯大狗、侯公丁曾据其地为乱。秀全与冯云山既回窜于是，杨秀清、萧朝贵、韦昌辉、石达开先后入教，而胡以晄、陈玉书等崇奉之。初陈阿贵谋寇修仁、荔浦，约黄糯米四合党，糯米四失期后至，假阿贵名，袭破象州刑部主事郑献甫家。大吏入告，以云、贵、川三省兵来浔征剿，未至，阿贵已败匿罗渌山中，大湟江巡检王基奉县檄率勇入山捕获阿贵。复奉檄散勇，道出鹏隘山，讹索乡民不遂，则呵之曰："奴辈拜上帝会谋不轨，行将屠之，尚何吝也！"云山等因激怒其众曰："等死耳，坐以待诛，不如乱。"于是，就昌辉家竖旗集党得一百三十余人。乡团走告县官，谕令解散。既而玉书举家回上湾，道经新墟，为巡检勇截留其妾，贼竟愤而复聚……遂乱。

---

① （奥地利）阿尔弗雷德·阿德勒：《阿德勒论灵魂与情感》，石磊编译，中国商业出版社，2016年5月版，第195页

地方志书的记载，大多得之乡里坊间。有准的成分，但也有失真之处。罗尔纲先生认为，这个记载并不是事实。所谓的王基奉檄入山捉拿陈阿贵后，又奉檄散勇，道经鹏隘山讹索乡民，冯云山因激怒其众，于是至韦昌辉家竖旗起事。然后并未成事，复又散去，这是其一。第二次，是所谓拜上帝会成员陈玉书的小老婆给巡检勇丁扣留，于是众愤而复聚，毅然起事。这个原因，看起来的确十分牵强。罗尔纲先生在《金田起义考》一文中认为，金田起义总动员各地会员的日子，是道光三十年（1850 年）六月，而考陈阿贵被俘则是在这一年的十月（据道光三十年十月乙亥广西巡抚郑祖琛奏，见《咸丰东华续录·卷五》）。此时金田早已团营，起义大计正在部署，量巡检勇丁也无胆入鹏隘山并查扣别人的小妾。这是罗先生的推测。另《咸丰东华续录·卷九·咸丰元年五月癸巳谕》：

> 周天爵奏据控查参浔州府等官请分别革职拿问一折，广西武宣县生员王作新前经呈控冯云山等在桂平习教结盟一案，已革浔州府知府顾元凯、丁忧桂平县知县王烈，事前毫无觉察，迨经控告到案，又不赴乡亲查，严行究办。江口司巡检调补广东省王基专司缉捕，乃既疏于查拿，又复任听贿属，吏治废弛，至此已极，必应彻底根究。王烈、王基均着革职，同已革知府顾元凯一并拿问，交邹鸣鹤提同府县幕友人等严讯确情，按律惩办。

《咸丰东华续录·卷十二·咸丰元年十一月庚午谕内阁》：

> 邹鸣鹤奏遵旨将革职拿问各员严审定理一折……已革巡检王基讯无得贿释放情事，惟于该匪未经被控以前，疏于查拿，咎亦难辞，业经革职，着毋庸议。

这个记载中，周天爵为署理钦差大臣，邹鸣鹤为广西巡抚。周天爵参王基的罪状是"既疏于查拿，又复任听贿属"，而邹鸣鹤严讯的结果，并无"得贿释放情事"，只有"疏于查拿，咎亦难辞"。所谓王基激发"金田起义"之事，似乎并不在其列。所谓《浔州府志》中的那位被扣小妾的陈玉书，似乎也并非当时拜上帝教中的某个组织的要员。只有清代顾深《虎穴生还记》中，记有一位在太平天国壬戌十二年，据守浙江平湖的将领陈玉书，此陈恐非彼陈，且并未封王。因此，府志中所记载的金田起义的原因，并不可靠。事情太小，或无事实逻辑，可能是原因一种，但并非为事实一种。

王定安《湘军记》：

> 道光三十年六月，祖琛移驻平乐府，而洪秀全始倡乱金田村。金田村者，桂平县地，西则武宣、贵县，客民凤与土民杂处相仇。村人韦昌辉（原名正）饶于赀，与秀全勾结，号四十兄弟。时顾元恺守浔州，有诉昌辉罪状于郡者，檄桂平令倪涛缉治，下昌辉狱，已而释之。副将李殿元谓令受金，及于韦家祠，倪涛亦至，笞责昌辉。其夜，昌辉纠众放火，殿元等逃，刺杀巡检张镛。杨秀清、石达开、秦日纲皆会金田，欲置酋，无适用，相与谋曰："洪秀全天兄宜为王。"遣人至花洲山迎之，遂踞金田为巢穴，分赴旁邑，招纳诸亡命拜上帝会者。

在这里，倪涛是平南知县，张镛为平南秦川巡检，李孟群为桂平县令。这几人合迎洪秀全，是在道光三十年（1850 年）十月初一，地点是平南县的思旺墟，时已拜上帝会总动员之后四五个月了。《广西昭忠录·张镛传》曾有记叙。其书"凡例"中即说："是录以当时奏稿及请恤事实兼当时采访见闻所及者编次。"可信度较高。这个记载，似乎也不准确。[①]

金田起事的主要原因，有以下这几个方面：

一是宗教矛盾激化。洪秀全倡导的拜上帝会，是一个不伦不类、不中不西、无宗无派的自由式宗教。基因成分众多，内容庞杂，一时间信众也并不太多。然而，由于洪秀全火爆的个性，以及夸张的传教方式，不仅实现了教义的快速推广，而且引起了社会民众极大的好奇心。特别是其扫除一切偶像的行为，包括民间所敬奉的灶君、门神、孔子牌位，加上当地特有的"甘王"庙，包括

---

① 罗尔纲：《罗尔纲文选》，第 18–20 页

当地神圣的"社坛",客观上便引发了更加激烈的社会矛盾。洪秀全的拜上帝会的矛头,并非对准官府的。他们的一系列过激行为,首先引起的是既有的乡绅阶层的反感。他们并不代表统治者,也不代表宗族势力,更多的是代表传统的文化习俗。当时,有王作新、王大作兄弟俩,有功名,有田产,在与冯云山等人发生矛盾后,曾向桂平县衙呈《控书》:

> 道光二十七年十二月,桂平县紫荆山生员王大作等,为结盟借拜上帝会妖书,践踏社稷神明,乞恩严拿究办事。缘曾玉珍窝接妖匪至家教习,业经两载。迷惑乡民,结盟聚会,约有数千人。要读西番旧遗诏书,不从清朝法律。胆敢将左右两水(紫荆山内水分左右)社稷神明践踏,香炉破碎。某等闻此异事,邀集乡民耆老四处观查,委实不差。至十一月二十一日,齐集乡民,提获妖匪冯云山至庙中,交保正曾祖光领下解官。讵料妖匪党曾亚孙、卢六等抢去。冤屈无伸,只得联名禀叩,伏乞严拿正办,俾神明泄愤,士民安居,则沾恩无既。①

这个冲突,当然是宗教矛盾冲突,但并未得到官府的支持。该知县的回复十分有意思:

> 阅呈殊属昏谬。该生等身列郊庠,应知条教,如果事有实迹,则当密为呈禀,何得辄以争踏社坛之故,捏饰大题架控。是否挟嫌滋累,亟应彻底根究。候即严提两造人证质讯,确情办理,以遏习风而肃功令。②

这位桂平县的知县,是典型的不作为。当时,冯云山有如下解释:

> 具诉童生冯云山,系广东广州府花县民籍,为尊旨敬天,不犯不法,乞究索诈诬控事。…… 一切上帝当拜,古今大典,观广东礼拜堂悬挂两广宪奏章并皇上准行御批移文可查。二十四年冬,某到紫荆山探表兄

---

① 方玉润:《星烈日记》,据桂平知县李孟群著《鹤唳篇》节录,见《太平天国史料丛编简辑》第三册,第82-83页
② 同上书,第84页

卢六，次年设教高坑冲，又次年设馆曾玉珍家，又次年复馆。只因遵旨

教人敬天，不意被人诬控。某谨将唐虞三代书句开列，伏乞鉴察。

这个解释，对于江口巡控司和桂平县府来讲，也讲得通。冯云山并不说打毁神像激起众怒一事。而王作新起获缴官的"冯云山抄书一本"，知县认为："虽内有耶稣二字，系西律天主教书。……尚无违悖字句。"浔州知府顾元凯也批示："冯云山因何讦讼送解到县，桂平县查案讯明，分别究释具报，慎勿稽延滋累。"①民间乡绅的诉求，官府并未支持。宗教组织的滋漫，官府亦未放在心上。在冯云山被押解回原籍的路上，还用教义感化了两名解差，与他一同奔赴"革命"。

冯云山事件中，拜上帝会的教友还集资捐款。这个款项被称为"科炭"，意为信教的同道，大多为种山烧炭者。光绪《浔州府志》亦称敛炭徒钱谓之"科炭"。《贼情汇纂·卷十二》："凡盗首犯罪，大众敛钱经营调护，谓之科炭。其义无他，言雪中送炭也。"捐款者都登记在册。后来，太平天国定都南京以后，捐款者大多予以升官。而告发冯云山的王作新等人，则"三载仳离居蔑定"。②

这个事件，显然不是太平天国"金田起义"的导火索。

二是组织架构成型。就宗教团体而言，一切的组织架构，都是围绕人来进行的。无论是"起义"还是"起事"，义无反顾，事在人为，领导核心和基本群众队伍的形成，是重要的条件及首要的基础。

让人惊叹的是，在太平天国的入局阶段，就形成了极具破坏力和凝聚力的领导集体。这个集体，在不长的时间内不仅成为核心，而且有着巨大的号召力。

洪秀全是拜上帝会的创始者。广西的拜上帝会虽然不是他实际建立的，但是，冯云山在做推广时，就一再强调了洪秀全与他在丁酉年（1837年）升天的故事。因此，洪秀全本人早已被神化。《忠王李秀成自述》：

有一日天王忽病，此时丁酉年之病，死去七日还魂。自还魂之后，

---

① 方玉润：《星烈日记》，见《太平天国史料丛编简辑》第三册，第83页

② 王大作：《忧时感情抒怀》，见《近代史资料》1979年第4期

俱讲天话，凡间之话少言。劝世人敬拜上帝，劝人修善……每村每处皆

悉有洪先生而已，到处人人恭敬。

洪仁玕在叙述洪秀全在拜上帝会中的地位时，也指出："人人都承认洪先生的优越地位，没有谁能像他那样实施权威，在众多的各类人中实行严格的纪律。"①

洪秀全当然也自命不凡，他在道光二十五年（1845年）撰写的《原道醒世训》中，认真告诫世人：

时凛天威，力遵天诫，相与淑身淑世，相与正己正人，相与作中

流之砥柱，相与挽已倒之狂澜，行见天下一家，共享太平。

冯云山是拜上帝会的实际创立者，家住广东花县禾落地村，距官禄埗仅数里，家境富裕，熟读经史。"历山河之险阻，尝风雨之艰难，去国离乡，抛妻弃子，数年之间，仆仆风尘，几经劳瘁。"②按照李秀成的说法，"前六人中，谋立创国者，出南王之谋，前做事者，皆南王也"。这是一个有信仰的人，而且极具智慧和人格魅力。

杨秀清是紫荆山内鹏隘山（又作平隘山，太平天国官书多写作平在山）新村人。原籍广东嘉应州，迁至广西桂平已有数代，其人年幼丧失父母，苦大仇深。"生长深山之中，五岁失怙，九岁失恃，零丁孤苦，困厄难堪。"③杨秀清穷且益坚，不坠青云之志，虽家境贫寒，"而庐中常款按侠徒，以卖炭钱负竹简入市沽酒，归而飨客。道上，时引声浩歌，有掉臂天门之概"（民国《桂平县志·卷四十一》）。穷人家的孩子早当家，至贫者往往有大英雄气概。

韦昌辉也是金田人，其先祖由广东迁来，其父韦元玠有田产，韦昌辉本人亦为"监生"（捐钱可得）。他参加拜上帝会时，有确切的时间，即1848年。入会以后，有力的出力，有钱的出钱，韦是后者。"不惜家产，恭膺帝命，同扶

① （瑞典）韩山文：《太平天国起义记·第九节》

② 《天情道理书》，见《中国近代史资料丛刊续编·太平天国》第一册，第371页

③ 同上书，第370–371页

真主。"①道光二十九年(1849年),萧朝贵曾假托天兄下凡题诗庆贺韦元玠和韦昌辉:

年宵花景挂满堂,玠人此钱自由当。为子监生读书郎,正人子前
二萧凉。

当时的拜上帝会,为了募集资金,什么手段都用上了。韦家这对父子对该会的捐资,不仅心甘情愿,而且并无目的。正是由于韦家父子的贡献,拜上帝会才得以筹资打造刀枪,并秘藏在村前犀牛潭的深水里。到起事时,捞起即用,派了大用处。

至于其他的核心成员,如萧朝贵、石达开、秦日纲等人,均非等闲之辈,均有轻财好义的名声,均任侠好交游。"在家与人做工,并无乜才情,只有忠勇信义。"(《忠王李秀成自述》,影印本)

这个核心集体的形成,时间并不长。相互之间的联系,除了萧朝贵是洪秀全的妹婿之外,其他人皆无血缘之亲。应该是宗教的教义,即相同的革命理想,让他们走到了一起。这些记载,虽是太平天国官书所为,但除去溢美之词外,大抵应是实情,并无太多的避讳。一种信仰,连接起这么多的信众,的确有很大的力量。信仰有时的确超越了阶级。在拜上帝会中,有农民,有炭工,有地主,有土匪,也有土豪。信徒中虽然客家人较多,但当地人也不少。他们并不是为了一个共同的目的走到一起,而是为了一个共同的理想集聚在一起。理想不是目的,理想也不是手段,理想就是靠个人永远实现不了的想法。如果大家都实现不了,永远也实现不了,心态也就平和了,人生也是稳妥了。实际上,按照李秀成的讲法,"除此六人外,并未有人知道天王欲立江山之事"。这样看来,所有的理想,包括所有以理想而形成的信仰背后,还是有其他东西的。

伟大导师恩格斯在《反杜林论》中指出:

一切宗教都不过是支配人们日常生活的外部力量在人们头脑中的幻想的反映,在这种反映中,人间的力量采取了超人间的力量形式。②

---

① 参阅:《天情道理书》,见《中国近代史资料丛刊续编·太平天国》第一册,第372页

② (德)马克思、恩格斯:《马克思恩格斯选集》第三卷,人民出版社,1962年9月版,第600页

伟大导师列宁在《社会主义和宗教》中指出：

> 被剥削阶级由于没有力量同剥削者进行斗争，必然会产生对死后
> 的幸福生活的憧憬，正如野蛮人由于没有力量同大自然搏斗而产生对上
> 帝、魔鬼、奇迹等的信仰一样。[①]

都是伟大导师，一个是理论先知，一个是革命先驱。在对待宗教这个问题上，一个揭示的是社会普遍现象，一个上升到革命的领域。但是，这不是什么经典，也不是什么神谕，恰恰是一种常识。太平天国的诸位早期领袖，看起来是利用了宗教，实际上是尊重了常识。因此，这种与既定社会抗争的开局，才显得如此的顺利和流畅。至于其后的发展，更是大大出乎了他们的意料。这不是宗教的力量，而是常识的力量。

李秀成则是较早看出这一点的领袖，虽是事后总结，但也十分到位。他在回忆当年为什么信仰上帝教时，这样写道：

> （洪秀全）劝世人敬拜上帝，劝人修善，云若世人肯拜上帝者，
> 无灾无难。不拜上帝者，蛇虎伤人。敬上帝者不得拜别神，拜别神者有
> 罪。故世人拜过上帝之后，俱不敢拜别神。为世民者俱是怕死之人，云
> 蛇虎咬人，何人不怕，故而从之。（引自影印本《忠王李秀成自述）

这些信众，本质上仍是信徒。说是有什么阶级觉悟，有什么民族抗争的意识，有什么对抗官府的信仰，并不是历史的真实。关于其中有无阶级矛盾，有无利害冲突，有无偶像意识，也不能一概而论。作为宗教组织来讲，拜上帝会传播教义，并不是它真正的目的。推翻既有政权，也不是这个组织能够具备的力量。但是，组织一旦成型，领袖集体一经形成，暴力手段的选择一旦得到普遍的认可，暴力实践成功的案例如果确实有过，它的发展方向，一定会有所改变。此时，有人振臂一呼，当然会应者如云。这时，成熟的组织架构，就成为起事成败的关键所在。

---

① （苏联）列宁：《列宁全集》第十二卷，人民出版社，1987年9月版，第131页

三是群众基础深厚。这里的群众，不仅包括了拜上帝会的信众，也包括了各种处在信与不信之间的大众。如果把金田起事作为太平天国入局的标志，那么，在现存的文献中，有一篇是可以确定这是有目的有计划的安排，而非被动的随波逐流。

《天命诏旨书》：

> 乙酉三月六日（时在贵县）。天父上主皇上帝曰："高老山山令，遵正十字有一笔祈祈。"

这是杨秀清托上帝口中之言，但令人费解。张德坚《贼情汇纂》：

> 伪诏有高老山山令，遵正字有一笔祈祈等语，初亦不解，后询贼中逃出之人，始悉"高老"即天父，"山山"即出家，"十字有一笔"即"千"字，大抵言天父令要遵千祈之意。

罗尔纲先生就此认定，早在道光二十九年三月十六日，就是金田起事的前一年，杨秀清即托上帝之口，有"起义"的图谋。这似乎有些牵强。杨秀清不是冯云山，当时也无冯云山的威望。杨秀清更不是洪秀全，亦无洪秀全的胸怀。凭此说"金田起义"有计划有目的，应是一家之言。

到了道光三十年，洪秀全倒是有举动来印证他的先知与先觉。从他感受到的成功以及险境，可看出他的心中的确有事。至于是"义"还是"怨"，尚不明确。

那一年，洪秀全做了三件事。

一是让人回广东花县，将家室接来广西。

韩山文在《洪秀全之异梦及广西乱事之始原》中记载：

> 翌年（1850年）5月，秀全遣江隆昌及另有黄姓及侯姓两位兄弟带信回花县召其全家到桂。据其所言的理由，是因为上帝予彼下言的暗示："在道光三十年我将遣大灾降世，凡信仰坚定不移者将得救，其不信者将有瘟疫，过了八月之后，有田不能耕，有屋没人住。因此之故，当召你的家人及亲戚来此。"[1]

---

[1] 罗尔纲：《罗尔纲文选》，第23页

这个借口，与诺查丹玛斯的世纪毁灭的预言有点像。但是，这就是秀全有组织有计划地举行革命行动的依据。

第二件事情，即有诗为证。韩山文《洪秀全之异梦及广西乱事之始原》：

直至此时，拜上帝会教徒从未与广西各匪党发生关系。官兵搜捕匪徒亦向不干涉教徒，亦无有怀疑教徒的宗教聚集的。但如今不特有患难的村民，而且被官兵击败的贼匪，都以拜上帝会遁逃薮。老幼男女携眷属挟财产大队加入，情况大不太同前时。与官吏发生冲突，势所难免。秀全明惠的眼光早见及此，其预言至此都应验。他早已预定计划，准备应付方略，只候适当时间然后举义。约在此时，秀全又制一诗，国势情形及本人志愿都明白表示，诗曰："近世烟氛大不同，知天有意启英雄。神州被陷从难陷，上帝当崇毕竟崇。明主敲诗曾咏菊，汉皇置酒尚歌风。古来事业由人做，黑雾收残一鉴中。"在此诗中，秀全指出盗贼横行于各县山中，聚散无常，起伏无定，有如乌云。他又表示任其自相斗杀，至两败俱伤，在没力量的时候，他乃崛起田间，独霸为主，自始易事。这乃是明太祖的睿智，在其《咏菊》诗中露出，秀全引此以自比。汉高祖曾置酒高歌大风，以庆风起云飞，大业成功的盛况。①

这首诗是抒情诗，并无"金田起义"的安排，也并非当时清内阁学士胜保"奏陈时务折"中所谓"潜蓄奸谋，久而后发"（《忆昭楼洪杨奏稿》）。

第三件事情，就是据《忠王李秀成自述》，以及韩山文的《洪秀全之异梦及广西乱事之始原》中所记，洪秀全与冯云山先后秘藏在平南县花洲山人村胡以晄家中，共同筹划起义之事。

这三件事，无一件可明证"金田起事"或为"金田起义"是自主自发、有预有谋的行为。倒是当时的"客""土"械斗，让拜上帝会发现了契机，并见机行事，实现了动员和集聚。可以确切地讲，氏族争斗，"客""土"纷争，才会拥有最广

① 罗尔纲：《罗尔纲文选》，第23-24页

075

泛的群众基础。就广西当时的现状而言，群众的认知还是远远不够的。氏族的仇恨，生活的困顿，宗教的煽动，不仅成为洪秀全手中的王牌，而且成了"王炸"。关于将客土之间的积怨及怒火成功引向官府，这不仅是智慧，而且是极致的行为艺术了。

《浔州府志》：

> 三十年夏四月，贵县土、来斗。倮、僮曰土，广东惠、潮人曰来。来人富豪温阿玉艳土人农氏女美，陷夫家退婚，强娶之，遂相仇杀。来人败走，无归者附金田以叛。初，土、来既斗，会陈香晚率贼三千由宾州入贵县龙山，出棉村，声言寻仇。土人谓来人勾结也，团练御之，杀千余人，贼遁去。北岸来人乃约南岸贼黄阿左、叶阿长率贼数千由瓦塘渡江，屯覃塘，钟阿春、杨捞家、徐阿云率贼万余由东津渡江，屯大墟。土人殊死抵御，互杀四十余日，贼道饱掠去。来人见势孤，急挈家奔南岸，及桂平蒙墟处。至是，遂合矿徒叛附金田。

由是来看，械斗之群众，远超拜上帝会之信徒。纷争之原因，更是不值一提。广西按察使姚莹《致左江道杨书》：

> 顷以贵县土人来人互相仇杀一案，蔓延以及，其势岌岌，中丞深以为虑，令弟与仲铭二兄会衔出示谕止。欲解散其众，必须公正严明大员往为查办，商之鹤汀相国，重烦旌旆莅临，已有公函奉布矣。（《中复堂遗稿·卷五》）

最后的结果，是洪秀全未曾预料并大得其益的。

《浔州府志》：

> 贼党"既起事"，会来人率男妇老弱二千余人败走无归，乃合博白教匪数百聚郁村白马江，出桂平大洋墟大莫村，屯定子桥旱雷岭。……于离城三十余里之牛儿岭渡江，一经会合，势遂滋曼。

随势而为、借力发力，成就了所谓"金田起义"的大潮。就金田而言，此潮已可激起翻天覆地的巨浪。

有这样的群众基础及社会氛围，起义也好，起事也罢，也就是时间问题了。关于这个准确的时间，因记载紊乱，并不统一，但已无碍事件性质以及发展的趋势。

就现有史籍而言，这个时间有十多种。一为清道光三十年夏六月（《忠王李秀成自述》、杜文澜《平定粤匪纪略》、王定安《湘军记》、光绪《浔州府志》）；二为道光三十年秋（《遵王赖文光自述》）；三为道光三十年八月（江中源《致彭晓玠书》）；四为道光三十年九月初三（陈徽言《武昌纪事》）；五为 1850 年 10 月上旬［密迪乐（Meadows）《中国人及其叛乱》（The Chinese and Their Rebellions）］；六是道光三十年十月初一（太平天国《天情道理书》）；七是道光三十年十月（严正基《论粤西贼情兵事始末》、张德坚《贼情汇纂》）；八是道光三十年十一月初十日（王韬手抄本谢介鹤《金陵癸甲纪事略》）；九是 1850 年 11 月 12 日，或 1851 年 1 月［白伦（Brine）《中国太平叛党志》（The Taeping Rebellion in China）］；十为道光三十年十二月初十日（《干王洪仁玕自传》）。

实际上，这些记载如此混乱不统一，只能说明一个事实，就是所谓的"金田起义"并不是在某一天，由某一个人，吆喝一句口号，然后就揭竿而起了。道光三十年，也就是 1850 年的 6 月至 10 月间，各色人等向金田集聚，是"团营"的概念，而非"起义"的日子。《干王洪仁玕自传》：

> 时天王在花洲胡以晄家驻跸，乃大会各队齐到花洲迎接圣驾，合到金田，恭祝万寿起义，正号太平天国。

这个记载，相对可信。幼赞王蒙时雍《致叔上信等家书》：

> 庚戌年二月敬拜天父上帝天兄耶稣……于九月十三日花洲团营，侄于是月十八日，由花黄水之紫微村张五家起行赴花洲。

以上记载，写于绢上，现仍存于桂平"太平天国纪念堂"。

在这个时间段中，纷争四起，拜上帝会并非事件的主角。

光绪《浔州府志》：

> 道光三十年庚戌，有会党千余，盗铸军械于桂平白沙墟。初，贵县知县杨曾惠不以捕盗为事，红巾贼冯云山由大墟入龙山，潜煽矿徒为盗。有武生某诉之县，曾惠掷词不理。至是会匪遂在桂、贵交界之白沙开炉

铸炮，盘踞月余而去。乡团以大吏方严办土、来械斗之案，不敢过问也。

光绪《郁村州志》：

> 道光三十年九月，上帝会匪陆川、赖九至水车江传播妖术，胁人入会，众至数千。知州顾谐庚募勇集练亲督征剿，败绩。赖九花名铁锚九，与紫荆山洪逆潜通，挟妖术惑众，设坛传教，礼拜上帝，七日一次。……纠集博白、陆川匪党五六千，到州南四十里水车江。……知州顾谐庚募勇千余，并集练壮亲身督剿。至哈姆垌附近各村，皆假装团练出迎，诓官军深入，遂尽变红巾，四出红旗接仗，勇练大惊溃。十月，赖九匪踞欧樟堡一带，旋往龙安墟，奔蒲塘，下大洋，入紫荆山，与发逆洪秀全合。

此时，贵县的矿工队伍，博白、陆川等处的信徒，贵县遭败绩的客家人，几支队伍会合于浔江的南岸，并从离浔州城三十里的牛儿岭渡江进入金田。这些齐聚金田的人，都是经过争斗洗礼的有生力量，在愁苦面前，在失意面前，在困顿面前，他们都需要一个新的领袖，以及一句新的口号。这其中，有信仰者，力量从信仰中来；无信仰者，力量则从情绪中来，这是可以肯定的。而此时的革命领袖洪秀全和杨秀清，也是身不由己。据韩山文的《洪秀全之异梦及广西乱事之始原》记载：

> 秀全与云山二人此时已离去紫荆山，而私匿于山人村一友人家内。此地四周皆山，只有一小路通出外方。官吏对拜上帝会既生疑心，侦知洪、冯所在，乃派兵扼守山路。秀全与云山在彼处虽有少数信徒，而官兵仍不敢冒进，只在路上遍插短尖木桩，严守路上，而防其逸出。由是洪、冯被困山中，不能逃脱。至是他们求解放中国于异族，而使其成为拜上帝会的大事业在开始时即几遭扼死了。在此危机当中，传说杨秀清在昏迷中得上帝显示于紫荆山众兄弟，谓其领袖有难，而令他们速往救援。此时会中兄弟齐集多人，兼程往救，与坚守山路的官兵冲突。他们击败官兵自是易事，随即拨开山路上木桩，秀全与云山乃得恢复自由。[1]

---

① 罗尔纲：《罗尔纲文集·金田起义考》，第29页

这个记载，系韩山文根据洪仁玕的口述而成，但无确切日期，也未详与官军作战的事实。有一记载，是同治七年（1868年）修的《广西昭忠录·张镛传》：

> 张镛……三十年六月署理秦川巡检，秦川属平南……十月，胡以晄由花洲攻思旺，镛率乡兵往助守，十一月二十四日，贼潜师由金田过五洞，袭杀隘卡戍卒，李殿元等及署知县倪涛，巡检宋尚仓卒近战。贼势大，官兵不能御，败绩。贼入思旺墟，镛持刀力战死。明日援兵至，贼窜回金田。越五日，大兵合攻金田。

这个记载就详细多了。在那段时间内，无论是大仗还是小仗，最后的阵仗，均改由民众对官府，且日益激烈和明了。幼赞王蒙时雍《致叔上信等家书》：

> 庚戌年……九月十三日花洲团营。十月初一日打大仗。至十一月二十二，先父在金田带兵攻打思旺墟。其时路通花洲，于二十五日接天王徙营出思旺，上金田。二十九又打大仗。

这段时间的逻辑是这样的，大约在九月十三日，平南县的拜上帝会员花洲团营，十月初一之战，清军守思旺墟，胡以晄暂时无法打破。此时，金田亦在团营，杨秀清接报后来救洪秀全，清军隘卡的守卒措手不及，全军溃败。杨秀清等人终于迎来了他们翘首以盼的领袖。此番钩沉索引，因各方记载紊乱，意义虽然不大，但脉络还是十分明了的。道光三十年（1850年）十一月初五日，广西巡抚郑祖琛奏报：

> 查桂平县之金田村、白沙、大洋，并平南县属之鹏化、花洲一带及玉林州属，现据该州县禀报，均有匪徒纠聚，人数众多。[①]

这是金田村和拜上帝会首次出现在官方文书中，而洪秀全、杨秀清之名，尚默默无闻。接替郑祖琛任广西巡抚的劳崇光，在奏报中说：

> 浔州桂平县属之金田村，有会匪屯聚，人数众多，经贵州署总兵官周凤岐等督带黔兵二千名及本省兵勇分投防剿，前经奏闻在案，查金

① 中国第一历史档案馆：《郑祖琛等奏捕获钟亚春并派兵勇进剿金田等处折》，见《太平天国文献史料集》

田下通南平，恐贼被桂平官兵进剿，从下游窜越，当派副将李殿元、署游击宋煜、署都司陶玉德等，督带兵壮驰往，择要安营，实力堵剿。兹据该副将等禀报，先后驰抵平南之思旺墟驻扎。[①]

同上奏折：

> （清军未到金田）该匪即蜂拥而出，分股抵敌，人数万余……有手执红巾教贼，披发持剑，口念邪咒，率众拼死直扑。匪众装束壮练如一，壮练惊溃。副将伊克坦布亲督官兵奋勇力战……往来冲击，立时阵亡。

此一战，清军损兵三百，副将阵亡，这是最大的战果。金田起事，以一场胜利入局，其训练之有素、战力之强，大大出乎官府的预料。真正让清政府从上到下感到震惊的，是这群两广深山中杀出的天才。杰出的组织天才、完美的军事天才，仿佛均是从天而降，让人目瞪口呆。这一年十二月初十日，即公元1851年1月11日，洪秀全真的仿佛天人一般地入局登场，接受胜利的欢呼。从此，他和他的太平天国进入了历史。

（三）

时任英国驻广州副领事的密迪乐先生，在其著《中国人及其叛乱》一书中，将"金田起事"的日期明确下来，他认为：

> 无论从革命军的出版物，韩山文先生的书，或是从北京的《京报》，我都不能发现刚才叙述的那些事件的确切日期，但对所有这三种材料的事实加以比较，表明它们发生在大约1850年10月初。所以，迄今已经奋斗了五年及驱逐满族和建立太平新朝的宗教——政治革命，是在

---

① 中国第一历史档案馆：《劳崇光等奏进攻金田失利伊克坦布等战死折》，见《太平天国文献史料集》

1850 年 10 月开始的。①

这里，时间判断并不准确也不重要，重要的是这位领事先生，看出了其政治革命的本质。还有一位英国学者白伦（L. Brine）在其著作《中国太平叛党志》（The Taeping Rebellion in China）之中也认为：

> （洪秀全占领江口墟）占领这一市镇，是首次公然反抗官吏权力和首次对军队实行正规的抵抗，所以，可以被看作是太平革命的开始。其日期很难确定，但是，根据当时的《京报》和韩山文的书所提到的日期判断，它一定发生在大约 1850 年 11 月或 12 月，或 1851 年 1 月初。②

对于任何革命来讲，时间永远是模糊的，因为革命总是伴随着军事活动以及暴力行为。后来的辛亥武昌起义，10 月 10 日晚工程营的枪声，是它的标志；俄国的十月革命，11 月 7 月的阿芙乐尔号巡洋舰的炮声，也是它的标志。后人需要寻找这种标志，主要还是为了纪念。真正具有历史意义的，是这些标志着"革命"行动的性质及规模，这才是最重要的。它不仅是影响力的标志，更是对社会震撼程度的标志。因此，"金田起事"的日期可以不确定，但究竟有多少人参加，这才是最重要的。这好比入局之时手中所握的，究竟是一副什么样的牌。

根据民国《贵县志》《桂平县志》记载，石达开率部一千多人，在白沙墟驻屯月余，"来人"归附金田者有三千余人，这其中主要由矿工组成；光绪《浔州府志》《玉林州志》记载，陆川、博白"匪党"五六千人，在玉林州水车江附近集聚，并陆续到达金田。《洪仁玕自述》中记载，象州团营人数约数千人，业已抵达金田，简又文《太平天国全史》记叙，"紫荆鹏隘山一带会众共三千余人"；光绪《浔州府志》记载，紫荆山和金田"竖旗集党"仅得三百余人，实为三百多户，一千余人。光绪《浔州府志》还称，桂平苏十九一股客民依附洪秀全，人数不明。又罗大纲等在道光三十年（1850 年）冬投效金田，队伍人数不详。

---

① T. T. Meadows. The Chinese and Their Rebellions，第 143–144 页

② L. Brine The Taeping Rebellion in China，第 112 页，1862 年

实际上，各地拜上帝会前往金田的起义人数，可能并非由这些记载的人数简单相加。清廷钦差大臣李星沅，在咸丰元年（1851年）二月十一日奏称："确探贼中强寇以及裹胁男妇，总在二万内外。"（《李文恭公奏议·卷二十一》，《会奏查复现在贼首股数并请调云贵兵折》）这个数字，相对准确。

金田村当时仅有一百多户人家，人口六百余人，两万多男女齐聚这样的小山村，显然不太可能。此"金田起事"之地，并非金田一村。李星沅在道光三十年（1850年）十二月初五，写信给向荣，"府城对岸又有金田村尚弟（上帝）会另股贼匪纠结十二村为患，号称数万。"（《李文恭文集·卷九》）

金田村位于紫荆山的南麓，村后有犀牛岭，上有古营盘和草场，是个练兵的好地方。向东可达大黄江口，有纵长二十余华里的平原，其间村落环布，物产丰富。从金田村向南八华里，又称大宣墟，是个比较繁华的集镇。在金田起事的过程中，拜上帝会的势力曾控制大宣墟，要求民间"开市互市"，以确保给养。

当然，洪秀全首开了"打土豪"的先河，"金田贼势渐蔓延，搜刮附近绅富无噍类"（光绪《浔州府志·卷五十六》）。"金田会匪日肆披猖，竟敢焚掠勒赎"（《李文恭文集·卷九》）。"洪秀全倡乱，所过富室一空，掘土数尺"（《贼情汇纂·卷一》）。"当逆焰初张时，所过粤西州邑，搜刮赀粮，每遇富室巨家，必掘土三尺"（《贼情汇纂·卷十》）。

这才是给养的重要来源。当然，也有正当性的收入，也就是会众捐献。其代表人物就是韦昌辉、石达开。太平天国官书上称其出身"富厚之家"，"不惜家产，恭膺帝命，同扶真主"（《天情道理书》）。清方记载韦昌辉"献银数万入伙"，石达开"献贼十数万金入伙"（《贼情汇纂》）。这些数字有可能被夸大。此外，还有周胜坤，"家本富有，素业质库"，起义时"罄家以献"，吴可亿"素业质库，家饶资财"，起义时"举室从贼"（《贼情汇纂》）。

这些举动，既表明了从军或从教者的决心，也彰显了信仰的力量。然后，按照宗教组织的结构，按照军事组织的纪律，构建了太平天国的"圣库"制度，提倡并执行"人无私财，公有均分"的原则，也就是公库共享制度。这一制度，的确是一项长期坚持的制度，而非一开始的权宜之计，其中真的有原始共产主义的成分。这既是洪秀全思考良久的报世之策，也是克服各种社会矛盾的有效举措。当然，它也成为太平天国独有的社会政策和意识形态的一部分。至少，在这个领域，太平天国的实践是前无古人的，对后世的影响更是显而易见的。

这样的制度设计，是为了确保基本的生存，但是，对于革命来讲，斗争才是第一位的。到达金田区域的两万多人，当然是各色人等，怀有不同的目的，拥有不同的资源，但为了一个理想，走到一起来了。宗教理想，从本质上来讲，既是一种原始的信仰，更是一种可以让人疯狂的冲动。如何将他们有效地组织起来，去实现组织的理想，就十分迫切了。

太平军的编制系统，仿照周礼制度，以五人为伍，五伍为两，四两为卒，五卒为旅，五旅为师，五师为军。当然，只是编制如此。各级首领称军帅、师帅、卒长、两司马、伍长。各地起义者均系一乡一村一县集结到金田的，按照制度，组成军队时，各县之人要按县域分为五旗，如"太平广西贵县黄旗""太平广西桂平黄旗""太平广西贵县红旗""太平广西平南红旗"等。不同颜色的旗帜分为不同的单位，分编为五军。这样，每一军中就由各个县组织同一旗色的起义群众。按县分旗，以旗分众，当然还具有清代少数民族的特色，就其指挥系统来讲，是十分完备且灵活的。这个不是创举。真正的创举，还是所谓的"女营"，这在世界军事史上，史无前例。

因为到达金田的队伍大多以家庭为单位，拖儿带女已是常态。信仰可不分性别，但行军打仗是要分男女的。

《天王诏旨列后：庚戌十二月初旬时在金田》：

天王令曰："一、遵条命；二、别男行女行；三、秋毫莫犯；四、公心和傩，各遵头目约束；五、同心合力，不得临阵退缩。"[1]

这个诏令，号称"五大纪律诏"。既是制度，也是法律，更是天王在开启革

---

[1]　太平天国历史博物馆：《太平天国文书汇编》，第31页

命征途之时的初心。

简又文《太平天国革命运动史》：

虽然女营的构想残酷且有违人道，这种中国军事史上绝无仅有的建制却是出于太平领袖们精心设计，以满足革命运动的切实需要。在他们的眼中，这样的设计具有五点意义。首先，太平戒律的第七条把通奸列为重罪，而且中国传统意识中军队中不加区分的男女混编会致使德性败坏，因此，太平军严格执行"男女分营"的军法，是为了保持高尚的道德标准。第二，女眷在女营的保护下，可以使圣兵无须为家务事分散精力，也不必为家属的安全心有不安，这样他们就可以义无反顾地为革命献身。第三，这种建制可以使圣兵远于声色诱惑，保持军队的战斗力。第四，如果圣兵在战斗中牺牲，其家属老小不至于无家可归，困乏潦倒。最后，女营中圣兵的妻子儿女成了实际上的人质，可以有效地保证圣兵听从指挥，勇于战斗且忠诚不渝。[①]

这项制度安排，其中并无男女平等的意涵，也非有保护妇女儿童的基本权利的倾向，只是利用当时队伍的复杂现状形成的设想。当时，金田起事的太平军看上去有两万多人，实际上，能战之兵仅为三千左右。从道光三十年十二月，即 1851 年 1 月自紫荆、金田东出大黄江口墟，然后又越过紫荆山到武宣的东乡，再到象州的中坪，又折回金田，迂回半年，又到原点，太平军战兵仅增至五千人。

此时的金田地区，太平军的总兵力约为两万人，但男女混杂，战兵有限。官府军曾近一万六七人，其战员人数远超太平军。清军火器充足，武装精良，只是在士气上低于太平军。

周天爵《致周二南书》：

我兵一百名，如见鹯之雀；一百勇，如裹足之羊，无一动者。我

---

① 简又文：《太平天国革命运动史》，第 59 页

手刃二人，光准而（用）箭射杀二人，亦无应者。撼山易，撼岳家军难，不意如此。①

不仅如此。清方统帅赛尚阿称太平军"视死如归"，"死党累千盈万，团结甚坚"，"所谓军前临阵生计地方拿获奸细，加以刑拷，竟不知所畏惧及哀求免死情状，奉其天父天兄邪谬之说，至死不移"②。

清军也不是不努力，官府亦知其事态的严重性。但是，一支有着坚定信仰的队伍，扶老携幼，至死不渝，其战斗力是可想而知的。《赛尚阿奉拟先全力剿冯云山、洪秀全再行分兵折》：

> 冯云山、洪秀全一股……由金田乡而东，由东乡而庙旺，由庙旺而中坪、寺村，屡次奏牍，但言穷蹙思窜，其实该匪定期捉夫，但从容而走，官兵壁上环观，竟有无可如何之势。

太平军虽受官兵追剿，但亦不乏主动性。特别是从象州回到金田，前队驻于新墟、莫村等地，后队分布于紫荆山内茶地、花雷、大坪等村，并分兵把守后路的双髻山、猪仔峡等险要之地，准备作休整。但是，清兵此时亦调兵遣将，由乌兰泰等总兵分东西两路进击，并在8月28日，攻破紫荆山前的要隘风门坳，使太平军一时陷入险境。至9月11日，太平军撤离金田、新墟，于夜间破围而出，进入平南的鹏化山区，并在思旺墟附近的管村大败清军，为自己赢得了战略转移的契机。

由金田起事所诞生的太平天国，在军事的重压下，一开始便自带了理想主义的色彩。在金田，洪秀全将他心目中的理想国家定名为"太平天国"，这个新的朝代被定称为"天朝"。在外国史料中，"太平天国"习惯地被翻译为"Kingdom of Eternal（Great）Peace"，但这个译法并不准确，其中的"太平"之义，还有着"和平""繁荣"的意涵。简又文在《太平天国革命运动史》中指出：

---

① 太平天国历史博物馆：《太平天国史料丛编简辑》第六册，第4页

② 英国伦敦公共档案局抄件：《赛尚阿等奏洪秀全并非朱九涛广西亦无李丹折》

天

局

"太平"二字出自古代经典《公羊传》，其中描绘了社会发展的三个阶段：据乱世，即堕落无政的时期；升平世，即无序不安的时期；太平世，即永远安定繁荣的时期。这最后一个便是中国人有史以来不断梦想追求的理想社会。另一方面，"天国"二字可以通过梁发翻译的宣传册而追溯到《圣经》。一开始，洪秀全错误地理解了这个词，认为它是专门指代中国，并由此用这个词来命名这个新的王国。但是随着后来他更深入地学习福音书，尤其是《马太福音》，他才理解了这个词的真正意义："所谓天国，就是总摄天上人间。天上有一个天国，人间也有一个天国。无论天上人间，都一样是天父之国。"[①]

简又文先生固执地认为，太平天国的革命是一场宗教革命，他声称"这支太平军始终坚信基督教上帝的真实存在，他所应许的王权以及他的绝对权力；恪守十诫，日日敬拜。……洪秀全本人与其他太平天国领袖一直坚持基督信仰，至死不渝"[②]。实际上，太平天国后期实践，与这个论断是背道而驰的。宗教性在金田起义之时，可能发挥着巨大的作用，因为其组织形式、信仰方式，以及动员的能力，都与本土的信仰和崇拜有着巨大的差别。因此，其宗教内涵还真的是一种手段，而非真正的主体。这一点，外国学者不太容易看得清。在1861年主动投靠太平军的英国原海军军官呤唎（Augustus F. Lindley），在回到英国后这样写道：

> 我永不应忘记那种高尚、开明、富有爱国情怀的伟大愿景，它吸引着他们去传播《圣经》，捣毁偶像，把满人彻底赶走并建立一个完整统一的国家；并且和西方基督教国家成为兄弟之国，把欧洲的科技和生产引入中国。这似乎是他们一贯的坚持和决心。[③]

这个叙述显然不是事实。洪秀全从金田走出来时，他的理想并非基督的理想，

---

① 简又文：《太平天国革命运动史》，第64页

② 同上书，第7页

③ 同上书，第74页

是他自己想成为上帝。他们打碎的偶像，他们率领的信徒，从上帝到上皇，从天父到天兄，然后，从天兄到众弟兄，都有他自己的影子。此时的洪秀全，的确是以一个革命者的面目出现的，他身后众人手中高举的旗帜，虽然五颜六色，但上面并无革命二字，有的只是欲望和愤怒。聪明如洪秀全者，包括更加聪明的冯云山、杨秀清、石达开、韦昌辉者，都被笼罩在这样的旗帜之下。他们的颜色是混乱的，但他们的目标是一致的。他们与洪秀全一道，在广西偏远山区的荒郊野岭，开始书写他们人生之中极为灿烂又极为悲壮的人生。当然，在金田村时，他们还一无所知。

由金田村开启的长达十多年的血雨腥风，是中国近代历史上最为惨烈的一幕，其毁灭性是史无前例的。这个横空出世的"天国"，虽然打着"太平"的旗帜，但是，一天的太平都未享成。这个意料之中，也在意料之外的革命，对整个中国，尤其是长江中下游地区所造成的破坏，在多年以后仍然清晰可见。后来的历史，以各种方式对此进行了复制和重新阐释，让历史的宿命再一次出现在人们的噩梦之中，这既是"金田起义"的意义，也是它的属性。

（四）

结语：在历史的大格局之中，每一个入局者的起点，都不是他们的终点。但是，起点必定会昭示终点，这是可以肯定的。以宗教之名行组织之实，以组织之实藏军事之变，以军事之变去激发更大的社会矛盾，这是一条捷径。如果按照这条宗教的线索，冯云山是拜上帝会的创立者，但是，他并未成为宗教领袖，而作为类似宗教组织的"拜上帝会"，实际上已成为一个政治组织，它需要的是政治领袖。当拜上帝会成为"金田起义"的核心力量的时候，它的性质已经发生了改变。曾到访天京的英国船长费熙邦认为：

起初，当他们的目标只不过是宗教的时候，他们满足于"上帝会"的简单名称，但一当他们决定驱逐可恨的满洲君主和铲除妖魔制度，使

天
局

整个中国组成一个"太平"帝国时，他们采用了"太平天国"的名称。[①]

因此，金田起事或者金田起义，当然不是纯宗教性质的，甚至也不是民族主义性质的。它只是因为偶然的因素，集聚在广西偏远山区的部分有着械斗传统以及恶劣生活环境的人们，因相互间的不满从而导致的暴力冲突。官府的行为激化了矛盾，转移了矛盾，让胸怀大志并隐忍多年的洪秀全捕捉到了机遇。这个机遇，在洪秀全以及他的同道看来，具有崇高的理想以及宏大的目标，他们在传播过程中，不仅让信众相信，而且自己更加相信了。就内容而言，他们传播的更像是一种情绪。

宗教组织都是松散的，一旦严密起来，可以转化成极有效率的政治组织。这种组织的行为方式和连接方式，是以信仰为前提的。其价值观与生死观都异常鲜明且坚定，这为金田起义的成功奠定了重要的基础。从这个意义上讲，"金田起义"的义，的确有"道义"的成分。

暴力所反抗的暴力，最终伤害的是社会以及生命。宗教信仰、政治目的、个人野心，从来不关心个体的生命。从这个入局方式来看，金田起义是"祸"而不是"福"。

在历史的进程之中，有些"祸"是躲不掉的。有些局面的进入是偶然的，大多数局面的介入是必然的。只是，开始的时候不会去想结果，有了结果以后，再也想不起来开始了。所以，此局一入，历史进入了至暗时刻。

---

① 王庆成：《太平天国的历史和思想》，中国人民大学出版社，2010年4月版，第39页

第三章

揽局

第三章 搅局

（一）

对于当局者的晚清政府来讲，太平天国无疑是个搅局者，其中的愤怒及无奈，是显而易见的。搅局之意，即为搅乱，乱中取胜，乱中得利。对于当局者来讲，最怕经济乱；在农耕文明的时代，最怕土地政策乱。而太平天国的伟大贡献，就是提出了一套异于历史上所有时期的土地政策，这对于社会的动摇是根本性的。提出即震撼，出道即高潮，这是了不起的创举。

罗尔纲先生指出：

> 太平天国革命是反封建反侵略的农民革命。在封建社会的历史上，农民为反对封建剥削者与封建压迫者，为争取自身的经济地位与政治地位而进行革命战争，是史不绝书的。在这一方面，太平天国革命是与它以前的农民战争相同的。[1]

在这个判断中，农民运动没有问题，农民革命也是没有问题的。所有与农民有关的运动与革命，都离不开土地。土地是农民的命根子，也是他们一生一世的梦想。

美国学者易劳逸（Lloyd E. Eastman）在其《家族、土地与祖先》一书中，细致分析了"近世中国四百年社会经济的常与变"，他指出：

---

[1] 罗尔纲：《太平天国史》第一册，第41页

天局

　　中国传统上是一个农耕社会，在田间耕作，在村子里生活就是中国人生活的实质内容，而且，中国人这种生活状态一直维持到了共产主义革命爆发之前。当大部分西方国家在 17 世纪纷纷经历农业、商业和工业领域一系列经济革命之后，中国社会却仍在延续着上千年的以农业为主导的状态。不过，我并不赞同卡尔·马克思所说的中国社会在西方人到来之前仍在"公然地逆生长"。实际的情况是，帝制时代晚期中国社会在农业技术方面的确没有发生变化，但商业活动水准却提升很快，而这深刻地改变了世代生活在村落里人们的生活和生产。[①]

　　实际上，能真正改变农民的生活理想和生产方式的，是土地所有制。因为，极度的贫困状态，大多是由于缺乏生产资料造成的，而土地所有制，是所有农业生活生产资料中最为重要的。1933 年，美国经济史学家 R. H. 托尼（R. H. Tawney）写道："中国有些地方的农民就好像一直站在水没脖子的地方，水稍稍泛起一点涟漪，他们就能被吞没。"[②]

　　因此，土地问题将是对农民具有极大吸引力的问题。任何革命，如果举着土地问题这面旗帜，往往有意想不到的效果。

　　太平天国于癸丑三年（1853 年）二月，建都天京。同年十二月，颁布《天朝田亩制度》。这是太平天国最为重要的土地纲领，同时，也是最为重要的社会治理根本大法。它规定了平分土地的办法，明确了农村社会组织的构成方式，同时，严格制定了农民生活的各项准则。这其中的平均地权的思路，以及建立公有制的设想，包括建立"兵、农"合一的政权模式，前无古人，后无来者。

　　我们是把《天朝田亩制度》当成是太平天国的建国大纲来看的，它不仅在当时重要，而且一直重要到今天。

---

　　① （美）易劳逸：《家族、土地与祖先》，苑杰译，重庆出版社，2019 年 6 月版，第 127 页

　　② 同上书，第 153 页

据罗尔纲先生考证，在《天父下凡诏书》第二部中，《天朝田亩制度》正式颁行，具体的日期是在癸丑三年十月至十一月期间。1854 年 6 月，当时英国的香港总督兼驻华全权代表包令（John Bowring）派遣麦华陀（W. H. Medhurst）来天京探访，便获得过此书。据《贼情汇纂》等书的记载，其《卷九·贼教伪书名录》以下注解"《天朝田亩制度》此书贼中似未梓行，迄今未俘获"。在记此条同时又详记：

> 凡贼中伪书首一章必载诸书名目，末一条即系"天朝田亩制度"，应编入贼量门，惟各处俘获贼书皆成捆束，独无此书，即贼中逃出者亦未见过，其贼尚未梓行耶？[①]

这是误判。但是，作为一项政治制度以及国家治理的基本方略，就其刊行情况来看，并未家喻户晓。而且，一些方针与政策，在当时并未实施，只是作为理想而进行过系统梳理，这也是事实。天京定都之后，即刻被围困，城内城外皆缺粮，也导致了"照旧交粮纳税"这一政策的并行，但这并不妨碍《天朝田亩制度》的重大意义和价值。

在现有有关太平天国史料中，无论是初刻还是重刻的版本，均完整保留了《天朝田亩制度》的内容，十分详尽且丰富。当时清朝官方似乎想否定这一史料的存在，也是十分有意思。不是真的存疑，而是真心害怕。这一制度设计，否定的不仅是清朝当局，而是由此上溯到几千年的中华文明史。这些有关土地的理想，的确代表了大多数人的理想；由此构建的国家，如果实施得当，可成为真正的太平天国。国有太平，民亦有太平。其核心的要义，可见如下内容：

> 凡分田，照人口，不论男妇，算其家人口多寡，人多则多分，人寡则寡分，杂以九等。如一家六人，分三人好田，分三人丑田，好丑各一半。凡天下田，天下人同耕，此处不足，则迁彼处，彼处不足，则迁此处。凡天下田，丰荒相通，此处荒则移彼丰处，以赈此荒处。彼处荒

---

① 罗尔纲：《太平天国史》第二册，第 750–751 页

则移此丰处，以赈彼荒处。务使天下共享天父上主皇上帝大福，有田同耕，有饭同食，有衣同穿，有钱同使，无处不均匀，无人不饱暖也。凡男妇，每一人自十六岁以尚受田，多逾十五岁以下一半。如十六岁以尚分尚尚田一亩，则十五岁以下减其半分尚尚田五分；又如十六岁以尚分下下田三亩，则十五岁以下减其半分下下田一亩五分。……盖天下皆是天父上主皇上帝一大家，天下人人不受私，物物归上主，则主有所运用，天下大家处处平均，人人饱暖矣。[①]

这不是宗教的赞美诗，而是严格的行政命令。这里所蕴含的出处，基本上有两个，一个是原始基督教的教义，另一个是传统的佛家大同思想。它的立论基础，也在洪秀全《原道醒世训》中。在洪秀全尚未掌握政权之时，他的理想就是：

天下凡间分言之则有万国，统言之则实一家。皇上帝天下凡间大共之父也。近而中国是皇上帝主宰代理，远而番国亦然。远而番国是皇上帝生养保佑，近而中国亦然。天下多男人，尽是兄弟之辈；天下多女子，尽是姊妹之群，何得存此疆彼界之私，何以起尔吞我并之念？是故孔丘曰："大道之行也，天下为公，选贤与能，讲信修睦，故人不独亲其亲，不独子其子，使老有所终，壮有所用，幼有所长，鳏寡孤独废疾者皆有所养。男有分，女有归。货，恶其弃于地也，不必藏于己；力，恶其不出于身也，不必为己。是故奸邪谋闭而不兴，盗窃乱贼而不作，故外户而不闭，是谓大同。"[②]

作为落第文人的洪秀全，他的这种世界观极具民族特色和世界眼光。前者作为政令，后者作为宣传，二者之间都有着理想的光辉。这个光辉，还真的成为处于穷苦之中的农民心中的明灯。

从这个意义来讲，《天朝田亩制度》值得尊重，应该细读。从本质上讲，这

---

① 罗尔纲：《太平天国史》第二册，第753-754页

② 同上书，第766页

个思想体系，还真不是来自基督教，而是中国本土的文化传统。作为知识分子的洪秀全，虽然是以传统的叛逆者的面目出现，但是，仍然不自觉地流露出传统的东西。这些东西，是他血液之中的东西。

如果从秦朝的陈胜、吴广算起，到了太平天国，两千多年的历史之中，大大小小有数百次的农民起义，大多的诉求都是围绕土地以及财富的再分配。唐朝末年的王仙芝，也自称"天补平均大将军"。北宋初年的王小波起义，其口号为："吾疾贫富不均，今为汝均之。"南宋钟相起义的口号为："法分贵贱贫富，非善法也，我行法，当等贵贱，均贫富。"而至明末的李自成，其宗旨明确为"均田免赋"。这些口号，在那些特定的历史阶段里，发挥了巨大的作用。但是，对于失败者来讲，口号毕竟还是口头上的东西。到了太平天国，口号变成了完整的政策和制度安排，这就是了不起的创举。特别是其中吸纳的"同家食饭""同打江山、共享天福"的内容，都是太平天国的原创。

作为太平天国特有的军政合一的制度，在中国也是历史悠久。《周礼·地官·司徒》：

乃会万民之卒伍而用之，五人为伍，五伍为两，四两为卒，五卒为旅，五旅为师，五师为军，以起军旅，以作田役，以比追胥，以令贡赋。

郑玄注：

用，谓使民事之。伍、两、卒、旅、师、军，皆众之名。两，二十五人；卒，百人；旅，五百人；师，二千五百人；军，万二千五百人。此皆先王所因农事而定军令者也。欲其恩足相恤，义足相救，服容相别，音声相识。作，为也。役，功力之事。追，逐寇也。《春秋》庄十八年，夏，公追戎于济西。胥，伺捕盗贼也。贡，嫔妇百工之物。赋，九赋也。

这种农耕文明的基本制度，战时成军，闲时务农，还可实施日常管理，是一种较为先进的制度。这样看来，洪秀全的确是个读书人。

关于对土地等级的划分，《周礼·地官·司徒》：

以土均之法，办五物九等，制天下之地征，以作民职，以令地贡，以敛财赋，以均齐天下之政。

清高宗弘历案：

办五物九等名曰土均之法者，田有一易再易，地有五而言当一，必办其等乃可均也。九等当如禹贡所差，但禹贡是九州之等，此则随地而差之，各有九等身。

《天朝田亩制度》的思路，与此一脉相通。在社会治理的方式上，也取向《周礼》，"三年则大比，考其德行道艺，而与贤能者"，以及"三年大比，则大考州里，以赞乡大夫废兴"。而鳏、寡、孤、独、废、疾等免役公养的制度，亦与《周礼》之中的"振穷""宽疾"的保障制度有关。

看起来《天朝田亩制度》的传承，是与传统有关，但是，也有本质的区别。《周礼》是巩固私有制度的旧世界，洪秀全是要建立公有制度的新世界。因此，用传统来创新，至少在太平天国的制度层面，是一创举。

《孟子·梁惠王上》：

五亩之宅，树之以桑，五十者可以衣帛矣；鸡豚狗彘之畜，无失其时，七十者可以食肉矣。

这样的论述，在《天朝田亩制度》中，可以看到直接的引用。总之，这项制度概括了数千年中国农民的理想。是理想，一般就不要去实现它，而是要确保它成为乌托邦。

按照《天朝田亩制度》的勾画，在这个乌托邦中，以二十五家组成一个农村集体，设国库、礼拜堂各一处，由两人（称为司马）管理。大伙"有田同耕，有饭同食，有衣同穿，有钱同使"，除满足基本生活需求以外，一切财物交"国库"所有。"凡高收成时，司马督伍长除足二十五家每人所食，可按新谷外，余则归国库。凡麦、荳、苎麻、帛、鸡、犬各物，及银钱亦然"。"凡二十五家中，所有婚娶，弥月，喜事，俱用国库，但有限式，不得多用一钱"。"其二十五人家中，陶冶木石等匠，但用伍长及五卒为之，农隙治事"。村中"童子俱日至礼拜堂，两司马教读旧遗诏圣书、新遗诏圣书及真命诏旨书"。在这个社会里，男女平等，妇女也能分到田地，"凡分田，照人口，不论男女"。也没有买卖婚姻，"凡天下婚姻不论财"。在这个社会中，所有管理人员皆由民众选出，每年一选，选贤任能，有选举权和被选举权，"人人不受私，物物归上主"。这样的社会，当然是美好的，但也当然地超越了清朝末年的社会发展阶段。

用作口号的理想，或者是以理想为核心的口号，大都是超越了历史阶段的产物。作为一种制度设计，其中有理想化的成分，但更多的是一种口号，这也是有问题的。有时候，《天朝田亩制度》仿佛让人回到了原始的氏族公社阶段。这就穿越太多了。理想与现实本来就有距离，关键是这样的距离要让人视而不见，并且激动人心，《天朝田亩制度》做到了。它不仅搅乱了清朝末年基本的社会秩序、主要的生产力和生产关系，而且树立起了一个新的标杆，并让所有的，或者说是绝大多数的农民为之疯狂。这是制度的力量，也是革命的动力所在。

但是，问题仍然是存在的。

罗尔纲先生认为：

> 《天朝田亩制度》企图实现的公有制，建筑在个体劳动、分散经营的小农经济的基础上，它所要建设的社会，很显然势必至于倒退到原始公社式的社会里去。贯穿在《天朝田亩制度》中的绝对平均主义，超过了封建的任务，没有把本身限制在平分封建的土地财产的范围内，而是提出要平分一切财富。这样它就会影响到他们的生产积极性，从而使农业生产力刚从封建土地所有制中解放出来，又受到了新的阻碍。①

简又文先生认为：

> 在太平天国依照兄弟之情和世人平等的理想原则所构建的社会中，隐藏着一个出人意料的失误之处，那便是在对恶吏和渎职官员的惩处措施中有"贬为农民"的做法。太平天国的领袖们虽然都是农民出身，却非常看不起农民生活，认为农民的苦难和不幸都是出于全能上帝的意志，

---

① 罗尔纲：《太平天国史》第二册，第776页

而他们的奋斗目标是成为中国新的统治者（取代满人）。太平天国轻视农民，而"均贫富"的意识形态褒扬农民，二者在这一问题上恰好相悖。[①]

瑕不掩瑜。这些问题的存在，与该项制度划时代的构想相比，实在是微不足道的。在人类历史的发展进程中，朝代的兴替，生产的发展，包括文明的进步，远不如超前的制度设计来得伟大。

实际上，对待土地的态度，就是对待农民的态度。这是个立场的问题。而对待曾经的土地所有者，则又是另一番态度。如果说，《天朝田亩制度》确立的是太平天国的终极理想中最为接地气的目标，那么，太平天国对待压迫者的行为，并不是为了实现这一目标，与历史上其他农民运动意义一样，农民式的仇恨，往往是仇恨一切。

冯桂芬《显志堂集·卷五·李宫保论减赋》：

> 被难之后，富户百无一存。

光绪《溧阳县续志》：

> 凡官宦之家，呼为妖头，杀之必尽。

民国《南浔镇志》：

> 世家大族，转瞬几成绝户。其间衣冠世族，在此四五年中，生计已绝。

归庆枌《让斋诗稿·八月杂咏》：

> 数千贼众下昆山，焚掠兼施非等闲。大户一空小户静，似存公道在人间。

这些记载，当然是现实的一种，还有另外一种——一些流传在南京周边的歌谣，有的还流传到吴江、苏州、太仓、常熟等地。

《生活好过》：

> 长毛一来，生活好过，撑口（土地）要分，单子（地契）丢路。

---

① 简又文：《太平天国革命运动史》，第135页

《忠王是个好贤王》：

（忠王）一到就开仓，穷人饱肚肠；又分地，去种粮，人人过得好时光。

《好日子未过十二春》：

家家户户分粮又分地，好日子只过十一春。

这些记载，因太平天国过去的时间不是太久，人们能想起过去的那些激动人心的往事，唱着唱着就传下来了。但是，这种史实，更多的是一种情绪。[1]

客观地讲，在《天朝田亩制度》颁布的同时，还有一个"照旧交粮纳税"的内容，似乎会冲淡这项伟大创举的内涵。其实，弄清楚也并不困难。

安徽桐城人方宗诚《闲斋诗集·食新叹》："东庄有佃化为虎，司租人至撄其乳。西庄有佃狠如羊，掉头不顾角相当。"佚名《平贼纪略》记无锡一带"各佃户认真租田当自产，故不输业，各业户亦无法想。"浙江嘉兴吴仰贤《小匏庵诗存·新乐府粮归佃》诗注："禾中向有租田当自产之谚。"吴县甫里镇人杨引传《野烟录》："凡里人有田者，由乡官劝谕欲稍收租，而佃农悍然不顾，转纠众打田主之家。桃浜村为之倡，事起于南栅方氏。于是西栅金氏，东栅严氏家，什物尽被毁坏，而严氏二舟泊屋后亦被焚。陈某被缚于昆山城隍庙石狮子上，几饱众拳。"龚又村《自怡日记》："邹氏设局于神祠，又被拆坏，局董被戕投水。收过租米之局，众佃竞欲索还，于十三日赴俞局哄闹，几欲焚劫。"

这些记载，均说明一个事实，即在广大的江浙区域，也就是太平天国势力影响的地区，土地的所有者与土地的承租者之间，地位已经发生了巨大的变化。用光绪《溧阳县续志》中的记载来讲，是"旧时肉食垂绮罗，今日饥寒面如鹄"。包括仪征程畹《归里杂咏》："良田万顷成何用，饿死当年积谷翁。"看起来是佃农不交租，其本质是阶级对抗的结果发生了变化。在封建社会中，抗租与抗粮是同罪，都会被逮捕法办。太平天国既颁《天朝田亩制度》，又颁"照旧交粮纳税"，而准许地主收租，这是自相矛盾的行为，在具体实施中，也十分为难。常熟人汤

---

[1] 参阅：王庆成《太平天国的历史和思想》，第380页

氏辑《鳅闻日记》：

> 九月下旬……乡官整理田亩粮册，欲令业户收租，商议条陈。无奈农民贪心正炽，皆思侵吞。业户四散，又无定处，各不齐心。且如东南何村，因议收租，田夫猝起焚拆选事王姓之屋，又打乡官叶姓。又塘坊桥民打死经造，毁拆馆局，不领门牌，鸣金聚众。王市局中严朗三等，闻信大怒，令乡勇欲捉首事之人。彼众负隅力拒，扬言欲率众打到王市。于是局中急添乡勇二百名，借盐快鸟枪抬炮，端正饭食、酒肉、馒头、茶汤。汪胜明同严士奇、叶念劬、姚锦山、徐兆康等摩拳擦掌，连夜入城见伪主将钱，请兵下乡剿灭乱民。不料钱姓不肯轻信擅动刀兵，反怪乡官办理不善。但著本处乡耆具结求保，愿完粮守分等语。又给下安民伪示，劝谕乡民。其事遂以解散，王市局中诸人败兴而归，从此势弱，不能勒捐，进益渐少，只得散去。

在土地与纳捐这个问题上，所有人面临的局面都是复杂的。观念复杂，操作起来就更复杂。就太平天国而言，大破大立，破中有立，在入局之时，就让当局者心悸，这是前所未有的。即使在《天朝田亩制度》颁布之时，虽有"着佃交租"的事实，但并不意味着其土地政策有所改变。正如罗尔纲先生在《太平天国土地政策——重考天朝田亩制度实施问题》一文中指出的：

> 太平天国颁布《天朝田亩制度》，因天京缺粮的紧急情况，不得不采用"照旧交粮纳税"措施。它根据具体情况，顺应农民的愿望，先行着佃交粮政策，一反我国千余年田赋制度的常规，变地主交粮为佃农交粮。其后，随着形势的发展，进一步颁发田凭，宣布凡佃农"领凭后，租田概作自产"，把土地所有权从地主转移到佃农手中，使行"着佃交粮"，广大地区的佃农得到了自己所耕的田。太平天国并没有颁布耕者有其田政策，而在它所施行的土地政策的结果，事实上竟成为耕者有其田了。[①]

[①] 罗尔纲：《罗尔纲文选》，第81页

从土地政策出发，去制订一整套社会治理的方案，太平天国的起点是极高的。它不仅与中国当时的社会状况相契合，而且竭力去实现千百年来中国人的大同梦想。其中混杂了东西方宗教、东西方哲学，以及南来北往的人们众多的期盼，从而造就了太平天国入局之后的第一张好牌。在中国，把农民组织起来，是一件极难的事情。有组织的农民，再杂以简单的生活化的理想，其爆发力是惊人的。有些时候，这些爆发力能置生命于不顾。不用细思，后来的历史，也都反复证明了这一点。假如现在合上历史书，让时光倒流，再来考察这一段时间内发生的一切，我们便会惊叹这些有着巨大变革意识的关于土地的方案，这是真真切切的一种巨大的变革。虽然，它是以牺牲既有的生产力和生产关系为代价的。

法国历史学家阿历克西·托克维尔（1805—1859），在其名著《旧制度与大革命》的结尾处，充满激情地描绘了法国民族性，他认为，唯有法兰西民族"才能造就一场如此突然，如此彻底，如此迅猛，然而又如此反复矛盾和对立的革命。没有以上称述的那些原因，法国人绝不会进行大革命。但是必须承认，所有这些原因加在一起，也不足以解释法国以外类似的革命"①。

这个判断同样适用于太平天国。

（二）

可以肯定的是，太平天国以大破大立的方式入局，其中所破者，一方面是既有的体制，另一方面，就是传统的偶像。打破旧偶像与消灭旧体制，在太平天国的历史中，是两件极为重要的事情。特别是破除旧偶像，惊世骇俗，让人大跌眼镜。

从本质上讲，偶像既是宗教教义的形象化的展示，也是神灵信仰的习惯和习俗。最初的意思是神的形象化、具体化，便于信者进行致敬活动。偶像一般是所

---

① （法）阿历克西·德·托克维尔：《旧制度与大革命》，石磊译，中国商业出版社，2016年5月版，第7页

天

局

属宗教与信仰的形象化代言人，各种各样，千奇百怪，但是，源远流长。

从宗教体系上讲，就目前存世的大多宗教而论，基督教、伊斯兰教是一神教，都是排斥偶像崇拜的。佛教则不同，偶像众多，具体代言的义理也比较复杂。

从太平天国体系来看，其唯一的偶像是上帝，但其含义也比较多元。大多各有其字面和意识形态的内容。如"天父""魂父"等词，重在反映上帝与世人的关系；"父皇""老父"等词，显示了上帝与洪秀全的关系；"真神""圣神"等词侧重说明上帝是真正的神。

无论是多神观还是一神论，偶像都是绕不过去的一件事。要么打破它，要么崇拜它，没有中间地带。打破有打破的理由，崇拜亦有崇拜的原因。作为搅局者的太平天国，首选是把既有的偶像体制打乱了。偶像乱了，偶像没了，人心就乱了。这是太平天国的高明之处。

在太平天国的教义中，看起来只有一个偶像是上帝，其实另有他人。《原道觉世训》：

> 实情谕尔等，尔凡人何能识得帝乎？皇上帝乃是帝也，虽世间之主称王足矣，岂容一毫僭越于其间哉！救世主耶稣，皇上帝太子也，亦只称主已耳。天上地下人间，有谁大过耶稣者乎？耶稣尚不得称帝，他是何人，敢觑称帝者乎？

这是设问句，自问自答。按照上帝教的解释，洪秀全是天父上帝的次子，耶稣基督的胞弟，奉命下凡做主。由此可以看出，宗教信仰与政治立场的选择，在这里是相互统一的。宗教、政治、伦理，在现实生活中得到了完美的结合。

推广新偶像最好的办法，就是毁灭旧偶像。按照夏春涛先生的研究，太平天国毁灭偶像的具体过程，分为三个阶段，一是从金田起义到定都天京时期；二是从定都天京到进军苏南时期；三是经略苏杭到最终覆亡时期。这个过程，贯穿了整个太平天国从立到灭的全过程。具体来讲，有这样几个特点。

一是"无神不灭"。将打破偶像作为弘扬教义最为基本的推广办法。自从洪秀全倡拜上帝教以来，第一个举动就是捣毁当地的"甘王像"。随后便一发不可收拾，"若毁打神庙，口念咒语恳祈天父上帝，念'将妖魔诛灭，大发天威'"。①在进军湖南期间，太平军"自孔圣不加毁灭外，其余诸神概曰为'邪'，遇神则斩，遇庙则烧"②。占领武昌之后，"遇寺观辄火之，曰为妖庙……斥阎罗为妖，诸凡百神皆为妖魔，遇庙像辄焚毁"③。

在中国，读书人最大的偶像就是孔子。太平天国的反孔，从理论到实际，均达到极致。当年，尊孔之风不仅在学界滋蔓，而且得到官府的加持。清王朝入主中原以后，也把尊孔作为国是，各州县均立孔子庙，对孔子的尊崇超过了其他诸神。太平天国反其道而行之，早在辛开元年，即1851年秋，攻克广西永安州时，就把城中孔子庙之中的塑像予以鞭挞（丁守存《洪大全上咸丰表》）。壬子二年（1852年）攻克湖南郴州，焚孔子庙，毁孔子木像，并将庙中排列的孔子门徒"十哲"的牌位尽都扫除（《讨粤匪缴》，见《曾文正公文集·卷二》）。第二年，攻克南京，将"夫子庙"改为"宰天衙"（屠宰场）（《贼情汇纂·卷十二·杂载》）。与此同时，太平天国定都天京之后，北伐与西征之处，也尽毁沿途孔庙。（《忆昭楼时事汇编》《武安县志·卷五》等）。

二是"无像不毁"。以南京为例，但凡泥塑、木雕、石刻、纸画、金属、陶瓷之类神像，均在劫难逃。太平军以"神庙为妖庙，毁神佛，抛于水于厕"④。对于木质的神像，则劈成碎木以烧火，故时人称"任教梨枣与旃檀，雠视神灵要毁完"⑤。金属神像则改铸为兵器，南京高座寺便是一例。该寺坐落在城南石子岗附近，原有铁罗汉500尊，系为纪念东晋时来此传播佛教的西域僧人帛尸梨蜜

---

① 《李进富供词》，载《太平天国文献史料集》，中国社会科学出版社，1982年12月版，第19页

② 《粤匪犯湖南纪略》，载《太平天国史料丛编简辑》第一册，第67页

③ 《武昌兵燹纪略》，载《中国近代史资料丛刊续编·太平天国》第四册，第579页

④ 佚名《金陵纪事》，载《太平天国史料丛编简辑》第二册，第45页

⑤ 《山曲寄人题壁》，同上书，第398页

多罗而建，均被太平军化铸为兵器。时人遂叹："古佛何年铸作兵"[1]。更有意思的是，莫愁湖后楼原先立有明代中山王徐达的塑像，太平军"不知何神，斩首毁像，并焚其楼"[2]。这是急红了眼。当时立于江宁学宫中的孔子牌位，则被弃于地，与马粪为伍[3]。

三是"无庙不焚"。马寿龄《金陵癸甲新乐府》：

> 乱离高隐南山雾，方外犹为归宿处。无端忿恨到缁黄，殃及木雕与泥塑。不知老人筋力疲，长梯倚楼楼半危。接瓦人立岩墙下，存亡俱在呼吸时。汉唐之碑一时仆，齐梁之树一时锯。纵横椽角当柴薪，眴息庭阶走狐兔……

覆巢之下，安有完卵。偶像尽毁，寺庙都焚，累及了古碑、古树。实际上，太平军已顾不上这么多了。在常熟，太平军称"寺庙为妖庙，神佛像为大死妖，有见即毁。北门外普仁禅院有铁佛三尊，古亦称铁佛寺，相传明季倭寇乱后以所余大炮铸成，贼毁之，仍以之铸炮用"[4]。在无锡，太平军"遇祠庙寺院诸佛神像，称死妖魔，毁铜佛钟磬之类作戒（械）器，及千百年之大树必踞（锯）之；拆寺观庐舍为伪官伪府，征工匠，穷绘事"[5]。在浙江嘉兴，太平军"与释、道两家仇如水火，所过庙宇祠观，无论土木形骸金碧神像，悉遭残剥，且曰之为'死妖'"[6]。在乐清，太平军"毁城内神祠殆甚，仆其像，投之水火；乡村诸社庙虽未毁，然像设罕有完者。……木偶付烈焰，土偶投浊流，金支翠

---

① 伍承组：《山中草》，《太平天国史料丛编简辑》第二册，第 420 页

② 汪堃：《盾鼻随闻录·卷五》，载《中国近代史资料丛刊续编·太平天国》第四册，第 398 页

③ 马寿龄：《金陵癸甲新乐府》"拆妖庙"诗，同上书，第 734 页

④ 陆筠：《海角续编》，载《漏网喁鱼集·外一种》，柯悟迟撰，中华书局 1959 年 12 月版，第 125 页

⑤ 佚名：《平贼纪略》，载《太平天国史料丛编简辑》第一册，第 332 页

⑥ 佚名：《寇难琐记·卷二》，载《江浙豫皖太平天国史料选编》，江苏人民出版社，1983 年 10 月版，第 166 页

旂皆赘疣"①。以常熟为例，太平军"于圣贤像、神像、佛像及专祠中之有像者，若范公祠、杨公祠、于公祠，皆毁坏无遗。若东周市普善庵内之佛像，深藏而完好者，不多得矣"②。

典型的案例在浙江桐乡县濮院镇。当时，太平军下令"拆妖庙，毁妖像，乡间有私留妖庙者，每圩罚洋五百元"。不久，开拆该镇"祥云观三清阁"，先后有五六人因登高坠死或被砖木砸死。此阁共五间七楹，巍峨壮丽，五色琉璃瓦与四座砖雕塑均为稀世之宝，并有泥塑的"八仙像"，相传是中元节八仙路过此地，当地高手按真神面容雕造。其殿"祥云胜境"系元末明初书家杨维桢手书，另有"三清宝阁""三元宝殿"题匾，系董其昌所作。当时，三清阁刚刚修缮一新，费时十年，耗银十二万两，然而，"不及一月，无片瓦寸椽矣"。该镇其余寺庙，如福寿寺、福清宫、白雀寺、土地庙、水木庵、朝北观音堂、指南庵、化檀庵、梅泾庵，均相继被毁。③

在这里，所有的异教神，在太平天国的观念中都是"魔鬼"，洪秀全在一份诏旨中曾经概指出"魔鬼"的种类：

土、木、石、金、纸、瓦像，死妖该杀约六样。邪教、粉色、烟、酒、戏、堪舆、卜、筮、祝、命、相、聘、佛、娼、优、尼、女巫、奸、赌生妖十九项。④

这里的魔鬼，又称死妖，看上去是六种，实际上就是一种，即用土、木、石、金、纸、瓦六种材料制成的偶像。而十九种所谓"生妖"，也都与异教有关，都是与上帝对立的。在现实生活中，"生妖"是"死妖"的代理人。与此同时，将清朝的统治者与官府的军队亦称为妖魔，诸如"妖官、妖兵、妖人、妖胡"等，

① 林大椿：《粤寇纪事诗》，载《太平天国史料丛编简辑》第六册，第 452 页
② 佚名：《避难纪略》，载《太平天国史料专辑》，上海古籍出版社，1979 年 10 月版，第 64 页
③ 沈梓：《避寇日记·卷四》，《太平天国史料丛编简辑》第四册，第 244、248–249、264 页
④ 余一鳌：《见闻录·贼禁诏》，同上书，第二册，第 132 页

并从宗教上加以确认。

《颁行诏书·奉天讨胡檄》：

> 胡虏目为妖人者何？蛇魔阎罗妖邪鬼也，鞑靼妖胡惟此敬拜，故
> 当今以妖人目胡虏也。[①]

《贬妖穴为罪隶论》：

> 上帝为天下大共之父，人人是其所生所养。苟不认得生我养我之
> 天父，而反拜邪神、行邪事，虽是天生天养之人，已变妖矣，已有罪矣，
> 而况本出自胡地者乎？[②]

在这里，破除邪神，维护一神，打碎偶像，焚毁寺庙，其核心要义乃为政治斗争的需要，宗教只是充其外衣而已，这是比较明确的。当然，也还有道德的因素。洪秀全《三字经》《天父诗》：

> 正是人，邪是鬼。

> 人妖分别在邪正，邪些是妖正是人。人妖分别在曲直，曲些是妖
> 直是人。人妖分别在善恶，恶些是妖善是人。人妖分别在真假，假些是
> 妖真是人。[③]

以人之名除妖，以己之名蛊众，然后行打砸之事，在洪秀全及太平天国身上，也是人妖不分了。老一辈的学者对此的看法并不准确。罗尔纲在其《太平天国史》中认为：

> 太平天国打到偶像，就是为了扫除压在人民头上的神权。……在
> 迷信神权的社会里，封建统治者和地主阶级是崇奉神佛为至神至圣的。
> 太平天国起义，却以地震一般的威势到处扫荡偶像，把封建社会最高权
> 威踏在脚下，在革命战争当中，起了使敌人丧胆失魂的作用。所以太平

---

① 《中国近代史资料丛刊续编·太平天国》第一册，第162页
② 同上书，第288页
③ 同上书，第227、484页

天国起义前，到起义后，以至起义后期，一直进行扫除偶像。太平天国的捣毁偶像，是为它的政治目的服务的。[①]

以阶级分析的方法去分析宗教，在这里并不妥当。人类自有宗教以来，信奉者似乎并不是按阶级来分类的。宗教所攫取的，恰恰是人性的弱点和普通大众的心理。偶像的形成，也不是按阶级来罗立的，也有一个漫长的过程。人的迷信，无论是统治者还是被统治者，更多的还是因为愚昧。只不过，在人类社会的发展史上，宗教更多地被统治者利用，而被统治者却茫然不知所措罢了。在天灾人祸面前，寻常百姓更容易依靠宗教来摆脱对自身命运不确定性的恐惧。因此，由传统文化积累而来的民间诸神，是神还是妖，是鬼还是魔，太平天国众人也是不能说了算的。

从本质上讲，打破旧的偶像，并不能立即让新的偶像深入人心。同样，打砸焚毁的行为，也并非能真正征服人心，反而容易扩大与民众的距离，也十分容易削弱统治和管理的基础。当然，太平天国的人们，可能不一定想得到。这种带有很强盲目破坏性的行为，使地方文化，特别是江南一带的宗教文化，遭遇了空前的浩劫。

许瑶光《谈浙·卷二》：

（杭州）寺观楼台架山叠壑，十年被陷尚有存在，至此（指咸丰十一年末，太平军再克杭州）荡然矣。

欧阳兆熊《水窗春呓·卷下》：

（金陵）城南四百八十寺，所存尚数十处，而牛首、天阙为最绝，兵燹后无复孑遗。此一劫，千年所罕也。

张绍堂《光绪续纂句容县志·卷三十九》：

（茅山）素有第一福地美誉，（1860 年 4 月，太平军再度攻占句容）……毁宝华山铜殿，并拆各殿宇梁栋运至金陵……累月不辍。

文化积累需要时间，文化偶像的形成，更是需要漫长的过程。在宗教领域文

---

① 罗尔纲：《太平天国史》第二册，第 736、738 页

化偶像的形成，不仅时间漫长，而且会耗费大量的社会财力。偶像的公共性，是基于相同的认知。偶像的供奉，也是需用公共的空间的。不问青红皂白一律视偶像为妖，在文化上容易造成极大的破坏。并且，在宗教上也不一定站得住脚。作为搅局的一种方式，拿文化开刀，不失为捷径。

伟大导师恩格斯曾经说过：

> 宗教是远离物质经济基础的思想体系，但它并不是与生活无关，相反，它是支配着人们日常生活的外部力量在人们头脑中的幻象的反映，在这种反映中，人间的力量采取了超人间力量的形式。[①]

以极端暴力的手段去摧毁偶像，在宗教史上并不鲜见，但是，就中国传统文化而言，还是不能被普遍接受的。这也是洪秀全的太平天国，以及他的太平思想观念失败的原因之一。曾国藩在《讨粤匪檄》中，对洪秀全此举大加抨击，他认为：

> 自古生有功德，没则为神。王道治明，神道治幽，虽乱臣贼子穷凶极丑，亦往往敬畏神祇。……粤匪焚郴州之学宫，毁宣圣之木主，十哲两庑，狼藉满地。嗣是所过郡县，先毁庙宇，即忠臣义士如关帝、岳王之凛凛，亦皆污其宫室，残其身首。以至佛寺、道院、城隍、社坛，无庙不焚，无像不毁。[②]

看来，曾国藩并不了解洪秀全。

（三）

真正对晚清政府政局搅动最大的，当属用兵。战争期间，对战争的记载，既不可能及时，也不可能准确。对双方来讲，如果我方是太平天国的话，则不免夸大其词，敌方如果是官府的话，则必然会流于轻蔑。因此，对战争状况的描述，

---

① （德）恩格斯：《反杜林论》，见《马克思恩格斯选集》第三卷，第 666 页

② 曾国藩：《曾国藩全集》第十四册，岳麓书社，1986 年 6 月版，第 232 页

以文人记载比较可信。不是因为其准确，而是因为其客观。当然，大部分的文人，在特定的历史阶段，根本做不到客观，更谈不上公正。但是，文人的记叙，有其理性和生动的一面。包括诗人在内，即便是情绪的记叙，也是一种客观，也可以考察与观照。

清人魏秀仁著《咄咄录》，稍显公允。其人为道光二十六年（1846年）的举人，然后屡赴礼部试，皆不第，遂作官府幕僚，也是个文化人。按照作序的谢章铤的说法，"（此著）记载简明，论断公允，远掩《钓矶立谈》，近抗《倭寇纪略》。……昔人野史，多重叙事，阁下此书则重在立论，篇中诸论卓然不磨者固多，然尚欲搜罗包孕，举事变之原委，时贤之规画，删繁扼要，以为后来龟鉴"①。

从总体上来看，金田起事以来，清军副将伊克坦布阵亡，已引起了官府的高度重视。从力量对比上来看，清军不断增援广西，在兵力、武器、给养上占有绝对优势。但令人匪夷所思的是，拖家带口的两万余太平军，其战兵不足五千人，竟能在清军的围堵之中，左冲右突，乃至跳出广西，顺江而下，一路势如破竹，占据东南第一都会南京，并在此建都。可以说，创造了军事史上的奇迹。究其原因，各有各的说法，但其过程，的确惊心动魄。不仅是军事史上的杰作，更显示出了超乎寻常的组织才能，其战略战术堪称教科书级别。

按照《咄咄录》的记叙，有这么几次重大战役。

一是"困永安"（咸丰元年辛亥）。《咄咄录》：

秋七月，贼居永安，控壕以守，以城南水窦村为特角。九月，赛帅移军阳朔，就近指挥，催战破急。而贼于永安城外作垒，包筑原墙，多开铰炮眼，墙内兼控地道，安放地雷。官军不敢逼近。自秋徂冬，隔水相望。十二月。赛帅亲驻永安督剿。贼窘，议突围走昭平。壬子春二月十七日夜，弃永安，由古束出。乌兰泰击之，生擒伪天德王洪大全。而贼破四镇兵于龙寨岭，长瑞、长寿、董光甲、邵鹤龄四总兵坠崖死。

① 太平天国历史博物馆：《太平天国史料汇编》第三册，第1095页

时男贼仅存二千余人，女贼衣男衣，得脱者不满三千人。或曰贼受围久，死亡枕藉，值湖南郴州贼李严通为官兵追剿，逃附永安，始突围去，直趋桂林。都统乌兰泰战于桥南，死之。贼之去永安也，鸡犬不留，而赛帅驰奏克复。槛送大全京师，磔于市。大全，湖南衡山人。①

永安是太平军正式占领的第一座修有城墙的城市，在这里，太平军进行了兵源的补充和供给的增加。当时，太平军总的规模已达四万余人，战斗人员占到一半左右。在永安这三个月中，太平军的主要任务是完善体制和机制建设。他们不仅对新的兵源进行军事和宗教的训练，而且进行了宗教和军事的顶层设计，分封了五个王，"并且按照国朝的模式，设立威仪庄重的内廷，同时颁布了一系列朝廷礼节和政府规程。许多新的政府职位和机构都是在这个时候建立的"②。

成也机制，败也机制。太平天国的永安分王，"这五位王同时是军中的五位主将，他们在获得最高荣誉封赏的同时，仍然保有他们的军衔，履行他们的军务。但是，在革命运动的早期就做出这种安排，在政治上是不恰当的。这些人已经获得了最高的荣誉封赏（除天王头衔外），若将来因战功再行封赏，就只能赐予更花哨的荣誉名衔。而比这个严重得多的是另一个错误，天王强行做出了其他诸王均受东王节制的训令，这样的训令又一次悄然地把权力交给了一个醉心权欲，最终败坏了革命事业的人"③。

太平军的永安之战，再次显示了其军事的成熟与士兵的勇敢，防守与突围，出击与避散，均处理得游刃有余。清军则显得处处被动，其中，从北方调来的四位高级军官均阵亡。主将乌兰泰还曾一度跌入山崖，落入泥流侥幸逃生。在经历多次包围与反包围之后，太平军调整战略，第五次突围出永安，兵锋指向省府桂林。清兵冲入永安之后，肆意逞凶，屠杀百姓，时人龙启瑞叹："数千平民惨遭屠戮，

---

① 太平天国历史博物馆：《太平天国史料汇编》第三册，第 1102、1103 页

② 简又文：《太平天国革命运动史》，第 76、77 页

③ 同上书，第 77 页

街道上血流成河。"①

二是"扑桂林"（咸丰二年壬子）。《咄咄录》：

　　二月二十五日，贼弃永安。二十六日，从马岭翻山，即抵临桂之六塘。二十九日，大队猝至，攻文昌门、西南门，并于相距咫尺之象鼻山安设大炮，正对城中，日夜轰击，炮子如雨。嗣提督向荣间道驰回，各路大军俱陆续踵至，扎营北门，丽泽门外。城中各团亦逻获奸细，不致乘机内应，民心藉以稍安。然每逢阴雨之中，贼架云梯向各城迭起环攻，应接不暇，几陷者屡矣。贼每夜张宴待月接笙歌达旦。突于三月二十七日夜四鼓后，拥吕公车多架，向文昌门、南门攻击。城上抛掷火罐，施放枪炮，立毙悍贼数百人，烧毁近城吕公车数架。嗣总兵秦定三、常禄及壮勇张钏等渐获胜仗。二十九日夜，贼焚毁城外民房殆尽。四月初二日丑刻，自海洋坪向东北逃窜，不数日而有兴安、全州之事。桂林凡围三十三日。②

桂林之战，当时城内外清军总数达到两万余人，与太平军基本相当，但守城火器并不充足，还将数百年前，明代埋藏的二十几门火炮也挖出以急用。当地乡绅组织了近一万的民兵，日夜轮替，代替兵勇察备城墙。这些民兵均从城内无赖和恶棍中招募，起了很大作用。在势均力敌的情况下，太平军选择了放弃，这是有智慧的表现。清军看似守城成功，但也埋下隐患。清军首次与地方官员口角不断，赛尚阿与邹鸣鹤、向荣的争吵，导致了自己被撤职并判斩监候。从这个意义上讲，清军自己击败了自己。《咄咄录》："胡文忠公曰：'永安窜逸之后，官军无战不败，将显动摇，侵轶省城，势更猖獗。兵将之勇敢者多已伤亡，余人胆落，怯不任战。告急于粤东，而粤东多寇，饷运不继。楚省自得不暇。救援之人，宏济之略，相顾不发一策，专待庙算而后行。又不能实力遵奉，以慰宵旰，是粤

---

① 简又文：《太平天国革命运动史》，第82页
② 太平天国历史博物馆：《太平天国史料汇编》第三册，第1103页

事直不可问。'"① 这是实话。

桂林之战，看似无功，但太平军围城多日，激化了清军内部的矛盾，事半而功倍，不战而屈人之兵。

三是"屠全州"（咸丰二年壬子）。《咄咄录》：

> 四月，贼由兴安攻全州。湖南宝庆营都司武昌显，以所部劲兵五百，令知县某守城，大小十数战，更率百人登城。贼内薄城根，以热桐油稀饭浇之，十日之内毙贼无算。冯逆死乱军中。贼乃穴地烧湿薪，烟瘴眯目，咫尺不能辨。诸军援全者皆壁十数里外，城道破，贼屠之。于是轶湖南，陷道州，湖南提督余万清弃城走。贼取道江华、宁远至嘉禾，陷桂阳、彬（郴）州，由永兴、茶陵、醴陵趋长沙，掳协之众，至是有五六万人。②

全州离桂林二百五十余里，人口数万。但是，按照太平军的安排，并没有攻打全州的计划。5 月 24 日，太平军准备绕城而过，但守城兵勇发现军中有一乘黄缎子的轿辇，于是以火炮射之并命中。轿中之人，正是冯云山，太平天国早期最重要的领导人，也是洪秀全最亲密的合伙人。于是，太平军盛怒之下掉头攻城。全州的知州曹燮培血书求援无果，全州城破。太平军大开杀戒，留守城中的数千官兵及百姓，包括三十多名官僚乡绅，惨遭杀戮。如果不是曹燮培在破城之时打开北门，方便城中百姓逃出，死伤人数还将更多。

魏秀仁认为：

> 全州力守旬日，桂林兵勇六七万人竟无一矢之援，坐使骁锐之士腾踔奋发而无前者，与士庶同归屠戮。于是贼轶湖南，而天下遂受其败。③

失去的生命终究不能挽回，报复性的屠戮终将是对所有生命的不尊重。全州

---

① 太平天国历史博物馆：《太平天国史料汇编》第三册，第 1104 页
② 同上书，第 1104 页
③ 同上书，第 1104 页

一役，太平军痛失冯云山，也为以后的各种兵变事变埋下伏笔。权力需要互相牵制，喋血之余，不知当时的洪秀全作何想法。洪秀全失去的，不仅是一位与他共患难的精神伙伴，更是一位太平天国所有组织结构和行动计划的制定者。许多历史学家都认为，冯云山忠心睿智，厥功至伟，是太平天国中最为杰出的人物。

四是"围长沙"（咸丰二年壬子）。《咄咄录》：

> 七月，贼自蓝山、嘉禾犯桂阳，施陷郴州，方审永兴。永兴贼由茶陵、醴陵经犯长沙，据城南及小西门，窟穴于民廛，攻甚急。南门外天心阁地势高，贼方栅其上，知府衙前浙江秀水县知县江中源自衡州倍道趋援，望见惊曰："贼据此，长沙危矣。"帅所部力争之。贼退，趋移垒，垒去贼数十步，共汲一井，击柝声相闻，自是长沙止南门受敌。令伪西王萧朝贵中炮死，气少沮。逾旬，洪、杨大股至，扬言报复，势焰复张。九月二十九日，魁星楼侧地雷发，城陷十数丈。四川越嶲参将张协中抢护中枪死。贼蜂拥陴上，副将邓绍良率镇篁兵大呼跃而前，奋勇搏战，殪先登百余，余夺气散走，督兵累土，城复完。十月初二日，金鸣桥地雷再发，总兵和春堵之。十八日，复以地雷环攻，布政使司潘铎以木牌挡身，身先士卒，副将翟腾龙力扼之。二十日，贼遂焚垒，轰炮三声而退。长沙凡围八十余日。[1]

其书作者魏秀仁还议论道：

> 夫洪逆者，一市井间无赖细民耳，虽其党杨、石之徒，差复胜之，亦非有雄才大略也。即如长沙之围，在兵法为顿兵坚城之下，又背水面城，当绝地，且前有大兵扼险，后者追师驰剿，而洪逆方制伪玺，僭大号，群下受封，娶长沙民女，彼岂真愍不畏死哉？盖我军伎俩贼渺之久矣。[2]

[1] 太平天国历史博物馆：《太平天国史料汇编》第三册，第 1105 页

[2] 同上书，第 1106 页

天
局

这段议论，除了对洪秀全不尊重以外，其他还算中肯。许多历史学家都认为，太平军未能早日攻取长沙，在湖南南部徘徊了三个月，给了清军以足够的力量修补城墙，陈兵备战。如果太平军攻取长沙，并继而占领湖南全境的话，这将彻底改写清代历史。这样一来，后成为太平军劲敌的"湘军"就无法成军，并向太平军实施致命的打击。当然，历史没有如果。

至此，太平军在前期的军事行动中，伤亡惨重，前后牺牲了近万人。简又文认为：

> 就是从这个时候开始，太平军事标准的道德要求开始受到侵蚀腐化，他们给广西各处民众留下的印象也最终受到影响，那里的民众永远记住曾经那支真正"亲切正直"的军队，那支勇于作战却不扰平民的队伍。[1]

长沙之战，对于太平军来讲，是真正遇到的硬仗。湖南巡抚骆秉章为能吏，进士出身，以忠诚能干、富于谋略著称。在长沙守卫战中，他亲率兵勇登城作战。太平军的西王萧朝贵，也是身先士卒，亲临前线指挥，只是可惜萧朝贵因着镶龙黄缎长袍，亮明大旗，被清军定点炮轰后重伤不治。作为战役指挥者，他与冯云山一样，因目标显著而被敌军发现，这恐怕是一件十分遗憾之事。当洪、杨率大部队赶来之时，清军亦有大股军队驰援。清朝方面的邓绍良、向荣、徐广缙、张亮基，包括曾是湖南巡抚张亮基游幕的左宗棠，亦出现在队伍中，这样，清廷集合了超过五万余人的兵力，太平军是啃不下长沙这块硬骨头的。1852 年 11 月 30 日夜晚，太平军在雨水和夜色的掩护下，开始沿湘江西岸行进，放弃了对长沙的进攻。那个夜晚，不知失去了妹夫的洪秀全、匆匆驰援的杨秀清、在湘江西岸等待援应的石达开，以及在此战役中表现出色的李开芳、林凤祥作何感想。此时，清将向荣的大军仍尾随在后，伺机出击。其他人不知道，洪秀全肯定是悲愤交加。他的劲敌——曾国藩和左宗棠，在此战役之后，成为他合格的对手。

---

[1] 简又文：《太平天国革命运动史》，第 87 页

五是"战武汉"（咸丰二年壬子）。《咄咄录》：

> 初，贼去长沙，窜宁乡，欲由益阳旁洞庭，取常德。抵益阳，得民舟数千，遂顺流而下。过林子口，出洞庭，陷岳州，得吴三桂器，分水陆以东。陆贼以胡以晄、李开芳、林凤祥，水贼为杨逆秀清、石逆达开。汉口闻风，自初六至初十迁徙一空。至江夏，官军疑为贼，杀三十余人。而贼运煤渣百余艘，中伏二千人，由洞庭入汉，一路江防转莫之间。十二日，汉阳遂陷。陷汉阳者，黄玉昆也。陕西副将朱瀚阵亡，知府董振铎战死。武昌地踞上游，昔陶桓公为盟主，削平巨憝，实以镇守武昌，其势足以控制长江。……十二月初二日黎明，石逆由文昌门入，全城悉陷，而当事者方酣醉梦也。江夏知县绣麟持矛巷战死。杨文轩者，逸其名，湖北人。家城内，以千总充巡抚捕官。贼入，引巡抚至其家，从容请尽节，代挽带缢之中梁，俟气绝掩藏毕，痛苦再拜，亦自经也。贼于是方陷黄州、九江，如入无人之境，盖邻或荡然矣。全州之陷也，提督向荣革职。寻力疾助长沙守，解围，追贼过湘阴，枪中马腹，马毙，川兵救免。贼陷武汉，不能救也，至是薄武昌城下。石逆出大东门，苦战，战辄挫，遂遁。贼据武昌盖一月。向荣九月至九江，补湖北提督，予钦差大臣关防，统诸军事。[1]

占领武汉之后，洪秀全做的最重要的一件事，就是为自己弄了一个纯金的印玺。实际上，在长沙的时候，已经刻了一个玉的，这回是金的。对于权力的渴望，以及对今后形势的乐观，让洪秀全的心情大好，用制玺这种方式来肯定自己的地位。挑战皇权，这不是虚荣心，而是一种现实需求。有了玺印，合法性和正当性就会得到强化，理也直气也壮。因为拿下武汉三镇，就扼住了华中咽喉，以及长江黄金水道的掌控权，在军事上具有十分重要的战略意义。

占领武昌期间，太平军开始实施一般性的治理，并着手恢复城市的秩序。按

---

① 太平天国历史博物馆：《太平天国史料汇编》第三册，第1109页

照政教合一的方式，敦促市民入教并纳贡。当时，太平军仅从各衙门收缴的白银就达一百六十多万锭，可谓财源丰厚。募兵制的推行，也为太平军的队伍壮大提供了体制性的保证。也就是在武汉，洪秀全对未来理想社会的设想——落地。他开始建立许多影响深远的新型化社会组织，如"能人馆"——协助并用来安置女营中的非战斗人员，"老人馆"——主要照料老龄人员，以及"童子馆"——集中男童进行准军事化的训练。之后的太平军所到之处，均会设立此类组织。与打破偶像的"破"相反，此类组织的建设更在于"立"。有破有立，太平军在进军和成军的过程中，朝着建国与立国方向迈进。这些组织，因为有宗教和信仰在其中，在推广的时候具有一定的稳定性。既稳定了社会秩序，也稳固了军事斗争的成果。

在伤亡方面，东王杨秀清告诫全军："官兵勿留，百姓勿伤。"太平军杀尽了每一个官吏，释放了所有在押的囚犯。据民间资料记载，当时约有八千人被杀，近十万人自杀。简又文指出："城破之后大量居民自杀，尤其是妇女因畏惧被匪徒欺辱而自杀守节的现象，在中国战争史上屡见不鲜。许多史家将自杀与被屠杀的受难者笼统合并，记为民众伤亡。这种错误的计算方法可以解释太平军占领一些城市后民众伤亡数字奇高的现象。"①这个说法可以接受。

在太平天国金田起义两周年后，洪秀全在武汉度过了他的四十岁生日。他的生日礼物，就是武汉这座省会城市，其心情可想而知。

六是"踞金陵"（咸丰三年癸丑）。《咄咄录》：

> 癸丑正月初二日，贼下窜。初，贼至湖北，势穷蹙，既得武汉，所获赀粮军火不可胜计。自益阳至蕲州，所掳民船战船万余艘，男妇约五十万人，旌旗遍野，帆幔蔽江，至此竟成燎原之势。官军望风披靡，贼遂薄九江而下。十七日未刻至安庆，戌刻即陷，巡抚蒋文庆死之。贼屠四日去，直奔江宁。先是苏抚杨文定驻江宁，江督陆建瀛进防江皖。建瀛以"满江红"十二送其孥妇。此十二艘者，途次为贼所掳。大沮，

---

① 简又文：《太平天国革命运动史》，第100页

自九江一昼夜奔回金陵，安庆因之而溃，复撤采石扼险之师。入城，闭关谢客。二十五日夜，贼船由太平府四合山顺流而下。二十六日辰刻，福山镇总兵陈胜元迎剿死之。二十九日，贼至聚宝门。二月初十日，仪凤门地道炮发崩，贼登，炮又发，石飞起跌落，无数亡命端贼尸上。官军奋击之，方争割贼首报功，而贼大队已从水西门斩关直入矣，外城遂陷。建瀛乘轻舆遁，乱兵杀之。上元令刘同缨朝服趋龙王庙前水塘死。前广西巡抚邹鸣鹤、浙江总兵汤贻汾殉难。驻防将军祥原、副都统霍隆武率官兵守内城，满洲妇女登陴。十一日内城陷，巷战歼焉。文定闻建瀛九江之溃，即日遁还京口，自请守瓜洲一带，敝入苏道路，复遁江阴，后与京口副都统文艺俱逮问遣戍。二十一日，逆党李开芳、罗大纲、林凤祥陷镇江府。二十三日，陷扬州，分踞浦口、瓜洲各隘。于是称江宁为天京，僭立宫庙，遍布伪书，广署伪官，创立军政。①

太平军顺江而下，雄踞金陵，已成开国之势。当时正在南京城的知名学者汪士铎这样形容太平军：

> 无邪术，无奇谋，无大方略，只勇而众尔。然其勇尤可，其众难敌也。破江宁日，口称二百万，七八十万人是数也。虽皆乌合，然我无大胜仗不能丧其胆、折其意。故，或登三山门望之，自城外至江东门，一望无际，横广十余里，直望天际，皆红头人。虽知其皆胁从，然以悍贼夹其中，胁制之，使不乱行，故既众且整。吾人望之夺气。②

南京之役中，有两件事值得一提。太平军攻城十三日，在处于被动时，最先冲入城中的一股太平军，竟意外相遇了守城主官陆建瀛的轿辇，并将此人杀死。擒"贼"先擒王，此一猎头，终至清军大乱。另一件事，是刘同缨的殉职。作为官吏，刘杀死了自己的两个小妾，换上全套官服，端坐在衙门的大堂之上，并用

---

① 太平天国历史博物馆：《太平天国史料汇编》第三册，第 1109 页
② 汪士铎：《乙丙日记》第一卷，转引自《太平天国革命运动史》，第 109 页

红笔书写："示来贼，毋害我百姓，愿以身代。"（《孟晋斋文集·刘令君传》）太平军并未杀刘，在押解转移时，途中刘挣脱，投水自尽。战争之中，两军对垒，各为其主，其忠勇与惨烈，可见一斑。

太平天国前期的军事行动，从总体上搅乱了江南地区的政治与经济形势。社会动荡，民生凋敝，往往都是伴随着战争而来的。在人类文明史上，没有一场战争不是破坏者，既破坏秩序，又毁灭生命。战争有胜有负，生命却不可失而复得。南京一役，全城仅有数百人逃至城外。根据曾国藩的统计，入城的太平军针对八旗军的屠杀，造成至少有三千多人被杀，其中包括被集体屠杀的数百名满族妇女。

《庸庵海外文编》：

> 贼既陷江宁，踞为伪都，益纵悍党四出，大江南北十余行省，皆为之震憾。前后用兵凡十二年，而始克之。呜呼，何其失之易，而复之难也。夫数百年一遇之浩劫，若有数焉存乎其间，或非人力所能挽回。当道、咸之际，民不知兵，强冠窃发岭外，其势焱忽震荡。是时楚军淮军风气未开，疆臣武臣但倚疲癃涣散佣丐充数之营兵，当彼黠悍方张之寇，譬若驱群羊咋饿虎，掇槁苇以燎于洪炉，至则糜矣。此由吏治军政锢习积弊酿于百年之间，其咎不在一人，亦非一手所能为办，即使中兴诸贤骤值此变，亦将束手。①

这个议论，看起来是为清廷开脱责任，但也切中时弊。中国之大，一朝一代所成之局，一人一教可以搅之，但天下之人皆受其苦，憾之。

---

① 太平天国历史博物馆：《太平天国史料汇编》第三册，第 1115 页

（四）

太平天国运动，作为一场革命，考验的是当局者的智慧，而真正能够搅动的，则是官场这滩浑水。历朝历代，管理者与被管理者，压迫者与被压迫者，都是一对矛盾，而且是冲突激烈的矛盾对立体，牵一发而动全身。在太平天国战事的初期，官场所受到的震撼虽然比较间接，但也反映出整个体制面临崩溃之前的诸多征兆。

早在 1853 年上半年，法国巴黎的出版社出版了一本名为《中国叛乱史》的小册子，它的作者是曾为传教士，后为法国驻华公使馆的翻译加勒利（Callery）先生和法国驻华公使馆的医官伊凡（Yvan）博士，两人的这本书叙述了太平天国初期一些重要的事件，由于是亲身经历，记叙也相对可靠。这本书，后来由英国人约·鄂克森佛译成英文，再由徐健竹先生译成中文，书名改为《太平天国初期纪事》。该书的第一章写道：

> 中国变乱是当今最重大的事件之一，世界各国的政治宗教都用好奇的眼光来注视这支攻城略地的军队的进展。三年以来，这支军队一直稳步地迈向他们认定的目标——推翻清朝。他们会不会获得这个艰巨的成果呢？现在谁也不能预言，不过一般热衷于传教或做买卖的教士和商人，都以不安的心情注视这场战争，西洋各国政府也急切地期待着战争的结局，因为不管结果如何，都必然会改变他们与中华帝国的关系。[①]

实际上，受这场战争冲击和影响最大的人，是咸丰皇帝。这位名为奕詝的皇四子，接位时还不到二十周岁。取年号为"咸丰"，意即天下丰衣足食。他接手时，大清已百孔千疮，民不聊生。新皇帝上任后批阅的第一道奏报，是"湖南土匪李沅发率众折入桂北，官军正全力追剿"。那时是道光三十年，也就是 1850 年的正

---

① （法）加勒利、伊凡原著，（英）约·鄂克森佛译补：《太平天国初期纪事》，徐健竹译，上海古籍出版社，1982 年 4 月版，第 1 页

月十五。从后来的发展轨迹来看，最高决策者往往被迟到的消息或捏造的虚假胜利所困惑，整个朝廷上下都显得不知所措。

当时任礼部侍郎的曾国藩认为：

> 时下京官办事有退缩、琐屑之通病，外官办事敷衍、颟顸之通病。退缩者，同官互推不肯任怨，动辄请旨不肯任咎是也；琐屑者，利析锱铢不顾大体，察及秋毫不见舆薪是也；敷衍者，装头盖面，但计目前剜肉补疮不问明日是也；颟顸者，外面完全而中已溃烂，章奏粉饰而语无归宿是也。[①]

此时官场，百弊丛生，积重难返。广西境内，已狼烟四起，鼓声震天了。最早将广西官府冲击得七零八落的，是天地会武装。广西提督闵正凤，平素以儒将自诩，"见狼峰突起，惊愁恇怯，不敢出兵"[②]，并四下活动调任他乡，想一走了之。左江镇总兵盛筠无力剿捕，便设法招抚张家祥，后见局面难以收拾，干脆告病撂挑子。道光三十年（1850年）七月，修仁、荔浦县城失陷，巡抚郑祖琛只得据实奏报，请兵助剿。清廷指派钦差大臣，调兵遣将，火速镇压。此时，以洪秀全为核心的拜上帝会，仍未露出本来的面目。

同年十一月初五，郑祖琛首次奏报金田地区的动静，称桂平县金田村等地"均有匪徒纠聚，人数众多"。此时，金田以"团营"的方式，聚集兵力的时间已有数月之久。当时，天地会的暴动以及"土""客"的械斗，分散了官府的注意力。拜上帝会徒众因情况紧急，各地未能招齐人马就赶赴金田，途中亦遇官兵围堵，且拒且走。各州县风声鹤唳，只求自保，对过境的团营队伍并未穷追猛击，更谈不上协同行动。这使得约有两万人的队伍齐聚金田地区，成为即将燎原的星星之火。

咸丰皇帝年少气盛，只想着速战速决，在李星沅病逝后，即派心腹重臣赛尚

---

① 夏春涛：《太平天国与晚清社会》，北京师范大学出版社，2018年8月版，第186页

② 半窝居士：《粤寇起事纪实》，载《中国近代史资料丛刊续编·太平天国》第四册，第5页

阿驰赴广西协办钦差大臣事务。他每天都在盼着前线捷报，对前线将帅期许甚深。但是，即使采用六百里加急的传递方式，赛尚阿的奏折送入京城，也需要十天左右的时间。面对瞬息万变的战场形势，指挥者与实操者，都不免成为"马后炮"。奏折中的虚言妄语，也使咸丰帝极难了解真相，指挥失当也在所难免。咸丰元年（1851 年）九月十一日，即永安失陷后的四十一天，赛尚阿抵阳朔就近指挥，此时仍不知太平天国的主事者为何许人也。

太平军首次攻占重要城镇，已表明其军事力量日益强大，战局亦因此发生了重大变化，而赛尚阿却不断报捷，声称："蠢兹小丑如釜底游魂，指日可一鼓荡平，擒渠扫穴。"咸丰帝再问："何捷报尚而迟么耶？"结果，双方对峙半年多，太平军突出重围，逼近桂林。赛尚阿却以"收复"永安，追击功败垂成上奏。他还以被俘的湖南天地会某首领焦亮为替身，谎称在阵前生擒与洪秀全同称"万岁"的天德王"洪大全"，并编造假口供作伪证，闹出乌龙。当时，掌印给事中陈坛揭穿此事，指出"（洪大全）不过供贼驱策，并非著名渠魁"，赛尚阿"嗣因贼众窜出永安，于无可如何之时，不得不张皇装点，借壮国威，并以稍掩己过。……京师之耳目易掩，而天下之耳目难欺"[1]。

再说湖北武汉。武昌已失陷，徐广缙仍未入省界，并奏"武昌追剿贼匪，迭次进攻大获胜仗"，并断言"（武昌）自可解围"。四日后，才奏报实情，并以"遏该逆回窜"为辞滞留不前。咸丰帝大怒，表示："愤恨莫可言喻……自愧自恨，用人失当。"（《清实录》第四十册，《文宗实录·卷七十九·咸丰二年十二月癸巳》）社会舆论更是指斥徐氏"拥兵观望，尾贼徐行""畏死偤生，巧于推避"，认为其罪"较之赛尚阿尤相倍蓰"，纷纷吁请其正法。严酷的战争现实，容易暴露出各色人等的真实面目，官场人物更是如此。能装则装，不能装则避，没有谁会将自己的想法与皇帝的想法联系在一起。皇权国家，朕即天下，是你的天下而

---

[1]　《陈坛奏请将洪大全就地正法以符国体》，载《清政府镇压太平天国档案史料》第三册，第 134 页

非众人的天下，期望众人拼力护之，并无道理。面对生死，缺乏血性，这才是没落王朝最终得以没落的原因所在。

赛尚阿是文华殿大学士、领班军机大臣，赴广西任钦差，被咸丰帝寄予厚望。但赛氏抵桂林后便不再挪窝，太平军攻克永安近三个月，才在上谕严斥下来城北督战。拥重兵攻孤城不下，并募人入城暗下锑水，玩阴招。时人写诗讥道："固垒深沟容贼据，缺斫破斧转心寒。孤城在望无人近，半载甘从壁上观。"① 太平军突围后，转攻桂林，赛尚阿借口"杜贼回窜之路，且壮官军后路声威"，干脆躲在阳朔观望。攻城月余后，太平军主动撤出战斗，衾夜渡漓江北上，清军至天明才知晓。时人有诗叹："妙绝敌人渡江去，诸军犹诈枕戈眠。"②

湖广总督程裔采亦很狼狈。战火刚烧进湖南，他就借口移护城垣，微服坐渔船弃衡州而去，以致沿途居民得知消息后，惊骇不已，纷纷跟着迁徙。时人写诗揶揄道："粤西贼匪尚天涯，走尽湖南十万家。莫怪湘民俱胆落，制军先已下长沙。"③ 碍于民意沸腾，程裔采十天后，才硬着头皮折回衡州。太平军刚入湖南时，湖北巡抚龚裕便以不谙军旅、现已患病为由请准开缺，早早避险。太平军攻永州不下后撤兵，守城的湖南提督鲍起豹未发一兵追击。永州与道州相距一百八十里，奉命迎头截击的前湖南提督余永清如惊弓之鸟，先是弃守双牌要隘，后又弃道州城逃遁。岳州是湖北省会武昌的水陆屏障，两地相距六百余里。岳州知府廉昌借口择险防堵，先行出城逃避。湖北提督博勒恭武、巴陵知县胡方谷、城守营参将阿克东阿也弃城而逃。湖北遂门户大开。咸丰帝大怒，下令将当事者正法。随后的情形让人搞笑。广西总督张亮基奏报，知府廉昌、知县胡方谷"均已病故"，参将阿克东阿在破城之日"当时阵亡"。于是，前二人"毋庸治罪"，后者着查实后"奏明请恤"。阿克东阿之子扶柩到京，称其父"殉难自尽"，后经开关查验，

① 太平天国历史博物馆：《太平天国史料丛编简辑》第六册，第369页

② 同上书，第372页

③ 中国第一历史档案馆：《清政府镇压太平天国档案史料》第三册，第473页

并无尸身。阿克东阿本人躲在江苏海州（今连云港海州镇），见难以蒙混过关，被迫自首。湖北提督博勒恭武，本应就地正法，却得以一路北上，藏匿在京郊黄村，数月后才被拿获处斩。

为激励群臣效命，咸丰帝数次下"罪己诏"，为不能"察吏安民"引咎自责。为争取民心，他宣布蠲缓被兵省份钱粮，酌情抚恤。武昌失守前，又下旨强调："当此防剿吃紧，首重人和，如地方官能得民心，镇将等能得兵心，何患不众志成城同仇敌忾？"（《清实录》第四十册，《文宗实录·卷七十七·咸丰二年十一月壬申》）想法是好，无奈吏治不得力，终是镜花水月。

戴钧衡《草茅一诗·上卷》：

> 贼破岳州之湖北，大吏惊愈甚，中丞以下文武大小吏，相率送家属他所，而居民富者遂谋迁徙。及贼破武昌，官员家属无一城居者，而居民已徙去十之七八矣。①

官府大吏的恐慌，致使民间风声鹤唳，军与民均无法组织有效的抵抗，所谓的据城防务，遂更形空虚。临阵逃脱，实乃大耻。太平军自武昌东进，驻扎在鄂赣边境的陆建瀛见势难敌，借口驰回江宁以重根本，弃师只船逃遁，船过九江竟不敢拢岸。江西巡抚张芾也弃九江于不顾，自瑞昌躲到省垣南昌。清廷设想在九江一线堵截太平军的计划，终成泡影，太平军兵不血刃拿下九江。陆建瀛连夜退至赣皖边界，舟过彭泽县江心要隘小孤山时，兵弁跪接，陆氏乃大呼"贼势浩大，快走逃生"，以至"兵皆感之"②。看起来是爱兵如子，实际上还是贪生怕死。

曾国藩感叹：

> 窃尝以为，无兵不足深忧，无饷不足痛哭，独举目斯世，求一攘

---

① 《太平天国文献史料集》，第 373 页

② 李召棠：《乱后所纪》，载《近代史资料》，中华书局，1964 年 6 月版，总第 34 号，第 189 页

利不先、赴义恐后、忠愤耿耿者不可亟得；或仅得之，而又屈居卑下，往往抑郁不伸以挫以去以死。而贪饕退缩者，果骧首而上腾而富贵而名誉而老健不死，此其可为浩叹者也。[1]

为官还是要有血性，为军则不能怕死，对清廷来讲，包括对太平军来讲，恐怕道理是一样的。

在两年多的时间里，咸丰帝为了镇压广西的天地会以及太平天国，先后任命了九位钦差大臣，即林则徐、李星沅、周天爵、赛尚阿、徐广缙、陆建瀛、琦善、向荣、祥厚。从资历和能力上讲，这九人大多有平"乱"的经验，但是，总体上是思维愚钝、年老体衰，平均年龄已达六十三岁。金田起义时，洪秀全三十七岁，杨秀清二十八岁，萧朝贵二十九岁，冯云山三十六岁，韦昌辉二十五岁，石达开二十岁，平均年龄不到三十岁。

冯云山在桂湘边境的蓑衣渡阵亡，萧朝贵被太平天国官书誉为"冲锋第一"，在长沙阵亡。两相比较，在广西先后主持军务的四位钦差大臣中，林则徐、李星沅均以在籍养病时起用，林则徐死在赴任途中，李星沅到任数月，即在军营中病逝。七十九岁的周天爵以休致之身被起用，虽敢于任事，终因将帅不和而遭解职。年轻有年轻的优势，敢打敢拼有锐气，是开拓者的角色；年长有年长的经验，沉稳善谋，有智慧，是守成者的形象。就军事斗争而言，特别是在广西这样复杂的地理环境之中，迟暮之人是难以战胜新锐之师的。至于官场之道，巧于周旋而工于心计，则是清廷的特色，想改也难。

李星沅坐镇柳州时，曾调兵勇两万余人，欲速战速决。周天爵却认为李"全不知兵"，"视事太轻"。向荣亦认为大调小做，应再调两三万人。武宣三里圩之战后，李星沅将战败原因归咎于周天爵、向荣在前线的督剿不力，并萌生退意。周天爵听信向荣之言，脚踹贵州镇远镇总兵秦定三，斥其拥兵不前。向荣部为湖南兵，请功多保本营兵将，"视滇、黔兵蔑如"，兵败则诿过他人，称"诸将不能治兵，

---

[1] 曾国藩：《曾国藩全集·书信·复彭申甫》，第105页

互相仇怨，将既不和，兵愈解体"①。

战争期间，组织系统的运转是否高效，以及战略战术是否恰当，是成败的关键。吏制混乱，将帅失和，再好的计谋，终会归于一败。清政府不仅是一败，而且是一败再败，与其官场风气有着极大的关系。

除了军营恶习之外，地方大吏之间还抱有畛域之见。徐广缙身为广西总督，自顾不暇，不作统筹战略的考虑。太平军逼近湖南，湖广总督程矞采为此叫苦不迭，认为"不得因壤地攸分，遂置妖氛于不顾，为丛驱雀。贼皆自粤而来，不得以窜入湖南为了事"，并抱怨粤西兵勇"每遇贼踪窜至，率皆尾追，从不敢迎头堵剿"②。

武昌失陷后，咸丰帝连封三位钦差大臣，其弊端显而易见。当时便有人进言，认为"一国三公，事权不一"，"牵掣推诿，在在可虞"③。反观太平军，同仇敌忾、和衷共济、万众一心，连清廷也不得不承认："夫首逆数人起自草莽结盟，寝食必俱，情同骨肉，且有事聚商于一室，得计便行，机警迅速，故能成燎原之势。"④这就是俗称"光脚的不怕穿鞋的"。

夏春涛先生认为：

> 为镇压太平军，清政府在两年多时间里，走马灯似的调换钦差大臣，调动十余省军队，耗费饷银二千余万两，但由于吏治腐败，统治机器失灵，战局却愈益恶化。咸丰帝在位十一年，始终坐在火山口上，内忧外患不断，直至在羞愧惊惧中撒手人寰。官场乱，社会必乱。社会大乱，外强中干的官府无法稳住局面，局部危机必然蔓延为全国性危机。⑤

---

① 中国第一历史档案馆：《清政府镇压太平天国史料》第一册，第 478 页

② 同上书，第三册，第 218 页

③ 同上书，第四册，第 266 页

④ 张德坚：《贼情汇纂·卷六》，《中国近代史资料丛刊续编·太平天国》第三册，第 172 页

⑤ 夏春涛：《咸丰朝官场乱象与社会危机》，《安徽大学学报》，2016 年第 1 期，第 79、86 页

天

局

官场陋习，往往是积习经年，难以顿改。在面临重大的社会矛盾面前，这些根深蒂固的沉疴，往往成为造成社会崩溃的最后一根稻草。因此，有了风起云涌的太平天国运动，使得晚清官场在一片狼藉之中，也出现一股清流。咸丰朝整饬吏治的举措，也是前所未有的。

咸丰八年（1858 年）四月末，即第二次鸦片战争期间，大学士耆英赴天津，与英法代表交涉议和事宜，在遭对方拒见和奚落后，被赐自尽；同年，顺天乡试舞弊案败露，主考官大学士柏葰因私自撤换试卷获罪，于次年二月被斩，副考官户部尚书朱凤标被革职。此案尚未平息，户部宝钞案又掀波澜，官商勾结侵吞国库巨款，计籍没官吏、商人各数十家，株连数百人；管理户部事务的大学士翁心存也受牵连，被迫自请开缺。在内外形势所逼，以及近臣肃顺力谏下，咸丰帝痛下杀手，包括斩决一品大员柏葰等，起到震慑的作用，但为时已晚。肃顺等人借此铲除异己、树立威势，进而完全掌控军机处，一时炙手可热，与恭亲王等人又成敌对利益集团。

历朝历代，官场就是这样。被搅乱的秩序，在新的利益之下又达到新的平衡。然后再搅，再乱，循环往复，以至无穷。对官场而言，因太平天国的崛起，重新洗牌，然后再出牌，你方唱罢我登场，只是苦了百姓。

（五）

结语：对于搅局者来讲，搅什么与何时搅，主动权都在自己手中。对于太平天国来讲，他们在晚清的社会秩序之下，以一己之力，从广西重峦叠嶂中走出来，靠着"四不像"的理想信仰，以及异乎寻常的军事智慧，深度影响了当时的社会。既成为一股逆流，又成为一股洪流，极大地震撼了当时的社会，并且在一些特定的区域，也改变了社会。可以说，太平天国上搅天下搅地，中间还搅了人们多年养成的各种既定的风情民俗。不能用伟大来形容这种改变，但可以用震撼来表达这一事件对社会的影响程度。

《天朝田亩制度》的颁布，实际上是搅乱了中国两千多年以来的土地制度。虽然未及全面实施，但也的确是镜中花、水中月、空中的大饼，让人感到鼓舞。就人类发展史来讲，任何理想化社会的设计以及努力，都是文明的进步。虽然是当时的一小步，但也是历史的一大步。

打碎旧偶像，并不一定是为了树立新偶像，因为，打破的时候，也许是一种破坏的快感，破和立有时并不能成正比。破得愈多，也并非立得愈牢。太平天国打碎的偶像，有些与宗教有关，有些与统治者有关，但大多数与普通民众的社会心理有关。不论是因为任何理由，破坏和毁灭由历史积淀形成的民间信仰、生活习俗，这肯定是在摧毁一种文化。文化可以被诋毁，但一定不会被消灭。当然，太平军不会懂得这个道理。

军事上的成功，是太平天国初期最重要的成功。作为既有秩序的对立面，有实力才能有地位。从金田到天京，一路下来，战无不胜，进而无阻。或陆上，或江面；或强攻，或智取，官府闻风丧胆，老百姓当然也是生灵涂炭。一句"长毛来了"，至今仍然是两广地区、两湖地区，包括南京周边地区用来吓唬孩子的俚语。军事成功的代价，并不是实现理想的代价，而是毁灭生命，当然，还有生命赖以生存的生活。

至于官场的震动，都在情理之中。官场之乱，历朝历代，特别是到了王朝的末期，是乱中有危，危中无机了。太平天国从本质上讲，也是蹚了晚清官场这股浑水。定都天京之后的种种行为，也是晚清官场各种陋习私弊的另外一种形式，有的"更胜一筹"，这是后话。

在进军金陵的征途中，洪秀全曾颁布过这样一条诏令，即《地转天旋好诛妖》：

> 天王诏曰："万样魂爷六日造，同时今日好诛妖。地转实为新地兆，天旋永立新天朝。军行速追谙放胆，京守严巡灭叛逃。一统江山图已到，胞们宽草任逍遥。"[①]

---

① 太平天国历史博物馆：《太平天国文书汇编》，第39页

天

局

这篇错字连连的诏书，有点像儿歌，也有点像歌词。但是，字里行间，的确洋溢着革命的乐观主义精神。这是一种怀有崇高理想，一心想改变世界的冒险气质，包括还有震撼世界，引起轰动之后的快感。这是一般搅局者可以拥有的情绪和气质。

第四章

困局

（一）

所谓困局，并非指困惑或困难，而是指一种态势。对于太平天国而言，选择定都金陵，是其困局的根本原因。从中国的历史上看，要想取得全国政权，必须一统中原。逐中原而夺江山，这是历史的定式。就当时社会经济的发展水平来看，长江以南并非帝王兴业之地，至少不是长治久安的霸业之地。

太平军出金田后，一路的行军路线，也表明了此行的目的地并不明确。

同治《浔州府志·卷二七》载谭熙龄《紫荆事略》：

> 官军与之战，动曰：行将取江南矣，岂畏尔官军耶？

话是这么说，但夺取江南，并非一个战略目标。在太平军起事后近一年时间里，他们都在广西境内作战。前八个月，主要活动在桂平、武宣、象州、平南等地。攻下永安之后，在该地驻留达六个多月。这六个月，虽然没有直接的资料说明太平军诸领袖在谋划集体的战略，但当清军加强进攻以后，太平军便撤离了这一地区。实际上，太平军在永安谋划的是建章立制，主要是解决内部管理的问题。

在永安，洪秀全将前期的主将军帅制改为了封王制。五王既封，并开始"制礼作乐"。洪秀全封卢贤拔为"左掌朝仪，职同将军"，并由他草拟了"设官分职，定礼作乐"诸事，刊印了《太平礼制》及其他多种书籍。至此，诞生不足半年的太平军，不仅有了"五大王"，而且全军依次有了丞相、检点、指挥、将军、侍卫、总制等各级官员，也有了与官制相适应的冠服制度。并且，规定了洪秀全"后宫称娘娘""贵妃称王娘"等一套礼仪制度。作为"蕞尔小邑"的永安，僻处南疆，洪秀全在这里建立的一整套制度，是为一个新的国家所设计的，虽然他并未得到一个国家所必需的疆土，但是，凡事预则立，知识分子考虑一切事情的出发点，就是名正则言顺。此番设计，远大目标有了，军队体系顺了，众将之位也明确了。既稳定了军心，也为图谋更长远的发展埋下了伏笔。封王时的豪情壮志，理想中的万国来朝，天父上帝所赋予的神圣使命，虽然只限于永安周边不到一百个村寨，但是，以强大的军事实力做后盾，没有什么是不可能的。

实际上，区别太平天国是否是农民运动，区分洪秀全、杨秀清等人是否为农民领袖，只需看下他们是否愿意离开故土，远赴他乡就可以了。农民总是故土难离，但知识分子大多志在四方。《贼情汇纂·卷十一》中，曾记载了太平军一次十分重要的讨论：

> 群贼怀土重迁，欲由灌阳而归，仍扰广西。秀清独谓非计，曰：已骑虎背，岂容复有顾恋？今日上策，莫如舍粤不顾，直前冲击，循江而东，略城堡，专意金陵，据为根本。然后遣将四出，分扰南北，即不成事，黄河以南，我可有已。洪逆等深然之。

这次会议，是在攻占桂林未果的情况下召开的。永安虽在广西境内，但对来自桂平等地的不少太平军将士来讲，已然是外府外州了。桂林为广西省府，久攻不下，众将思归，也在情理之中。但是，最高决策层决心已下，志在夺取全国胜利。只此一谋，就使太平军与当地的各种堂会起义及"来、土"械斗等会众纠缠，有了巨大的区别。当太平军攻长沙而未克，也还有另外一种战略方向。李秀成记其事：

> 攻城（长沙）未下，计及移营，欲由益阳县靠洞庭湖边而到常德，欲取河南为家。[1]

---

① 太平天国历史博物馆：《粤匪起事根由》，载《太平天国史料》，中华书局，1935 年 7 月版，第 459 页

河南方向即为中原方向，这也是太平军最为直接的战略方向。但是，在1852年11月30日，太平军撤离长沙之时，经宁乡到益阳，意外获得了几千艘民船，这使太平军有条件从湘阴、临资口而入洞庭湖，将岳州、武昌一举拿下。这个机缘巧合，看起来是改善了行军条件，却为当初谋划周全的进军金陵的战略提供了充分的条件。一切仿佛天意，取下武昌，即意味着"取江南为家"，因为湖北"居天下之冲，西连秦蜀，东控吴会，南入湘粤，北达中原，四战之国也"。这样一来，太平军战略周旋空间大大增加了。

王定安《湘军记·卷三·规复湖北篇》：

> 洪秀全既陷武昌，有众五十万，掠民船数万，与杨秀清等议所向。或言据武昌为伪都，遣兵道襄樊，北犯中原。或言金陵府饶财富，宜踞为根本，徐图进取。杨秀清主之，遂决意东。

看起来是杨秀清的决策，实际上是洪秀全与杨秀清共同下的决心。《盾鼻随闻录·卷三》：

> 女贼下三娘，凶悍绝伦，女兵千余，俱广西大脚婆。……向洪逆献计，由襄樊一路直取河南，进据中原心腹。杨秀清觊觎江浙财富之区，欲由长江径取江宁为巢穴，争论不绝。秀清遂托天父降凡，凡其直犯江南。下三娘因其言不用，率女兵自回广西，不知所终。①

因此，"专意金陵"假借上帝之口，成为太平军的战略方向。当然，因为未能根本上统一思想，攻下金陵以后，仍还有些争论。《忠王李秀成自述》：

> 由仪凤门，开道破城而进。……此时天王与东王上（尚）是计及分军镇守江南，天王心欲结往河南，欲取河南为业。后有一老年湖南水手，大声扬言，亲禀东王，不可往河南，云河南河水小而无粮，故困不能救解。尔今得江南，有长江之殆（险），又有舟只万千，又何必往河南？……后东王复想，见这老水手之言……故而改从，后即未往，移天

---

① 太平天国历史博物馆：《中国近代史资料丛刊续编·太平天国》第四册，第367页

天

局

王驾入南京，后改为天京。①

定都南京，并改名为天京，这的确是太平天国的短视行为。如果志在天下，推翻清廷，当不可匆匆划江而治，这是小知识分子的懦弱。洋上帝为洪秀全提供的价值观中，当然有国家与天下的概念，如果以金陵为"天"，则是典型的半边天。杨秀清两次装神弄鬼，来强推自己的战略判断，他若知晓南京有个"紫金山"，与金田村腹地的"紫荆山"音相似的话，从这个角度去看定都南京的必要性，似乎更加合理一些。

太平军止步江南及太平天国定都天京，这就造成了真正的割据局面。天京与北京，局部与全局，都会暂时稳定下来。对于革命的一方，稳定不是好事，也不是目的。这个局，让太平天国困住了自己。

太平天国定都南京以后，曾刊行过一部文集，即《建天京于金陵论》，收了长短文章四十余篇，来论证其合理性。署名袁世杰、沈世祁的一文中有这样的论述：

> 金陵为天下一大都会，虽地势稍下，而紫金山高凌云志，城内各山；亦不平衡，此天父预设，所以待我天王来登大宝也。外此若河南为天下之中，四达之地，土厚水深，而要不若天京雄踞东南，足以壮天威而成王业者也。夫天下之形势，湖北、河南、金陵皆为天下之中。然湖北、河南皆有水患，惟金陵地势崇隆，为适中之地，宜建天京也。

这些议论，主要以宣传为目的，并且带有极大的片面性。似乎想说明什么，又似乎想掩饰什么。洪秀全与杨秀清的天下观，包括他们的地理知识，都十分有限。推翻清朝政权，与自己先行享受推翻的过程，后者似乎更重要一些。还有一位叫春森的作者，也在《建天京于金陵论》中认为：

> （建都金陵）出可以战，处可以守，且带甲百万，粟支拾年。国家有事，遣大将征之，西通川广，东望浙闽，仁者无敌，立见金瓯永固矣；国家无事，名山大川，生滋浩繁，共享上帝真福，诚天京之雄也。

---

① 王庆成：《太平天国的历史和思想》，第 158 页

这个立论，是建立在与既有政权的相安无事之基础上的，这是笑话。革命尚未成功，想的都是享受生活，这是个要命的问题。

建都于南京，将"南"视为"天"，不仅有一种成功的表象，而且容易明确对清廷统治核心区的指向。太平天国宣布天京就是拜上帝会中为广大信众勾画的"小天堂"，也就是理想早已实现的感觉。此一定，还真是保守主义占了上风。在太平天国的整个决策层，到底有没有将夺取全国政权作为战略指向，这是一件很难讲的事情。

定都天京之日，就开启了天京困局之始。首都既定，所有的行政及军事行动，就要围绕这一战略基点来进行。经济上，粮食供应要以金陵为主，浙江、江苏、江西的各种运粮通道要有保障；军事上，要确保金陵的安全，必须分兵江南以及江北，只能盘旋于江、浙一带。虽然洪秀全讲过"我争中国，欲想全图"（《忠王李秀成自述》，影印本）。但是，止步于金陵，这一"全图"也就成了"企图"。我们并无必要去责难太平天国的定都战略。时过境迁，许多也都是势所使然。从军事上讲，北方的广大区域，对于善习马战的清军来讲，也未必不是优势。太平军一路横扫天下，扫走财富，摧毁城垣，流民失所，也谈不上经营，并非一种稳扎稳打的方略，有个首都，生活中和理想中也就有了天堂，多少能起到安定人心的作用。安定了的人心，大都会失去进取心；战略上的偏差，战术和战役上的偶然胜利，也改变不了大局。

太平天国定都之后，曾派出以林凤祥为首的北伐军，一路打到天津，使清朝统治者惊恐万状。这支部队一路向北，并以骑兵为主力，长途跋涉，边攻击，边宣传，广袤的北方大地，也是他们征战的好战场。如果据守江南，并重兵北进，深入清朝统治者的腹地，应该不至于使天京这样的南方孤城，陷于孤立的境地。无论是从兵法的角度，还是从地缘政治的角度，造成太平天国困境的，的确是北伐的力量不足，或者说，是对北进的意义并不了解。这是一个战略问题。此一失误，不仅败局已定，即使有局部的胜利，也终难获胜。朱元璋也是建都金陵而统一全国的，其策略是先谋南方的稳定，再图北方的江山，然后兵取山东，移师两河，终至夺取元都。太平军仅以偏师北伐，看到了问题的重要，但并未采取重要的举措，在这个问题上，洪秀全与朱元璋——小知识分子与农民相比，不仅输了远见，而且输了耐心。

定都天京给太平天国造成了困局，这并非偶然。当年，洪秀全当然想谋取清廷天下，他既不是为了明朝，也不是为了天父上帝，更多的是个人的野心。这种野心，当然也有着令人费解的济世情怀。遥望北方大地，遥想紫禁城中那位正宗的皇帝，洪秀全肯定是百感交集、五味杂陈。他曾发布诏旨，宣布贬"直隶省"为"罪隶省"，俟灭妖后复其名为北燕。这是精神胜利法。太平天国的学者还撰写了一部《贬妖穴为罪隶论》的文集，系统阐述领袖的战略意图。有的学者表现出对北伐的意义，有较为深刻的理解，认为"直隶省地本中国"，谴责清廷在那里"任赌任吹""好利好货""剥削民财，竭尽民力"，认为北伐就是要"伐暴救民，犁其庭而锄其穴"。但另有一批学者甚是无知，认为"方今真主灭妖，十去八九""妖不思退出中原，犹守直隶""尚不知将沙漠之地速献王师"，这种自信与轻率，也是让人费解的。他们缺少夺取全国政权的雄心壮志，甚至说"至于妖穴，取之不足以安人民，弃之不足以伸武勇"。这似乎在为最高决策者的决策写说明书。[1]

战略误判所造成的困局，是最为根本的困局，且基本无解。当时的清廷，没有训练有素的军队，没有能够支持战争的军饷，更没有能够与太平军形成势均力敌的合格将帅。应该讲，太平天国是极有希望打破这一困境，从南京走到北京的。从紫荆山到紫金山，太平军就此止步，让人叹息。据时人黄辅辰在《戴经堂日钞》中记述，当太平军的北伐队伍进入河南之后，二十多名北京各衙门的小京官纷纷请假回了原籍广东[2]。据广州英国领事馆的记载，当时的北京城中已乱，山西票号老

---

① 吴焕文：《贬妖穴为罪隶论》，载《中国近代史资料丛刊续编·太平天国》第一册，第297页

② 参阅：《太平天国资料》，科学出版社，1959年6月版，第41、46页

板大规模撤离城中，而京城已备有八百辆马车，准备运载皇帝和后宫去关外①。

当然，北伐夺取北京，并非意味着太平天国就一定能夺取全国政局。但是，它可以打破困局，从固守一隅向全国进军。从太平军的作战方式上来看，他们更多的是流动作战，得之一城，掠之一城，然后弃城而去。有效的兵源补充，巩固更为广阔的补给后方，形成对已攻取城镇的有效管理，这才是能够夺取全国胜利的重要前提。至于洪秀全内心的想法，与实际的情形，就只能从秦日纲、胡以晄"燕王""豫王"等旧封号中依稀可见了。

许多资料都表明，以南京作为太平天国的首都，是杨秀清的主张而非洪秀全的决定。从军事战略上来看，杨秀清既然提出这一想法，一定有他的道理。而且，具有如此之能力，可以将建都这种大事的决策按照自己的意思来行事，也说明了杨秀清的威望。这一决策具有明显的局限性，虽然其中也有着夺取全国政权的意识，但是，此后的军事行动就不得不受到争夺江南的制约，使这一定都的困局愈陷愈深，终不可自拔。这看起来是杨秀清的主意，但作为洪秀全本人来讲，也是难辞其咎的。在这一困局之中，杨秀清已展示了他企图打破困局的智慧与勇气，但大厦将倾，仅凭一己之力终究是无能为力。从杨秀清个人来讲，困守天京，固然压力重重，而北方清廷却是咫尺相望而不可得。但就个人生活与荣誉而言，均提前进入了"透支"的状态。困中有忧，但困中亦有乐。

洪仁玕在《论兵要四则》中认为：

> 盖兵者势也，因其势而导之，则一往莫遏。故孔明每多激将之言，不激则势不锐；岳飞身先士卒，激以仁义；关、张、赵云，威声素著，故得以迎刃而解。故我天朝初以天父真道，蓄万心如一心，故众弟子知有天父兄，不怕有妖魔鬼。此中奥妙无人知觉。②

对于太平军而言，其家族式的管理、宗教式的激励，以及均贫富式的奖励，

---

① 参阅：英国伦敦公共档案局，F、O、228/157，《巴夏礼报告》
② 太平天国历史博物馆：《太平天国文书汇编》，第332页

从上到下，一着失误，满盘皆输。虽可作困中之兽，但是，其力也薄，其目也盲，终不能成大气候。"天父真道"虽然并非真理，也非"哲理"，但一定是这支军队的"至理"。

（二）

太平天国真正的困局，的确来自困守孤城天京。太平军攻下南京之后，清廷便在钟山南麓孝陵卫一带组建江南大营，与北岸扬州郊外的江北大营遥相呼应，形成钳形之势。此后战局虽屡有起伏，但这一战争态势始终未能改变。为应对这一严峻的局面，太平天国所实施的是战时管理体制，即全城始终处于高度戒备的状态，除取消家庭、对居民按性别实行军事编制以外，还逐月登记、清点人口，凡进出城须持有印凭，以防范清方奸细。初期随法国使团来访的葛必达（S. Clavelin）神父指出："南京与其说是一座城市，还不如说是一座军营。"①

战时管理体制中，由太平天国首创的圣库制度，是集宗教、政治、军事管理于一体的财物管理制度，既十分超前，又十分管用。

太平天国的社会理想中，废除私有制是一项重要的内容。太平天国的国库又称圣库，"圣"是上帝之义，早在金田起义时，参加之民众皆将财物交予太平军统一管理。攻取永安之后，洪秀全颁诏：

> 各军各营众兵将，各宜为公莫为私，总要一条草（心），对紧天父天兄及朕也。继自今，其令众兵将，凡一切杀妖取城，所得金宝、绸帛、宝物等项，不得私藏，尽缴归天朝圣库，逆者议罪。②

到了战长沙的时候，洪秀全又发诏令：

> 全军大小兵将，自今不得再私藏私带金宝，尽缴归天朝圣库，倘

---

① See P. Clarke and J. Gregory eds.Western Reports on the Taiping，P95

② 太平天国历史博物馆：《太平天国文书汇编》，第33–34页

再私藏私带，一经察（查）出，斩首示众。①

建都天京以后，这项政策作为一项经济制度固定下来，凡违反者即为"清妖"，定斩不留，可见其重要。

太平天国的圣库设在天京水西门的灯笼巷，设总圣库四员（内分正、副、又正、又副），圣库协理二员，专司其事。就其管理人员来讲，圣库的规模并不算太大。原则上来讲，从天王到普通士兵的日常供给，都需要经圣库拨出，当时天京几乎所有民众的日常衣食器物，亦由圣库分发，这是有问题的。

简又文先生译自麦华陀的"上海通讯"，记述了他对当时圣库制度的一个采访：

（癸好三年冬）关于全军不发饷事，我复问各军人自有私产者否？

答曰："一概全无，如果查出某人藏有多过五元之款，即罪其不以此款归公而把他鞭笞了。所有财物一得到手即须缴入公库，而凡有私匿不报者皆有背叛行为之嫌。""那么，公库里一定有许多财物啦？""啊，十分富足，无数无量的银子，都留为实行这大事业之用的。"又问："如果人人不许有私财，他们自己买点好东西吃又怎么办？"他说："那是无需的，每卒之卒长买备全体所需。放在桌子上之时，大家平等分享，即便最高级的军官之盘碗也与最卑下的小兵一般无异。"②

这个采访的内容是理想化的，也是基本做不到的。这项制度安排，到了后期就被破坏了，因为它对下不对上。破坏制度的人，往往是制定制度的人，从古至今都是一样的。

这种以公有制为主体的供给制度，是需要极大的物质条件支撑的。初期的管理可能有效，并能杜绝一些腐败的行为发生。但是，随着条件的改善，以及高层占有财物享受生活的欲望日益强烈，制度就起不到作用了。以公有制的方式去管理像天京这样偌大的城市，是勉为其难的。主要是人太多了，管不过来。

---

① 罗尔纲：《太平天国史》第二册，第 820 页

② 原载《大风》第八十九期，转引自《太平天国史》第二册，第 821–822 页

南京原有人口大约为八九十万人，破城之前已迁徙不少，破城之后又自杀了不少。除了在遭遇抵抗时进行屠杀以外，太平军基本上没有殃及百姓，据《金陵述略》：

> （太平军）口称民安，并不抢劫，叫人不许外出窥伺。……破城后并不举动民间，至十五日各家搜素（索）人口，防藏兵丁。……民间物件秋毫不动，内中若有人抢夺，即行枭首。[①]

在太平军占领南京期间，城市的人口一直处在不确定中，包括军队的调进调出、人员的时进时出，还有各种原因导致的死亡者日益增加，总的人口是呈递减趋势的。据谢介鹤《金陵癸甲纪事略》：

> （1853年夏）全城男馆为10.44万人，女馆为14.09万人，合计约为24.53万人。至次年夏，男馆约为4.2万人，女馆约为11.43万人，合计15.63万人。大体每半年递减四五万人。……（甲寅四年）贼粮不足，于闰七月二十七日赶女人八九万出城，至乡圩割稻，借此逃脱者数万。……城中男馆于闰七月亦不发米，悉使出城割稻自食，人多逃散。[②]

以公有制为主体的供给制，面对这样的人口规模，是无能为力的。到了太平天国的后期，主要是在1861年前后，来访天京的西方人，均感到天京的人口实在是太少了。其中，英国军官吴士礼（G. J. Wolseley）中校推测男多于女，比例约为2∶1。英国翻译富礼赐（R. J. Forrest）、美国商人赫德（J. Heard）均估计全城的总人口不过七万人。人口的锐减，商业以及生产的停顿，使圣库制度形同虚设，缺粮问题仍未得到缓解。及至湘军围城，粮道逐渐被切断，全城则完全陷入粮荒。罗尔纲先生指出，破城前夕，城内不过三万人，除居民外，太平军仅万余人，能守城者不过三四千人而已，已是强弩之末。[③]

---

① 《中国近代史资料丛刊续编·太平天国》第五册，第80–81页

② 同上书，第655–665页

③ 罗尔纲：《增补本李秀成自述原稿注》，中国社会科学出版社，1995年3月版，第401页

经济上的困境，对于守城的一方来讲，比军事上的困境还要更难一些。因为，经济是日常生活，是生活的基础。有此一困，实在是难上加难。

南京原来店铺林立，百货云屯，工商辐辏。太平军占领之前，曾发一份安民告示，敦告"士农工商各力其业"，太平军进城之后，全城实施戒严，所有的工商活动遂遭取缔。为满足军队的供应，太平天国用军事编制的方式，组织百姓进行生产劳动。据时人涤浮道人的《金陵杂记》中记载，以"馆""营"为单位的生产组织，就有大约六十种，并统称为"衙"。如"典织衙""豆腐衙"等，"使被胁百工技艺各有所归，各效其职役，凡军中所需咄嗟立办"①。

太平天国官方文书中，是这样宣传天京的优势的，认为该城"街衢广阔，田园丰美"②。实际上，当时的南京城内，确实有大面积的农田。谢介鹤记载："贼见菜地，争贴封皮，即据为己有，使人种菜，亦不打仗，故匿于菜园者亦数千人。"当然，对于城内庞大的人口，这些菜地也是无济于事的。太平天国在 1854 年，即采取了变通的方法，在城内北门桥设肆，有米、油、茶、海味、杂货、玉玩、绸缎、布匹各店，转卖各馆，店铺本钱由圣库支拨，属官营性质，严禁私卖。但是，因物价腾贵，且管理难度大，这些店铺经由数月均已关歇。

在取消商业和清军围城的情况下，南京的物资供应主要依赖长江上游地区太平军的根据地，并经由仪凤门入城，风险极大，且具有许多不确定性。一旦战事"吃紧"，城内粮食立刻"紧吃"。谢介鹤《金陵癸甲纪事略》记载，开始时城内储粮还算充裕，"发粮无数，来取者即与之。既有名数可稽，始议每日发米数，男馆如泥水木匠一斤半，各伪衙一斤四两，各匠一斤，牌尾半斤；女馆湖南以前每名一斤，湖北以前每名六两"。1854 年夏，因上游米谷不继，"乃改议发米数，男子牌面每日每名发米半斤，牌尾四两；女子每日每名湖南以前发米六两，湖北

---

① 　《贼情汇纂·卷四》，载《中国近代史资料丛刊续编·太平天国》第三册，第 117 页

② 　胡仁魁：《建天京金陵论》，载《太平天国印书》，江苏人民出版社，1979 年 5 月版，第 426 页

以下发米三两。均以稻代，悉令人食粥"①。

这里的男馆"牌面""牌尾"之分，前者为青壮年，后者为老幼。不同地点参加者，其资历亦有差距，待遇也不相同。基本的经济管理方式，是由经济综合能力决定的，对于天京这样的围城来讲，食物供应是最要命的事，涉及军心与民心，有此一困，百困俱生。

随着人口的骤减，百工衙组织也急剧萎缩，规模大不如前，再加上以修建新封各王的府邸为主，供应军需的职能被大大弱化了。富礼赐先生曾经记述过这一群在废墟中搬运瓦砾的人，这群人在士兵的监视下，"绷着脸默默行走，没有过好日子的希望，除劣质大米外得不到任何工钱，倘若与其交谈，你会发现他们完全被吓坏了，几乎不敢大口喘气，仿佛生命时刻处在危险中，语调低沉而又多疑"②。这个记述，比较符合当时的情况。

在南京成为天京的十多年中，就城市而言，也并非一无是处，与农村相比，毕竟还有城市的样子。特别是在早期，南京的街景给来访的老外留下深刻印象。克陛存牧师曾记载：

（天京）不少街道不仅宽敞，而且看上去保持着清洁状态，这在中国城市中并不多见。我还切实观察到，人们普遍很爱整洁，并且举止得体，而这正是他们的同胞所普遍忽视的问题。③

而占领的后期，则发生了较大的变化。富礼赐从南门往北行走，发现原先铺设讲究的路面已面目全非，"满是小洞和裂痕，污水污泥积成小水潭和水沟散发着臭气；雨天时街道则变成湖泽，无法行走，当地居民在必要时只得赤脚蹚过去"④。他还目睹到天王府的环境，发现里面与想象中的画面完全不一样，"每一件东西都很脏，镀金之处很快就被手汗、灰尘和雨水所污而附上一层棕色。地上满是痰

---

① 《中国近代史资料丛刊续编·太平天国》第四册，第 656、664 页

② T. W. Blakiston, *Five Months on the Yang-Tsze*, London，1862，P20

③ *Western Reports on the Taiping*, P140

④ 同上书，P34

迹和污物。懒散闲逛着的天兵们蓬头垢面、衣衫褴褛。虽然身处天王宫殿，你在周围仍能看到断垣残壁，看上去满目凄凉"①。

此时的天京，不仅是一座危城，而且已成为一座废墟。

1860 年 9 月 1 日，一位名叫花雅各的牧师，在《北华捷报》（The North-China Herald）上刊文指出："南京城目前处于残破状态，说它一半房屋已被毁坏并不夸张，周围的乡村半数荒芜。"②次年 2 月来访的美国商人菲郎（R. I. Fearon）描述：

> 除断垣残壁外，该城昔日的雄壮景致一点也没有遗留下来。站在城上眺望城内及市郊，满目都是连绵数里的一大片烧焦的砖泥和丛生的杂草。断墙中仅有两三条整齐的街道，由新建的衙门和官邸构成。……面积如此之大的荒芜颓败场景，我还从来没有见到过。③

同年底来访的英国人郭修理（J. Cox）牧师则描述道：

> 这座偌大城市的沉寂令人十分伤感。人们的外表看上去更加糟糕，因为我们仅仅看到像斯巴达农奴一样从事各种公共杂役的可怜的穷人，以及外表粗俗、吃得不错的士兵。……我发现他们唯一的能耐就是作战和破坏。这些没有文化的人得不到任何读书人或有影响阶层的人的信任，对民法和辖境内的民生一点也不上心，他们又怎能成功地建立起一个王朝呢？我实在无法想象。④

此情此景，已是太平天国最后的夕阳。太平已逝，天国安在？当然，如此困境，最直接的原因是清军围城。在南京成为天京的十一年中，城市的景观与形象，就是太平天国最为直观的形象。无所谓谁的责任，也与攻守双方的功过无关。作为太平天国的都城，其盛也好，其衰也罢，都不是一个城市简单的兴衰存亡，而

---

① Western Reports on the Taiping, P41

② 同上书，P251

③ 邓元忠：《美国人与太平天国》，台北华欣文化事业中心，1983 年 11 月版，第 142 页

④ Western Reports on the Taiping, P312–313

是作为号称一个国家的战局和政局的变化。从金田到天京，从理想到现实，从上帝到天王，谁都在路上。

忠王李秀成被俘之后，认为"数尽国崩""天朝数满"，便是从南京城的陷落引出对整个局势的判断。这里的数是天数，也是封建王朝的历史宿命。当年，洪秀全身着绣有九条龙的黄袍，脚踏龙靴，走下龙辇的时候，是何等的气宇轩昂。他的黄色大轿由十六名轿夫抬着，三十六名女侍撑着五颜六色的花伞紧随其后，是何其壮观。当时，太平军用了几乎一整天才全部入城，当年，南京就是太平军心中的"小天堂"。（参阅：沈梓《养拙轩笔记》）

如今，天国将逝，天堂就更远了，那些仍在浴血奋战的太平军将士，绝大多数并不知道他们身处的困局。困局已成绝境。

曾经是太平军一员的英国人吟唎，曾经这样议论并批评太平天国定都南京：

到此时为止，占领南京是一个对太平天国命运产生最为致命影响的错误。任何暴动，若要成功，就绝不能放弃它的进攻性。除非暴动拥有一套完美的组织结构，否则一旦它迁顾于防守，它的力量便会开始衰退。革命要取得胜利的最基本的条件，便是它令人猝不及防的行动。一旦忘却了这一点，既有组织便可以团结力量，逐渐在对抗中取得优势。

定都南京，开始守城的天王犯下了一个致命的错误，这个错误最终导致了整个帝国的失败。转成防守的举措为他的对手赢得了时间，重整旗鼓，恢复镇定，并重新集结力量。如果不是这样的话，他毫无疑问地可以剑指北京，那里是他这样革命的最终目标。而且他将所向披靡，占领清朝的首都，结束满人的统治，赢取在整个中国的胜利。随后几年的事实也证明，虽然他们在此放弃了原有的优势，但仍然可以防御和化解清军的攻势，而且要不是英国的介入，他们甚至仍然可以彻底将清军击溃。这也证明，如果他们抓紧优势，就会出现大好局面。[①]

---

① 简又文：《太平天国革命运动史》，第116页

实际上，太平天国即使不犯这样的错误，也会犯那样的错误。其目标与宗旨、体制与机制、路线与方略，都是一种可以造成不断犯错误的链条。一环扣不住一环，每一环都有风险和危机。同样是农民领袖的李自成，建了大顺朝，拿下了北京，终究未拿下天下。与太平天国后期的各种失误相比，定都南京这件事，虽然是最为关键的，但也并非是最为致命的。他们有许多机会可以打破困局，尝试新的方法与路径，但是，囿于自身的局限性，有的浅尝辄止，有的就干脆视而不见，的确令人遗憾。

湘军破城之后，"贪掠夺，颇乱伍"，使本已残破的南京城雪上加霜。未及突围的太平军大呼"城中弗留半片烂布与妖享用"，自焚一些王府建筑。湘军"亦四面放火，贼所焚者十之三，兵所焚者十之七，烟起数十道屯结空中，不散如大山，紫绛色"。清军悍将萧孚泗"在伪天王府取出金银不赀，即纵火烧屋以灭迹"，大火延烧数日不熄。湘军还在城中大挖窖藏甚至掘坟搜金，营中文职也"无大无小争购贼物，各贮一箱，终日交相夸示不为厌"。此外，湘军还肆意奸淫杀戮，"搜曳妇女，哀号之声不忍闻"，"沿街死尸十之九皆老者，其幼孩未满二三岁者亦斫戮以为戏，匍匐道上。妇女四十岁以下者一人俱无，老者无不负伤，或十余刀、数十刀，哀号之声达于四远"。就连曾国藩的幕僚赵烈文也认为："其乱如此，可为发指。"[1]

在这里，所谓的兵、贼、匪、盗已俱为一体，山、水、城、林皆是灰烬。

---

[1] 赵烈文：《能静居日记·卷二十》，载《中国近代史资料丛编刊续编·太平天国》第七册，第269-274页

天
局

（三）

中国的社会，在很长一段时间内，经历的是封建社会，其漫长的程度，几乎等于有文字记载的历史。妇女问题，几乎是这个社会标志性的问题。作为太平天国的革命理想之一，男女平等就显得真正具有革命性。它不仅是创新，而且是颠覆；不仅是革命，而且也伤及自身；既展示了非凡的勇气，也使这种勇气处于不尴不尬的境地。这也是困局的一种。

洪秀全在金田起义前五年，亲自撰写的《原道醒世训》中就提出："天下多男人，尽是兄弟之辈，天下多女子，尽是姊妹之群。"这里有平等的理念。金田起义时，拜上帝会的信众大多是全家参与革命，妇女组有女营，与男子并肩作战，从广西到天京，一路屡建功勋。东王杨秀清有诗："我们弟妹果然忠，胜比常山赵子龙。起义破关千百万，直到天京最英雄。"到了《天朝田亩制度》的颁布，就从制度和法律上明确了妇女的政治、经济和宗教地位，男女平等真正体现在社会生活的方方面面，这是了不起的进步。可以明确的是，这种男女平等观念，并非来自基督教，完全是来自中国的文化传统，以及洪秀全的个人觉悟。

值得一提的是关于妇女缠足，这是有着近千年传统的陋习，至太平天国时被打破。时人马寿龄《金陵癸甲新乐府五十首》，其中就有《禁缠足》："出令戒缠足。"孙亦恬《金陵被难记》："六月初，贼忽出一令，命妇女悉将两足裹带除去。"沈隽曦《金陵癸甲摭谈补》："贼蛮婆皆大脚，驱妇女出城当差，谓江南女子脚小无用……传伪令着其放脚。妇女皆去脚带。"佚名《粤逆纪略》："归馆乃不准穿裙及褶衣，又勒令放足。"此外，张汝南《金陵省难纪略》、汪士铎《乙丙日记》、涤浮道人《金陵杂记》、张德坚《贼情汇纂》等书，均有此类记载，可见不是小事。此事极具象征意义。

放开缠带，解放女足，从本质上讲是解放生产力。太平军定都天京后，组织广大妇女从事各种劳动，诸如运米、负煤、割稻、开渠、濬濠等，亦军亦民，亦男亦妇。佚名《金陵纪事》有一首附诗：

寡妇欲言与丈夫，柏舟节义笑为迂。挖沟驼米朝朝苦，削竹担瓦

事事粗。一日万家缠足放，四更百长竭情驱。蛮婆大脚鸣锣过，女为高

官意气殊。

这里虽有讥讽之意，但也是现实的一种。它的象征意义远大于实际效用。此

时的太平军妇女，很难说就具有了独立的人格与自尊，也很难讲就兴高采烈顶天

立地。但是，就其数千年来的怯懦卑微而言，至少在精神上是有一个极大的改变。

英国军官吟唎在论及太平天国的妇女时认为：

太平天国社会制度中最值得称赞的就是妇女地位的改善，她们已

经由亚洲国家妇女所处的卑贱地位提高到文明国家妇女所处的地位了。

太平天国革除了两千年来妇女所受到的被愚昧和被玩弄的待遇，充分证

明了他们的道德品质的进步性。……妇女摆脱了缠足的恶俗，男子摆脱

了薙发垂辫的奴隶标记，这是太平天国最显著、最富有特色的两大改革，

使他们的外貌大为改善，和在鞑靼统治下的中国人的外貌显出了巨大区

别，并表现了巨大的改进。太平天国妇女的社会地位大大地超越了她们

的姐妹，那些束缚在清朝家庭制度中的妇女的社会地位，这是太平天国

的辉煌标志之一。[①]

这个形式上的变化，不仅是社会文明的进步，也是太平天国革命性的标志性

象征，有着不同凡响的意义。当然，洪秀全矛盾的性格在此方面亦有所反映。他

曾在《幼学诗》中主张："妻道在三从，无违尔夫主。"他也在《癸好三年正月

二十八日天王诏旨》中明确："男理外事，内非所宜闻；女理内事，外非所宜闻。"

这是有矛盾的，但并未妨碍其大政方针的落实。时人常熟汤氏辑《鳅闻日记》：

（太平天国）于庚申十年八月克复常熟，上下主从，不分贵贱；

共牢而食，亦无坐位；男女淆乱，不忌内外。

---

① 见王维周译吟唎《太平天国革命亲历记》，第十一章，转引自《太平天国史》第二册，

第 836 页

天
局

这是对太平军男女平等最好的注解。太平军的女兵之英勇，堪当大任，在世界军事史上实属罕见。时人萧盛远《粤匪纪略》：

> 十一、十二等日天气晴朗，贼众下山，渐次逼近大营，不过二三里之遥，分为数股，往来游弋。……尚有在山腰排立执蓝旗者二股，以千里镜照之，尽系妇女，远出营看似，确切不移。

这里记述清军江南大营被击溃时的情形。不仅有女兵，且女兵还发挥了重要作用。不仅如此，在城市建设中，亦有女子的身影。涤浮道人《金陵杂记》：

> 贼妇中并有能造房屋者，去冬洪逆住处失火，烧去楼房数间，传闻旋经贼令木匠将房架造成送入，贼妇在内盖成房屋。

太平天国官方宣传书籍《天情道理书》赞美兄弟姐妹："守卡巡更，筑营运粮，与夫建造天朝东府，我们弟妹无不历尽勤劳。"这里充满了骄傲。

在太平天国，妇女解放不是一个理念，也不是某些局部的推动，而是在体制上有所创新，这就是"女馆"的创立。由兵而馆，将理念与现实，通过有效的载体进行管理，看起来的确是一种创意。

简又文先生在《太平天国革命运动史》中认为，太平军在武昌时就计划设立一个针对官兵女眷的机构。定都天京之后，"女馆"应运而生。其职位均依照太平军系统设置，并由女性担任。四十八个军中，各有一名女军帅，每人统领二十五名卒长和两百名两司马。但实际上，女馆中的每一个军，只有两千六百二十五人，相当于通常太平军的一个师。

女馆中的每一个人都必须参加劳动，这些劳动的工作量，对于身材娇小的江南妇女而言，可能是繁重的。而这些劳动量对于那些随太平军从广西走出来的大脚客家妇女来讲，并不是十分困难。在女馆中，姐妹们又分为新老。新的就是当地的，而老的则是外来的。女馆制度将全城和全军的妇女都集中在一处，这种性别的隔离的确造成了极大的麻烦，但也避免了一些问题。在太平军内部，即使是夫妻，男性每周也只能与女眷见上一面，这次见面还必须由女官陪同，这里显然并无人性及人伦。任何出现在女性集体宿舍附近的人，都会被直接处决。这对于下层官兵来讲，无异于一种折磨。

实际上，女馆运行了不到两年就关闭了，这并不是因为来自众人的抵触，而是因为粮食的匮乏。在 1853 年，女馆就收有十四万的妇女和近五千名女官，粮食的负担日益沉重，以至到了不能糊口的地步。至 1855 年，女馆正式撤销，其中的"老姐妹"各自归家，馆中的"新姐妹"则被分予有军功的将领为妻。在随后的几年里，"女馆"这种集中管理妇女的方式，在太平天国治下的其他城市也有实施，当然，最后都不了了之。

家庭是一种社会生活的组织形式，家庭来源于男女两性的结合，通过婚姻而构成，这是社会的基本单位。太平天国这种实行的"男女分馆"的政策，意味着在一定时期内取消了家庭，过着一种军事共产主义的禁欲生活。从本质上讲，它并非着眼于妇女解放，也并非构建一种新的生产方式或生产关系，这是具有十分严重的影响及后果的。它会在伦理、道德，以及社会组织形态中，形成新的困局，从而使局中之人不能自拔。

美国学者戴维·波普诺认为：

> 家庭往往从某种意义上被定义为因血缘或婚姻而结合在一起，并一起生活，形成一个经济单位或在经济生活中相互合作的一伙人，在农村和农民社会中，家庭曾经是而且仍然是主要的生产单位。[①]

在社会化大生产条件并不具备的情况下，取消家庭，把家庭的生产功能转移到靠暴力手段设置起来的"衙""馆""营"中，既没有效率，也违背经济规律。

《金陵癸甲新乐府》：

> 制军署作天王府，黄泥冈作东王府。东西对峙相抗衡，不辨谁臣又谁主。木工瓦工千万人，营营扰扰晨至昏。但有口粮无雇钱，妻孥冻馁空忧煎。

---

① （美）戴维·波普诺：《社会学》，刘云德、王戈译，辽宁人民出版社，1987 年 6 月版，第 191 页

这种徭役式的劳动，必然会减少劳动者的热情。加之劳役的繁重、责罚的苛刻，不少工匠纷纷逃离。这种以拆散家庭为主要方式的生产行为，这种拟建立起无私欲、按性别集体公享的组织方式，从根本上背离了社会生产力的发展阶段，以及人性的基本欲求。

尽管家庭组织并不像宗教组织或者是军事组织那样严密和强大，但是，它却是最难征服的，也是最难以改造的。有时，可能一个具体的家庭有其脆弱性，但家庭作为一种制度的存在，似乎是坚不可摧的。以军事或宗教为目的，去设法取消家庭制度的努力，似乎并不可行。让现实去迁就理想，为了一个不确定的未来而扭曲当下，这就是一种典型的乌托邦式的困境。这个困境，不仅违背了人伦纲常，同时也违背了社会发展的规律。

实行男女分馆的结果，便"阖城无一安居者"（《金陵省难纪略》）。《金陵纪事》：

> 自男女各分馆后，既不能民欢心，又不能禁众逃走。

《金陵杂记》：

> 又传男行女行之令，令男女分馆，驱迫即行。于是父母兄弟妻子立刻离散，家业顿抛。有请缓频至来日遵行者，遂于夜间或阖室焚烧，或全家自缢，或近河塘牵连投水，纷纷无数。次日分析男女愈急，而乘夜遁归自尽者连日未休。①

在太平天国，在大力推行这种拆散家庭、严格禁欲的同时，各领袖级人物可超然法外，不受制约，并且因袭了一夫多妻制，并以礼制的形式进行制度安排，这也是从下而上的困惑之一。

洪秀全的妻妾，"皆自粤西随来，盛置妾媵，僭称妃嫔"，"自起义金田，洪氏即天王位，全军开到江口墟，天王驻跸石头脚陈公馆。天王忽拥有十五六位娘娘，实不知其何时选纳的，同时，杨秀清又假托天父下凡，诏命各王多纳女子"。

① 参阅：《太平天国史料丛编简辑》第五册，第77、120页

据后来在永安突围时，被清军擒获的洪大全称，至永安，"洪秀全耽于女色，有三十六个女人"。入天京初年，洪秀全府中"僭称妃嫔者四十余人"，至天朝末年，"洪秀全有妇八十八人"。简又文先生认为"达此数也是可信可能之事"①。

在进军天京的途中，首义诸王除原配妻子外，仅在两广随军女子中选妃，后又打破地域界线，改在征途中就地从民女中遴选，其女眷人数亦在不断增加。天历壬子二年（1852 年）除夕，太平天国曾在武昌阅马场选妃，一共选了六十多人。定都天京以后，这种选妃的方式被固定化。每逢首义诸王寿诞之日，都要在城中女馆中选妃。《金陵省难纪略》：

> 各王寿则洪贼选妃赐之，谓以酬其功，伪王固辞而受其一。洪贼及贼子寿，则各王选妃进贡，贼亦辞而受其一。选妃法，各军女巡查将本军中幼女，自十二岁至十五岁眉目清楚者，择出十余人，交女军帅装饰，送之检点。检点复于数百人中选择数十人进之伪王，伪王或留一二人，余各令回军，天王亦如是。②

频繁的选妃，看似人数不多，但风气甚坏，使民间鸡犬不宁。《金陵癸甲新乐府》：

> 今日不幸为女子，尤不幸为女子子。列王传令选王娘，母女相持面如死。巡查勒马立门前，军帅握鞭搜馆里。大者逃出馆外颓垣阴，小者逃入阿母破床底。无论痂与黠，逃之不得脱……

这种人间悲剧，似乎与所谓的妇女解放，已相去甚远。打倒旧的社会秩序，其目的还是为了恢复旧的社会乐趣，这对于革命者来讲，特别是对革命领袖来讲，是说不过去的。至此，连杨秀清也不得不承认，人们"以为荡我家资，离我骨肉，财物为之一空，妻孥为之尽散，嗟怨之声，到今未息"③。

---

① 简又文：《太平天国典制通考》，香港猛进书屋，1958 年 7 月版，第 208、1250 页

② 《中国近代史资料丛刊续编·太平天国》第四册，第 721 页

③ 《东王杨秀清劝告天京人民诰谕》，见《太平天国文书汇编》，第 114 页

太平天国之所以与以往的农民革命不同，在于它提出了一整套关于平等的理念和举措，其中涉及了财富与性别。太平天国不仅否定私有财产，还大力否定了传统的家庭制度。家庭的出现，并不是东西方文明进程中特有的。军事共产主义的生活，只能是一种临时性的措施，如果制度化、规模化，它就一定会形成伦理和道德乃至社会学意义上的困境。太平天国的各种有关制度，从根本上破坏了应由家庭承担的经济、文化、教育、性生活与生育的基本功能，这就不可避免地带来混乱。这种混乱，不仅冲击了各种政治与经济的势力，而且造成了社会各个阶层的迷惘与困惑。这种心理的严重失衡，应该就是天国各种梦想破灭的基础和前提。

世界上所有的宗教，都在倡导大家庭的概念。人类共同体，命运共同体，其他所有的什么共同体，其实，最后是要由小家庭来完成的。社会细胞的稳定和平衡，才是社会最为重要的秩序基础，其他的一切努力，可能都是笑话。

实际上，在占领天京之初，蒙得恩就曾提出"毋用男行女行法，但抽丁为兵，先定江南，再图进取"的建议。这不失为一个正确的主张，但遭到当时主事杨秀清的痛斥："汝何以不能认实天父，欲妄改天父排定章程，不从。"事都上升到天父天兄的高度，也就可以无法无天了。

这个困局，也是无解之局。

（四）

对于太平天国来讲，真正的困局并不是来自城市，也不是来自家庭，更不是来自宗教或民族，而是来自文化。从洪秀全到拜上帝教，从金田村到天京，从天京到江南诸市，真正困扰这支武装和这批人的，恰恰是一种文化。这种说不清、道不明的文化怪圈，似重重叠叠的山，也似弯弯曲曲的水，让他们备感困惑。从开始到结束，始终被这个怪圈围绕，既理不出头绪，也说不清缘由。

从洪秀全本人来讲，他最为看重的也是文化，这与他落第书生的出身无关，只与他身上背负的传统有关。即使穿上龙袍，坐上龙椅，再置上八十来个嫔妃，他的骨子里，恐怕还是一个读书人。

1843 年，当洪秀全因第四次参加清朝的科举考试，并又一次落榜之后，他就曾经发誓，有朝一日要自己开科取士。十年后的 1853 年的太平天国，洪秀全做到了。该年，对于太平天国每一个文化人最为重要的科举考试，其主考官由洪秀全任命，考题也由洪天王从自己的官方出版物中抽取，而且，每个人均有资格参加。这样的考试，一洗洪秀全曾经的奇耻大辱。

以洪秀全主导的太平天国科举，有着自己鲜明的用人标准，考试"不论门第出身"，试题"不本四书、五经"，而取自颁行诏书，以阐述太平真主救世的道理。"至策论、赋诗"，"亦多即近世为题"，重在务实，不取空谈。所出试题，如"上帝权能诛灭妖氛""一统河山乐太平""四海一家皆兄弟""诛残妖以安良善策"等等，十分有意思。《贼情汇纂》：

> 其敢废圣籍，虚构妖言，竟以为儒林之式，取士之资，欲上掩乎孔、孟，则斯文之一阨，再见于秦火余烬者也。

这个评价，难免有赌气的成分。昆山王德森《先世遗闻》：

> 其时有新阳廪生孙启楸，号吟秋，考中长毛解元，其文有"恨不得杀尽妖头，上答天王之高厚"句，得意甚，逢人辄曰："吾道行吴。"设立解元公馆，引进其弟正斋名启榘者，为贼招致本地人为伪官如军帅、师帅、旅帅之类，乐于从事者不少。①

对于太平天国来讲，开科取士，不仅是一种人才选拔，更是一种动员和宣传。曾国藩在咸丰四年九月二十七日《陆军克兴国大冶水师蕲州获胜折》（《曾文正公奏稿·卷四》）中认为：

> 该逆闰七月在鄂城开科取士，兴国之人应试者最多，是以臣等于克复武汉以后，即决计先剿兴国、大冶。

彭玉麟在咸丰十一年六月十一日上书曾国藩时认为：

---

① 《岁寒文稿·卷三》，见《太平天国史》第二册，第 1285–1286 页

成、蒋两君手不辣，不能血洗兴国。若能痛搜该州从贼户族，尽其根株，不留余孽，或可惩创以儆将来。否则我兵去，则举州剃发卷旗为农；我兵退，则该州不特农工皆出为贼，即士商亦皆出为贼，以习惯成自然，如作买卖生理。诚湖北之祸胎，为天下长发贼之苗裔，东南半壁总无承平之日者，皆兴国人坏之也。（《陶风楼藏名贤手札·卷二》）

参加太平天国科举的地区，也是最为拥护太平天国的地区，亦为朝廷最为头痛的地区。这是太平天国科举的成功之处。

太平天国科举在中国历史上史无前例的特殊性，便是在于它随后设立的三场与京试级别、效力同等的考试。京试先是以天王之名，后来是以幼天王之名举行。作为结义兄弟权力共享的象征，天王允许东王、北王和翼王在自己出生的月份，以各自的名义进行开考，分享招贤纳士的喜悦之情。之后，通过东王杨秀清考试的人，开始在他们的功名与封职前加上"东试"二字。与此同时，太平天国还举行过女试，天京本地女子傅善祥中试第一名，曾被派往东王府任东殿内簿书，替杨秀清批阅有关文书。时人有"棘围先设女科场，女状元称傅善祥"的诗句咏其事（吴家桢《金陵纪事杂咏》）。

实际上，在对应试生员照顾方面，太平天国官方做了很多的努力。张汝南《金陵省难纪略·贼庆寿》：

（参考生员）各归号，号派人伺茶汤，给油烛茶点及汤饭，皆丰厚。

龚又村《自怡日记》：

士子饭食军帅等办，每席六簋。[①]

考生除了在考场上受到优待以外，成功考取的生员，还可以获得路费的资助，并且，可以乘坐为他们专门安排的交通工具往返（《贼情汇纂·第三卷·伪品收铨选》）。这些安排，不仅周到，而且精心，可以看出太平天国招贤纳士的迫切心情。在考试制度方面，太平天国将清代的会试、殿试、朝考的考法合而为一了。

---

① 太平天国历史博物馆：《太平天国史料丛编简辑》第四册，第393页

清制京考程序先为会试，中试后殿试，殿试分一、二、三甲，其二、三甲须再经一次朝试，始分别授职。太平天国将旧制加以简化，方便了考生。此项安排，对屡考屡败的洪秀全来讲，也是以过来之人，为考生行了许多方便。

罗尔纲先生指出：

> 太平天国于克复的地方，秩序安定后，就立即举行考试，以团结
> 士子，收拾人心。而就实际效果来论，也曾经起了一定的作用。[①]

科举取士，一方面是遂了洪秀全的心愿，另一方面，重视知识及人才，也是太平天国施政的重要方面。究其根本，太平天国的人才政策还是多元化的。

赵烈文《落花春雨巢日记·卷三》：

> （太平天国招贤榜）江南人才最多，英雄不少，或木匠，或瓦匠，
> 或铜铁匠，或吹鼓手，你有那长，我便用你那长；你若无长，只可出力的了。

这里的人才范围，大大扩充了。每当太平军攻克一地，必在官衙或行辕前出此告示，阐明太平天国的人才政策。就文字内容来看，的确十分有吸引力。张德坚《贼情汇纂·卷三·伪官制·伪科目》：

> （招贤榜）体国经野，致治必在于兴贤；幼学壮行，怀才必期于见用，
> 况值天命维新之际，正属人文蔚起之时。天朝任官惟贤，需才孔亟，凡
> 属武纬文通之彦，久列于朝；专家典艺之流，不遗于野。但恐采访难周，
> 搜罗未遍。抱朴者耻于自献，徒韫椟而深藏，怀珠者虑其暗投，亦韬光
> 而不市。当知天朝见贤即用，望治维殷，勿以自荐为可羞，即宜乘时而
> 利见。倘有一技之长，仰即报名投效，自贡所长，或由官长具禀保荐入朝，
> 量才录用，家口厚给资粮，不致失所，俾免内顾之忧，以慰从公之志。[②]

文化人对文化人的态度，可以看出真正的思想境界与格局。洪秀全的太平天国，在这方面动了不少脑筋。实际上，洪秀全的主要精力，也就主要用在这些方

---

① 罗尔纲：《太平天国史》第二册，第1310页
② 同上书，第1314页

面了。如果他真如太平天国官书中所确定的有"文韬武略"的才华，其中"文韬"是名副其实的。

与文有关的，除了文才就是书籍。洪秀全对出版业的关注，异乎常人。

简又文认为，太平天国将延揽文人帮助他们刊行图书，作为极其重要的一项基本国策。早在拜上帝会期间，他们就秘密印刷并分发入会的申请以及规章制度。洪秀全对早期传教士为在中国传教而印制的大量宣传单册、对话录以及文集印象深刻。在距金田起义还不到两年的永安州期间，太平军就开始了出版活动，第一个由中央机构主持的印务机构，则是在天京设立的"典镌刻"，并从扬州和六合征召著名工匠担任印工。

太平天国按照洪秀全的意见，在 1852 年至 1862 年间，印刷的官方书册达四十四种。每一种印量都极大，以便可以免费发放到每个官兵包括他们的家属手中，还有相当大的一部分，要免费发放给民众。这种将宗教、政治、军事、生活等行为准则和要求，以通俗易懂的方式进行传播的方法，不仅成为一种崭新的宣传教育方式，而且是一种规范而简洁的传播平台和手段，其实际效果出乎大多数人的预料。

太平军每攻克一地，"即在该地建立印刷的机构"（徐廷珍《扬州诗史·小醉经室诗集·大风歌注》）。在军队中专门设有管理印刷的人员（《曾国藩家藏伪官执照清册记》），行军途中便可即时印刷。在太平军，刀枪用以杀人，笔墨用来宣传和鼓劲，二者相辅相成，相得益彰。

太平天国的出版物种类繁多，有上帝教义、规章制度、昭旨、论檄、历史、会议纪要、历书、奏议、论文、个人诗文专集，以及经过修改的古书名籍等。内容虽然五花八门，但通俗易懂，经年受用，也便于保存史料。

罗尔纲先生认为，太平天国所有的出版作品中，有年代可考的，最早的为太平天国辛开元年所刊刻的《太平礼制》《幼学经》，最晚的为壬戌十二年印行的《太平天日》。在太平天国旨准颁行的书籍中，在卷首都有一个《总目》。据太平天国辛酉十一年新历卷首所列旨准颁行诏书《总目》，共有二十九种。具体目录如下：

《天父上帝言题皇诏》、《天父下凡诏书》（两部）、《天命诏
旨书》、《旧遗诏圣书》、《前遗诏圣书》、《天条书》、《太平诏书》、
《太平礼制》、《太平军目》、《太平条规》、《颁行诏书》、《颁行
历书》、《三字经》、《幼学诗》、《太平救世诰》、《建天京于金陵
论》、《贬妖穴为罪隶论》、《诏书盖玺颁行论》、《天朝田亩制度》、
《天理要论》、《天情道理书》、《御制千字诏》、《行军总要》、《天
父诗》、《钦定制度则例集编》、《武略书》、《醒世文》、《王次长
兄亲目亲耳共证福音书》。①

这些书籍，在太平天国失败后，都给清廷烧光了。当然，清廷以为都烧光了，其实没有。除了民间的秘藏，还有相当一部分被各色人等带去了海外，被收藏在异国的图书馆和博物院之中。书籍的力量，仅用火烧恐怕是不行的。如同文明的力量，仅靠暴力，也是极难毁灭的。从统治者对待这些书籍的态度，我们也不难看出，这其中一定有某种道理。这种道理，一定有某种力量。这种力量，一定能够毁灭世界。

从目前收集到的太平天国官方所刊定的书籍，再辅以时人对当时这场惊心动魄的革命的记载，正面也好，反面也罢；赞扬也好，诋毁也罢，有一个基本事实是改变不了的，那就是洪秀全以及他所领导的太平天国，从一开始就有一套完整的治国理政的体系。并且，洪秀全以一己之力，日思夜想，殚精竭虑，对其逐步完善。至少，在理论体系上是完备的。从历法开始，到偶像崇拜，到教义宣传，到军事部署，到用兵准则以及军事纪律，然后到宣传普及；从中央政府到地方政府；从经济到政治，再到基层治理；从民风民俗到移风易俗，再到整个国家的功能定位，想得十分周全，计划也相当宏大，并且，因去日不远，大部分资料均被完整地保留下来。再加上意识形态的原因，对于太平天国的研究，各种基础性的工作已完成。从文化的角度看，太平天国是一个相当完整的标本。其文献意义，其文化价值，其文

① 罗尔纲：《太平天国史》第二册，第 1535–1536 页

史意涵，要远超于近代史中的其他研究领域。

从本质上讲，以中国传统知识分子为主体，杂以西方宗教观和价值观的社会改革与治理模式，在太平天国这一历史阶段中，显现得十分突出。太平天国在文化上所处的困境，并由此困境而形成的无可救药一般的陷阱，则是近代史上一个不可多得的范本。这个范本，不是示范的"范"，也不是模范的"范"，而是范围的"范"。它仅提供了一个文化意义上的范围。这个困局的范围，在后来的历史中，看起来是有所扩大的，其造成的影响，也是有所递增的，对社会生产力和人的生命的伤害程度，也是显而易见的。

由文化所主宰的人的思维方式与行为方式，是不会轻易发生改变的。江山易改，文化难移。文化的困境，不仅是个人的悲剧，也是社会的悲剧，更是历史的悲剧。

实际上，所有文化都是有其心理基础的。孟子所谓的"作于其心，害于其事；作于其事，害于其政"，讲的也是这个意思。对文化而言，其所形成的困局，大多是来自于心灵的深处。洪秀全在科举方面的落第，形成了后来太平天国对人才的判别与招纳的方式，而对人才内涵的理解使这种方式又发生了极大的变异。因为总是处在战争的高压之下，许多设计较好的政策，又不免受到干扰和冲击，并未达到预期的效果。同时，也会使设计者感到困惑或者惘然。站在历史的角度来看，这些均属正常。但是，我们在其中并不难看出设计者的思想挣扎的成分。科举也好，宣传也罢，其方式与方法都是想通过旧瓶装新酒来实现新的目标与宗旨，这是一种十分纠结的状态。

著名学者陈序经先生认为：

> 人类因为有了特殊的创造的智力，有了文化，而动物却没有文化。但是假使人类只有这种创造文化的智力，而没有记忆的能力，则人类文化，是不易发展的。因为人类有了记忆的能力，人类对于以前所做的事情，以及其所做事情的方法的先例，都成为人类在目前或在将来所做的事情，以及其所做的事情的方法的先例。能够记忆起这些先例，人类可以进一步去发明或创造新的事情、新的方法。这样继续不断地累积起来，

文化才有发展、才能进步。[①]

对洪秀全来讲，他性格中的矛盾，他知识体系中的芜杂，他的信仰与耐心之间的碰撞，包括他与人相处的方式，反而造就了他在文化方面的创新和创意。愈是困难，愈处困境，愈遭困局，反而更容易激起洪秀全的文化爆发力。对于文化的贡献，特别是在探究新的文化表达与文化路径方面，洪秀全是抱有极大兴趣的。这个兴趣，远远超过了他对权力争斗以及军事斗争方面的兴趣。也正是因为这个原因，我们似乎可以重新定义太平天国的性质，以及洪秀全毕生追求与努力的重点所在。

（五）

人类所面临的一切困境，或来源于环境，或来源于内心，似乎并无第三种来源。困境由困惑造成，困境亦可能化为困局。成局之后，有的豁然开朗，也有的一条道走到黑，功败垂成。困局只是一种存在，可能破之，可以解之。当然，大多数困局并无出路。如果涉及文化，抑或涉及内心，实难改变。

定都天京，是战略之困。这是根本上的一种被动态势，一朝一夕，包括诸多战役上的胜利，并无改变的可能。有些被动，只要善于经营，似乎也是有机会的。但是，太平天国并未抓住。

圣库制度，是策略之困。经济基础当然决定上层建筑。战争状态下，好的经济策略，是支持战争的持续、保持军事斗争主动性的重要基础。失此一策，军心难稳。

家庭关系，是欲望之困。战争的组织化程度，当然取决于组织的效率。但是，半战争的状态，或者说是半和平的状态，需要与之相适应的家庭结构，以及适配的男女关系，这也是战斗力的一种。

开科取士，是制度之困。招贤纳才是一国之本，也是夺取政权的首要条件。但标准的模糊、人才的良莠不齐，极易给管理造成困境，这也是不争的事实。

---

① 陈序经：《文化学概观》，中国人民大学出版社，2005年2月版，第187页

天

局

这些局面的形成，虽然有多种原因，但其根本仍在文化之上。陈恭禄先生认为：

> 洪秀全以上帝会起兵，托言上帝遣其次子下凡救世，作为理论，其壮年曾数应试，皆不中归，抑郁不平。其所住之乡村，书籍缺少，对于学术，自无深切之研究。其宗教思想，一部分本于以色列之传说，如拜上帝者有福，拜别神者有罪之类。其理论之演绎，敬拜偶像，即为叛离上帝，摧残偶像，则为有功，得入天堂。孔子神主，自在偶像之列，安置神像之建筑，自无存在保护之价值。其教徒生于贫苦之家，远陋之乡，少见宏伟之建筑，或无审美之观念，或不知美术之意义。因而摧残破坏，不遗余力。①

由此种宗教观、价值观、审美观，以及乡土观所造成的战略格局的狭小，以及宏观思维的缺失，应该就是造成困局的主要原因吧。

当然，困局并非一人所造成，应该是众人努力的结果。也不应该说是努力，而应该说是失误的结果。结果就是结局，这是不用怀疑的。

美国学者史景迁先生，在为简又文先生所作的《太平天国革命运动史》一书的"序言"中指出：

> （太平天国的领袖们）他们的理想糅合了《旧约》基督教思想、平等主义、清教思想以及自己的创造性发挥。他们的剑锋不仅与此前的无数次起义一样指向居于统治地位的王朝，而且更直接指向了当时基本的阶层分化和社会结构。从这个层面上讲，太平天国运动确实具有革命的性质。②

就太平天国当时所面临的困局来看，这场革命运动的目的，并非政治和政权，也不是军事或地盘，倒更像是针对文明与文化。因此，就其革命性而言，则更像是一场文化革命。

---

① 陈恭禄：《中国近代史》，第116页
② 简又文：《太平天国革命运动史》，第1页

第五章

危局

（一）

对于太平天国来讲，从金田到天京，从农村到城市，从宗教团体到政治组织，从武装斗争到社会治理，一路走来，其所面临的最大的危机并不太容易显现出来。当年，清政府作为一个具有二百多年统治经验的专制王朝，在政治、军事、人才以及财政等方面，优势仍十分明显。与之抗衡的太平军，包括这支武装力量所拥有的各种旗帜和口号，尚难对旧政权予以致命的一击。清廷感受到了威胁，但尚未真正处于险境；太平天国虽然看到了希望，但自身也有诸多无奈。太平天国真正危机的出现，就是在太平军一路高歌猛进，在军事上取得重大胜利的时刻。这个危机是由胜利带来的，这些胜利都要归功于一个人，那就是杨秀清。有时候，人的危机是最重大的危机，由此危机而形成的局面，堪称致命的危局。如同棋局，一着不慎，满盘皆输；一人不贤，累及三军。

太平天国在许多晚清的笔记中，被称为"洪杨之乱"。如果不从阶级立场来看的话，"洪"与"杨"是分量相同的领袖级人物。对于杨秀清的评价，有着巨大的差异，包括当时的太平天国内部，也是众说纷纭。评价当然改变不了事实，对太平军来讲，他似常胜将军；对太平天国来讲，他如定海神针；对于洪秀全来讲，他又如骨鲠在喉。这样一个人，目不识丁却胸有大志，贫穷出身却精通兵法，善于沟通又擅长鼓动，是一个杰出的人才。成也杨秀清，败也杨秀清，他是真正的太平天国"关键先生"。他的才华包括他的野心，他的言行所具有的创造性和破坏性，真正构成了太平天国最大的危局。从人的角度来看局中局，是一个新的维度。

按照罗尔纲先生的考证，杨秀清是广西桂平县平在山东旺冲人，生于清道光三年（1823年）八月十九日，其父为杨亚齐，其母为古氏，五岁时，父亲去世，九岁时，母亲亦离世，得伯父杨庆善教养成人。

罗先生曾亲赴杨秀清的家乡考察，他是这样描述当年杨秀清的生活的：

> 秀清成年以后，得不到田地耕种，他只得同平时在山里面那些穷苦农民一样，以"种山烧炭为业"。他当农时，在陡峭瘦瘠的山坡上，开荒种植些玉蜀黍、番薯等粮食作物，或种些蓼蓝经济作物。农时过后，就入深山去伐林斫木，在炎暑天，入窑烧炭。至冬天，又翻山越岭，把炭挑出新墟去卖，经过商人的盘剥，换不到一升半斗。一年到头，过着挨饥受寒的生涯。①

这种散文式的描写，更多地带有抒情和推测的成分。太平天国官书《天情道理书》：

> 至贫莫如东王，至苦亦莫如东王，生长深山之中，五岁失怙，九岁失恃，零丁孤苦，困厄难堪，足见天父将降大任于东王，使之佐辅真主，必先苦其心志，劳其筋骨，饿其体肤，乃天之穷厄我们东王者，正天之所以玉成我们东王也。②

这个记述，几近阿谀奉承，并无实际内容。时人汪士铎在《乙丙日记·卷三》中，有记与其女婿吴栗然来往信件，称杨秀清的出身：

> 贩木料者也，乡间为人治病。

经商者需有情商，凡事均可商量。考杨秀清后期的聪明智慧，且为天父代言人的身份，在关键时刻总能挺身而出，化危为机，这个行业倒是贴近他的情智。

---

① 罗尔纲：《太平天国史》第三册，第1728页
② 同上书，第1729页

用天父下凡、降托肉身这种把戏来激励信众，是需要极高的表演天赋的。杨秀清将此法用到极致，多次在危急关头，挽救了革命，挽救了组织，也为自己塑造了一个好的人设。辛开元年二月，洪秀全正位天王，封杨秀清为正军师，建立太平天国。杨秀清也用自身神奇的超能力，屡助洪秀全渡过难关。据《天命诏旨书》记载：

> （秀清教导官兵）我差尔主下凡作天王，地（他）出一言是天命，尔等要遵。尔等要真心扶主顾王，不得大胆放肆，不得怠慢也。若不顾主顾王，一个都难也。[1]

帮助洪秀全树立领袖权威，用第三方传言的方式使信众坚信不疑，既稳定了军心，也对领袖表达了忠心。于是，永安封王时，杨秀清顺理成章成了二把手。看起来是天王制，在实际操作过程中，却成了"双主制"。这对于一个健全的组织来讲，无论是以宗教、政治、经济，还是军事为目的，都似乎是一种灾难。

除了封王之外，在洪秀全构建的上帝大家庭中，冯云山为上帝三子，杨秀清为上帝四子，萧朝贵为上帝五子。政治加上宗教，特权加上血缘，这个权力结构看似合理，实际上都处在变化之中。用简又文先生的话来讲，太平天国体制实为天王与五王"共有共治共享性质，虽然位有尊卑，但以身份言，同为国王[2]。

这是一个理想化的体制。是理想，在现实生活中，就一定会遇到挑战；是理想，其权限的边界、组织的纪律都易被模糊化，都会给有心之人以可乘之机。

太平天国"双主制"的另一个核心，即杨秀清，还有一个"军师"的身份，这是总揽一切军政事务的地位，恰恰是洪秀全心甘情愿、拱手相送的。由此一让，洪秀全是无意，杨秀清是有心，而整个太平天国的体制，即从所谓的君主政体和农民民主主义相结合的政体，转变成了"虚君制"的政体。这种虚与实的转化，真的不太好评价。在战争时期，权力的掌握由能力决定；在稳定时期，则由欲望

---

[1] 罗尔纲：《太平天国史》第三册，第 1733 页

[2] 简又文：《太平天国全史》，香港猛进书屋，1962 年 5 月版，第 1349 页

来决定。

在制度安排上,《天朝田亩制度》规定国家政务,由下级层层核议,经军师决定,然后由军师启天王取旨。天王这种"旨准",实际上就是"画诺",具体由军师执行。因此,常有"事过方奏,或竟不奏者"(据《贼情汇纂·卷七·伪文告上·伪诰谕》)。《天朝田亩制度》还规定,凡经军师奏请取旨的政事,"天王将旨,军师宣列王,列王宣掌率以下官一体遵行"。军师总理国务,具有领导列王的权力。所以,李秀成论军师为"朝纲之首领",洪仁玕也自述"身任军师之重",可见其位高权重(据洪仁玕《致英翻译官富礼赐书》)。

实际上,太平天国的起义檄文,就是由军师颁布的。《颁行诏书》《奉天诛妖救世安民檄》《奉天讨胡檄》,以及《救天生天养中国人民谕》,即由左辅正军师杨秀清与右弼又正军师萧朝贵联合颁布。这里,杨秀清既是太平天国的代言人,也是具有太平天国权威的执政者。

从各种记载上来看,太平天国的"一切号令",从军国大事,至刑赏生杀,到职官新迁降调,均由杨秀清裁决(据《贼情汇纂·卷一·杨秀清传》)。杨秀清的东殿设有吏、户、礼、兵、刑、工六部,每部十二员,主掌国务,承宣二十四员,主发号施令(同上书,《卷三·伪官制·伪朝内官》)。全国政务,当然,也并非全国范围的,各个方向均要向杨秀清"禀奏"(这是一个东王的专属名词)。从东王这里发出的诰谕,有时一天多达三百多件,这是真忙。以至清廷的探报都怀疑是否有洪秀全其人,"或系刻木偶伪之"(《向荣奏稿·卷四》)。英国人麦华陀(W.H.Medhurst)和鲍林(Lewis Bowing)也认为,"东王极其狡猾地僭取这个位置,使他的主公成为一个纯粹的傀儡国王"(见黄光城、梁昆元译,1854年6月《麦华陀和鲍林对南京的访问》)。

问题之一是,洪秀全是怎么想的?他早在辛开元年,正式就位天王的那一年,就颁布了《幼学诗》。其中《朝廷》:"天朝严肃地,咫尺凛天威。生杀由天子,诸官莫得逞。"其中《君道》:"一人首出正,万国定咸宁。王独操威柄,�邪遁九渊。"还有一部《天父诗》:"只有媳错无爷错,只有婶错无哥错。只有人错无天错，只有臣错无主错。"这可是满满的专制思想啊！

问题之二是，杨秀清是怎么干的？罗尔纲先生认为：

> 杨秀清是个具有非常的行动能力和组织能力的人，他又是一个雷厉风行的铁腕人物。他任太平天国正军师，总理军国，出现了一个在农民起义史上未有的高度集中的权力，就是在中国史上也少见有如此的高度的中央集权。在军事上，一纸令下，全国兵将星驰电掣，赴汤蹈火，如身使臂、臂使指。在政治上，"即末秩微员，陞降必由天廷转奏，片言只字，刊刻必自京内颁行"（洪仁玕语）。所有全国大大小小的政务全部集权到中央政府。在维持秩序与执行纪律上，"一切人等，无有例外，各有派定的岗位与职责，而全体动作各按轨道，循规蹈距，如同钟表的机件"（简又文语）。只有在这样的权力树立以后，富有自发性和涣散性的农民的力量才能结聚起来，消灭分散主义和无纪律状态，而得全力去推翻地主阶级。也只有在这样的权力树立以后，才造成太平天国前期巩固如磐石的政权，比天朗气清的澄空还要清明的政治。①

这个评价极高，也极全面。具体来讲，杨秀清的施政与治军，大概有以下几个特点：

一是纪律严明。对一支农民为主的军队而言，纪律就是战斗力。太平军每攻克一处，即刻安民告示，严格营规。据《四民各安常业诰谕》的内容表明，安民严令一出，任何官兵无令敢入民宅者，左脚踏入家门口的斩左脚，右脚踏进家门口的斩右脚，"法立令行，严严整整"，真正做到了他向百姓承诺的"圣兵不犯秋毫"（《天情道理书》）。因此，受到百姓的普遍拥护，"故民心悦服，到处战胜攻取"（同上书）。杨秀清在严格管理之外，还极其爱护士兵。太平天国官书《行军总要》中记载，"凡为佐将者，当知爱惜士兵"。并具体规定，行军时，官员的马匹都要让给伤员骑，如马匹不够，由兵士抬负而行，总要个个保齐，不能掉

---

① 罗尔纲：《太平天国史》第三册，第 1739–1740 页

队。又规定"若遇天寒雨雪之夜，尤当加以体恤，若见其衣裳单少，或被褥不敷，即当传令各管，如有多余，即当挪出，分散士兵。倘各官亦无多余袍裳，即令各官夜间将皮袍裳与把卡兵士穿着，日间令其缴还。如此一转移间，兵士更当格外感激矣"。这些安排十分周密，凝聚了兵心，激发了战斗力。

二是待人诚恳。定都天京后，杨秀清负责处理太平天国的具体政务，有些担任丞相的官员并不识字，每至杨秀清处报告各种事项，都要带"书手"入读禀事。杨秀清经常对那些"书手"讲，自己五岁死了父亲，由国伯养大，家穷失学，也不认识字，大家不要见笑，你们慢慢地读，他仔细听，总能把事情弄清楚。这个记载，是张汝南《金陵省难纪略》中的见闻。据《天父下凡诏书·第二部》记载，杨秀清曾对一众官员讲，"尔等为官者，凡遇下官有事到案敬禀，或是或非，且随他直禀明白，切不可半途之中，见他有不合之处，即大声骂他，致他心无定见，常多惊恐。即有错处，亦须待他言毕，悠然教导，否则恐他自后即有合理的地方，也不敢来禀"。这是重视官员的意见，以及关注群众的问题，十分亲切。在用人方面，杨秀清曾对燕王秦日纲讲，"凡保举官员，必须查其平素历练老成，精神灵变，然后传该员前来亲自勘验，观其言语举动，进退趋跄，果胜其任，再行保举禀奏回朝，毋得徇情滥保"（《贼情汇纂·卷七·贼文告》）。用人慎重，行事必谨慎。民间亦有所评价，认为"责功课职，颇协众情，初无依违，故其党争为致死，虽屡至穷蹙而不舍焉"（《贼情汇纂·卷三·伪官制·伪品级铨选》）。与太平天国后期的徇私滥保，乱封官爵，以致"谗佞张扬，明贤偃避，豪杰不能"（《李秀成自述原稿》）的情况相比，这已算是清明政治的表现。

三是赏罚分明。用罗尔纲先生的话来讲，就是"使得有功的知奋，有罪的知愧，激发了革命者的上进心和责任心，加强对纪律的严肃感"[1]。甲寅四年五月，陈玉成攻下武昌，杨秀清立刻将其提升为"殿右三十检点"。陈玉成在向秦日纲

---

① 罗尔纲：《太平天国史》第三册，第 1743 页

168

的禀申上认为，他恢复武昌只是一个"微劳"，就立刻得到升赏，让他"感激图报，奋不顾身"（《贼情汇纂·卷七·伪文告·上》）。同年三月，春官又副丞相林绍璋在湖南湘潭全军覆没，杨秀清立刻将其革职，并将其调湖口戴罪立功。连清廷文献都认为，（杨秀清）"其法至严，凡有失利取败，违令私财，重则立斩，轻者责降，不敢徇情，略无姑惜，膏涂草野而无悔矣"（《贼情汇纂·卷三·伪官制·伪军中官》）。这个情况，同样与后期的"无功偷闲之人，各得封王，外带兵之将，日夜勤劳之人，观之不分（忿），力少从戎，人心之不服，职守各不争雄"（《李秀成自述原稿》），又形成鲜明对比。

四是行事决断。杨秀清具有心灵性敏、应变迅速的能力。《贼情汇纂》记载：

> 癸丑二月，伪北王韦昌辉正遣其殿前右二承宣张子朋乘船犯湖北，张子朋性极凶横，因争船只，责打水营多贼，众心齐叛，欲尽开船上驶投诚，抑或各散。秀清得信，立至北王府，将韦昌辉杖责数百，张子朋杖责一千，并传到唐正才，重赐金帛，加封丞相衔，好言抚慰。水营群贼悉听唐正才指挥，唐正才调停群下，始无叛心，其权诈笼络人心类如此。①

这种杀伐决断，可以看出杨秀清的能力。罗尔纲先生也认为：

> 太平天国前期的辉煌业绩，就是由于秀清执政得来的。当时太平天国的军民把杨秀清看作神圣，他的一道谕诰，一首诗歌，一部讲道理的书，都像战鼓一样鼓舞着他们，"争先恐后各称雄，直破铜关百万重"（《天情道理书·杨秀清·果然坚耐》），从胜利走向胜利。②

东王虽然劳苦功高，但功高盖主。作为读书人的洪秀全，心里还是有数的。前期主要是用之，后期当然要除之。洪秀全读书多，杨秀清读书少，这也是一个大问题。杨秀清所拥有的天父传言权，是洪秀全认可的，他在定都天京以后，手

---

① 太平天国历史博物馆：《太平天国史料汇编》第五册，第2045页
② 罗尔纲：《太平天国史》第三册，第1745页

天局

批《前遗诏书圣人约翰天启之传·第十四章》：

> 今当禾熟之时，即得救之候。朕是禾王，东王禾乃。禾是比天国
> 良民。禾王、禾乃俱是天国良民之主也，（验）矣，钦此。[1]

这是从宗教伦理上确定了杨秀清与他有同等地位。洪秀全心里有想法，但杨秀清的确当真了。洪秀全还曾在杨秀清假托天父之名要杖责他时，亲口说过：

> 尔为官者，须知尔东王所言，即是天父所言也，尔等皆当钦遵。（《天
> 父下凡诏书·第二部》）

这是典型的言不由衷，读书少的杨秀清也当真了。太平天国这种所谓的军师负责制，也就是"双主制"，一座山头两个老虎，时间是不会长久的。在中国传统文化中，"天无二日，土无二王"（《礼记·卷四》）不仅是一种约定俗成的观念，也是为历朝历代统治者所奉行的观念。这种观念，更多地符合集权体制和威权机制的运行规律。对此，洪秀全与杨秀清恐怕都是心知肚明的。《天父下凡诏书·第二部》：

> （杨秀清杖责洪秀全的第三天，杨去安慰洪，洪称赞他）"清胞
> 真是古之所谓骨鲠之臣，自后在尔幼主之世，凡为臣者当如清胞今日之
> 直言，方尽为臣之道"。杨秀清对曰："小弟虽足为臣者法，但后日幼
> 主以后，亦要法我二兄海底之量，能受臣直谏，方尽为君之道也。自古
> 以来，为君者常多恃气性，不纳臣谏，往往以得力之忠臣，一旦怒而误
> 杀之，致使国政多乖，悔之晚矣。"[2]

二人都是明白人，各有戒心，也互生恐惧。说是杨秀清想取代洪秀全，这是不足为信的。即便杨秀清是天父的代言人，虽可称为万岁，但其与天王的威望以及洪秀全的万岁，还不是一回事。杨秀清的目的十分明了，制约权力，保证权力运行的有效性，从而不要受到来自各方面的干扰，这应该是他的初心和本意。洪秀全当然明白，但其格局与气量均偏小，实在是咽不下这口气。一旦动杀机，其

---

① 罗尔纲：《太平天国史》第三册，第 1746 页

② 同上书，第 1748 页

后局面洪秀全自身难以应付。天国梦，上帝梦，大同梦，还有其他的什么梦，均无实现的可能。这一点，洪恐怕也是思量再三的，只是过高地估计了自己，过低地估计了杨秀清的能力。可怜的杨秀清，从危险到遇险，也就是一步之遥；从危局到杀机，也就是一帘之隔。

《贼情汇纂·卷一·剧贼姓名上》：

> 首逆伪正军师东王杨秀清。……世业农，秀清独无赖，为隶为佣，皆不称意。后同洪秀全结伙护送洋货，积殖自封。秀清年约三十余，身中人，黄瘦微须，现损一目，识字无多，奸谲异常。……官军追剿，数数穷蹙，秀全及群贼皆有散志，独秀清坚忍，多施诡计，笼络群丑，败而复炽。……洪秀全每至一处，必深藏不出，秀清则盛陈仪卫，巡行闾市。凡有军务议定奏上，无不准者，每批旨准二字。……自恃功高，一切专擅，洪秀全徒有其名。秀清叵测奸心，实欲虚尊洪秀全为首，而自揽大权，独得其实。其意欲仿古之奸权，万一事成则杀之自取。又欲以假仁义欺人，一切诰谕，动以不可害民为词。殊不知群丑猖狂，奸掳焚杀，无所不至，神人共愤，不久成俘，此又秀清自谓为智，而旁观深笑其愚者也。

这个记载，除了骂人的因素之外，其判断亦有问题。对杨秀清极尽污蔑之词，也算是从另外一个侧面，说明了杨秀清的重要性。杨想取代洪，实在是说不过去的事情。论权力，杨有实操；论地位，同为天父之子；论功能，可替天父传言；论尊奉，对洪称臣已久，没有必要取代洪，也无可能取代洪。对于杨秀清这样极其聪明的人来讲，这是一个常人的想法。至于经常性地得罪洪，或者是所谓的专擅弄权，就记载和传说来看，极像是清廷的反间计。包括"不跪与不跑""禀而又禀"，以及传说中要夺取洪府女师朱九妹什么的，均不是理由。杨与洪的恩怨，以至洪最终动了杀机，喋血天京进而使太平天国走向亡败，在很大程度上是洪本人的性格造成的。

从本质上讲，杨秀清是无辜的，是洪秀全狭隘的威权观念的牺牲品。杀了杨一人，毁了洪前程。聪明如洪秀全者，也是事后才悟出来的。但是，悔之晚矣。

就洪秀全本人的性格而言，他亦并非真心悔之，这就是杨秀清的悲剧所在。

山高人为峰，权重悲剧始。就太平天国的所谓国体而言，上演悲剧是迟早的事。一个杨秀清或一个洪秀全，远远扛不起那些在《天朝田亩制度》中设计的美好未来，以及在《劝世良善》中规划的那些普世愿景。

钱穆先生认为：

用邪教的煽惑起事，用流动的骚扰展开，这是安静散漫的农民能走上长期叛变的两条路子。可惜这两条路子，开始便已注定农民革命的命运，使他们只能破坏，不能成功，除非中途能改变自己。①

杨秀清不会改变，他走向了死亡；洪秀全也不会改变，他面临着失败；太平天国当然也不会改变，因此，它也就走向了历史。当杨秀清以自身的才华将自己送上权力巅峰的时候，他的命运也就被注定了。纵然没有这件事，或者没有那件事，洪秀全的态度都会发生变化，这是制度安排的问题。杨秀清奉行的并非僭主政治，洪秀全也不可能独木成林，由"双主制"带来的分工合作，变成了"一尊"独大，但其大而无当，尊亦无用。洪秀全在永安封王时建立的"双主制"，从本质上讲，是有着近代色彩的权力分配体制，在一定程度上与后来的君主立宪制有着异曲同工之处。不过，洪秀全最终杀了杨秀清，放弃了这种制度。看起来是洪处理了杨的危机，但是，此次危机业已成局，此次危局最终导致了崩溃，其责任在洪而不在杨。

历史留下的，有时并非什么经验或教训，更多的还是遗憾。看一看定都天京后，由杨秀清指挥和策划的几次成功的战役，这种遗憾会逐渐加深，而变为感慨了。

（二）

在所有涉及太平天国的史料中，关于战争情形的资料大多语焉不详，这也在情理之中。战争极其残酷，胜负就在一瞬之间，胜有胜的喜悦，败亦有败的理由。

① 钱穆：《国史大纲》下册，商务印书馆，2019 年 3 月版，第 873 页

再加上官方记载的扯皮、民间记载的谬误、文人讲述的片面，从而构成了本该极其生动的军事斗争，远不像诸如兄弟阋墙、宫闱隐秘之事来得有趣。在军事史上，太平天国的若干次在杨秀清策划下的重大战役，均堪称经典，也正是这些经典战例，让太平天国在困守天京、偏安一隅的被动状态下，能持续保有"立国"的状态。战争不仅成了政治的延续，更成为争取政治资源的工具。这在中国近代史的开局，展现得淋漓尽致。

在这里，最值得称道的，就是由杨秀清构建的"宁、镇、扬"三城防御体系。这个体系，经过反复争夺，多次拉锯，终成所谓太平天国重要的"铁三角"，对太平天国政权的延续起到了决定性的作用。这个体系，横跨长江两岸，涉及水军与陆师，集防御作战与运动作战于一体，其作战的规模，涉及的保障区域都十分庞大。只有天才的军事家，才能驾驭这种规模的战局。同时，它也集中体现了杨秀清作为杰出军事家的综合预判能力，以及战役统筹能力。就政治格局来讲，他是洪秀全最为危险的朋友；就军事斗争而言，他是清军最为危险的敌人。

在太平军攻占天京之后，清军统帅向荣认为：

> 贼众兵单，势难多拨，实深焦虑。因思逆首现在江宁，惟有攻其必救，悉力赶紧进兵，若日能夺回钟山，即可进攻省城。该分股之贼必然缩回，为围魏救赵之计。[1]

面对清军的猛攻，杨秀清令太平军将士固守营垒，寸土不让，挫败了向荣的屡次进攻，在天京东部钟山地区形成了相持的局面。此时向荣所率清兵已达三万二千余人，时称江南大营。钦差向荣任统帅，内阁学士许乃钊帮办军务，按察使彭玉雯总办粮台事务。江南大营还在皖南设立转互局，筹钱筹粮，计与太平军长期抗衡。

与此同时，钦差大臣琦善领帮办军务陈金绶、四品京堂胜保，率二万四千余名士兵，循长江北岸东进，攻陷浦口，并进击扬州，在城北屯军，此为江北大营。

---

[1] 《向荣奏稿·卷二》，载《中国近代史资料丛刊续编·太平天国》第七册，第76页

只是此营主帅琦善消极迁徙，只愿承担浦口至扬州一线的防堵任务，并不愿将战火引向江北，与清军前线将军胜保产生分歧。琦善认为：

> 大股匪众盘踞江宁、镇江、扬州，三城恃为犄角。臣与向荣分攻江宁、扬州，南北之军皆在陆路，声势既难联络，其水路艇船又远在镇江。现江宁、扬州击败之贼往来江中，无所阻挡。且浦口、六合、仪征等势，随在皆可登岸。……浦口、六合、仪征防兵甚单，且有马队无步队，不能收相辅而行之益。为今之计，与其分兵远防，莫若合兵迎剿。（《琦善奏稿·卷三十五·方略》）

这里所谓的"合兵迎剿"是假，围而缓攻为真。琦善驻军在扬州城北二十余里的袁家花园，"终日取乐"，扬州西南"濒临运河，绝无一兵一将"。太平军"终日大开南门，出入自由"，琦善则"间日用炮轰城，炮远不能及城"，以敷衍陈奏，蒙蔽咸丰帝。

此时的太平军，已明确部署了北伐与西征，遂开始收缩防线，至1853年4月底，太平军完成三城的部署。天京城外营垒大部焚弃，"惟于各城门外，深沟高垒"，同时，在下关加筑土城，强化水营防卫①。扬州将士也自城外撤防城垣，并调林凤祥、李开芳任北伐军统帅，镇江、天京部分将士则组成西征兵团，以赖汉英为统帅。两支部队分别向中原和江西展开战略移动，拟在清军后方开辟新的战场。

天京城的防务主将是韦昌辉。在他的具体指挥下，太平军在各城门外据险筑垒，并将庙宇、僧房一律改为坚垒。山顶筑望楼一座，与报恩寺并峙，居高监视敌人动向，并指挥南线各营将士的进退。城外街道亦有驻兵防守，与城内士兵"互为援应"，构成南线的防御纵深②。其他各门城垣，"东南高至六丈，西北亦高至四丈以上。城北为后湖，宽约十余里不等，无可间渡"。东、西、南三面均系秦淮河水环绕，宽自四五丈及十余丈不等，桥梁早被拆毁。只有东北一隅的陆路

---

① 《向荣奏稿·卷二》，载《中国近代史资料丛刊续编·太平天国》第七册，第95页
② 同上书，第202页

可以进兵。但太平军"已筑栅挖壕数道，并力拒守"。东郊自紫金山至龙脖子，太平军深壕重垒，遍置蒺藜，"以营护城，复以城护营，防守极其严密"①。这是天京城防的正面防守体系，应该讲十分完备，清军基本无机可乘。

对于其他方向的防守，太平军"深沟固垒，虚插伪旗"，但兵力不多。"所恃营内望楼，营外壕沟，营门口枪炮"，营盘两翼不配置兵力，只遣水队设置潜伏哨，"伏路守夜"。城上驻守将士，"隔数垛放一枪炮，设一望楼，击鼓报更。垛口之间储备火药包，巡查分队日夜分段检查防务，严杜疏漏"②。

至于城北的长江防务，更是重中之重。水营设在下关，指挥唐正才建馆大王庙侧，主持水师。下关沿江建筑砖木结构的城墙，设望楼多座，凿有炮眼炮口，监视江面。在水府祠江口外构筑木城，遮掩江口，其后安设十余门重炮，封锁江道。并且驻调炮船，护卫水营。沿江设立三道水关，"中关设于仪凤门外鲜鱼巷口河下，头关设于上河夹江，下关设于七里洲河内"，三关"各有营盘护围，每至设望楼一座"，各水营配有炮船，以备在江上巡弋检查。水师任务不仅进行江上防御，而且要保证粮食等军资的运输，确保城内的军需供应。③

韦昌辉坐镇北王府，通过城内城外的诸多望楼掌控敌情。望楼"大街小巷无处不有"，高约五丈，级为三层，可以互相联络，"轮班击鼓以报更次"，发现敌情时，立即挥舞不同的旗帜，依次向北王府红更楼报警，传递敌军进攻的方向及规模。其中，鸡鸣山等三座望楼居高临下，视野开阔，正面对敌，且能反应迅速，为北王作出判断及时提供信息。城防的对面，是从紫金山至七桥瓮连营十九座的清军，绵延十二三里，构成正面战场。清军亦因遣兵分至镇江、东坝、江西、扬州多处，连营军士仅为一万四千七百余人，兵力捉襟见肘，再加上缺乏水师，

---

① 《向荣奏稿·卷四》，载《中国近代史资料丛刊续编·太平天国》第七册，第221页

② 涤浮道人：《金陵杂记》，载《中国近代史资料丛刊续编·太平天国》第四册，第663、664页

③ 同上书，第631页

的确难以与太平军争锋。①

再看镇江和扬州的防务，也是井井有条，可进可退。

罗大纲与吴如孝分驻镇江、瓜州，控扼京口江面，保卫下游重镇。太平军"拆南门外虎踞桥、开西门"，由农村获取粮食补给，并凿通"府治后垣，缘龙埂筑堞至北固山顶，又自山西沿江筑城，西至江口、包瓦子山，循运河而南"，绵亘六华里，筑六座炮台，构成西北防线。南北江面驻泊师船数千只，联结瓜镇，维系军资供应。清军主帅向荣认为：

> 不如缓攻金陵，先从水上去其船只，使江宁、镇江、扬州三城之贼首尾不能兼顾，然后可以制其死命。查三城形势，镇江最为扼要。……先复京口，则扬州、江宁之贼应援自多中阻。②

这个设想，被镇江的太平军主将罗大纲迎头痛击，太平军先发制人，在观音山诱敌，并以主力由釜山迂回敌后，歼敌数百人。清军再次增兵，并移营京岘山，距城东五里，与罗大纲部形成对峙。此时，清军被抽调一千多人援赣，兵力空虚，罗大纲抓住战机，出城诱敌，并在城垣开潜门暗出，直扑清军大营，清军主将败溃至丹阳。向荣"先复镇江"的计划，无功而返。不久，清军悍将和春率增援抵马陵、辛丰一带，防堵太平军进击苏州和常州。罗大纲弃守丹徒、京岘山，在甘棠桥以南地区与清军形成相持战局。

魏秀仁《咄咄录》载《丹阳丧师》一文，总结镇江丹阳一带战事：

> 胡文忠公言："自军兴以来，凡官军所到之处，贼必严为之备。我军锐意仰攻，炮石所及，徒损精锐，积日累月，壮气渐销，悍贼乘之，转致于败。又贼之诡计，以坚守辍我兵力，转于无兵及兵弱之处，狡焉思逞。是我军之胶滞一隅，而贼乃得以出没无定。"③

---

① 《向荣奏稿·卷四》，载《中国近代史资料丛刊续编·太平天国》第七册，第 188、189 页

② 《向荣奏稿·卷二》，同上书，第 95–96 页

③ 太平天国历史博物馆：《太平天国史料汇编》第三册，第 1139 页

至于太平军扬州城的防御，则是最为薄弱的。当胡以晄、林凤祥等率主力撤出府城之后，全城精锐将士"不足千人"。守城的太平军主将曾立昌决定收缩防线，撤出湾头等城外据点，焚毁了城周十余里的民房（倪在田《扬州御寇录》）。所有将士撤入城内，恃城负固。清军主帅琦善伺机推进，逼城扎营，形成新的封锁线。清军主帅的策略是围而缓攻，而主将的想法是立即进击，这样，琦善与胜保的矛盾给了太平军喘息之机。守城主将曾立昌在一段时间内得以坚守城垣，与镇江、天京等地保持联络，并与清军形成了新的对峙。实际上，即便形成这样的对峙局面，也是由喋血而来，由激战而来。"宁、镇、扬"三地之太平军与清军展开的殊死搏杀，的确惊心动魄。仅从清方记载来看，虽有失敬失实之处，但其过程与结果都是明摆着的事。无论如何胡扯瞎记，战事之激烈，太平军之精巧的战术运用，都可圈可点。

魏秀仁《咄咄录·第二册·扬州叠陷》：

三年癸丑正月，上命大学士琦善为钦差大臣，选直隶、陕西、黑龙江马步兵由河南进剿，以防北窜。驻扬州，是为北帅。未至，而城已陷，时二月二十三日，后镇江陷二日。……时北窜之贼方麇集怀庆，而江、鄂、皖、豫贼锋甚锐。江南提督邓绍良复挫于镇江。扬州诸军屯兵经年，竟令贼于十一月二十六日全股突窜瓜洲。……四年甲寅二月，进剿瓜洲，总兵瞿腾龙阵亡。七月，琦善殂于军，代以江宁将军托明阿。……五月江南大营复陷，南帅向荣殂，代以江南提督和春。七年丁巳年十月，南副帅张国梁大捷于瓜洲之南岸，阵斩伪王，夺垒十七座，遂围镇江，十一月十二日复之，逆首吴汝孝遁。北师遂于其间收复瓜洲。[1]

战况如此，人员伤亡如此，主帅更替如此，其激烈程度可见一斑。就军事形

---

[1] 太平天国历史博物馆：《太平天国史料汇编》第三册，第1118–1119页

势而言，太平天国的确处在一个非常危急的局面，幸而有杨秀清等一众将领，齐心协力，巧于应对，才致这样的对峙局面稳定下来，这是不容置疑的事实。这个历史时期，战场的主动权始终掌握在太平军手中。具体讲，就是在杨秀清的手里。无论是牵制江南、江北大营于三城，还是分兵北伐、西进，开辟上游的战略大后方，不仅取得了战役上的诸多胜利，而且在战略层面上，让清军统帅"陆攻不得，水攻不能，日对坚城，一筹莫展"[①]。清军的速胜论，成为太平军的持久战。这种战略性的转移，使天京作为太平天国国都的地位保持了十多年，真是十分不容易。这期间，所有文献记载之中，统领全军、主政天国的主要角色，都是杨秀清。天国的共主洪秀全，则发挥他文化人的本色，也在为建国建章立制。一武一文，有张有弛。此时的权力架构，面临的诸多矛盾和问题均可迎刃而解。再锋利的刀子，遇到团结和信任，还是会败下阵来。

实际上，极具战略头脑的杨秀清，在部署三城防御的同时，已将进击的目光投向了西征战场，此一举措，恰恰确保了天京的无恙。天京至芜湖的江面，仍在太平军的控扼之下，而且在和州与东西梁山开辟新的水上粮道，使清军主帅向荣拟切断天京接济的计划落空。

向荣哀叹：

> 惟是金陵屡攻不破，贼皆坚匿以劳我师，壁垒高厚，濠堑重叠，水事纡曲环护，积潦愈宽，既靡隙之堪乘，更无奇之可出。虽昼夜环攻，其奈此坚城猾寇何？！[②]

这是实话。

在天京城的防卫中，杨秀清与韦昌辉还创立了一套卫戍预警系统，即所谓的"九通鼓"。当指挥所的第一通鼓响起的时候，要全军警戒，准备作战；第二通鼓响起时，指挥官与战斗部队的首领要齐聚指挥所听候命令；第三通鼓响起时，

---

① 《向荣奏稿·卷四》，载《中国近代史资料丛刊续编·太平天国》第七册，第221–222页
② 同上书，第288、290页

各路人马分别赶赴各自阵地杀敌；第四通鼓响起时，包括各馆"牌屋"以及文书在内，均要做好准备；第五、六通鼓响的时候，先前来报到的老幼文书等人员，即可赶赴前线增援；第七通、第八通、第九通鼓响起之时，全城妇女亦要行动起来，同赴战场。这套系统行之有效，在此后的十一年中，天京曾三次经历围剿，均能固若金汤，这是世界级的城市防御战的典范。此时的杨秀清，呕心沥血，惨淡经营，心中应该有无限苦涩，耳边亦应该有阵阵鼓声。从攻守城池到剪除内患，从对外交通到粮草调配，从封爵任官到民事纠纷，从奏章诰谕到删编典籍，杨秀清不仅亲力亲为，而且判断准确，决断公允。从曾经目不识丁的烧炭佬，到粗通文墨的行政者，杨秀清的跨越是巨大的。政治、军事、政务、外交等诸多方面的历练，可能让杨秀清的内心已起了极大的变化。即使他自己对这些变化不太敏感，但同僚之人，人上之人，肯定都看在眼中。有的不说，有的藏于心。于是，祸起萧墙。

历朝历代都是这样，"狡兔死，走狗烹"，杨秀清真的是读书太少了。杨秀清的生活态度，决定了他的政治态度。对于政治家来讲，政治态度往往决定其政治生涯。所谓天京内讧，所谓"王杀王"，似乎有其必然性。当年，在杨秀清的鼎盛时期，他一人担责，整个天国即可歌舞升平，洪秀全应该是都看在眼里的。对于读书人洪秀全来讲，书读了不少，诗也写了不少，但古今中外，赤橙黄绿一齐涌到眼前、涌上心头的时候，他对大局发生了误判，对自己也发生了怀疑。在太平天国这个危局中，最危之处，并非来自敌方而是己方，最危之人并非他人而是自己。

（三）

罗尔纲先生在《太平天国史》中，专门列了"叛徒传"，他指出：

太平天国究竟还是个农民起义，由于参加革命的分子复杂，良莠不齐，而对干部教育所用的《天命诏旨书》《天父下凡诏书》《天情道理书》等等天父天兄的说教，不可能不受到宗教的局限。因此，那些没有改造好的不良分子，便有叛变的事，出现了一些叛徒。有的是为着贪

图利禄，有的是为着贪生怕死，给敌人拉了出去。这些叛徒，有的奸谋
败露，立正典刑；有的降敌求生，终为敌戮；有的虽幸逃显诛，仍遭人
民唾骂。①

这个说法，是个不负责任的说法。从古至今，史家对变节投降之人，评价都
不会太高。中国传统文化中，衡量人格的道德标准，还有一种"气节"说。如果
说洪秀全是革命者，太平天国是革命运动，那么，这些人和这些事的对立面，均
为叛徒或者叛变。这些罗先生称之为的"叛徒"，其本质上是"降将"。撇开所
谓信仰不说，究其原因来看，与清廷相比，太平天国是当然的弱势一方。就其阶
级来看，前期参加太平军的将士，大多气节凛然、慷慨悲歌，与后期的诸多降将相
比，有天壤之别。就其性质来看，从清廷臣民变为社会流民，从社会流民成为太平
军将士，再从太平军将士变回清廷臣民，这个流程折射出诸多社会原因。就其后果
来看，其中蕴含的危险因素，要远远大于正面之敌。因此，需要有一个公允的论断。

首先，需要把太平天国的军制弄清楚，这是一件复杂而吃力的事情。其前期
军制，还有个统一安排，到了后期，将帅擅自封官拜爵，前后也不一致。大部
分时间，因为各王所统领的军队人数也不一致，所以军队的编制方法也不一致。
从现有的文献来看，太平军后期一般以"队"为单位，有将领队下设小队，有将
领队下设营。至于每队士兵是多少，统兵官员官阶多大，均无统一的规定。军中
官职虽然由各王私自分封，但也有一定的层级，官阶顺序依次分别为"王、列王、
天将、朝将、神将、主将、佐将、义、安、福、燕、豫、侯"，其中，"王""列
王""义""安""福""燕""豫""侯"为爵位，官阶与爵位混在一起，并无
严格界限。罗尔纲先生认为："（太平天国官爵）不但名目难以遍考，就是要辨别
它的等级次序，对戊午八年以后的情况目前还是做不到。"②在现有的资料中，据不
完全统计，太平天国的降将大约为106人。其中以天京事变为分界点，前期有5人，

<hr />

① 罗尔纲：《太平天国史》第四册，第2654页
② 同上书，第1027页

计有副丞相 1 人，职同检点者 1 人，元帅 1 人，军师 1 人，官阶不详者 1 人。后期约 101 人，其中有王爵 18 人，王宗 2 人，天将 20 人，朝将 7 人，主将 1 人，佐将 1 人，义爵 4 人，安爵 7 人，福爵 6 人，燕爵 3 人，豫爵 4 人，其他官爵者 2 人，官阶不详者 22 人，翼王部下 4 人。

如果按照这 106 起降将的投降原因来看，其中 11.82% 由清军招降、64.55% 为贪图富贵乞降、4.55% 为内部不和投降、13.64% 是绝境下投降求生，还有 5.44% 为史料不详。

招降是朝廷对起事者惯用的手法。早在太平天国之初，咸丰帝给赛尚阿的上谕中，便有"设计用间"的要求（奕䜣《钦定剿平粤匪方略》，载《续修四库全书·卷七》）。清军统帅赛尚阿曾派胡以晄的弟弟胡以旸招降其兄，但未能得逞。清廷招降最为成功的，便是李昭寿。

李昭寿为河南固始县人，早年家贫，以偷盗为生，曾入狱。捻军兴起，李昭寿亦趁机起事，活动于豫皖一带，咸丰五年（1855 年）投降太平军[1]，其部下经常骚扰民众，"尔统下每每滋扰良民，以致军民怀怨"[2]。李的肆意妄为，也引起了太平军的反感。陈玉成对其尤为厌恶，"兆（昭）寿往谒，玉成怒其逗留，且军啖莺粟（罂粟），多卤获，将斩之。兆寿跪谢，久之乃已"[3]。咸丰八年（1858 年）初，李昭寿家人为清将胜保擒获，（李昭寿）"先使妻子易姓名，乘舟载其母潜周家口。口人以其贫而多金，疑之。久之，泄，或絷以献胜保公"[4]。胜保遂密派江苏知县姜锡恩等对李进行招降。李表示同意。当年七月十一日，胜保赴李昭寿部防地滁州清流关，赏其三品顶戴，并为其更名为李世忠。九月底，李昭寿献所据滁州城，并率所部四万余人降清。

天
局

清廷利用李昭寿继续招降太平军，任命他为"江南提督"，并以钦差身份协办安徽军务（《李世忠将桥林营盘失守情形据实密呈》，中国第一历史档案馆藏）。这个职位的全称为"钦差帮办安徽军务办理诏安事宜江南提督"，说是一个职位，但对工作内容却进行了限制。

太平天国壬戌十二年（1862年）夏，曾国藩水陆军进攻天京，李昭寿划归曾氏统辖。癸开十三年夏，曾国藩连取天浦、浦口、九洑洲，切断太平军北方交通，清军控制长江以北，李昭寿失去利用价值。甲子十四年四月，李被迫解散部从，交出滁州、全椒、天长、来安、六合等城镇及厘卡，开江南提督缺（《李世忠开缺回籍折》，见《曾文正公奏稿·卷二十》）。至光绪七年（1881年）清廷安徽巡抚裕禄找了一个借口将此人杀了（《癸未见闻录·李世忠》，见《清德宗实录·卷一百三十九》）。

李昭寿最为人所不齿的一件事，是卖友求荣。《弢园随笔·史念祖生擒李允安徽肃清纪略》曾记载，太平天国的魏王李蕴泰曾是李昭寿的好朋友。丁卯十七年，李蕴泰全军覆没，逃到安徽五河李昭寿的家中躲藏，李昭寿亲手缚住李蕴泰送至安徽巡抚英翰处，以示忠诚。

被清廷直接招降的，还有程学启。此人为安徽桐城人，咸丰三年（1853年）加入太平军，骁勇善战，屡立战功，官至弼天豫。时人朱孔彰《中兴将帅别传》"曾公国荃围安庆，知公（程学启）在贼中有名，得公族中老媪使入城劝降"，此媪乃程学启之养母，一劝便成，随即投敌。其全家皆被太平军所杀，不用说，程学启已无后路。王定安《曾忠襄公年谱·卷一》：

（咸丰十一年二月记事）二月十九日，于弟贞干纳降贼程学启，全部其众外濠。

当时湘军掘长濠困安庆，曾国荃扎濠内，命他所带部屯濠外，每日苦战，数月后拿下安庆，立了头功。据朱孔彰《程忠列公祠别传》记载，程氏乃曾国藩弟子李鸿章创建淮军的第一批骨干。

李鸿章在同治元年（1862年）二月初二，曾给曾国藩写过一封信：

师令鸿章添募淮勇，故调程学启两营精悍而有纪律为皖人之倡，意甚宏远。①

太平天国癸开十三年（1863年）七月，程学启连续攻陷青浦、嘉定、太仓、镇江、昆山、新杨、吴江、震泽各州县。十月，诱太平军将领郜永宽等八将叛变，占领苏州，接着又进攻嘉兴。甲子十四年二月十二日，终于在嘉兴城下被太平军守军爆头毙命（《李文忠公奏稿·卷六》，《程学启请恤折》）。

被招降之人，两头不是人，极少有善终。当清廷对李昭寿招降时，许以重赏，李氏开门献城，使太平军整个皖南局势陷于被动。程学启变节，不仅助清军攻下安庆，而且在苏南一带连续攻城，知己知彼，想不取胜都难。这是危中之危，险中之险，也使太平天国防不胜防。

单个降将的影响已经足够大，群体投降的影响就更为可怕。癸开十三年夏，驻守苏州的一批"王"与"将"集体降清，献城投降后即刻被杀，也是轰动一时。这些人分别是纳王郜永宽、康王汪安钧、宁王周文嘉、比王伍贵文，以及天将张大洲、汪花班、汪有为、范起发。这批苏州守将集体降清，他们当时杀掉了主持苏州军务的慕王谭绍光，并向李鸿章献城。《太平天国史》：

十月廿四日正午，郜永宽等八叛徒骑马出城去清军营谒见李鸿章。李鸿章叫左右拿八顶红顶花翎进来给他们，说："现在做我大清官了，好共立功。"八叛徒洋洋得意把红顶花翎戴上。李鸿章又叫摆酒，宴八叛徒在帐内。坐定，李鸿章假托出巡军，令闭营门，一声炮响，伏兵涌出，立斩八叛徒。②

据李鸿章自己讲，之所以要诛杀这八位叛将，是他们"坚求准立二十营，并乞奏保总兵副将官职，指明何省、何任"③。

---

① 罗尔纲：《太平天国史》第四册，第2673页

② 同上书，第2676页

③ 顾廷龙、戴逸：《李鸿章全集》第一册，安徽教育出版社，2008年1月版，第393页

天

局

与此同时，李鸿章还残忍地杀害了八位降将的旧部。当时苏州城的太平军只有两万余人，而李鸿章的淮军及戈登的洋枪队，是太平军三倍的兵力，完全可以控制局势。降将乞官，是人之常情，如果担心已降太平军复萌叛逆，可以拘捕和遣散，何必杀戮？此时这样大规模地杀叛军，一定有更为重要的原因。多年以后，戈登在一本小册子中读到李鸿章的一段话，"每破寇，所虏获金币珍货，不可胜计。复苏州城，主将所斥卖废锡器至二十万斤"①。

李鸿章破苏州城后，即成巨富。时人讥曰："宰相合肥天下瘦。"在乞求者的生命与财富之间，所谓的古今完人李鸿章选择了后者。同样是求财，这些叛将搭上了自己的性命，以及一世的名声。

苏州陷落之后，无锡、吴江相继失守，杭州危在旦夕。杭州外围据点的太平军将领投降的消息不断：平湖守将陈殿选、乍浦守将熊万荃、嘉兴守将陈占榜、海宁守将蔡元隆、桐乡守将何信义……形势不能说不严峻，但投降的多米诺骨牌一倒，考验的就并非是军事实力了。太平天国后期，在众人内心的天平上，不再有信仰和忠诚，更多的是利益和生存。许多人忘了初心，都在寻找最佳的投降时机，以谋求最大的背叛收益。这首先是性命之账，然后就是财富之账。二者如可以兼得，这些人就奋不顾身了。包括那些位高爵重、久受太平天国之恩的将领，其完全失去体面的投降，让人叹息。

也有例外的。咸丰十一年（1861 年）四月，湘军与太平军陈玉成部在安庆激战，太平军援军洪仁玕部被阻于桐城，四月十日，陈玉成亲去桐城与洪仁玕会合，留靖东主将刘玱琳、垂天义朱孔堂、傅天安李仕福、届天豫贾仁富四将守安庆赤岗岭。次日，湘军鲍超部到达，猛攻赤岗岭。其时，湘军所部近万人，处于绝境中的太平军仍给湘军以重击。据《官军围攻赤岗岭垒悍贼歼除折》：

> 垒中皆系多年悍贼，官军窥探，阒若无人，一近垒边，则枪炮如

---

① 刘小沙：《洪秀全传》，团结出版社，2016 年 1 月版，第 361 页

雨。我军奋怒，拔签添濠，四面猛扑，多被枪炮伤亡，迄不能前。[①]

当时，太平军营垒内无粮草，外无援军，仍苦苦坚守，从四月十一日坚持到五月初一，刘、朱、李、贾才不得不降。对于赤岗岭的守将，曾国藩也认为：

四垒之贼虽甚骁悍，而孤守二十余日，援绝势穷，无计可脱。[②]

虽看不到赞赏，但内心一定有敬重。身处绝境，求生的本能是人固有的天性，从洪秀全的金田起义开始，到太平军最后一支部队，即赖文光部的覆亡，太平军与清军较量达十八年，有胜有败，有兴有亡，此起彼伏，降将的心态值得关注。这里当然有道德因素，有本能因素，但更多的是社会因素。降者当然是输家，但降将未必都失节失德。清廷对降将的态度，也值得玩味。

在与太平军交战初期，清廷十分注意吸收太平军的降将。但前期投降者较少，且多为兵卒或下级头目。至后期，太平军将士大量投降，且多为高级将领，万人以上的投降事件屡见不鲜，像童容海、古隆贤、陈炳文等人降时，其部达六七万人。清廷给前线的清将指示，要求对降将宽大为怀，如胜保在招降李昭寿后认为：

嗣后各路军营遇有被陷贼中弃邪归正者，果能立功自赎，克复城池者，亦当一体施恩，以昭激劝。[③]

清将僧格林沁也认为：

其余两湖及各省之匪，人数过多，似宜抚剿兼施。[④]

湘军将领鲍超，在对待降将时，先让其杀敌立功，然后才允许其降，十分残酷。陈昌《霆军纪略》：

---

① 李翰章编纂，李鸿章校勘：《足本曾文正公全集》第二册，吉林人民出版社，1995年10月版，第789页

② 同上书，第790页

③ 杜文澜：《平定粤寇纪略》，载《太平天国资料汇编》第一册，中华书局，1980年9月版，第120页

④ 中国第一历史档案馆：《清政府镇压太平天国档案史料》第十七册，第311页

初，呈降碟时，必批令取某城缚某酋以自赎，然后许其薙发来降，

及编入伍，临阵必使当前敌。①

同治元年（1862 年），鲍超攻打青阳，太平军将领张遇春率万人来降，鲍超让张部先杀友军，才允许编遣。张遇春不惜对昔日战友痛下杀手，将溃退的七八千太平军悉数包围并屠杀。之后，鲍超始受其降，"鲍公纳之，简其精锐三千编为春字营"②。

同治二年初（1863 年），左宗棠攻打浙江海宁时，太平军守将蔡元隆率部求降。左宗棠认为"臣以蔡元隆于大军未至之先望风款附，其情与势蹙乞降者不同，当令其妥筹招抚"③。对于蔡部将士，"蒋益澧挑其精壮列为元子八营交蔡元吉管带，驻扎城外听候调遣，责令立功赎罪，馀均资遣回籍"④。对蔡元隆本人，左宗棠以"虽久陷贼中，而自拔来归，不烦兵力，应援照童容海、古隆贤投诚成案，请旨赏给四品翎顶，以示激励"⑤。

同治元年（1862 年）五月初，李鸿章在上海接受南汇守将吴建瀛、刘玉林、方有才投降时，认为"盖贼首伪什天安吴建瀛屡受伪忠二殿下凌辱，久有他志，伪淋天福刘玉林、方有才等半系败兵被胁，更非甘心从逆"（《招抚南汇城贼并克复川沙厅折》），所以接受吴等人的投降。对于吴部将士，则是"申明纪律，分别遣留"，同时，"仍面嘱潘鼎新、刘铭传以吴建瀛等甫经投降，是否真能杀贼立功，须随时察看"⑥。

同治二年夏（1863 年），刘蓉任陕西巡抚，在陕西鄠县接受太平军天将叶毓

① 《近代中国史料丛刊》第十三辑，文海出版社，1966 年 10 月版，第 904 页

② 同上书，第 304 页

③ （清）左宗棠：《收复海宁城折》，载《左宗棠全集·奏稿一》，岳麓书社，2009 年 11 月版，第 308 页

④ 同上书，第 309 页

⑤ 同上书，第 309 页

⑥ 同上书，第 19 页

广（叶有光）投降时，"（叶毓广）当与启逆意见不合，近闻官军许开自新之路，遂率所统八百人自拔来归。曹克忠（刘蓉部将）察其词意恳切，因即收置麾下，奖以忠义，给予顶戴，以后出队，即派令身当前敌"①。叶毓广投降后，冲锋陷阵，每战必先，成为清军猛将，同时还写信招降了十余名太平军将领。刘蓉以叶毓广的战功向清廷乞赏，认为"合无吁肯皇上天恩可否赏给叶毓广四品翎顶，抑或即准以都司补用，以示鼓励，而广招徕之处"②。

实际上，此时清廷对太平天国降将相对宽松，对降将的队伍也进行了整编，给予带队的将领相应的职位。太平军队伍投入清军阵营，大部分都是裁撤后再进行整编。这并非对其压制，而是与湘军即淮军的营制有关。湘、淮军之所以战斗力强，在于其选将与练兵，其每营不过五百余人，作战时以营为单位，重大战役合并数营参战。太平军平时并不练兵，仅以统兵的人数来衡量军力。降将编入清军后，其所属兵员减少，这是清军建制的原因。太平天国覆亡后，许多降将也离开军队，这也并非受到歧视，因为湘军与淮军也受到了裁撤。湘军悍将曾国荃在《复郭嵩焘》一信中写道：

> 克金陵后，弟陆师且将悉撤，长揖归田，以藏吾拙。③

曾国荃在另一封《致李少荃》的信中，还这样写道：

> 因与家兄熟商，将撤去二万四五千人，而酌留二万六七千人为游击之师，及防守此间与金柱、芜湖、西梁之用。④

这种裁撤，是由湘军的性质决定的。裁则令清廷放心，撤则地方官员，特别是有战功的官员可性命无虞。这不是军事，而是政治。李鸿章则比曾家兄弟要狡猾一些。李鸿章用人讲求同籍，"关于降众的收编，授以官职，李鸿章尤注意两

---

① 《请赏给降人叶毓广顶戴疏》，《近代中国史料丛刊》第二十七辑，第 346 页
② 同上书，第 347–348 页
③ 曾国荃：《曾国荃全集》第三册，岳麓书社，2006 年 11 月版，第 359 页
④ 同上书，第 384 页

淮分子"①。对于皖北籍的太平军降将，李鸿章都是酌量收编，授以官职，其原则是"权衡任使，量加重用，并不加以歧视"②。太平军降将骆国忠、吴建瀛、周寿昌、方有才、吴秉权、余嘉鳌等，均受其重用。

在太平天国一众降将中，最受重视的是程学启，其在咸丰十一年，即1861年为曾国荃在安庆招降。曾令程率队攻打安庆，程献北门穴地攻城之计，亲率部卒攻陷北门外护城最为坚固的三座堡垒，并断绝太平军最后的粮道，使安庆陷于绝境，"因荃尤奇其才，破安庆多资其力"③。此后，在无为、铜陵之战中，程亦有上乘表现。咸丰十一年（1861年）末，李鸿章东下上海时，曾国藩将程划归李部，即成其精锐，"立开字营，凡千人，最为劲旅"④。

程学启在嘉兴之战中阵亡，李鸿章为表其功，上书朝廷，"惟其攻克安庆后两年之间，又连复江浙名城十数处，并克复苏州省城，似为东南第一战功"，并请求为其立祠，"于安庆、苏州、嘉兴各府建立专祠以彰忠荩"⑤。李鸿章还表示，"每念时事多艰，将才不易，臣诚私心痛之"⑥。程是降将出身，仍受器重，生前有功，死后立祠，即便清将也不过如此。同为打仗，同是献身，程并不惜命，此等角色转换，不知其作何感想。

同为降将，李昭寿则是另一类。咸丰九年（1859年）九月，李昭寿降清后，被编为"豫胜营"。李昭寿降清后，又招降了薛之元等人，清廷准予其管辖原来所据的城池，并让其自筹饷银。李昭寿通过贩卖私盐、设卡抽取厘金、出租防地内荒地等办法，"上侵公家之利，下为商民之害"⑦。亲王僧格林沁、漕运总督

① 王尔敏：《淮军志》，中华书局，1987年8月版，第179页

② 同上书，第180页

③ 李滨：《中兴别记》，载《太平天国资料汇编》第二册，第915页

④ 赵尔巽等：《清史稿·卷四百十六》，中华书局，1996年8月版，第12073页

⑤ 顾廷龙、戴逸：《李鸿章全集》第一册，第478页

⑥ 同上书，第479页

⑦ 《奉旨垂询各路军情分条复奏折》，载《曾文正公全集》第二册，第880页

吴棠都曾弹劾其人的诸多不法行为。

李昭寿在日常生活作风上也极其过分，"世忠五年作卤，富已敌侯王"，"宠姬三十皆称夫人，美婢百余并二八名姝"。所居之处，"跨通衢为第，作飞阁以通往来，文石为基，玻璃为瓦，画楼四面，曲阑绕之"[①]。

这种奢靡生活，恐怕清将看了也会眼红。同治三年（1864年），太平天国战事消停，李部的"豫胜营"也遭裁撤。同治十年（1871年），因旧怨带人去劫掠同为降将的前处州镇总兵陈国瑞，李昭寿被清廷开职回籍。光绪七年（1881年），李昭寿因在乡里殴打贡生吴廷鉴，加之以前的旧恶，被清廷捕杀于安庆。

同为降将，命运却不同，令人唏嘘。有时，似乎降将并不是降对方，而是自己的内心。舍命者，名有其善；惜命者，寿而遭其辱，也没有太大的意思。那些实现了角色转换的将士，除了少数如程学启或李昭寿这样的人，大多数都是籍籍无名，最后终老于乡野，不见于史料。

降将与降兵还不太一样。至太平天国后期，动辄数万人的降清，这并不正常。这里的主要原因，还是太平军的结构性问题，也就是从军的主体是流民。

太平天国与清廷的战争，前后持续了十八年，对社会造成了极大的破坏。从时间上看，江浙地区几乎年年有兵祸，从空间上来看，长江下游诸省，战事频繁，军队随处掳掠，社会秩序荡然无存。战乱之下，百姓居无所定，定无所安，被迫成为流民。流民是太平军最主要的兵源所在。以太平军经营浙江时为例，台州府"六邑之中投之者十三万人"[②]，而加入者多无赖，"无赖者争投焉"[③]。《清史稿·卷四百七十五》：

> 寇自咸丰十年破江宁长围，迭陷苏、常、嘉、湖，上窜江西、湖北，

---

① 张瑞墀：《两淮戡乱记》，载《中国近代史资料丛刊·捻军》第一册，第108页

② 叶蒸云：《辛壬寇记》，载《近代史资料》，中华书局，1963年第一期，第196页

③ 同上书，第196页

掳胁溃兵、游匪以百万计。[①]

降将降兵为流民，其性格与品行可见一斑。"为吃粮而当兵的流民，鱼龙混杂，在军中的表现是复杂的，其中相当多的流民堕落为兵痞，破坏有余，建设不足"[②]。

在流民心中，不存在所谓的"反谁"或者"降谁"这个概念的。流民从军，军亦流民，从而形成了"底层民众—流民—太平军—降将降兵"这样的循环。这是一个危险的循环，既无安全感，亦无稳定性。它与早期太平军那种由宗教信仰链构成的循环，已经发生了质的变化。

战争后期，太平天国的局势式微，但太平军的数量却从未减少，这正是基于这种庞大的流民队伍而来的，人数多，战无力，将无心，这就是屡败屡降、屡降屡败的原因。随着战争的进行，到了后期，太平军中两广籍的将士已经很少，其兵源"大抵以湘、皖、赣等籍人，先充官军，或流氓地痞，裹附于贼，或战败而降贼军"[③]。太平军进攻宁波时，"今寇宁数万人中，所称谓老长毛者，实亦无几，大半乃湖北、安徽等处被掳而来"[④]。这支队伍从上到下，皆由流民组成，在生与死面前，没有谁会去选择死。像童容海、郜永宽等人来自社会底层，虽好勇斗狠，但缺乏信仰，危机面前，极易动摇。从军如果仅为一种职业取向，而非信仰取向，那么，背叛是迟早的事。

由"臣民"变"流民"，由"流民"变"反贼"，再由"反贼"变回"臣民"，无论哪一个环节，生存都是放在第一位的，什么称呼并不重要，这是真正的危局。在天京被清军攻破之后，两广籍的将士"聚众自焚而不悔，实为古今罕见之剧寇"[⑤]。这些人是真的猛士。但是，即便是真的猛士，也无力撑起太平天国最后的危局了。

① 赵尔巽等：《清史稿》，第 12956 页

② 池子华：《流民问题与近代社会》，合肥工业大学出版社，2013 年 9 月版，第 161 页

③ 李圭：《思痛记》，载《中国近代史资料丛刊·太平天国》第四册，第 480 页

④ 柯超：《辛壬琐记》，载《太平天国资料》，第 185 页

⑤ 《金陵克复全股悍贼尽数歼灭折》，载《足本曾文正公全集》第二册，第 1019 页

（四）

在太平天国的历史上，李秀成与杨秀清一样，都曾经位高权重，也都曾充满了争议。从本质上讲，太平天国危局的一翼是杨秀清，他因为功高震主，迷失了自我。另一危翼则是李秀成，他襟怀坦荡，是个明白人。在太平天国诸位将帅之中，真正的明白人并不多。明白之人，多半是理性之人、看透之人，对自身对环境对前途都有确切的认识。这种人，既不可能贪生，更不可能怕死。

多年以前，学界曾就李秀成是伪降还是变节展开过激烈的讨论，由学术问题上升至政治问题，并使此事一度成为悬案。现在看来，还是幼稚了。李对前途有着准确的判断，但并无回天之力，这不仅是个人的悲剧，更是置太平天国有关的所有的人与事于危卵之中，这是一种现实，而且是残酷的现实。

李秀成是广西藤县大黎乡人，家境贫寒，儿时随舅父读过三年书，十岁开始种山帮工，以烧炭为业。1851年9月，西王萧朝贵率部路过大黎，时年29岁的李秀成正式加入太平军，随后参加攻打永安的战斗，隶属石达开部。在此后的太平天国历次战斗中，李秀成屡立战功，37岁时被封为忠王，成为太平天国后期最为著名的名将。李秀成少时熟读《三国演义》《水浒传》，以及《东周列国传》，参加太平军时心智极其成熟，其个人修养、军事素养均出类拔萃，成为后期太平天国危局之中的擎天柱。

1861年9月，在经过长达一年的拉锯战后安庆失守，太平军陈玉成部折损殆尽，天京上游屏障尽失。次年五月，陈玉成在寿州被皖北团练头目苗沛霖诱捕，六月，在河南延津被杀害。此时，太平天国已是大厦将倾，曾国荃的湘军顺江而下，直逼天京；李鸿章也觊觎浙江，对太平军据守的江苏形成三面合围之势。1862年5月底，曾国荃一路之水师已进泊天京护城河，陆师已进驻雨花台扎营，兵临天京城下。同年十月中旬，李秀成从上海外围抽身，集结近十万人马，兵分三路欲解天京之围。太平军与湘军在城南的雨花台大战四十余日，始终未能攻破清军营垒。

天

局

此时，洪秀全已将李秀成严责革爵，令其"进北攻南"，即移兵皖北、鄂北，以调动围攻天京的南岸湘军。李秀成在苏州、皖北、浙江、天京各处奔命，所部损失惨重。同年八月，又奉命返京督战。也是李秀成命该如此，他主军期间，苏州失陷，纳王郜永宽开门揖盗；数日之后，无锡也告失守；苏南腹地丹阳一带，亦被淮军占领，失去粮草供给，而天京城的守军自顾不暇，解围天京已成不可能完成的任务。李秀成返京之后，力劝洪秀全"让城别走"，但遭到天王严斥，只能督兵死守。此时，全城亦无将可统，无兵可督，只剩死路一条。

1864 年春，湘军正式合围天京，穴地攻城。李秀成指挥太平军以构筑月城和横挖暗壕的方法相对抗，战况惨烈。6 月 1 日，洪秀全病逝。7 月 19 日，湘军攻破天京，李秀成掩护幼天王洪天贵福突围，出城后与大队人马走散。天明时，李秀成因携带财物被乡民发现，遂被两个乡民缚送清大营。

被俘后的李秀成惨遭酷刑，清军以刀锥割其臀股，血流如注，李秀成泰然自若，"殊不动"。三天之后，清军将他囚于木笼中示众。8 月 7 日傍晚，被曾国藩下令处死。临刑前，忠王"毫无戚容"①。

李秀成从被俘到被处决，前后仅有十七天。在此期间，他曾用九天的时间，写下一份《供词》，认真回顾了太平天国的兴衰始末。人之将死，其言也真，其意也善。在这种环境之下，理性冷静地回顾自己的一生，以及自己所奉的信仰，是真正的大义凛然。作为胜者的清军统帅曾国藩，对供词横加删改，尽添对自己的奉迎之辞，是真的小人。由曾氏所添加的所谓李秀成有乞降求抚之意，既不是事实，也并非李之意愿，只要通读此《供词》，便可一目了然。

李秀成死时只有四十二岁，在太平天国为兵为将为帅，临刑之前，留下的这份《供词》，阐明自己的心路历程，总结太平天国的得与失，平实而客观，理性而前瞻，与尽忠无关，更与乞降无关。曾国藩所谓一代完人，自愧不如，杀其灭

---

① 赵烈文：《能静居士日记·卷二十》，载《太平天国史料丛编简辑》第三册，第 373、381 页

口是最好的选择。一份供词，改来改去，加来添去，但李的气节和品行是抹杀不掉的。被奉为经典的曾国藩全集，洋洋几百万字，又是日记，又是手札，又是书信，又是奏折，只要翻看李秀成这份数万言的《供词》，一同读来，孰真孰伪，孰奸孰诚，一目了然。

当年，曾国藩在处死李秀成之后，随即与其幕僚赵烈文，对这份《供词》反复审核、删改。不久，曾国藩又以"各处索问逆供者多"为由，将之刊制成书，印成《李秀成供》一册，分送清廷军机处及各地方大吏阅读，此书即世传的"九如堂本"，计有二万七千余字。李秀成亲供的手迹，亦不知去向。

这份删节添加本的《供词》中，李秀成谓"久悉中堂恩深量广，切救世人之心"，"久知中堂有仁爱惠四方，兼有德化之心，良可深佩"，表示"我见老中堂恩深，实大鸿才，心悔莫及"，自叹"一身（生）屈错，未遇明良"，并将京城沦陷喻作"我主无谋，清朝有福"，认为"曾家亦有厚福，而辅清朝得此城而威扬天下，实中堂之谋，九帅（曾国荃）之才谋算，将相用命而成全功"，声称"今天国已亡，实大清皇上之福德，万幸之至"等等。他还提出"收齐章程"，自愿以"罪将"之身，出面代为招降太平军余部，从而"尽义对大清皇上，以酬旧日有罪愚民"，"免大清心腹之患再生"[①]。

这种说辞，对李秀成来讲，既无意义，也无必要，更无可能。曾国藩、赵烈文之流的删与改，其意也十分明了。为己添功，为己开脱，用敌方之语来烘托自己，实在无甚意义。他们并非刻意抹黑李秀成，只是在抹亮自己的时候，罔顾事实而已。

1944年，广西通志馆秘书吕集义先生，在曾国藩故宅中获见所谓李秀成供词的原稿，便据"九如堂"本与之对勘，补抄被曾国藩删去的五千六百余字，据称仍脱漏大约二千八百余字。罗尔纲先生从1931年开始注释李秀成的供词，并出版《忠王李秀成自传原稿笺证》（1951年开明书店版），并按照书法学的有关原理，将吕氏抄本与《李秀成谕李昭寿书》相对比，断言李秀成"自述"系曾国藩伪造，

---

① 罗尔纲：《增补本李秀成自述原稿注》，第180、219、377、385页

并非亲笔。1962 年，曾国藩的后人曾约农，将秘藏的李秀成供词原稿交由台北世界书局出版，定名为《李秀成亲供手迹》。此《手迹》的篇幅，比当年安庆刊刻的"九如堂"本多出九千余字，并且清晰地保留了曾国藩等人用朱笔、墨笔进行删改的痕迹。罗尔纲先生又对此进行考释，认为此份文件虽不完整，但确是李秀成手笔。

实际上，从这一份《供词》的前世与今生来看，真与伪、虚与实、诚与奸的确清清楚楚。本来不该成热点的而成为热点，本来不该受到质疑的反而受到质疑，从事实到研究，都透着不正常。所有人的焦点都集中在忠王是否忠诚上，没有人真正从理性的角度，去研究太平天国的性质，以及它失败的必然性与偶然性，这是应该受到质疑的。

罗尔纲先生在《李秀成伪降考》一文中，对李秀成供词中的疑窦，列出了十二处，即：

1. 重重复复地表白写《自述》，是因感戴曾国藩兄弟的恩德。2. "此地无银三百两"的表白，透露出有所隐藏的心情。3. 把参加革命说成是"迷迷蒙蒙而来"，委之天数。4. 解释担重任和救幼天王。5. 对提出"收齐"的解释。6. 假说和叛徒的情谊。7. 虚构对敌人的仁慈。8. 隐瞒天王对他的重任。9. 假造与天王不和。10. 掩饰回天京的目的。11. 掩盖担任主将坚守天京的任务。12. 自污的话露出它的虚假。[1]

这十二处疑窦，基本都是事实，亦有曲意为尊者讳之嫌。特别是将《供词》改为《自述》，实在无甚必要。

从总的方面来看，即使不读李秀成的供词，我们也可以了解他所处的困境。

太平天国后期，经历过天京事变之后，洪秀全对异姓王的猜忌甚深，倾向于使用自己的兄弟子侄。辛酉十一年四五月间，天王的几道圣旨中，洪氏宗室成员均排在英王、忠王等异姓诸王前。这些排名靠前的洪氏亲属并无实权，而管理上，

---

[1] 参阅：《罗尔纲文选》，第 245–246 页

洪又不得不倚重有才干的异姓王，因此，异姓诸王与洪氏宗室就形成了两大派系。就这么一点事情，弄出人事上这么大的动静，再加上洪秀全的偏执与意气用事，后期一味沉溺于宗教，无心亲理朝政，遂使局面更加失控。李秀成在《供词》中，明显表露出了对洪氏宗亲的不满，这在情理之中。同治元年，左宗棠在一份奏折中写道：

> 查贼中伪王可数者共三十余，惟伪忠王李秀成、伪章王林绍璋与李侍贤尚称投合，余则彼此猜疑，势不相下。金陵逆首洪秀全之兄伪勇王洪仁达尤为各贼所恨。似从前杨、韦两逆互相吞噬之事，不久必将复见。①

李秀成在《供词》中，反复抱怨洪秀全"不信外臣""不问政事""不用贤才""立政无章"，认为"我主用人不专，信人之不实，谗佞张扬，明贤偃避，豪杰不登，故有今之败"，虽言辞激烈，但确系有感而发，也不似曾国藩假造。

作为主将，李秀成当然亦有过失。诸如专注经略苏杭，对天京上游的安危较为淡漠，缺乏全局意识；对怀有二心的部将和亲友过于宽容和仁慈，甚至不惜牺牲大局来体现自己的仁义。但瑕不掩瑜，在天国将溃之时，奋力救助，苦撑残局。在身陷囹圄之后，倒苦水，发牢骚，也是人之常情。这其中似并无什么计谋或长远打算，包括以此复国什么的，恐怕都是后人的美好想象。

实际上，在被俘之后，李秀成最为明确的心理状态是绝望，并且流露出一种极其强烈的宿命意识。在被俘的当晚，李秀成与曾国藩的首席幕僚赵烈文长谈，将1861年错失解救安庆良机视为"天意不可违"。并利用民间星宿八卦的理论，预言洋人在十年后必成大祸。② 李秀成还将太平天国的兴起，称"此是天机，升平日久，应出此人（指洪秀全），集传许多乱星下降"。而对太平天国的败亡，

---

① 中国第一历史档案馆：《清政府镇压太平天国档案史料》第二十四册，第605页
② 赵烈文：《能静居士日记·卷二十》，载《太平天国史料丛编简辑》第三册，第375页

则归结为"于今气数已满，谋而不中，五百年之大数转限数难逃"，"数尽国崩"。在谈到幼天王下落时，他推断必定凶多吉少，"十六岁幼童，自幼及长，并未骑过马，又未受过惊慌，九帅（指曾国荃）四方兵追，定然被杀矣"。幼天王当时在十二三万太平军护卫下赴江西，拟与侍王李世贤会合，但这支护卫军不时发生哗变和开小差事件，情绪低落，抵江西石城县境时，已不足万人。这里，李只是悲观情绪的自然流露，很难从正面去理解为刻意隐瞒幼天王行踪，伺机再兴天国的意图。

在上报朝廷的奏折中，曾国藩谈了他对李秀成的印象，认为此人"献谀乞怜，无非图延旦夕之一命"[①]。曾国荃也说李秀成"阴虎乞怜，曾狗鼠之不若，殊可嗤也"[②]。这种说法，明显有憎恨及泄愤的情绪。赵烈文的日记中，记述了他与李秀成长谈的内容。据载，当被问到"汝今计安出"时，忠王答："死耳。顾至江右者皆旧部，得以尺书散遣之，免戕贼彼此之命，则瞑目无憾。"既做好了死的准备，又主动提出招降旧部，这是矛盾的。赵烈文认为忠王"言次有乞活之意"，便回答"汝罪大，当听中旨，此亦非统帅所得主也"。据他记载，此时忠王低头不语。赵烈文的这个判断，也是不成立的。人之将死，心有不甘，求生之欲，人皆有之。求生并非乞活，这是玩的文字游戏。

曾国藩是老练的。在取得李秀成供词之后，立即萌发就地处决的意思。在1864年7月26日，他还上奏"李秀成、洪仁达应否献俘，俟到金陵后察酌具奏"[③]，而在次日写给其子曾纪泽的信中，则已明确"伪忠王曾亲训一次，拟即在此杀之"，并记"取伪忠王详供"[④]。看到供词即动杀机，说明曾是聪明之人。因为他看到了李秀成的内心，也看到了种种的可能。与此同时，曾也是"小人"，因为他看

① 《遵旨查明各事分条复陈折》，载《曾国藩全集》第八册，第4645页
② 《复浙江抚台曾》，载《李鸿章全集》第二十九册，第329页
③ 曾国藩：《曾国藩全集》第八册，第4222页
④ 同上书，第1143页

出了李秀成的品行，也看到了与自身的差距。与其说李秀成对曾国藩抱有幻想，不如说是对太平天国抱有深深的惋惜。

当年，李秀成被囚于木笼，时值酷暑，每天要用毛笔写下六千多字，行文如此流畅，记忆如此清晰，这是不可想象的。当写到三万余字时，笔坏了，纸用完了，李秀成表示"烦各位师爷转禀老中堂及中承（丞）大人宽限，我已赶写"。这种心态，预感来日无多，写完即可赴死，写是重要的，死是必要的。一吐为快与引刀成一快，都令人起敬。

反观曾氏二兄弟，号称千古完人、道德文章什么的，实是小人之态。8月3日晚上，曾国藩对赵烈文表示，应速将李秀成正法。赵烈文则答："生擒已十余日，众目共睹，且经中堂录供，当无人复疑，而此贼甚狡，不宜使入都。"见过李秀成本人，读过李秀成的供词，二人想法却不谋而合，是什么原因呢？就是一个"怕"字。8月7日，仍在赶写供词的李秀成，还写下"昨夜承老中堂调至驾前讯问，承恩惠示，真报无由"，墨迹未干，曾国藩就派李鸿裔向李秀成摊牌，表示"国法难逭，不能开脱"，并于当天傍晚将李秀成处死[①]。

清廷吩咐将李秀成押解来京的谕旨，是8月1日发出的。曾国藩先斩后奏，谎称部将萧孚泗"生擒"李秀成后，乡民为替其报仇，竟将清兵王三清捉杀，并投尸水中；又说李秀成被关囚笼后，松王陈德凤被押到营中，一见李秀成便长跪请安。曾国藩表示"臣闻此二端，恶其民心之未去，党羽之尚坚，即决计就地正法"，他还辩解说，上谕被误投到安庆，耽误了四天，等转到南京时，李秀成已被处决[②]。

皇上都敢骗，何况天下？同年8月9日，谕旨正式传到：曾国藩封一等毅勇侯，世袭罔替，加太子太保，赏双眼花翎；曾国荃封一等威毅伯，加太子少保，

---

① 赵烈文：《能静居士日记·卷二十》，载《太平天国史料丛编简辑》第三册，第378、381页

② 《复奏李秀成等因未能槛送京师已先就地处决情由及洪逆三印已早解送军机处折》，载《曾国藩全集》第七册，第4249-4250页

赏双眼花翎。曾氏兄弟肯定是乐不可支。幕僚赵烈文打趣说："此后当称中堂，抑称侯爷？"曾国藩答："君勿称猴子可矣。"自从湘军与太平军开战以来，曾国藩屡遭惨败，先后在靖港投水自尽，在九江险被生擒，在祁门预留了遗嘱。此时，他笑到了最后，以忠王之血写就侯爷之耻。

在太平天国后期被俘的重要首领中，英王陈玉成、干王洪仁玕的视死如归，大义凛然，是一种死法；翼王石达开舍己之命，拟保全三军，又是一种死法；忠王李秀成的慷慨直言，勇于剖析自己的死法，似乎更有价值，既清清楚楚，又明明白白，与所谓的"变节"毫不相干。而困扰忠王之忠，已超越了事实和常识，形成一种道德和政治评判，更是没有意义。时至今日，不会有人去认真读完李秀成这篇以血与泪写成的《供词》，它实际上是太平天国最为重要的政治文献，是最接近事实真相的重要史料。它不仅回答了太平天国为何失败的主要原因，也回答了太平天国之所以能够兴盛十余载的重要动力。与此同时，它也以文献的方式，展现了太平军一众领袖的英雄气质。他们不是完人，但是，他们曾经顶天立地。

关于这一点，不仅太平军的对手曾国藩是惧怕的，就是太平天国的天王洪秀全，其内心也是十分挣扎的。对于忠王李秀成来讲，他所书写的"忠"字，不是"忠"心的"忠"，而是"忠"诚的忠，他的一生，似乎都在忠于自己的内心。

（五）

结语：太平天国的危局，大抵都来自人。不是人人自危，而是人尽成危。

作为"双主制"中的另一主杨秀清，身份极其复杂，道德上的瑕疵也十分明显。但是，他对于太平天国的贡献是巨大的，由制度设计的这种致命的结构，也非是人力所能扭转。如果历史可以假设，若杨秀清不会心血来潮，非要逼封什么"万岁"，似乎就不会有"天京之乱"；若无诸王内讧，江南、江北大营可一破再破，湘军、淮军可一灭再灭。然后，洪秀全还其秀才面目，读书著书，流芳千古。太平天国即可取代大清帝国，诸多历史可一再改写。

叛军与反将，历来遭人诟病，但其形成原因，也极其复杂。风可以从四面八方来，人也可向东南西北去。背叛清朝政权，可以成太平天国军；背叛太平天国，也可以成为清廷正规军。因为标准的原因，背叛永远是相对的。但是，人心的背向都是绝对的。前期与后期，此籍与彼籍，流民与农民，对这些复杂问题的认识，可能都是简单的。在信仰面前，生命并不重要；在生活面前，生命可能仍然有价值。这不是世界观，也不是方法论，而是最起码的生存观。此观若成问题，危机是迟早的，危局是难解的。

洪秀全、杨秀清、李秀成，三"秀"成林，形成了太平天国一道最为特殊的风景。"秀"字最早可见于石鼓文，本意是指谷类作物抽穗开花，一般引申为事物的精华。汉代许慎所著的《说文解字》，因避讳光武帝刘秀，字条下注明"上讳"，未作详解。这个字，因此也就有了诸多说不清也道不明的事。许多的危险，都原因不明，这应该是常识。对于太平天国来讲，从领袖到士卒，似乎都具备一种十分特殊的精神。这种精神，相较于他们的对立面来讲，有许多的闪光之处。因此，太平天国的危局之中，也有伟岸和壮丽的成分。

法国历史学家古斯塔夫·勒庞在《革命心理学》一书中指出：

> 这些革命人物服从于某种不可避免的逻辑进程，这一进程甚至连他们自己也不能理解。①

这是造成危局的根本原因。

---

① 祝勇：《纸天堂——西方人与中国的历史纠缠》，生活·读书·新知三联书店，2011年6月版，第160页

第
六
章

杀

局

（一）

对于太平天国来讲，其以反抗既有政权，建立新的社会秩序，且手段以武装斗争为旨要。伴随他们的不仅是危机，而且是杀戮。所有暴力革命，不是你死就是我活，血腥是不可避免的。敌对双方厮杀不可避免，但兄弟自戮，却是不可思议。《推背图》中最令人震惊的"王杀王"之谶，是必然还是偶然，实在是弄不清楚。

历史学家把太平天国的形势转折，都明确在一个叫"天京事变"的事件上，它既是一场内乱，也是天国内部诸多矛盾的一次集中爆发。其后果就是使整个"革命运动"走向了衰败，以致最后覆亡。

罗尔纲先生认为：

> 天京事变，把太平天国划分为前后两个不同的时期。天京事变前，在决策上，用兵上不是没有犯大错误的，如建都天京、孤军北伐等都是大错大误。但由于政治发扬了农民民主，"事事严整"，"民心佩服"，权力高度集中，从而使得革命始终飞跃发展，从胜利走向胜利。到天京事变以后就不同了，洪秀全厉行君主制，造成了大纲紊乱、人心离散的后果，使政治从权力高度集中变为事权不一，军事从进攻转为防御。所以这一场天京事变，是太平天国兴亡的转折点，是太平天国的致命伤。

天局

从此之后，太平天国就从兴隆昌盛转向衰败，以迄于灭亡。[①]

在天京事变这个转折点上，充满了杀机，实际上是一个杀机四伏的局面。从天王到诸王，从士兵到将帅，从京城到周边，包括从太平军到清军，在此杀局之中，都显得异乎寻常。不仅充满暴力，而且充斥着戾气。似一股充满血腥的乌云，密密地笼罩在天京城上空，让城里城外所有的人都被蒙上了双眼，都被激发了兽性，都显得惨无人道。这不仅是人性的悲剧，而且是历史的悲剧。

对于天京事变，清方的记载并不多，因为并不了解；太平天国一方的记载也不多，是"自戕"，还是"阋墙"，也不好说，实际上也说不好。因此，把事情的过程理清楚，最为重要。过程作为事实，有时也是结果。结果可以擅改，但过程的逻辑自有定义。魏秀仁《咄咄录》：

> 粤西六逆，其狡黠以杨秀清为最，韦逆、石逆及秦日纲襄共起事之人，杨逆以威相凌，又攘萧逆妻宣娇，渺洪逆。向荣败死，群逆相庆。杨逆于是阴有自立之意，令其下呼万岁。洪逆召石逆归，密谋除之。韦逆先至，杨逆招之饮。或备以往，饮次抽刀刺杨逆，洞胸割而烹之，尽诛其族属。石逆与曾锦兼（谦）、张瑞（遂）谋驰回，责韦逆酷。韦逆将并图之。石逆觉而逸，家歼焉。群逆愤。韦逆乘乱奔，渡江，为杨逆党缚送金陵，寸磔之，亦诛其族，以首召石逆归。无奈亡去，盖洪逆实忌之也。自是，洪逆任用仁发兄弟及宠人蒙得恩。贼心离散，而私虑朝廷法纪森严，仍结死团，不敢解散。彼时我军用谋间皆无其人也，可胜惜哉。咄咄道人曰：挽近人心凉薄，而俗尚靡靡，其娇奢淫逸，恣情暴殄，靡夷所思，故天假手于六逆，以警动之。彼洪逆一庸奴耳，助逆如萧、冯辈虽稍胜之，而冯死于全州矣，萧死于长沙矣。其入金陵也，六逆仅存其四，又不相能，釜底游魂稽天诛者，复延八载，岂真数有前定耶。[②]

---

① 罗尔纲：《太平天国史》第一册，第61-62页

② 太平天国历史博物馆：《太平天国史料汇编》第三册，第1130-1131页

这个记载，有过程还有议论，除了语稍不逊之外，还是有其可参考之处。杜文澜《平定粤寇纪略·卷五》：

> 向大臣薨后，金陵群贼相庆。次贼首东王杨秀清以洪秀全为赘疣，至是阴有自立意，令其下呼以万岁。洪秀全趣召伪北王韦昌辉、伪翼王石达开，密图之。昌辉先至，秀清招之饮。昌辉戒备以往，饮次抽刃刺秀清，洞胸，割而烹之，尽杀其党一千余人。石达开自湖北至，责韦贼太酷。韦贼怒，将并图之。达开觉，缒城夜遁。韦贼悉诛其母妻子女。洪秀全亦惧，乃密谕其党与秀清余党共攻伪北王府。韦贼亦乘乱逸出，潜江北渡，适秀清之党自江浦归，为所获，缚送金陵，寸磔之，诛灭其族。达开遂窜皖南。秀全传昌辉首至宁国，招达开回金陵。后因秀全猜忌，复计脱赴安庆，遂与之绝。①

这两则记载大同小异，事情经过十分清楚。先是天王烦了东王，然后是北王、燕王杀了东王，翼王不满北王，北王又要杀翼王，最后是天王杀了北王和燕王，翼王回了又走了。至此，金田首义时诸王，死的死，走的走，天京城内就剩下孤零零的天王了。

事情的起因是东王。在太平天国的权力架构中，东王约等于天王。东王从来对虚荣十分重视，这是很奇怪的事。除了"王"之外，还有一些稀奇古怪的称号。是称号也是荣誉。对杨秀清来讲，有些是名实相符，但大多数是虚拟世界；对于洪秀全来讲，他慷慨地满足杨秀清的嗜好，并且把各种授予称号的典礼弄得很隆重。

因为北伐的短暂胜利，杨秀清被封为"劝慰使"，这是由马礼逊对"圣灵"这一圣经用语并不准确的翻译而来；杨秀清还获封"赎病主"，这也是他很喜欢的一个封号，意即可像上帝一样救赎罪人；除此之外，杨秀清还有一个"禾乃师"的特殊头衔，这是由"秀"字中的"禾"与"乃"拆分而来，因洪秀全名中亦有"秀"

---

① 太平天国历史博物馆：《太平天国史料汇编》，第一册，第59-60页

字，自己再后面又加个"师"，层次又高了一些。他的另一个符号"圣神风"，
也是仿圣经中并不准确的翻译名称而来的。这些名称和符号，都是经天王首肯，
并印有正式文件予以颁布的。按照杨秀清在太平天国的地位，以及在前期所起的
巨大作用，给个什么样的封号都是应该的。他的这些荣誉封号，止于最终的"九千
岁"，与天王的"万岁"差了"一千岁"。因此，杨秀清的心里多半是有想法的。
这种想法，并非因他想僭越。因为即便他逼着洪秀全封他"万岁"时，他仍称洪
秀全为"万万岁"。这里的主与次，以杨秀清的聪明程度，还是分得十分清楚的。
对洪秀全本人而言，他也应该心知肚明。如果以逼封"万岁"这件事就动了杀机，
设此杀局，估计亦不太可能。真正让杨秀清引火烧身的，应该是他对诸王的态度。
简又文先生在《太平天国革命运动史》中写道：

> 杨秀清异常傲慢残忍地使用着自己越来越大的权力，对待在他之
> 下的韦昌辉和石达开，以及其他太平军领袖时肆意馋诟，妄加羞辱。燕
> 王秦日纲和石达开的岳父、卫天侯黄玉昆被杨秀清下令鞭笞一百。杨秀
> 清还多次当众指责天王长兄洪仁发，有一次还因点名迟到鞭打洪仁发。
> 天王也不能幸免于杨秀清的非难，天国的出版物上就忠实地记录着这样
> 一件令人发指的事。杨秀清以上帝代言人进宫，跟洪秀全说有四名女官
> 是有功官员的近亲，因此不可以留下来为洪秀全个人服务。"秀全，尔
> 有过错，尔知么？"杨秀清模仿上帝的口吻说。这时洪秀全跪倒在杨秀
> 清面前，开始忏悔："小子知错，求天父开恩赦宥。"令韦昌辉和其他
> 在场官员错愕的是，杨秀清答曰："尔知有错，即杖四十。"诸臣立刻
> 请求撤回这条不可思议的命令，但是直到天王自己表示愿意接受杖罚后，
> 杨秀清才高傲地松口免去刑罚，带着提到的四名女官离开宫殿。这一幕
> 在中国可谓史无前例。①

---

① 简又文：《太平天国革命运动史》，第 263 页

以上提及的几件事中，在《李秀成供词》《贼情汇纂》《金陵癸甲摭谈》，以及《天父下凡诏书》中都有提及，应该是有事实依据的。无端开罪下级，让上级下不了台，并且是为女人之事，这样就惹了众怒。当然，最生气的不是洪秀全，而是韦昌辉。在这件事情上，洪秀全是君子，韦昌辉是小人。孔子说："唯女子与小人难养也，近之则不逊，远之则怨。"（《论语·阳货篇》）。这里不是远和近的问题，而是非难与责骂的问题，后果可想而知。

张德坚《贼情汇纂》：

> 昌辉位下杨贼一等，其奸诈相似，阳下之而阴欲夺其权，故杨贼加以防范。咸丰甲寅五月，杨贼令昌辉上犯湖北，令下多日，杨贼私属麾下禀奏挽留，佯作不准，濒行忽改遣韦俊、黄再兴等。八月复令昌辉赴湖北、安徽，行次采石，杨贼复下令调回，改遣石达开往。张子鹏激变水营，杨贼杖昌辉数百，至不能兴。又诡称天父附体，时挫折之，杨贼与昌辉互相猜忌，似不久必有并吞之事。[1]

杨秀清的横行霸道当然是有问题的，但与韦昌辉之间的积怨太深，才是问题的关键。后来的研究者不加思考，或是略一思考，就认定杨秀清是一位篡位者，也是缺乏事实依据的。这里的事实并不是各种记载，而是当年的现实逻辑。

韦昌辉经常性地受到杨秀清的杖责，这对一位首义时期的"王"来讲，的确是一种侮辱，但这就是杨秀清施政的习惯。杖责之后，杨紧随其后的还有安抚，这种习惯波及洪秀全，也是他认可的。因为洪与杨之间的辈分，在人间洪是天王，在天国杨秀清可通过代言天父，而成为洪的亲爹，这是自金田起义时就得到洪认可的。这种互相之间的制约，确保了太平天国前期的政治、军事、宗教等权力归于一统，也可互相制约。这种机制不能讲是最好，但也是最有效的。在夺取政权的过程中，有效的决策，有力的实施，有实惠的成果，是确保一支队伍和一个组织凝聚力的关键所在。

---

[1]　太平天国历史博物馆：《太平天国史料汇编》第五册，第 2046 页

天
局

天京事变之前，杨秀清的权力似乎达到了顶峰。在他的统一指挥下，太平军四面出击，由武昌至镇江一线，已处于太平天国的控制之中，兵源补充和粮食补给的通道较为稳定。虽然北伐遭到失败，但在1856年夏天，随着在江西的曾国藩和在湖北的胡林翼的部队陷入太平军的重重包围之中，江南大营和江北大营的清军又被渐次击败，太平军的声势以及杨秀清本人的声望也达到了最高峰。此时，杨秀清的核心圈子中，有胡以晄、陈承瑢、杨元清、傅学贤等人，以及总数大约三万精锐的卫戍部队。逼封"万岁"这件事，当然会容易引起洪秀全的反感，到底是胡以晄还是陈承瑢的告密，终于让天王动了杀机，现在也并不清楚。只在1857年4月25日到1857年5月9日的《北华捷报》上，刊出的麦高温记载两位欧洲传教士的信件，详尽叙述了这整个事件的过程，但这也是不甚可靠的。这些记载，被历史学家们引用得最多。美国学者简又文和史景迁，对此也深信不疑。

1856年9月1日午夜，北王韦昌辉率三千名老兵抵达天京，并与秦日纲、胡以晄、赖汉英（天王妻弟）、罗琼树等人会晤，并在请示过洪秀全之后，对杨秀清动手。他们随即集合了天京城中所有效忠天王的部队，并派驻瞭望岗哨，布置妥当之后，韦昌辉与秦日纲率一小队人马冲入东王府。据说，是秦日纲首先发现了杨秀清，并将他从院中的夹墙中拉出来，亲手刺死。当晚，他们并未捉到杨秀清的其他两个兄弟，再加上东王府亲兵的反抗，韦、秦血洗东王府，"家属数百人系除无遗"（方玉润《星烈日记》）这与《新贵县志》以及《贼情汇纂》的记载有较大的出入。按照亲睹此次事件的两个外国人的记载，杨秀清的卫队、家属均被屠杀，忠于天王的士兵高喊着"诛杀九千岁"的口号，"喊杀声震怖全城，同时还伴随着嘈杂的枪声，兵械击撞声和民众的喊叫声，直到紧锁的城门之内的每一个角落都陷入那一夜的混乱和恐怖之中。9月2日拂晓时分，通往东王府的道路上尸积如山、血流成河。王府之内，杨秀清的尸首与其他被杀者堆在一起，而抢掠的人还在搜刮战利品。更多的人站在庭院里，准备劫杀逃出来的人。他们在王府内外争抢死尸或濒死的人，无论男女。这种情景着实令人震惊"。[1]

而洪秀全与韦昌辉，还设计将杨秀清的余党集中起来屠杀。这个所谓的计策，是由天王颁布诏书，诏书用语愤怒，斥责韦昌辉、秦日纲等人将杨府上下赶尽杀绝的行为，并判二人受五百杖责，欢迎杨府官兵监督，地点就设在天王府内。结果，这些不明真相的杨秀清亲信蜂拥而来，束手就擒。克拉克和格里戈利《西方人关于太平天国报道文选》：

> 次日清晨，关押东王余党的大厅门窗打开，一些炸药包扔向被押的人群，而出口则守得滴水不通。兵丁进了其中一座大厅，把被押者杀光，没遇到什么反抗。但在另一座大厅，被押者用厅墙和隔墙上的砖块拼死抵抗了六个多小时才被歼灭。屠杀者除了用火枪之外，还丢了一枚两磅重的葡萄弹——这些可怜虫把上身的衣服扒掉，许多人是力竭而死。最后，第五位和第七位（指韦昌辉和秦日纲）为了让手下与第二号人（指杨秀清）人物所有区别，命之挽起右袖，然后冲进去把活着的人杀掉——过了一会（儿），我们走进大厅，天啊！真是惨不忍睹，有些地方尸体堆了五六人高，有的人吊死，有的被扔进来的炸药包炸焦了——尸体全给搬到一块空地上，任由暴晒——之后，全城每户户主都得上报，屋里住着多少男女老少，每个人都领了一枚小牌（刻有印记）载在胸前，如果发现第二号的人就抓起来——这些人被五人一队，十人一队，百人一队，千人一队地押到刑场砍头，妇孺也不能幸免，持续了好几个星期。所有吃过第二号人物茶饭的人都遭了殃。[2]

据这些外国人观察，杀戮持续了三个月，杨秀清的部下约有四万人被杀。这个数字既骇人听闻，似也不可靠。但此杀机中，机关重重，血流成河是肯定的。韦昌辉与秦日纲已经有效地控制了城市，他们手握天王圣旨，以天王的名义，继

---

[1] 简又文：《太平天国革命运动史》，第 268 页
[2] （美）史景迁：《太平天国》，第 308–309 页

续在城中追杀杨秀清的亲属、同僚和士兵。杨秀清经营多年，党羽众多，也进行了一些零星的反抗。大约有数千人，在傅学贤的带领下，在城中的局部地区，对韦、秦的人马进行反攻，保护其他的幸存者使之免遭杀戮。根据时人王韬、张汝南、涤浮道人的记述，街道上整日整夜地进行血战，双方不时传来"兄弟"们战死的丧钟——胡以晄和陈承瑢也在遇难者之中。这二人的死亡，使这一事变中的许多关键环节成了永远的谜团。当9月中旬翼王石达开最终返回天京的时候，兄弟相残的血腥场景仍没有一丝减退。用简又文先生的话来讲："人们也许还期待他的归来可以使局面稳定下来，但其实却对太平天国革命运动造成了更大的灾难。"①

接下来的事态，应该完全超出了洪秀全的掌握范围。他对屠杀表现出了极大的愤怒，并急切地希望匆匆赶回天京的石达开出面调停。按照王韬《瓮牖余谈·记翼贼事》，以及《石达开供状》等文献记载，当石达开找到韦昌辉、秦日纲，并告诫他们不可再屠杀普通太平军兄弟，并且，清军也可能趁着大家长时间自相残杀的机会，重新对天京展开攻势时，韦昌辉大怒，甚至指责石达开即杨秀清同党。石达开感到自己的生命受到了威胁，他手中并无军队，留在城中毫无作用，还有生命之虞。于是，他当即趁夜色翻墙出城，返回皖南。实际上，他在天京城中只停留了几个时辰。

此时，杀红眼的韦昌辉及秦日纲，将居住在天京城的石达开的妻子、儿子等所有的亲属，无论男女，皆予以杀戮。这一惨剧让石达开与韦昌辉等人公开决裂，并很快集了大约十万人的军队，从芜湖和宁国出发赶赴天京。重压之下，韦昌辉与洪秀全之间的矛盾也公开化，韦昌辉甚至指挥军队包围了天王府，决定杀死天王，自己隆登宝座。天王洪秀全在太平天国中的地位，看起来是十分牢固的，全体官兵在加入太平军之时，就已被要求完全效忠于天王。此时的北王，并未能得到他所期待的号召力，整个天京城内的兵力被重新部署，许多官兵都接到了来

---

① 简又文：《太平天国革命运动史》，第269页

自天王的直接谕旨。因此，韦昌辉的部队并未能如愿干掉天王，取而代之。最后的结果是，忠于天王的部队战胜了意图篡位的北王韦昌辉的部队，北王诸多的亲密同僚及家庭成员约二百人全部被杀。洪秀全吸取教训，并未将屠杀再扩大化。天王在俘获韦昌辉及秦日纲之后，将二人立即斩首，并将其首级泡在盐水之中，让人送往屯兵宁国的石达开处。至此，一场内讧落下帷幕，由此产生的后果，使太平天国终于走向了没落。

关于天京事变的具体内幕，多年以来均讳莫如深，对其评价也因为记载的前后紊乱而莫衷一是。但是，作为整个太平天国运动分水岭和转折点这个判断，大抵是正确的。究其原因，还是不甚明了，也影响了人们对太平天国运动性质的整体判断。对于天京事变而言，这个充满了血腥气味的杀局之中，可以用"责在杨秀清，误在洪秀全，罪在韦昌辉，醒在石达开"这样几句话来概括。

杨秀清为了树立自己的权威，按照太平天国设定的体制机制，不断分化北王、翼王等权力，并不知自省、不具敬畏、不断激化矛盾。史载包括一贯心高气傲的石达开，"每见杨贼诡称天父附体造言时，深信不疑，惶悚流汗"[1]。韦昌辉等诸王在东王府议事，一般也不敢多言，且经常遭杖责。杨与韦的姜兄争宅，杨让韦议罪，最后以五马分尸治罪，还说"非如此，不足以警众"[2]。至于在军事调遣之中，杨亦借机打击异己，朝令夕改，虽有胜算，但并不能服众。对于杨秀清而言，这些手腕与策略，只是为了巩固自身的权威，应该未能达到想要篡位之地步。但其恶行，已为己埋下杀局。就个人关系而言，金田首义诸王，特别是幸存的北王与翼王，已完全走向了杨秀清的对立面，而杨则浑然不知，仍沉浸在对个人权力的把玩之中。杨的结局，应该是可以预料的，也是可以避免的。这里，造成死局的还是洪秀全。

洪秀全既不是什么农民起义的领袖，也非什么先进生产力的代表，他只是一

---

① 张德坚：《贼情汇纂》，载《太平天国史料》第三册，第 669 页
② 谢介鹤：《金陵癸甲纪事略》，同上书，第 669 页

个有智慧的传统小知识分子。其有着异于常人的帝王梦、上帝梦，其自身包括人格在内，均有着极大的缺陷。在太平天国设置"双主制"的背景下，他对权力的再分配并不介意。但是，他亦有自己的底线。当杨秀清挑战自己的底线时，洪秀全就毫不犹豫地动了杀机。以杀为机，但不善于控制，结果就造成了失控的局面。这里的问题是，逼封"万岁"是否就是图谋"篡位"？回答是否定的。

张汝南《金陵省难纪略》：

> （秀清）一日诡称天父下凡，诏洪贼至，谓曰："尔与东王皆为我子，东王有咁大功劳，何止称九千岁？"洪贼曰："东王打江山，亦当是万岁"。又曰："东世子岂止是千岁？"洪贼曰："东王世代皆万岁。"[1]

《李秀成自述》：

> 杨秀清要逼封其万岁，那时权柄皆在东王一人手上，不得不封，逼天王亲到东王府封其万岁。……东欲专尊。[2]

就此看来，杨秀清的"万岁"，也是需要由洪秀全来封的。虽然天父是他，但天王是洪，杨秀清应该是门清的。洪秀全虽然生气，但一定是受了挑拨，挑拨之人到底是胡以晄还是陈承瑢，现已不得而知。从洪秀全后来责备韦昌辉的语气来看，洪是有后悔的，他认为韦的妄杀并不应该，"此属又何辜，毋乃伤天父好生心，以宽纵为宜"[3]。

后来的情况是，虽然杨秀清遭到诛杀，但洪秀全仍然十分尊重他。在太平天国发布的敕令中，还将杨秀清作为上帝的代言人和劝慰师，也常称东王封号。杨秀清有个弟弟逃过一劫，后来备受尊荣，位列王侯。杨秀清的儿子均遭杀害，洪秀全将自己的次子过继给杨家做养子，为杨家保全香火。所有的一切看起来是为了笼络人心，但天王也有自责的意思在里面。

---

① 《太平天国资料》，科学出版社，1959年6月版，第704页

② 同上书，第792页

③ 同上书，第704页

至于韦昌辉，其人性中的兽性得到激发，一发不可收拾。他看起来是刽子手，实际上还是牺牲品。本来与杨秀清均为首义诸王，但洪秀全令其受制于东王，再加上杨秀清所谓的"天父传言"，挥舞无节操无底线的棍棒权威，韦昌辉脆弱的心理上是极难承受的。就连《贼情汇纂》的作者张德坚都感叹，"未闻跪而受杖仍尊为王者，荒唐游戏"①。洪秀全可以受跪，因为他有智慧；韦昌辉不能受杖，因为他仅为小聪明。以当时的形势，无论智慧也罢，还是聪明也好，看起来是精心设了局，但到最后却无法控制局面。悲剧一出，前程尽毁。

在整个天京事变中，有一个中心环节，也就是被大部分史家忽略掉的一个人物，即陈承瑢。他既是东王杨秀清的宠臣，又是天王洪秀全的告密者。据《贼情汇纂·卷二·剧贼姓名下》：

> 伪佐天侯陈承瑢，广西老贼。年约三十余，短小精悍，高额广颡，露颧微髭，识字无多，颇有权略。辛亥五月，封羽林侍卫。壬子九月，升伸后正侍卫。十一月，升殿左三指挥。十二月，升殿右二检点。癸丑二月，升地官副丞相。九月，升天官正丞相。甲寅二月，升兴国侯。五月，改佐天侯。自陷江宁，盘踞盐道署，迄今并未外出。杨、韦诸贼倚任之，所谓伪朝内官也。贼中往来一应文书，皆陈承瑢收发。②

此人在天京事变时死于乱军之中，并且，是被洪秀全亲自下令，与秦日纲同时被诛杀的，这里的意义十分诡异。罗尔纲在《太平天国史》中写道：

> 陈承瑢地位仅次于豫王胡以晄。由于他是金田起义的著名将领，并有权略，故杨秀清总理国务，委以传宣上达的重任。他是不满于杨秀清的专横的。而杨秀清却还要向他显示威风打击他，曾因秦日纲牧马的案件小事，把他逮捕起来，并打二百杖，他愈怀恨在心。到丙辰六年五月，杨秀清强迫天王封为万岁，他忘记了他过去是怎样对待陈承瑢，更

---

① 《太平天国资料》，第 45 页
② 太平天国历史博物馆：《太平天国史料汇编》第五册，第 2049 页

完全不知道陈承瑢心里是怎样对待他，只知道要夺取天王位，必需这人帮助。因此，就引陈承瑢为心腹。七月，陈承瑢向天王告密，说杨秀清要杀天王而夺其位，并自告奋勇愿负扫除奸党的责任。于是与韦昌辉、秦日纲里应外合杀死杨秀清。这年十月，韦昌辉逆乱平定，天王把陈承瑢与秦日纲同日处死。[①]

罗尔纲先生的这个判断，是根据简又文译裨治文的《太平天国东北两王内讧纪》、麦高文的《太平天国东王北王内讧详记》，以及对清朝江北大营钦差大臣德兴阿等奏报的考定等得出的。但是，洪秀全为何要杀有功之臣陈承瑢，其理由不得而知。合理的推测是，洪秀全有上当的感觉。

洪秀全在戊午八年《赐西洋番弟诏诗》中，有这样的诗句：

爷遣东王来赎病，眼蒙耳聋口无声。受了无尽的辛苦，战妖损破头跌横。爷爷预先降圣旨，师由外出苦难清。期至朝观遭陷害，爷爷圣旨总成行。[②]

这里，洪秀全简单地回顾了杨秀清的一生，但也挑明了他的死是命中注定的，因为他遭人陷害了。这样一来，洪秀全则是帮助杨秀清洗掉了篡弑的罪名，也给自己卸脱了杀杨秀清的恶名。如此，也就不难理解陈承瑢被杀的原因了。

天京事变，一场杀局，仅仅是开始。到了石达开的离京出走，太平天国走向灭亡的局面已然初步形成了。只是其中的血腥气味，旷古未有。什么上帝、信仰、兄弟、权力，都在这些血腥的戾气之中，荡然无存。

天京事变，真像是一场由清廷导演的离间计。众王之间的莫名厮杀，人性之中的天然兽性，领袖至尊的茫然误判，使原本大好的形势毁于一旦。命耶运耶，是也非也，让人扼腕。

---

① 罗尔纲：《太平天国史》第五册，第 1848 页
② 同上书，第 1763 页

（二）

石达开的名字，不仅与太平天国紧紧联系在一起，而且与悲壮紧紧联系在一起。在后来的历史中，石达开在大渡河边的慷慨赴死，就是中国传统文化中关于英雄的最好诠释。

石达开真正站到太平天国前台唱主角，是在天京事变以后。简又文先生在《太平天国革命运动史》中写道：

> 在那次充满悲伤与恐惧的逃亡之后不到三个月，1856年初冬，石达开回到了天京，这次他成了天京城中上至天王，下至普通士兵心中现世的救世主，受到了他们的热情接待。原因显而易见。天京现在仍然是一座死城，道路上的尸体仍然未被掩埋，那场夺走了三万余双方党羽以及许多中立人士性命的血腥惨剧，仍然历历在目。幸存者的眼中仍然充满了对那些日子的时刻恐惧。他们在街上游荡，悲剧地认定天国的末日已然不远。事实上，当时天京无人有能力执掌军务（包括天王在内），而中央政府也几近瘫痪。[①]

当时，石达开从芜湖带回了大约二十万的人马，还有陈玉成、李秀成、黄文金、杨辅清、林启荣、陈仕保及吴如孝等将领。他们都是身经百战的前线大将，既听命于石达开，又对太平天国抱有绝对的忠诚。但是，当初永安分封的五位王，如今只剩石达开一位。对于天王来讲，血雨腥风之后，他对周围曾经的兄弟均产生了信心与信任的危机。"洪秀全除了以孩子和死者构建一个由婚姻和上帝后裔所组成的核心亲属团之外，也回头去找家族中的成年人寻求安慰和支持。他觉得最信得过的是自己的两个哥哥——洪仁发和洪仁达。"[②]

---

① 简又文：《太平天国革命运动史》，第273页

② （美）史景迁：《太平天国》，第315页

天

局

　　洪秀全再次封王，将洪仁发封为"安王"，洪仁达封为"福王"。为了不让石达开感到委屈，同时将他的"翼王"调整为"义王"。"义"在中国传统文化中，是具有最高道德褒奖的用词。但是，石达开拒绝了这一称号，并建议把"义"作为一个新的爵位等次来分封。这是他的谦逊，同时，也加深了这支队伍中对洪天王举贤不避亲的不满。

　　此次的称谓调整最后的结果是，翼王的称号给予保留，天王两位兄长的王爵，则被改为"天义、天安、天福、天燕、天豫、天候"中"义"之后的第二及第三位，并在爵位前再加上特殊的称谓。例如陈玉成的头衔就变成了"承天义"，李秀成的头衔就成了"和天安"等。石达开仍然保留之前"电师"的头衔，还被封为全军最高指挥官，即"通军主将"。这个职位，并不如先前杨秀清"正军师"的全军统帅之职。在这些让人眼花缭乱的头衔中，许多名号既文理不通，又让人匪夷所思，均是出自洪秀全的主意及想法。职位愈乱，职能愈乱，效率就大打折扣了。即所谓的折中之计，无人欢喜。

　　这样的混乱分封，最终也导致了石达开认为洪仁发、洪仁达不堪重任却享有大权；洪氏二兄弟则把石达开视为威胁，想尽办法来削弱他的权力。看似石达开掌权，但受到来自四面八方的掣肘。在1857年的上半年，尽管石达开掌管天京的军政要务，但据说凡事以书信往来，不接受口信，所有指示均在晚上批奏，翌日再张贴在王府外墙上。李秀成回忆：

　　　　翼王回京，合朝同举他提理政务，众人欢悦，主有不乐，专用（其兄）安、福两王。……主用二人，朝中之人甚不欢悦。此人又无才情，又无算计，一味古执，认实天情，与我天王一样之意见不差。[①]

　　按照李秀成的说法，石达开之所以被迫离开天京，是与洪氏二兄弟的"猜忌与挟制"有关。石达开一去不返，洪秀全的整个施政与管理顿时陷入困境。用李秀成的话来讲，"人心改变，政事不一，各有一心。主上信任不专，因东、北、

---

① （美）史景迁：《太平天国》，第316页

翼三王弄怕，故未肯信外臣，专信同姓之重"[1]。

简又文先生分析此时石达开的心理状态：

石达开意识到，他的职位无法保全，而且自己所坚守的原则和他的秉性，所有解决困境的可能途径也被封死。向这些恶棍无赖屈服，意味着放弃自己的荣誉，这对于一个二十七岁的血气方刚的小将而言是绝不能接受的。公开铲除他的敌人，意味着再一次兄弟相残，这与他的原则背道而驰，何况他内心平和的本性也不允许。而且，石达开还一直真真正正地忠于洪秀全和革命事业：他对天王的忠诚使他无论如何都会尊重洪秀全的血亲，而他对革命事业的忠诚则使他不可能背叛洪秀全。……最后，在考虑了所有的可能性之后，石达开艰难地意识到，他唯一的出路就是带着他的军队向西远征。[2]

石达开离开天京时，还发表了一通布告：

为沥剖血诚，谆谕众军民：自恨无才智，天国愧荷恩。惟矢忠贞志，区区一片心，上可对皇天，下可质古人。去岁遭祸乱，狼狈赶回京。自谓此愚忠，定蒙圣君明。乃事有不然，诏旨降频仍，重重生疑忌，一笔难尽陈。用是自奋励，出师再表真，力酬上帝徒（德），勉报主恩仁。精忠若金石，历久见真诚。惟期妖灭尽，予志复归林。为此行谆谕，遍告众军民。依然守本分，照旧建功名。或随本主将，亦足标元勋。一统太平日，各邀天恩荣。[3]

这份广而告之，说的不清不楚，反而造成了一定的歧义。石达开带走的近二十万精兵强将，对太平天国来讲，更是釜底抽薪。此时，清廷的江南大营复建，六月便攻陷句容，并向镇江围攻。天王撤去洪仁发、洪仁达的王爵，并铸"义王"

---

① （美）史景迁：《太平天国》，第 317 页

② 简又文：《太平天国革命运动史》，第 275 页

③ 罗尔纲：《太平天国史》第三册，第 1820 页

金印，恳请石达开回天京主政，被他拒绝。十一月镇江被攻陷，十二月天京被合围，次年三月，九江被攻陷，天京失去最重要的屏障。李秀成认为："误翼王与主不和，君臣疑忌，翼起猜心，将合朝好文武将士带去，此误至大。"①

此时的石达开，已弃天王与太平天国于不顾，即入浙江，克江山、攻衢州，旋克开化、遂昌、云和、宣平、寿昌各地。十一月，驻军江西南安，并于己未九年正月，从南安分两路入湖南，打算从宝庆、常德、荆、宜入四川。据咸丰九年五月十三日湖广总督报奏：

> 连获贼谍，及自贼中逃归难民，俱言石逆蓄谋已久，必欲逞志四川自立。……裹胁安徽、江西、浙、闽、西粤之贼，鼠扰湖南，号称数十万，欲由宝庆、常德、荆、宜各路掳掠入川，自立一帜，蓄谋已久。②

石达开的出走，并未被洪秀全认定为背叛，它表明石与洪之间是有默契的。后来，石达开依然拥护天王的权威，并不曾放弃太平天国的名号，包括他的日常生活和军旅建制，都是按照所谓的"太平历法"来进行。简又文先生认为：

> 虽然石达开的部队完全自治，既不接受天京的命令，也未得到天京的增援，但是这支部队从军帅到圣兵的层面始终都是太平军，这些官职由石达开创制，以适应新的形势。但是，如此一支由起义最初的领导人之一所统率的规模庞大的队伍从组织中脱离，实质上是一场相当于叛变的纠纷与不和——这种情形也许真的史无前例的。现在，士兵们迈着步伐出城的雷动之声，让天京城再次陷入风雨飘摇之中。③

也正是由于石达开的出走，使太平天国及洪秀全本人陷入了灭顶之灾。对于石达开本人，以及那二十多万追随他的太平军，亦走进了步步惊心的新的杀机之中。石达开的军队，成为一支没有根据地、没有后方、到处流窜的孤军。战略上

---

① 罗尔纲：《太平天国史》第三册，第 1821 页
② 同上书，第 1822 页
③ 简又文：《太平天国革命运动史》，第 276 页

的失误，加上战役上的被动，使石达开从一开始就处于被动的地位。不是被动挨打，就是被动攻坚，且久攻不下。在石达开攻打宝庆时，曾国藩就指出：

> （石部的十万大军）每日需食米千石，需子药数千斤，渠全无来源，粮米掳尽，断无不去之理。（《曾文正公家书·卷六》，《清咸丰九年五月二十四日致澄侯弟》）

曾国藩在给胡林翼的信中，还详细分析道：

> 既钝于浙、钝于闽，入湘后又钝于永、祁，钝于宝庆，裹胁之人，愿从者渐少，且无老巢以为粮台，粮米须掳，子药须搬，行且自疲于山谷之间。（《曾文公正家书·卷八》，《清咸丰九年覆胡宫保》）

曾国藩当然老奸巨猾。这个判断，也是石达开所面临的实际状况。曾国藩显然是石达开对手。即使在石达开的部队中，亦有与他目标不一致的。当时，他的部下有彭大顺、古庆元等，亦辖有几十万人，他们均力劝石达开到他的家乡贵县一带招募新兵，即回天京。但是，被石达开拒绝了。这些人自成一军，经湖南、福建、江西，沿途与清军血战。在辛酉十一年八月，在江西遇见李秀成大军从湖北回师，亦一同返京。洪秀全听闻，百感交集，封这支回头部队为"扶朝天军"（《破伪军大佐将吉庆元等六十七将领上天王本章》）。洪秀全的太平天国，在摇摇欲坠中获得了一丝安慰。

石达开一路征战，漫无目的，战斗减员以及诸多战将的相继离去，估计也使石达开心灰意冷。最后在大渡河畔，他咽下了自己酿制的苦酒。按照简又文先生的描述，过程大致如下。

1863年5月12日，石达开率领三万余人，在昭通附近的米粮坝横渡金沙江。此时，他并不知晓前锋赖裕新已经战殁，且残部亦逃往陕西。石达开依然开始按照事先的计划，沿着赖裕新部所记述的路线前进。他们不仅要和清军作战，而且还要对付地方团练和乡勇，以及已经归顺朝廷的当地少数民族悍民。由于饱受袭扰，石达开的损失惨重。此时，清军守将骆秉章接到线报，并派藩台刘蓉率大军沿线驻防。5月14日，石达开的部队到达大渡河南岸由当地土司王应元管辖的紫打地渡口。此时，清军已布防完毕，严阵以待。

紫打地向东和向西均有河流阻隔，当石达开发现各个方向均有清军部队的时候，他才意识到已进入绝境。

当时，清军将帅刘蓉坐镇雅州指挥。恶劣的天气又雪上加霜，大量的雨水导致山洪暴发，沿山间河道倾泻而下，原本较浅的河段水位一夜之间暴涨近三米。原本利用竹木筏等简陋工具渡河的想法，已不现实。时至春末，气候转暖，雪山融水亦已倾泻而下。风雨交加之中，石达开的妻子，也就是所谓的第十四王娘刘氏为石达开诞下一子，他又下令全军休整欢庆三日，并不过河。此时，河对岸的重庆镇总兵唐友耕、雅州知府蔡奇钟已布防完毕，登岸已无可能。

陷此绝境中的石达开，还成为当地人从树林内外袭击的标靶。这种情况，应该是石达开从来没有见过的。5月21日，石达开令数千人乘百余只木筏，不计损失地强渡大渡河。一拨又一拨的木筏，载着无畏而茫然的士兵在河中倾覆。防守的清军火力很强，登岸是一件不可能完成的任务。此时，石达开曾尝试撤退，但后路已被从北面追击而来的清军参将杨应刚截断。西面的小河，亦被土司王应元严密防守。石达开的军队，仿佛处在天罗地网之中。

随着粮草的逐渐匮乏，石达开的军队杀马果腹，并靠吃树根和树叶充饥。当地少数民族的悍民，占据了四周的群山，并不断地从山上丢下礌石滚木，一万多士兵横尸山谷。石达开又尝试了几次向北、东和西面渡河，均告失败。他还曾给当地土司写信，但被拒绝。6月9日，石达开最后一次渡河，又告失败。

在这种情况下，石达开带着家属以及最后剩下的七千余人，向东经山路到达一个叫老鸦漩的地方。他们的辎重被劫，又无法在那里过河。石达开此时应该已清醒地意识到，这场经过十五省，行程两万余里的长途跋涉即将完结。他想逃避的东西，他想追逐的东西，一直都在他的头顶盘旋，那就是死亡。在命令五个妻妾带着数目不详的孩子跳河之后，他也准备自溺。直到最后一刻，他放弃了开始时的想法。他不是贪生怕死，而是他的兄弟死得太多了，他想通过自己的认命，去换取更多的生命能够存活。

随同王应元追袭石达开的幕僚许亮儒有详细记载：

> 是日（6月9日）午刻，达开果率众东走，取道岩（堒）。应元
> 见其车乱旗靡，即兵分两路，迈过铁桥追击。应元及许亮儒督兵从
> 山顶下木石，黄君荣、汪夏申等率军尾随。同时大河北岸同千总复
> 派兵对岩（堒）用枪射之。达开部西面受敌，坠岩陨水者无数。……
> （岩堒一径）道极险狭，仰视则峭壁参天，俯临河水急涌，以是屈
> 行二十里乃渡水河村庄，点验队伍则已损十之五六。是夜宿此。应
> 元复整队围之。未及旦，达开统残部溃围而去，应元跟追。……至
> 利济堡……达开见老鸦漩水势险恶，料不能涉，亦收队据其地。
> 入夜昏黑，饥甚，觅食无所得，有相杀噬人肉者，达开莫能禁，并
> 闻残部聚泣，乃顾而叹曰……今误蹈险地，一蹶不振，此天绝孤，
> 非孤不能为诸卿解危也。言讫泪下数行，左右皆泣，莫能仰视。……
> 达开知丧败在即……乃含泪仗剑，督叱部卒将胡、潘、吴三王娘以
> 次抱投江中。①

真正能够反映石达开当时心情的，是他写给清方主将骆秉章的信件。此信在
清廷的官方文件中并未提及，其收件人是骆秉章还是唐友耕，均不甚明了。但是，
首先发现的是民间抄本，真实性是没有问题的。此信可以解释，为何在最后一刻，
石达开放弃自溺而意救下绝境中的众军士的心态，十分悲壮。此信内容载于《太
平天国文书汇编》：

> 窃思求荣而事二主，忠诚不为；舍命以全三军，义士必作。……
> 大丈夫生既不能开疆报国，死若可以安境全军，何惜一死？达闻阁
> 下仁德普天，信义遍地，爰此修书，特以奉闻。阁下如能依书附奏
> 清主，宏施大度，胞与为怀，格外原情，宥我将士，赦免杀戮，禁止

---

① 许亮儒：《擒石野史》，原载都履和《翼王石达开泜江被困死难纪实》，《新中华》
1945年第九期，转引自王庆成《太平天国的历史和思想》，第338页

欺凌，按官授职，量才擢用。愿为民者，散之为民；愿为军者，聚之成军。推恩以待，布德而绥，则达愿一人自刎，全三军以安。然达舍生果得安全吾军，捐躯犹稍可仰对吾主，虽斧钺交加，死亦无伤，任身首之分裂，义亦无辱。惟是阁下为清大臣，肩蜀臣任，志果推诚纳众，心实以信服人，不畜诈虞，能依请约，即冀飞缄先复，并望贵驾遥临，以便调停，庶免贻误，否则阁下迟行有待，我军久驻无粮，即是三千之师，尤足略地争城，况数万之众，岂能束手待毙乎？特此寄书，希惟垂鉴。①

此信大义凛然，不是乞降，更不是约降，而是舍生取义。绝境之中石达开的绝笔，代表了至少是金田起义时诸王对待死亡的态度。实际上，在任何的杀局之中，死亡并不是最可怕的，失义才是最让人不齿的。

按照许亮儒《擒石野史》记载，石达开的确有诈降的计划：

曹卧虎曰："事急矣，明旦请收拾余众，妖来背水一战，幸而胜则图进，不胜则主臣赴彼清流，断不受斧钺辱，惟王留意焉。"达开曰诺。曾仕和又进言曰："王请勿虑，适牒报南去溯谷流而上十里即梁桥，逾桥则为洗马谷（姑）场，越嶲营参将杨应刚、土司岭承恩各率数百人阻去路。明日我军诣梁桥，宜表诈降，俟济河劫粮，斩木猝攻，声威则无不复盛者，何待毙为？"达开壮其言，即令曹卧虎引炬据石为席，援笔成表，达开怀之。

天将曙，达开甫枕石而卧，忽见西南山头炬光，分道突出。……达开腹背受敌，所部仅二千余，仍被拥护，奋力夺路，望梁桥而去。……达开当此欲进不得，退则无所……将自刎。会一将自梁桥驰高阜，急呼王应元各军停攻，吾已奉命俯准石达开降免矣。应元视之，乃参将杨应刚也。达开闻讯，不得已率其子定忠及各官佐释兵表降。四月二十五日（6月

① 太平天国历史博物馆：《太平天国文书汇编》，第 161 页

11 日），杨应刚等乃招待石达开部属于洗马谷场，共相劝慰，以安其心。二十六日应刚复令应元等戒备，以防诈降。二十七日，唐友耕兵自北来，应刚即协解达开父子即部属到大树堡，但友耕疑达开中变，竟传令将达开父子及官佐护送渡河，部属二千余仍留堡地安置……达开见所部阻渡，诈降计绌，阴甚悔恨。[①]

许亮儒所记虽有夸张，但并非均为面壁虚构，他毕竟是亲历之人，这个推测或许是有事实逻辑的。6 月 16 日，当杨应刚亲自押解石达开渡过大渡河，前往唐友耕大营时，留在河对岸的两千余太平军的士兵被清军全部屠杀殆尽。石达开的愿望未能实现，大渡河成为一条愤怒的河。

石达开等人于 6 月 25 日被押抵成都，经过骆秉章亲自审问之后，在同治二年六月二十二日，即 1863 年 8 月 6 日，依清廷之命被凌迟处死。当时四川布政使刘蓉《养晦堂文集》第六卷《复曾元浦书》中有记载：

> 比提石逆研讯，据供自金田发难之后一切悖逆情状，历历如绘。其枭杰坚强之气，溢于颜面，而词气不亢不卑，不作摇尾乞怜之语。自言南面称王十余年，所屠戮官民以千万计。今天亡我，我复惜一死？临刑之际，神色怡然。[②]

这是被对手尊重的品格。大渡河边的石达开，与当年乌江边的项羽十分相似，不失节、不苟活、不念情。绝境之中走向绝路，绝路之上不肯回头，让人感佩。实际上，在一次强渡开始之前，石达开曾对手下表示："今陷入绝地，重烦诸君血战出险，毋徒束手就缚，为天下笑，则诸君之赐厚矣。因泣稽颡，众皆泣稽颡。"（薛福成《书剧寇石达开就擒事》）在大渡河边的最后几天，石达开还曾题诗于壁，有"大军之食乞谁籴，纵死浉江定不降"之句。（都履和《翼王石达开浉江被困死难纪实》）

---

① 转引自王庆成：《太平天国的历史和思想》，第 347 页
② 同上书，第 349 页

石达开在大渡河畔徘徊二十余天，走完了他生命的最后历程。在生与死面前，他既渴望生，也不畏惧死；身处绝地，心中有士卒有亲情，军事上的失利，并不意味着道德上的失败。石达开的这支军队，并不能完全称为太平军；石达开的个人理想，也并非太平天国的理想。这支二十多万人的队伍，恐怕心中也并非只有一个上帝。但是，面对如此的杀局，这些人的生命力是顽强的。

在所有的信仰之中，对生命的信仰最值得敬佩。

曾国藩："逆首石达开狡悍为诸贼之冠。"（《曾文正公奏稿·卷十·陈明石逆情形片》）

左宗棠："石逆狡悍著闻，素得群贼之心，其才智出诸贼之上，而观其所为，颇以结人心，求人才为急，不甚附会邪教俚说，是贼之宗主，而我之所畏忌也。"（《左文襄公全集·书牍·卷四·咸丰丁巳与王朴山》）

真的英雄，恐怕都不是能够忍辱负重、委曲求全之辈。石达开所经历的这场血腥的杀戮之局中，他既是局中之人，亦是局外之人。人生得意如此，人生起伏亦如此。至于军覆身死，妻离子散，折翼而亡，倒成就了一曲人间悲歌。

时至今日，在大渡河的两岸，还有关于石达开不死的传说。

（三）

在太平天国所面临的巨大杀戮之局中，前期所杀，事出偶然，冯云山、萧朝贵之死，皆为不谙军事战术所致，甚为可惜。至中期的天京之乱，兄弟阋墙，则是偶然中的必然。杨秀清、韦昌辉、秦日纲之死，起于谄媚，终于膨胀，让人不齿。到了后期，特别是李秀成、陈玉成、石达开之死，死得其所，壮怀激烈。抉天国之将领竭尽全力，是必然中的必然，受人尊敬。而太平天国干王洪仁玕之死，则是这一场杀局中的高潮部分。他的死亡，不仅是他个人肉身的消失，而且把整个太平天国最有思想、最具活力、最具时代感的部分，永远地带走了。洪仁玕的消失，则是太平天国真正意义上的被消灭。

简又文先生曾在《太平天国全史》中记载：

干王就义前吟绝命诗明志。此诗英译本曾刊《北华捷报》第 765
号，1865 年 3 月 25 日，似为五首。可见当时流行于世，但后却失传。……
兹将绝命诗英文译本写出如下：

PARTING STRAINS OF THE KAN WANG

In an anc'ent book is drawn a line' tween Chinese and barbarians,

But up now there are men around blindly indifferent to this,

The northern hordes deluded us concerning their true position,

That affairs should topsy - turvy be,

Is a thing to be much regretted ,

My will, though unaccomplished, was the barbarians to overthrow,

My mother has for seventy years incomparable virtue shown,

O'er hills and doles my feat have trod,

In the scope of my vision vast had been,

O'er creation's field have I roamed,

No distance(or) space has in the least tended to swerve my will,

The state of affairs now reigning round,

The hero's breath at each pulsation may be likened to rainbow glory,

The past reviewed, the present dwell on,

Wied anger makes one's breast to heave,

Despised to a thousand ages be the plotters on the chow dynasty,

Dwelling on these things by canses pain and lament more and more,

The northern barbarians never have been reckoned of our family,

Squandered our resources have they, and employed our nation's troops,

My brothers' round have they deluded to warring each against the other,

And for their conduct to our people shall owe to a myriad ages,

天
局

Addenda

And now in parting one word more,

One pleasurable thought outpour,

Though our kingdom's passed away,

'T will live again another day. [①]

英文的内容与国内保存的内容不太一样。按照萧一山先生《清代通史》（台湾版）记述，在清廷军机处存有洪仁玕的供词，以及他的绝命诗数首：

　　春秋大义别华夷，时至于今昧不知。北狄迷伊真本性，纲常文物倒颠之。

　　志在攘夷愿未酬，七月苗格德难侔。足跟踏破山云路，眼底空悬海月秋。

　　意马不辞天地阔，心猿常与古今愁。世间谁是英雄辈，徒使企予叹白头。

　　英雄吞吐气如虹，慨古悲今怒满胸。猃狁侵周屡代恨，五胡乱晋苦予衷。

　　汉唐突厥单于犯，明宋辽元鞑靼凶。中国世仇难并立，免教流毒秽苍穹。

按照王庆成先生的说法，英文的记录与中国的抄录虽有出入，但大体可知，这些诗的内容的确为洪仁玕的绝笔，可看出其临刑前的胸怀。

洪仁玕是在天京事变之后才投奔他的远房族兄洪秀全的。他比洪秀全小八岁，洪秀全还当过他的塾师。1859 年 4 月 22 日，两位兄弟相隔十年之后再次见面，洪秀全已是困境中的天王，而洪仁玕却是满腹经纶的游子。

---

① 转引自王庆成：《太平天国的历史和思想》，第 434、435 页

226

此时的洪仁玕熟读《圣经》，对天王的尊崇，以及天王与上帝之间的各种复杂的关系深信不疑。所以，洪仁玕没到几天工夫，洪秀全就封这位堂弟以"主将"的尊号，统领太平军，又兼以"精忠军师""文衡正总裁"，以及"总理朝政""外国事务总管"等头衔。到了1859年5月，天王又敕封洪仁玕为"干王"，取代那些已经升天的"开国"元勋。

洪仁玕对太平天国的贡献，并不是军事上的，而是思想体系的建设上的。在兵困马乏的太平天国后期，来了一个思想家，帮助有思想的天王梳理执政脉络，经营文化建设，看起来十分必要，实际上，已经为时晚矣。此时的太平天国，需要的是一担又一担的粮草，以及一场又一场的军事胜利，而非其他。

上任不久的洪仁玕，献出了他对太平天国未来的规划，即《资政新篇》。文章是洪仁玕写的，体现的却是洪秀全的思想。

《资政新篇》相较《天朝田亩制度》而言，是一个明显的升级版。它所描绘的是一个效仿西方资本主义的工业社会，提倡发展私有经济。在一定程度上，给太平天国这场以农民及小知识分子为主导的革命运动，注入了时代的气息。在战火纷飞、血战正酣的背景下，许多想法根本无法实现，但是，它使洪秀全的思想境界得到了新的拓展，使太平天国的文化意义得到凸显。这里的价值体系，体现了洪仁玕丰富的生活和求学经历。该文开篇即述："缘小弟自粤来京，不避艰险，非图爵禄之荣，实欲备陈方策，以广圣闻，以报主知遇之恩……兹谨将所见闻者条陈于后，以广圣闻，以备圣裁，以资国政，庶有小补云尔。"其篇目亦记："小弟于此类凡涉时势二字，极深思索……故恭录己所窥之治法，为前古罕有者，汇成小卷，以资圣治，以广圣闻。"① 这是洪仁玕个人的见闻及思考，以供洪秀全理政之用。二洪为血亲，干王之愚忠，亦见诸所谓的方略，也让人难免有纠结之感。洪仁玕的思考，却具有一定的代表性，至少，在当时的社会领域，包括清廷的所

① 转引自夏春涛：《太平天国与晚清社会》，第152页

有思想家在内，他的想法以及思维的层次，明显是比较高的。包括洪仁玕最后的节操以及杀身成仁，使其思想更具有真理的光环。特别是其推崇先革命、后建设的理念，竟然暗合了后来的历史发展轨迹，这就是思想的价值与魅力。

《资政新篇》分"用人察失类""风风类""法法类""刑刑类"。"用人察失类"是针对太平天国分散主义的倾向，强调集中统一领导；"风风类"是社会学意义上的移风易俗；"刑刑类"是效仿西方资本主义国家改革刑法。第二类是主体内容，在治国理政上是超前的，虽然太平天国也不是"国"，洪仁玕这个国务总理也无政可理。但是，有理想是最可贵的。实际上，洪秀全在这份奏折上作了极小的改动，就予以公开发布了，并将它作为太平天国国家建设的总纲领。

《干王洪仁玕颁行〈资政新篇〉喧谕》：

> 天国开朝精忠军师右军干王洪喧谕。照得治国必先立政，而为政必有（取）资。本军师恭膺圣命，总理朝纲，爰综政治大略，编成《资政新篇》一则，恭献圣鉴。已蒙旨准，并蒙圣照：此篇镌刻官遵刻颁行。今已遵旨将原奏刊刻颁行，咸使闻知。①

架势是完全拉开了，但干王并非开国重臣，缺乏如东王杨秀清等的威望与铁腕，想法很美好，现实却很难受。到了被清廷擒获之时，洪仁玕的心情又是这样的：

> 回忆三年前余在天京居高位，执大权，今日大局竟至如此，而余亦被辱待死，真梦想不到之事也。②

从志得意满到连连叹息，其中过去的日子，与《资政新篇》有关，也与《资政新篇》无关。

按照简又文先生的概括，《资政新篇》照政治、经济、社会三个大类来细化和简述。

---

① 《太平天国文书汇编》，第 96 页
② 《洪仁玕自述》，载《太平天国文书汇编》，第 545 页

政治：

1. 注重国际关系；

2. 消除朋党政治；

3. 高度集中权力；

4. 积极消除腐败；

5. 建立民主政府；

6. 推广独立会计制度；

7. 促进慈善及教育发展；

8. 建立新闻发布制度；

9. 保障个人权利；

10. 设立全国邮政系统；

11. 允许外国人经商、传教、办教育；

12. 改革狱政系统，废止酷刑。

经济：

1. 建立全国公路、铁路体系；

2. 鼓励发明创造，保护专利技术；

3. 制定政策鼓励矿产资源开发与利用；

4. 建立现代金融体系，兴办银行业；

5. 注重水利设施建设；

6. 设立公共财政金库，反对腐败；

7. 改革海关及税务征收体系，打击挪用公款现象；

8. 建立现代保险制度，加强对人身及财产的保护；

9. 实行房屋建筑规范。

社会：

1. 消除不良陋习，禁止败坏道德的各种风俗；

2. 改革文风，禁用华丽和夸张的辞藻；

3. 建立公共宗教及医疗场所；

4. 将庙宇改造为教堂，反对迷信活动；

5. 保护妇女儿童，设立政府性质的孤儿院；

6. 照顾残疾人，为鳏寡孤独建立保障机制；

7. 提倡移风易俗，讲究个人卫生；

8. 鼓励科学进步，加快与科学有关的仪器及设备的制造。

这些想法和安排，极具现代意识。简又文先生认为：

> 洪仁玕的构想显然有两个来源：其一是他在上海和香港与外国友人的对话（他不会阅读英文，排除了他直接阅读英文报纸和书籍的可能）；其二是他对两个通商港口行政和经济规程的个人观察。例如，香港就设有英国的银行和保险公司。当然，他亲身经历的对他的思想影响最大的例子，便是他在论述中提到的"书信馆"。在现代的口语中，人们还是用这个词，而不是准确的"邮政局"。而且，干王构想的整体效能要高于其他各条的总和，整体上不让历代行政法典，与其同时的改革和现代化规划之中，也无出其左右者。与他同一时代的英杰如曾国藩、李鸿章、左宗棠等人，都未曾对当时的政治思想做出类似的贡献，也使得洪仁玕为太平天国规划的蓝图成为直到孙中山的国民革命胜利的进程中独一无二的社会构想。①

这个评价极其准确，不仅恰如其分，而且被后来的历史所证明。洪仁玕应该是认真研读了洪秀全的若干思想，并结合自己的所见所闻所思所想，为太平天国描绘出一幅具有近代文明社会雏形的蓝图。它不仅将这种现代性从太平天国那些模糊的宗教理念和寡淡的民族情结中剥离出来，而且在文化和社会建设领域中，有了开拓性的探索。特别是有关调整太平历、推进文学改革，包括重振所谓的民族精神等方面，都极具前瞻性地提出了有针对性的建议。如果不是兵荒马乱的时

---

① 简又文：《太平天国革命运动史》，第 329 页

代，如果不是兵临城下的重压，这些举措如能随新政权的建立而推广实施，中国近代史的传统内涵及发展节奏，有可能被重新安排。

当然，洪仁玕是一名比较地道的基督教徒，他应该知道"天王受命于天""天王为上帝的次子"这一类的说法，应该是扯淡的东西。但是，为了维护洪秀全的权威与尊严，他仍有意迎合，加以铺陈，并与自己早先接受的那一套所谓基督教的正统教义作了切割。这样做的结果，是他将自己置于一种不尴不尬的境地。

洪仁玕并不是思想家，值得注意的是他的思想火花以及他的洞察力。

在对待杀戮方面，他的看法有片面性。他并未像洪秀全等人从金田一路走来，经历了血雨腥风，认为依靠暴力手段最后才能夺取政权。洪仁玕所推崇的是耶稣登山宝训的忍耐和仁恕，大谈第六天条中的"勿杀"概念，与当时的时代背景以及太平天国所处的政治军事形势并不相衬。倒是洪秀全明确指出："爷令圣旨斩邪留正，杀妖有罪不能急也。"

在对待儒学态度上，洪仁玕显得较为开通和富有弹性。他自认为"生长儒门"，"自幼习举子业"，认为中国传统的儒学与上帝的学说有共同与相通之处，充分肯定其社会价值。他还针对中西方文化及风俗的异同，针砭专事浮事、徒事清谈的士林陋习，倡言讲求实学。这的确说到了关键之处。

在国家与民族层面上，洪仁玕虽有新的意识，但总体上是偏传统的。他的汉民族意识十分强烈，指斥元、清两代统治者为"妖"，这与洪秀全的想法颇为一致。其定性的方式与对立的原则，也十分明了，可谓泾渭分明，非黑即白。在中国历代帝王中，干王最为推崇光武帝刘秀以及明太祖朱元璋，认为"光武帝能恢复汉室，洪武能用夏变夷"。

在对外关系方面，洪仁玕较早地意识到东西方的文化与特点的差距，提出要与西方保持良好关系。但是，他未能预测到西方列强在当时的时代背景下，对中国不了解、对太平天国也不了解的特点，"中立"之后又选择与清廷联手，以至让洪仁玕觉得这些文明国家，其实也有野蛮的一面，并得出了"鞑妖买通洋鬼，交为中国患"的结论。这是一个似是而非的结论。这在中国的对外开放历史上，从一个侧面昭示了一代国人对西方认知的艰难而曲折的过程。

洪仁玕的出现，以及《资政新篇》所描绘的未来社会蓝图，并非在太平天国这块原生土壤中生成的，它虽是表明了在整个太平天国运动中，其领袖人物的前瞻性以及包容度。想得美，做得好，当然是重要的，但更重要的是能够想得到。这一点，洪仁玕做到了。太平天国所谓革命运动中的近代性，不是革命的近代性，而是通过革命获得近代性，这一点，被大多数研究者忽略了。

从本质上讲，洪仁玕的生活经历与后期所承受的巨大施政压力，也使得他无法将自身的思考系统化和理论化。但是，他是一个有信仰的人。他曾经以一己之力，为太平天国后期的发展点亮过一盏灯。可惜，它不能灿烂，也不够持久，然后就转瞬而逝了。即便如此，在整个太平天国，其人、其文、其思、其行，都堪称一盏明灯。

当时的《传教杂志》记载：

> 未几，彼（洪仁玕）即博得该会西教士及华教徒之信仰与尊敬。
> 因其文学优良，待人敬重，其性情温良易与可爱，而其头脑与素性则灵
> 敏机警，善于应变，且多才多艺，为在中国人中所罕见者。至于他对基
> 督教义理之知识，亦随时增进，渐至所学甚丰，而其对于真理之诚心笃
> 信确无可疑。[1]

在被俘四十四天以后，洪仁玕在南昌被凌迟处死。当日，他还写了一首真正的绝命诗，坚信"我国虽消逝，他日必复生"。

实际上，后来的历史证明了他是对的。后来的历史，与他所预言的，也分毫不差。这既是洪仁玕对太平天国的价值，也是他对于中国近代史的价值。罗尔纲先生认为：

> 当太平天国革命，资本主义经济早已在中国萌芽的时候，仁玕传
> 播资本主义思想，提出发展中国资本主义的方案，对推进中国社会发展
> 的功绩是巨大的。近年西方历史学家论"他的研究从神学到西方科学和

---

[1]　《吟唎书》第一卷，转引自《太平天国革命运动史》，第323页

政治经济学，不但使他成为太平天国领袖中文化最高的人，而且是西方
文化最早的传播者之一"（《剑桥中国史》第十卷，第一篇，第296页）。
我认为这样评论，对仁玕的功德——思想与方案，意义与作用的巨大，
是还没有彻底的了解的。[1]

如果说太平天国尚有文脉的话，至洪仁玕的被杀之后，文脉就消失了。等到
再次出现，已是一个甲子以后的辛亥年。而那篇《资政新篇》，思想之先进，见
解之深邃，言词之恳切，至今读来，仍感亲切。

（四）

结语：太平天国故事，并非是一则革命的故事，它更多的是一场关于杀戮的
传说。有些人死了，有些人活着，血腥的杀戮一直延续下来，动荡的社会又用时
间冲淡了这种血腥。如此循环往复。

俄国伟大的文学家列夫·托尔斯泰，在其不朽著作《战争与和平》一书中曾
经说过，历史的每一页都充满了血腥。我们不敢面对，但深以为然。

在太平天国这场杀戮之局中，最有谋略的东王杨秀清与北王韦昌辉相继死去，
看起来是死于彼此的刀下，实际上还是死于天王的刃上。从此以后，太平天国走
向了衰败之路。

翼王石达开之死，原因是极其复杂的。也正因为这种复杂的原因，使得他的
死亡具有巨大的悲剧意义。从某种程度上来讲，最具有军事才华的太平天国领袖，
并非死于刀光剑影的战场，而是死于自己的内心。哀莫大于心死。从他的身上，可
以看到一个被剥去灵魂的将军和一支丧失信仰的军队，是无论如何也渡不过那条
愤怒之河的。

洪仁玕对于太平天国的意义，是要看如何定义太平天国的性质。如果是农民

---

[1]　罗尔纲：《太平天国史》第三册，第1982页

革命，洪仁玕不是主角；如果是民族义举，洪仁玕也不是主心骨；如果是宗教革命，虽然牧师出身的干王有资格，但是，也并非核心。如果把太平天国定义为文化革命的话，那洪仁玕就是当仁不让的旗手。他与他的《资政新篇》，在血色迷局之中，是整个太平天国的最后一抹亮色。

行文至此，《推背图》关于"王杀王"的预测，应该是后人附会无疑。每一次杀机，每一场杀局，每一枚人头，都昭示着历史不可挽回和不可原谅的部分，让人触目惊心，叹息不已。

无论是历史上还是现实中，每一场杀戮之中，有可能是刀光剑影，也有可能是杀人于无形，太复杂了。那些设局之人，那些局中之谋，那些败局之事，从来也未能按照剧本去上演。不是节外生枝，就是南辕北辙，让人无法驾驭。时间如流水，再猩红的血迹也会暗淡，再愤懑的心绪也会平复，一切都会安静下来。只是，在朝阳与晚霞之中，如果有血色，那么，这一天，就一定会与历史上的某一天相同。

这是自然的底色，也是历史的原色。

第七章

颓局

（一）

晚清政府虽然是传统政治的产物，但作为一个实质性或合法性的政府，在面对太平天国这样以强硬军事手段崛起的挑战者来讲，其政府的本质，却显现出一定的懦弱性。如果强势的太平天国能够一直强势下去的话，是极有可能取而代之的。太平天国在兴起后不久，在战略选择和战术安排上一定的失误之处，整体发展显现出一种颓势。这种趋势来得很快，并且深入骨髓，不可自拔。这种局面的形成，当然有其深厚的根源。总的根子，还是出在领袖身上。可谓上梁也并非不正，下梁也不是很歪。但是，怎么看，怎么就是一种消极的面目；怎么看，都是一种往下走的态势。对于一场革命运动来讲，如果不能保持昂扬向上的姿态，那失败是迟早的事。

对于太平天国来讲，这种颓势在后期，的确发展成了一种颓局。无论怎么调整，都让人看不到希望。过去的历史学家对此都不置可否，其根源，还是在洪秀全本人。李秀成曾感叹："天王失国丧邦，实其自惹而亡。"这是气话，也是实话。

过去的历史学家，对天京城里的洪秀全个人生活，并不掌握，也不研究。民间的许多传说，大都荒诞不经，且无考证的资料。洪秀全的生活到底如何？就目前掌握的情况来看，他更像是罹患自闭症的、具有偏执倾向的文化工作者。

在整个天京城中，与洪秀全有血缘关系的，不只有洪仁发、洪仁达，还有他

237

的妹妹洪宣娇，以及正宫赖氏的族人。这其中，洪秀全的大哥有八个儿子，二哥有两个儿子。洪秀全本人，除了有两个儿子过继给耶稣和杨秀清为养子之外，另有两个年幼的儿子和两个女儿。这些孩子，均由洪秀全的小妾所生。按照郭廷以《太平天国史事日志》的附录，洪秀全有几个小妾甚至都是已婚的，只不过她们成婚还未成年，也没有与丈夫同住。[①] 除此之外，还有数十名来自官禄㘵及粤桂等地的洪家子侄，其中有不少是在太平天国起事之初，就长途跋涉来到紫荆山的，有些则是后来官军到洪秀全老家捣毁洪氏公祠，被迫来寻找洪秀全的。从1856年到1857年，洪秀全特地新编了《洪氏族谱》，并对族人一一封以尊贵的头衔。[②]

对于洪秀全的族人来讲，似乎一人做天王，全族可升天，这是顺理成章的事。此种观念不仅陈旧，而且容易造成不必要的麻烦。洪秀全《公子公孙永作主诏》：

诏曰：奉天爷、天爹暨爹命，朕诏佑弟、和表、福表、和元㔥、利元㔥、科元㔥、瑞元、现元、瑭元弟、锦元㔥、钰元弟、釚元弟、栋梁妹夫、文胜妹夫、万兴王亲、玕叔、葵元㔥、达叔、玉叔、秀叔、雍弟、贤叔、辅叔、璋叔、万弟、天将、掌率、统管、尽管、神策朝将、护京神将、神使、六部、主、佐将及众良臣知之：

爷爹爹朕开辟君，信实认真脱沉沦。爷浸洪雨结霓约，预诏洪日主乾坤。霓现雨水是何故？爷生爹弯照臣动。遵天遵日何至浸？父兄君几是窄门。齐遵天命享天福，旧荣父兄君永存。天国天朝天官兵，官多且高历诏明，父兄君大体就大，古前今后尽是臣。父兄君王众元首，齐戴天日扶朝廷。爷今践约齐遵约，认禾救饥救太平。父子公孙永作主，万方真草敬真神。钦此。[③]

且不论这份诏书的文字和内容，就看这开头一段那么长的称谓，老老少少的

---

① 参阅：《太平叛乱》第981-982页

② 简又文：《太平天国革命运动史》，第352-353页

③ 太平天国历史博物馆：《太平天国文书汇编》，第84页

一大家人，就不是天国而是家族了。

洪秀全在男女关系的认识上，是典型的矛盾体。在洪秀全的主观意识中有一些进步主张，如"凡分田照人口，不论男妇"，"凡天下婚姻不论财"。事实上，定都天京后，洪秀全即严判上下尊卑，男尊女卑意识浓厚，大讲三从四德，以及男主外、女主内的老调。至于洪秀全在军中和天京推行的禁欲主义，严别男女，规定虽夫妻不得同居，违者一律以"奸淫"罪处死，自己却大搞多妻制，并声称这是上帝的旨意。在强行婚娶和多妻制背景下，女子连最起码的尊严都没有，谈何平等与自由？

当然，洪秀全还是比较人性化的，他在规定当官所能拥有的妻妾数量上，颇为宽宏大量：东王、西王可以拥有十一名，其他的封王，包括洪秀全的兄长，都可以配有六人。洪秀全的解释是，"天父造亚当，使他与夏娃联结，一夫一妻，这原本是然"，但之后上帝和耶稣降临谕世时，"恩准朕多娶妻妾"。夫妻同房禁令在1855年被撤销后，洪秀全对娶纳不合其身份者，亦既往不溯。"此谕前，多娶不合规定者（或纳妾者），朕不往究矣。"①

与传统中皇帝处理日常杂务的都是太监不同，洪秀全后宫中所有人员均为女性，太平天国并无太监。在洪秀全的生活中，大约有两千余名女性为其服务。其居住的场所，按照《贼情汇纂》的说法：

> 城周围十余里，墙高数丈，内外两重，外曰太阳城，内曰金龙城，殿曰金龙殿，苑曰后林苑。雕琢精巧，金碧辉煌，如大兰若状。惟外面纯用黄色涂饰，向南开门，曰天朝门，门扇以黄缎裱糊，绘双龙双凤，金沤兽环，五色缤纷，侈丽无匹。其宫殿堂庑，下及厢簃庖湢，无不如是。且以黄绸十余丈挂诸门外，朱笔大书，字径五尺，其文曰："大小众臣工，到此止行踪，有诏方准进，否则雪云中。"贼中呼刀曰云中雪，忽作歇后隐语，言外必杀也。门之两旁设东西朝房二所，内外各三层，亦皆宽敞

① 参阅：《英国议会档案·中国卷》第三十二卷，第153页

高广。门外用红黄绸扎为彩棚，风雨任其淋漓，月余即换一次。门前丈余开河一道，宽深二丈，谓之御沟，上横三桥以通往来。过桥一里，砌大照壁，高数丈，宽十余丈，照壁适中搭造高台，名曰天台，为洪逆十二月初十生日登台谢天之所。台傍数丈，外建木牌数二，左书"天子万年"，右书"太平一统"。牌楼外有下马牌，东西各一。此洪逆伪宫之大概。[①]

这个排场，与北京的故宫相比，还是有差距的。其形制与样式，多少有点临时凑合的意思。

让人感到意外的是，洪秀全亲自为后宫的管理建章立制，让人哭笑不得。这些规章制度琐碎而周密，散见于洪秀全近五百首的诗歌作品中。他把后宫的管理诗意化，但被管理的却从中丝毫看不到诗情画意，而且十分痛苦。洪秀全规定，宫中女性不准哭泣，不准愁眉苦脸，不准如狗吠一般尖叫怒吼，不准嫉妒。人人各司其职，井然有序。未经批准，不得擅自活动，铜锣一响就要点名应卯。夜里宫门要上锁，守夜则需要四处巡逻。虽然报时打更需要用铜鼓，但任何巨响或骤起之音，都会让洪秀全心神不宁，故他自是不喜铜鼓声的。但是，洪秀全却喜欢听管风琴圆润而悠长的声音，他曾经在南京的某处教堂中发现一架，并立即着人搬回宫中，平时不用还锁起来，十分珍爱。他认为这种声音，最能代表太平天国的升平景象。[②]

在洪秀全的宫中，事事都必须清爽整洁，以避免有火灾疫病之虞。每天必须打扫卫生，要轮班清理痰盂；不能让飞虫接近洪秀全，尤其是在晚上。每晚都有两个宫女专门为他驱赶飞虫，一个扇头，一个扇脚，扇子必须离洪秀全一个手掌以上的距离，不得触碰到他。浴室则是一个纤尘不染之处，不当班的宫女不得进入，所有进出之人均需登记，不得隐瞒。[③]

---

① 太平天国历史博物馆：《太平天国史料汇编》第五册，第 2132–2133 页
② （美）史景迁：《太平天国》，第 320 页
③ 同上书，第 321 页

按照史景迁先生转引《太平叛乱》一书中关于洪秀全生活细节的内容，还包括以下这些：

洪秀全入浴时，宫女总是准备四条香气浓郁的干净浴巾。这些浴巾均用蚕丝制成，有黄有白，若是天气寒冷，浴巾还要定时加热。他的手帕、汗巾、面巾、须罩必须十分干净，定期更换。宫女们的工作是有专业分工的，有的为他剪头发，有的为他擦鼻子，有的为他整理脚和下体，甚至还有专门为他清洗"肚脐附近"部位的人。两个侍女每天清晨还要帮他穿好衣服，其目光不能超过他的肩膀，更不能直视。她们给他穿上外袍时，想法子套上衣袖，再把绣了花的领子抚平，但是绝对不能触碰到他的脖子。宫女要从背后给他戴上帽子，必须端端正正而不能有丝毫的歪斜。

宫中女性一起床就要漱口，以保持清新宜人的气息。按照洪秀全规定的服务礼仪，她们还要细心地清洗眼圈。手指必须保持整洁，发髻必须梳得端正，服饰必须保持朴素大方，眉发必须保持天然洁净，而衣着更需要鲜亮简单，胸前必须佩戴饰花。洪秀全多次在诗中说过，漂亮并不重要，耶稣和天父何时嫌过丑女？梳妆整洁才是最要紧的。[①] 这些要求，符合一个虽地处偏僻乡村，但是知书达理的小知识分子对帝王生活的全部向往。

按照史景迁先生的讲述，洪秀全若是在御花园中走动，不分昼夜，宫女们都要十分注意他的衣服是否足够保暖，甚至要及时进行搀扶，以避免他有意外。洪秀全若想乘车舆游园，欣赏美景，她们就必须立刻拉着华丽的御辇，轻步慢行。这其中所有的体力活，均由宫女完成，并无其他男性帮忙。

南京的夏天高温异常，冬天又十分寒冷。因此，保障天王的龙体就成了头等大事。这些宫女们必须仔细铺地毯、被子，安置火盆让他保暖。还必须奉上人参和鹿茸等补品，为天王增强体质。她们还给他按摩头脚、足踝、脉搏、膝盖，以解除身体疲劳。在那最不可与外人道的事情上，洪秀全也不会对女侍明言，只是

---

① （美）史景迁：《太平天国》，第 321 页

特别赞扬祝福那些"救亮"妃嫔：

真会救亮脱鬼迷，真会救亮是真妻。

真会救亮好心肠，真会救亮识道理。

这里的"救亮"，是因为洪秀全在诗文中自称"亮"或"日"，以对应他与上帝共有的"火"字。太平天国为了避讳，以"亮"代"火"。[①]

洪秀全的大部分精力，用在对后宫的管理上，事无巨细，皆亲力亲为。写诏谕，写文告，写诗歌，反复对这些宫女和女官讲道理，申明纪律，且乐此不疲。在宫中的一点点小事，都会让洪秀全火冒三丈，比如扇子扇错了地方、热毛巾送迟些等。要是有人同样的错误犯了两次，那么，就会被视为"惯于忤逆者"，杖击是最常见的处罚，挨打的人要面露欢悦，甚至在板杖落下来的时候，还要赞美天王。要是有女子不认错的话，就会以死刑来对其惩罚。会先将她带去焚香沐浴，再带到后花园中用大刀砍死，不会经过任何的司法程序。洪秀全有时还忿忿地直言："尔不顾主有人顾。"据文献记载，洪秀全与后宫嫔妃们的关系一直十分紧张，严格的管理突出了天王的权威，但繁重的生活服务和精神压力，使这些人谈不上幸福和幸运，反而成了较为愁苦的一群人。以至于东王杨秀清在世的时候，还不时地以天父下凡的形式，对洪秀全提出善意的批评。东王被杀以后，基本上洪天王就由着性子来了。

在外国历史学家轻松的笔触之下，在那些绘声绘色地杜撰和妄猜洪秀全个人私生活细节的字里行间，我们看不到作为领袖的权威，看到的反而是农民式的猥琐，以及小知识分子的狭隘。洪秀全不理朝政，反而津津乐道于后宫的管理，这不仅仅是奇葩之事，而且是真正颓废之事。它不仅消磨了其事业的锐气，也使洪天王的身体每况愈下，壮年之时未有壮硕之躯。

当然，也有给予正面评价的，简又文先生认为：

与过去宫廷中频繁发生那些宫斗和巫蛊事件不同，在天王对法度

① （美）史景迁：《太平天国》，第322、333页

的坚持以及对宫中女性德行操守的不断教育下，天京宫廷中产生了一种知礼守节、井然有序的氛围。1857 年官方刊印发行的《天父诗》中，有五百首天王写的诗歌和格言，以口语的形式训告宫中的女官以及他的妻子们，还有很多诗是专为他的王后及姐妹所作的。每个人每日必须读一首诗以及一节圣经，《新约》《旧约》轮流交替。周日的时候还要诵读十诫。总而言之，太平天国对于宫中生活的组织安排的改革，在中国历史上是绝无仅有的。①

一个人的精力是有限的。在天京的十多年中，洪秀全基本足不出户，严于并精于内部管理，乐此不疲。出来革命，争名夺利是司空见惯的，像洪秀全这种大胆放权于他人、享受生活于自身，的确是比较罕见。这种革命理想，这种生活方式，这种对权力的态度，不仅在中国历史上，即使放到整个东亚史，甚至世界史上，也不会有多少。我们无法想象，天王每天都在督促那些"女承宣""女宣诏""内掌门""说教"等人物，日复一日地从事炊事、清扫、搬运、园艺，甚至还有挖掘和建造等繁重体力劳动，到底有什么乐趣？或者，其中与太平天国伟大的革命目标和任务，到底有多大的关联度？真的弄不清楚。

不少文献中，都提到太平天国信仰中的一夫多妻制，是由东王杨秀清首先提出来的。按照《北华捷报》1863 年 2 月 20 日第 654 期中明确记载，杨秀清在金田起义后不久便以上帝的神圣名义，命令萧朝贵为天王再安排两名妻子，同时为石达开寻找一位妻子。② 这样看来，太平天国颓局的始作俑者，是杨秀清而非洪秀全本人。这个提议，看起来是为天王好，实际上是害了天王，让他把这么多精力都投身于此，把革命的事渐渐忘记了。

罪不在天王，罪仍在东王，在事实逻辑上，是说得过去的。

洪秀全的这种矛盾人格，用历史学的方法，是无法解释的。洪秀全这种特殊

---

① 简又文：《太平天国革命运动史》，第 128 页
② 同上书，第 130 页

的人格，类似于心不在焉的革命者。他的性格中的消极因素，恰恰是造成了太平天国颓局的原因。

实际上，洪秀全的人格特征是依赖性和竞争性。由于他对科举考试寄予过高的期望，童年和少年时期的心理受到过重大打击，成年之后，这些未得到干预的心理危机，就演化成偏激和消极的同一性。这种同一性激发出他内心深处的叛逆心理，他并没有选择适应，而是选择了破坏，这当然是一种人格退化。正是这种退化，让他深居宫中，对宫闱之事津津乐道，失去了进取精神以及对正常事物的准确判断。再加上他的暴力倾向，神经质，施虐心理，包括权力人格等等，就形成了太平天国后期一系列重大的战略误判。这里并不是对与错的问题，也不是好与坏的问题，更不是必然与偶然的问题。它就是一种必然的退化，是不以人的意志为转移的。

有关洪秀全生活记载的文献不是太多，实际上，不同的生活风格代表了不同的人格，并标识了不同个体在社会中寻求表现的独特方式，也是不同个体处理问题的特有方式。一个人的生活风格，不仅决定了他注重生活的哪些方面，还决定了他会观察什么和忽视什么。令人遗憾的是，洪秀全所养成的生活风格，在绝大部分时间里，是以颓废的面目出现的。前期是一个样子，后期又是一个样子。前期的进取决定了事业的高度，后期的颓废决定了衰败的速度。布衣与黄袍，天王与百姓，有时就一步之遥。

从权力高峰到权力边缘，从上帝到天下，一切的一切，如果是一条路的话，对洪秀全来讲，那还真是一条歧路；如果是一盏灯的话，那还真是一盏昏黄不定的幽冥灯。

需要就是动力，存在即为合理。洪秀全的矛盾人格所形成的太平天国的颓局，既是性格所致，也是社会所致；既是洪秀全人性的深渊，更是他一手创立的太平天国的劫数。

（二）

太平天国曾经行使过自己制定的历法，俗称"天历"。从太平天国壬子二年正月初一（清咸丰元年十二月十四日，公元 1852 年 2 月 3 日）起颁行，到己巳年十九年四月十一日（清同治八年四月十七日，公元 1869 年 5 月 28 日）陕西保安县老岩窑陷落之日止，计在长江流域及太平军所控制地区，行使了长达十七年。因为是阶段性和局部地区使用过，当太平天国消失之后，一般百姓一时还绕不回来。时人有诗"不觉草茅忘忌讳，亥开丑好未全芟。"（据麦都思《中国革命军概观》，见《英国政府蓝皮书之太平天国史料》，1853 年 5 月 11 日，文翰《上克拉兰登伯爵书》附件之十）

历法这种东西，既有约定俗成之为，亦有科学知识和逻辑在其中。洪秀全在这个方面动了不少脑筋。所有革命者当然都有改天换日的想法，因换历法而意为建设新世界，想法是对的，但做法却是消极的。历法作为一种习惯，已经成为被社会普通大众所接受的生活方式。这种生活方式只是一种习惯，而且是一种大致的习惯，去花大力气改变之，其中并无太大的好处。

当然，洪秀全并不是这么想的。他的想法是天历一改，其统治便可万万年。《天历每四十年一斡旋诏》：

> 天父上帝太平天，太平天国万万年。天国天历无穷尽，四十年加诏在前。兹据玕胞恩裁定，诏每四十年斡旋，斡（斡）年每月念八日，节气平匀义更全。朕今诏明甥等，天父上帝，乃天下古今前后大共太平天父，天父太兄基督，乃天下古今前后大共太平天兄，朕乃太平天子。自戊申年三月，天父上帝下凡，降拖东王乃（龚）世人。九月太兄基督下凡，降托西方诛灭妖魔。今蒙爷哥下凡带朕作主，创开天国、天京、天朝、天堂、天历，永远流传，自辛开元年一直传去，千年万载万万载，永无穷尽。①

---

① 太平天国历史博物馆：《太平天国文书汇编》，第 46 页

天
局

修订天历的动机，是纯政治目的，其中并无科学的因素在其中。而天王洪秀全本人的因素，倒是更加突出一些。《天历六节并命史官作月令诏》：

> 天父上帝降凡间，暨爷带朕坐江山，爷哥朕国是天国，三子爷共御尘环。爷哥下凡天国来，天历流转如循环。新开元年传永远，永不改元诏再颁。……天历首重孝顺爷，七月永拜福禄加。二月初一报爷节，谢爷差朕斩妖蛇。三月初三爷降节，天国迩来共一家。本年三更诛凶首，从此万郭归爷妈。天历二重恭敬哥，舍命赎罪活人多。正月十三哥升节，普天铭感福江河。二月念一哥登极，亦朕登极人间和。九月初九哥降节，靠哥脱罪记当初……[①]

这不是历法，而是天王及诸兄弟的光荣榜。实际上，所谓天历，应该是一种四季历法。历法与气候有关，气候是明确农时、指导农民进行生产和生活的一个简单依据。

地球以 23.5 度的倾斜，依黄道环绕太阳运行。因此，一年中有昼夜长短和正午太阳高度不同，从而产生四季变化。一年中白天最长，正午太阳最高的一天叫"夏至"；白天最短，正午太阳最低的一天叫"冬至"；夹在中间，昼夜平分的叫"春分"和"秋分"。

节气主要是指气候的变化。古人认为，气候主要是由"气温"和"雨量"构成，24 个节气，均与此两项内容有关。

关于四季变化的，有立春、春分、立夏、夏至、立秋、秋分、立冬、冬至；

关于气温变化的，有小暑、大暑、处暑、小寒、大寒；

关于雨量变化的，有雨水、谷雨、白露、寒露、霜降、小雪、大雪；

关于农事方面的，有惊蛰、清明、小满、芒种。

二十四节气是一年内太阳在黄道上的位置变化和引起的地面气候的演变次序，将全年平分为二十四等份，使农业生产与每个时间段的工作结合在一起。这

---

① 太平天国历史博物馆：《太平天国文书汇编》，第 48 页

是农耕文明的一个显著标志。既是文明的标志，也是经验积累的标志。这个成果，相较西方文明的水准，的确是领先的。历代帝王，国号年号什么的随便改，时令及节气的天历，一般不去弄。两千多年以来，主要处于农耕社会里的中国农民，耕田、播种、收获，都习惯于按节气办事，不用再个个都仰观天象了。

从历史上来看，距今四千多年前，古代中国就知道利用黄昏时星宿的出现，来确定一年四季的方法。根据鸟、火、虚、昴来确定四季。把这四个星宿作为仲春、仲夏、仲秋、仲冬黄昏时的中星。《尚书·尧典》：

日中星鸟，以殷仲春。日永星火，以正仲夏。

宵中星虚，以殷仲秋。日短星昴，以正仲冬。

到了春秋战国时期，我国已经有了二至二分的四个节气。《孟子·离娄》：

天之高也，星辰之远也，苟求其故，千岁之日至，可坐而致也。

战国末年《吕氏春秋·十二月记》，已有立春、雨水、立夏、小暑、立秋、白露、霜降、立冬等节气，惟夏至叫"日长至"，冬至叫"日短至"，春分、秋分叫"日夜分"。到西汉淮南王刘安《淮南子·天文训》中，二十四个节气已全部完备起来。这种安排，完全符合太阳历的要求，是日积月累的成果，不是以个人喜好来安排的。

太平天国行使的天历，也是太阳历。同样是以节气为造历的基本原理，制造出一种四季分明的历法。概括起来讲，它有这样几个特点：

一是代序成岁。中国的地理环境，造成了四季分明的气候类型，春夏秋冬四季的变化，构成了"岁"的概念。这是最符合自然规律的历法。中国传统历法，虽然有"以闰月定四时成岁"（《尚书·尧典》）的说法，但自古以来的阴阳历，其平年、闰年的长度与回归年相差较远，容易"岁年错乱，四时失位"，无法达到这个要求。至于阳历的日期，虽然和气候变化有着固定的关系，但冬季跨在前后两年，四季与岁时并不同步。太平天国的天历，以节气定岁时，分一年为四季，每季三个月，一年二十四个节气，月首为节，月中为气；每年正月初一元旦立春，为一年春季的第一日，四月初一为立夏，为一年夏季的第一日，七月初一立秋，为一年秋季的第一日，十月初一为立冬，为一年冬季第一日。历年与四季相吻合，看上去比较简单。

二是突出立春。天历将立春定位岁首，还真是有了民间百姓的习惯，也是十分接地气的。而且，立春为岁首，是最为理想化的设计。因为当时所通行的阴阳历每月的朔日，是依太阳为标准的。因此，现实中的元旦，很少能与立春相遇。中国传统中有"百岁难遇岁朝春"的说法。至于阴历以冬至后十日为岁首，也是受耶稣圣诞的影响，在天文学和气象学中，并无实际意义。我国从周代以来，均以立春为一岁的大典，民间亦有"立春过年"的习俗。在立春这一天，太阳正位于黄经315度，它在天文学上虽然没有二分、二至那样具有重大意义，但也十分特别。天历重视立春，也是迎合了民间的习俗，这个日子特别具有气象学的意义。

三是划分整齐。历以纪时，需要整齐。阴阳历每年的月份，并不十分整齐，分为大月与小月，不容易记忆。阳历以一、三、五、七、八、十、十二为大月，每月有31日，四、六、九、十一月为小月，每月30日，二月平年为28日，闰年29日，不太好记。天历一年24节气，每月一节、一气，节为月首，从初一日开始，大月16日，小月15日；气为月中，大月从十七日开始，小月从十六日开始，俱15日。然后，40年一斡旋，斡之年每月28日，节气俱14日平均。年年如此，要记忆的话，还是比较容易的。

四是改为致用。天历以节气定岁时，本身在一定程度上，也是为农业服务的。到己未九年，又特命史官作月令，把每年的节气和草木萌芽都记录下来，附在下一年同月日历之后，以供农民耕种作参考。并供负责编制天历人员，"每四十年一核对，裁定耕种便于民（《特命史官作月令诏》）。如：辛酉十一年天历所附庚申十年萌芽月令，其记载气候变化的，如惊蛰十三、雷鸣下雨，菁明九、雷鸣下雨等；记载耕种日期的，如立春十六，南方地暖种松、种花麦、种乌豆，春分二，南方地暖落谷种、种包粟，春分四，南方地暖种蔗。这些记录，都可以供农民当年耕作参考"[1]。

---

① 参阅：《罗尔纲文选》，第214页

任何历法须迁就自然的日、月、年之间的周期。所谓理想的历法，可能只是理想之中。便利当然只是一方面，好记和好用也都是相对的。在农耕文明的社会中，自然永远是处在一种不可捉摸的状态。因此，太平天国的所谓十全十美的天历，当然是有局限性的。

天历以 366 日为一年，较回归年长 18 时 11 分 14 秒。因此，天历每年多四分之三日有奇。4 年多 3 日有奇，40 年就多了 30 日有奇。天历初定，定 40 年一加，每月 33 日。这样，到了 41 年，暗中既加了 30 日有奇，又明加 30 日，就一共多了 60 日有奇，节气错乱就达两个月了。洪仁玕到天京，奏请改用 40 年一斡旋的办法。即使改了，天历的岁实，仍然比回归年长。所以，节气就一年比一年落后于天象，天历是以节气定岁时的初衷，就不能很好地实现。

具体来讲，以"癸好三年新历"为例

正月建甲寅牛宿

初一壬寅年立春

初二癸荣女

初三甲辰虚礼拜

初四乙巳危

初五丙午室

初六丁未壁

初七戊申奎

初八己酉娄

初九庚戌胃

初十辛开昴礼拜

十一壬子毕

十二癸好觜

十三甲寅参

十四乙荣井

十五丙辰魁

十六丁巳柳

十七戊午星　雨水礼拜

十八己未张

十九庚申翼

二十辛酉轸

二十一壬戌角

二十二癸开亢

二十三甲子氐

二十四乙好房　礼拜

二十五丙寅心

二十六丁荣尾

二十七戊辰箕

二十八己巳斗

二十九庚午牛

三十辛未女

三十一壬申虚　礼拜

　　二月至十二月内容与形式以此类推，其中，太平天国还有避讳，即"丑"改为"好"，"亥"改为"开"，"卯"改为"荣"，并改"鬼宿"为"魁宿"。

　　天历的年名，承用古代干支纪年，以自甲子至癸亥六十周年为青龙一周，周而复始，连续不断；月名是依据清时宪书古法，自公元前十三世纪中叶祖甲时代改一月为正月，一直沿用到1912年（民国元年）改为阳历。天历的月名，仅代表一年中十二分之一的一段日子。日宿是以二十八宿八历书，记四个礼拜的日子，以代替七曜星期制（日、月和火、水、木、金、土），星曜对照如下：

　　虚、昴、星、房属日礼拜日

　　危、毕、张、心属月礼拜一

室、觜、翼、尾属火礼拜二

壁、参、轸、箕属水礼拜三

奎、井、角、斗属木礼拜四

娄、魁、亢、牛属金礼拜五

胃、柳、氐、女属土礼拜六

据《贼情汇纂·伪时宪书》记载，杨秀清、萧朝贵、冯云山以及石达开等人，曾联名发布天历的诰谕：

> 为治历定时事：当今天父上主皇上帝开大恩，差我主降凡，为太平真主，是太平天日平匀圆满无一些亏缺也。故臣等造历以三百六十六日为一年，单月三十一日，双月三十日，立春、清明、芒种、立秋、寒露、大雪，俱十六日，余俱十五日。我天朝天国永远江山，万万年无有穷尽，乃是天父上主皇上帝差遣我主降凡旨意也。其余从前历书，一切邪说歪理，皆是妖魔诡计，迷陷世人，臣等尽行删除。盖年月日时皆天父排定，年年是吉是良，月月是吉是良，日日时时亦总是吉是良，何有好歹，何用拣择。凡大众皆真心虔敬天父上主皇上帝，有天看顾，随时行事皆大吉大昌也。今臣等造历既成，谨献我主万岁万岁万万岁作主颁行。①

这个诰谕，将天历的来龙去脉，以及伟大意义，都说得一清二楚。天历既是日子，更是希望。它不是科学，也不是迷信，而是一种信仰。如此而已。只是，这种信仰，其中亦有着太多的颓废和消极的成分，一般人看不出来。或者，看出来之后，谁也不愿意去说。至于洪秀全认为的"庶俾普天之下，万郭万代臣民，同伸孝敬爷哥之虔，无忝为子为弟之道，共抒铭刻代赎之念，克尽感功感德之心。巍乎焕乎，真道天情。家喻户晓，美矣善矣。山涯海角，浃体沦肌。天历颁行咸便闻知"②。这种心情，美则美矣，但还真是不够长久。

---

① 太平天国历史博物馆：《太平天国史料汇编》第五册，第2136页

② 《天历每四十年一斡旋诏》，见《太平天国文书汇编》第一册，第46页

太平天国的领袖们，将奋斗目标与革命理想，都寄托在未来和当下的每一个日子里。天历的最大改变就是排除法，努力实现"太平天国平匀圆满无一些亏缺"，这既不科学，也不现实。但是，对清廷来讲，无疑是一种精神打击。

《贼情汇纂·卷六·伪时宪书》："（天历）错乱日月，以惑我军。"近代学者郭廷以认为：

> （太平天国）日次干支，即全部天历，如此错综倒置，即在使清军莫测究竟，无法应付准备。

时人董作宾并不同意，他认为：

> 郭表及解说谓有意"错乱月日"，则何不舍去干支宿名，使敌人捉摸不定，无从与时宪书对证。若仅错落一日，则敌人反极易推求之，正如一本密码电报册，一字猜着，字字可知矣。[①]

在洪秀全的队伍里，冯云山、洪仁玕等都是精通天象及历法的。天历本身也非"有意立异"，更多的是作为宗教领袖的统筹考虑。这种历法的确立，也是为政治服务的。算来算去，多一日或少一天，中国外国，阳历阴历，在太平天国的革命领袖看来，建立新的历法，同样是革命的一条捷径。既然有捷径，必然会有一试，这在情理之中。

（三）

美国政治学者马丁·李普塞特（Martin Lipset），曾经运用演绎的方式探讨政治合法性与有效性之间的关系。他认为，在传统社会中，具有一种根深蒂固的力量，这种力量往往对传统社会的发展与稳定具有一定的凝聚力。正是由于这种力量的存在，使得即便在治理水平与治理方法都十分欠缺的情况下，传统的官僚体制依旧运行良好，并且使旧的政权以合法性的姿态维持下去。当传统力量衰弱的时候，

[①] 董作宾：《答罗尔纲论天历书》，载《读书通讯》，1942 年第 59 期

国家权力的合法性与有效性之间则成正比关系。也就是说，传统官僚体系所承载的政府影响力与控制力愈有效，国家权力的合法性也就更加稳固，而传统官僚体系所承载的政府影响力与控制力越激烈，国家权力的合法性也必然遭受质疑，即显现"合法性危机（crisis of legitimacy）"[1]。

太平天国当然是挑战晚清合法政府的，并以新的观念与方法，在一定的区域之内，使清王朝失去了统治的地位。但是，在这些区域之中，也出现了"挑战挑战者"的现象，即对新政权的质疑或反对，我们一般用一个中性词"民变"来概括。"民变"的诉求当然是政治性的，所表达的要求与愿望，当然是对现实世界和社会的不满与反抗。可以肯定地讲，太平天国与相当区域内的民众是有对立情绪以及对抗性行为的。民众与太平天国之间、民众与太平军之间的诸多矛盾，已经超越了其与清政府和官僚阶层之间的矛盾。这种对立关系极为复杂，它涉及政治、经济、文化和社会生活的诸多方面，包括民众的积极对立意识和行为、消极对立的意识和行为。从一个侧面，我们把此理解为太平天国颓局的一种标志。也正是这种对立，使太平天国运动最终成为无根之木、无源之水，直至消逝得无影无踪。

从本质上讲，天京事变的杀局，并未完全动摇太平天国的"国本"。因为事变之后，太平天国即再破江北、江南大营，并开辟了苏南以及浙江的部分疆土，一度还呈现出中兴的局面。特别是洪仁玕的《资政新篇》的颁布，以及忠王李秀成的强势崛起，太平天国甚至呈现出战略进攻的新局面。但是，当1860年太平天国真正着手治理苏南包括浙江以后，其因承旧弊，局面失控，凸显了太平天国治理能力的缺失。可谓是民变四起，危机四伏，误差连连，这是一种真正社会危机的颓局。由量变到质变，无可挽回，无可救药。从1862年2月左宗棠入浙开始，苏南及浙江的根据地被蚕食，才是造成最终危机的最后一根稻草。

"民变"的背后是民心的向背。太平天国运动式的治理、程式化的操作，以

---

① （美）马丁·李普塞特：《政治人：政治的社会基础》，上海人民出版社，1997年9月版，第59页

及动辄进剿式的处理，给辖区民众创伤既深且无法治愈，让人痛惜，耐人寻味。

按照刘晨先生在《太平天国社会史》中的描述，自咸丰三年（1853 年）四月太平军西征开始，至同治三年（1864 年）六月天京被湘军攻破为止，太平天国主要在安徽、江西、湖北、江苏、浙江五个省份建立政权，在三百多个郡县设立管理机构。十九世纪五十年代，太平军主要活动在湖北、安徽、江西三个省份，重视战略城市，对乡村的控制力极为薄弱，处于一种不稳定的状态。到了十九世纪六十年代，太平天国的政治重心向东转移，开辟了苏浙两省较为稳定的根据地，并强化了对乡村的管辖与治理。因此，苏南与浙江就成为太平天国推行有关方略政策的主要区域。

从总体数量上看，在太平天国定都天京到失陷落败的十一年间，在太平天国统治区大约发生了近七十起民变。其数量及时序分布有两个特色，十九世纪六十年代多，其中 1861 年发生的民变次数最多。其主要的原因，刘晨先生认为：

一是统治方式转向误差。长期不具和平建设环境，是制约太平天国统治方式演进的瓶颈。太平天国在很长一段时间内，获得生命补给的方式，是通过临时性、无定期的"贡献"制，即向民众"征贡"所得。这对缺乏社会管理和地方行政经验的朴实造反者来讲，无疑是一种简单而行之有效的方法。

二是社会经济危机的高峰。战争的破坏性在江南鱼米之乡的影响已十分明显，民众极其恐慌，大量迁避，流离失所，再加上灾荒瘟疫，物价飞涨，均成为各种民变发生的客观诱因。自道光二十年（1840 年）起，至太平天国进军江南前的二十多年里，苏南与浙江地区几乎无年不灾，水、旱、蝗和地震等灾害频发，甚至在一年之内多次交替爆发，严重影响该地区的粮食生产及民众的生命安全。在所统计的十九世纪四五十年代近百起民变案件中，几乎每一起都与当时的自然灾害有关①。

---

① 刘晨：《太平天国社会史》，中国社会科学出版社，2019 年 12 月版，第 69、91 页

实际上，就民变的类型来看，与由太平天国统治或与由清政府统治并无关联，它均由统治与被统治、管理与被管理之间的天然矛盾造成的。这种对立，均为体制性的对立，也都是无法调和的矛盾。无论是抗粮、抗疫，还是反"军租"、反"掳掠"，抑或是反对更改风俗，这些民变所反对的不是合法性，而是所谓的"变化"。没有人愿望改变，也没有人愿意承受额外的负担。这是人的天性。有些民变是偶然的，其发生也许就是因为一句话、一个传闻；有些民变是必然的，也有许多居心不良者在暗中作祟。民变的情况甚是复杂，有以下一些案例：

咸丰十一年（1861 年）二月，常熟各乡有"官兵即日临境，道州已踏海船数十号，封禁港门，择日祭旗"的谣言，"农民闻信，皆延迟不肯完粮"。但民众抗争的主要原因，仍是"东西两路人民恨浮收勒捐"，乃由经济肇始，并非要颠覆现有太平天国体制。其结局是太平天国官员下乡遍处劝谕，和平解决争端，"自后民渐肯完粮，四乡亦稍静息"。①

咸丰十一年（1861 年）五月，昭文、太仓等地百姓"误传江内官兵将至，好事者聚众乡民，各处裹胁，声言近助官兵，自号白头。先拆乡官馆子住屋，打死百长并守卡长毛，乘势焚掠。又约枪船相助。其实为开赌，与长毛相争起衅"。这是地方地痞为"开赌"而设的局，具有清廷官方背景的"民团"性质，也是民变的一种。②

同治元年（1862 年）四月，常熟向茆塘东居民"讹传上海官兵已进浏阳河、白茆二口"，"群焉四起，自太仓界沙头、浮桥、横泾、穿山、时思庵及昭文界横塘市、张市、旧市、老吴市、东周市等处，团成数万，斩木为兵，揭竿为旗，将各处伪乡官房屋烧毁，什物打坏。至四月初八日晚间，共聚老徐市"。这些打砸行为应该是有计划、有组织的团体所为。③

① 《中国近代史资料丛刊续编·太平天国》第六册，第 325 页
② 同上书，第 345–346 页
③ 同上书，第五册，第 338 页

以上这些案例，虽然具有清军、团练或土匪影响的成分，但足以说明太平天国所辖地区，其社会秩序构成极其脆弱，一有风吹草动，即草木皆兵。真正遭到民众反感的，则是这样一些民变，如郑光祖《一斑录》：

> 有佃王长明、王长元家小裕。……至二十二年（道光二十二年，1842 年）闻有恩蠲，众方冀宽减。乃向年索租必至十月，是岁先请县示，要追陈欠，佃愈益增。十月二十二日，旗丁到乡收租已过半矣，而不许锱铢拖欠，王佃逞忿，一呼竟群起四座。烧旗丁收租一船，打毁二船。次日又烧九船，要抢巡司所枷承催不力之地方。……后定案于二十三年正月二十七日。推原其故，皆军租之取盈所致也。①

顾汝钰《海虞乱贼记》：

> （咸丰十一年，1861 年）五月时，有苏州卫十余人到陆家市来收军租，夜宿篁多庙，传军催按额清还，各佃以完办银米无力再还租籽，坚执不肯，吵闹一日，各佃精竭，夜持农具进庙暗扑，仅活一人逃城声报，二逆发城毛到地，令伪职领吵，皇甫贼奴骑马执刀，手刃有陈三人，盖假公济私也。乡民各自逃避，而陆市地处连累无辜大半。②

民意带来民变，民变的结果的确使太平天国失去了稳定的基础。美国学者浦乐安（Roxann Prazniak）将太平天国的失败原因，归于"在常年战争条件下协作进行社会运动埋下隐患——叛乱领导人之间的分裂，削弱了叛乱者实现其中革命目标的努力，这些目标包括平均分配土地和废除官方把持、维护统治的中国传统经典"③。

民间社会对太平天国的政治归顺，并不意味着政治认同。太平天国在乡村的政权建立，这种新的"官方"与民间关系的确立，是需要诚信与经营的。农耕文明中，

---

① 《中国近代史资料丛刊续编·太平天国》第五册，第 421 页
② 同上书，第 371 页
③ （美）浦乐安：《骆驼王的故事：清末民变研究》，刘平等译，商务印书馆，2014 年 9 月版，第 28 页

农业生产与农民生活是社会共同的物质基础。民变的抗争，大多是围绕民生的，谁来统治都必须给百姓一条活路。这是常识，也是真理。

民变形成的原因比较复杂，应对民变的办法也应该多种多样。太平天国的政府，也通过文书、布告、法令等形式，向区域内的民众广泛宣传其政策，并运用"剿"与"抚"这两种手段，来调控社会秩序。不过，从总体上来讲，囿于地方各自为政，不同主政者采取的办法差异性较大，因此，应对民变的成效并不显著。客观而言，战火频繁，粮食歉收，天灾加上人祸，加大了这些地区应对危机的成本与难度。民心是一变再变，天国是再无太平。

在常熟，咸丰十一年（1861 年）二月，太平天国明确宣布："欲到处讲道，并禁剃头、霸租、抗粮、盗树，犯者处斩。"九月，颁布布告："一农佃抗租，田亩充公；一业户领凭收租，欠缴钱粮解营押追；一兄弟藉公索诈，本人斩首；一居民容留妖类，面首刺字；一谋害乡官，毁坏局卡，罚打先锋；一勾引兄弟在外闯事，枷锁游街……"这是后期太平天国在稳定社会秩序方面，内容比较全面的地方性成文法规。[①]

在长州，同治元年（1862 年）九月，太平天国曾专为租佃事务，出台了力图以行政手段解决问题的政策，称"除委员率同各军乡官设局照料弹压外，合行出示晓谕。为此，谕仰在城在乡各业户、承种各佃户知悉，尔等各具天良，平心行事，均各照额还收，不得各怀私臆，无论乡官田产，事同一律。如有顽佃抗还吞租，许即送局比追。倘有豪强业户，势压苦收，不顾穷佃力殚，亦许该佃户据实指名，禀报来辕，以凭提究，当以玩视民瘼治罪"[②]。

在诸暨，咸丰十一年（1861 年）十月，太平天国出告示："分地产所出之息，

①　罗尔纲、罗文起：《太平天国散佚文献勾沉录》，贵州人民出版社，1993 年 1 月版，第 68 页

②　《斑天安办理长州军民事务黄酌定还租以抒佃办告示》，载《中国近代史资料丛刊续编·太平天国》第三册，第 156 页

为天朝维正之供，勿遗勿漏，致干匿税之诛；毋玩毋延，共免追比之苦。限十一月初十日扫数菁完，逾限倍征，同遵天父之麻命，相为天国之良民。如有隐匿，封产入公，如若迟延，枷号责比。"① 这些布告的措辞均十分严厉，似可说明在此之前，必定发生过大规模的抗租抗粮事件。

在石门，太平天国于同治元年（1862年）由守将邓光明诰谕富户沈庆余："嗣后，……或有强佃抗霸收租，纳捐不交，以致不能安业……仰该沈庆余放胆持凭即赴监军衙门控告，若监军不理，则必来城于四门击本掌率所设大鼓，自当详请追究，一洗沉冤。"② 这是借助一切力量收粮纳捐，确保战争供给。

按照刘晨先生的分析：

> 太平天国调控社会秩序的各项措施失利的共同原因可归纳为太平天国主观因素和社会现实客观因素两个层面。主观上，太平天国低效的政权建构、各自为政的政局、贡役制为主的社会结构、乡官基层政权的腐朽是政治原因；太平天国因财政"积贫"无法全力支持社会建设是经济原因；舆论宣传为军事服务为中心，忽视了政治和思想认同的重要性。客观上，战事频仍，天灾人祸，亦加剧了调控难度。③

这个分析不无道理。但是，究其根本，还是由太平天国政权性质决定的。他们并不是普通民众利益的代表，他们的宗教观、政治观、价值观，包括对世俗生活方式的认知，与普通民众是有差距的。民心与民意才是民变的根源所在。

在近代政治生态环境中，诸如灾荒、瘟疫、民变、外患等危机事件，都会对生活造成严重伤害。太平天国不是国，因此，民变给太平天国造成的危机，并非国家的危机，只是太平天国运动自身的危机。在军事对抗的情况下，化解和疏导危机的办法不会太多，决心也不会太大。这种烈度有限的危机，应该只是消极局

---

① 《恋天福董顺泰为令完粮以济军饷劝谕》，载《中国近代史资料丛刊续编·太平天国》，第119–120页

② 《殿前又副掌率邓光明发给石门沈庆余劝谕》，同上书，第153页

③ 刘晨：《太平天国社会史》，第331页

面形成的根源之一，其应对的手法，也可看出太平天国的不成熟和未定型。只是这种危机造成的挫折感，容易蔓延开来。底层民众由挫折感带来的对立情绪，最终也是会导致对太平天国政权合法性的质疑。况且，太平天国的合法性，也从未得到过确认。每一次的民变，似乎都在对太平天国的合法性给予一次怀疑，这是有问题的。

德国学者马克斯·韦伯（Max Weber）在《论经济与社会中的法律》一书中指出：

合法性是人们对政治统治秩序的"自觉""自愿"的遵从。……民众之所以能自觉服从政府制定的法律，是相信只有政府才能通过命令和允许的方式，"合法地"行使任何其他社会团体都不可能实施的强制力。[①]

军事手段是强制力的一种，但解决民变的方式中，军事手段并不是最好的手段。"民变"本身并不具备颠覆性，民变的主体为民众，也不具备主导性。但是，如果作为政权的主体应对失当，其后果还是可以想象的。在兵燹横行、疫疫滋蔓、死亡枕藉的江南，民变之于太平天国，可能是微不足道的。但是，其中的涟漪效应（Ripple Effect），已让我们十分清晰地看到了太平天国的颓势。民变从事件到状态，从个体到群体，让人费解并感叹。民变并非政治上的对立，其影响力范围和程度也十分有限，但是，"民"此一"变"，能说明的问题就很多了。至少，它让太平天国的"颓势"一举成为"颓局"。

美国学者孔飞力对太平天国的社会策略有过一段论述：

太平军的控制很少能越过行政城市的城墙。在许多这样的地区，太平军已经成功地把清代地方长官赶出有城墙的城市，但却不能摧毁农村名流的地方团练集团，他们在官方的庇护下继续在乡村进行斗争。……它们说明太平军实际上困守在城市中，而正统名流则控制着农村。[②]

---

① （德）马克斯·韦伯：《论经济与社会中的法律》，张乃根译，大百科全书出版社，1998 年 9 月版，第 342 页

② （美）孔飞力：《中华帝国晚期的叛乱及其敌人：1796—1864 年的军事化与社会结构》，第 200–201 页，转引自《太平天国社会史》，刘晨著，第 354 页

天

局

对于后来的革命者来讲，太平天国所提供的经验是反面的。避免民变或掌控民变的最好做法，就是到乡村去。事实上，太平天国的这一颓局，恰恰开辟了后来历史的新局。

（四）

纵观太平天国的整个历程，说是运动也好，说是立国也罢，其宗教信仰的变化，是贯穿其始终的一个十分鲜明的东西。它似乎可以决定这场革命的性质，也似乎可以标明一种文化在某一个区域的流布，同时，它也可以成为某种政治行为和组织的借口。就信仰而言，宗教体系并不重要，重要的是其虔诚的程度。而宗教体系的变化，对基本教义所发生的影响及改变，似乎才是重要的。作为太平天国的重要精神领袖洪秀全，在宗教信仰方面的表现，既非宗教亦非信仰，更多的是一种复杂的情绪。在这种情绪之中，东方与西方，历史与当下，上帝与自我，相互混淆在一起，让人摸不清头绪。这种异于常人、异于常理的精神活动，从总体上讲是消极的、负能量的，这也是形成整个太平天国精神生活颓废之势的总根源。

洪秀全并不是一个好的学习者。他对来自西方的基督教的基本教义并不理解，或者，其理解中有着极其强烈的个人风格。他并非如同许多国外学者认为的那样，具有完备的神学思想体系。相反，他对于真正的基督教的教义理解，均为浅表层次的。与其儒家的传统以及政治野心相比，这点神学知识，也就是达到了够用即可的水准。

洪秀全最初唯一的神学知识，是来自于一套《劝世良言》的宣传册。此宣传册共有九本，是一位叫梁发的传教士将自己布道的宣讲词，再加上马礼逊初版《圣经》的章句摘录而编成的。这些都是间接的知识，并非最为纯正的关于基督教教义的书籍文献。美国学者简又文认为：

在东方背景下改变基督教教义，相比在西方世界有着显著的不同，其中有很多问题一直吸引着中国基督教以及西方神学家们不断寻找解决的办法。在这种情况下，洪秀全犯错误就不会令人感到意外了。同样不足为奇的是，洪秀全和梁发一样，都强调基督教的教义与儒家的相似性，而忽略了强调"上帝之爱"这个基督教带给世人最核心的信息，这便是太平天国对正统基督信仰最大的背离和曲解。太平天国宗教的理论价值核心，与其说是儒家化的基督教，不如说是基督化的儒家，这种情况用中国成语来形容的话，就是"喧宾夺主"。①

宗教的问题比较复杂，既有教义的问题，但更多的是传播的问题。源头固然重要，但好的平台与载体，则更加重要。基督与儒家学术的结合，看起来也是一条捷径，但是，就其核心意涵来讲，双方结合十分牵强，并不完美。

洪秀全头脑中的宗教意识，包括"上帝"这个名称，都有他自己的理解和解释。洪秀全认为"上帝"应该称作"皇上帝"，虽然语法上甚为不通，但有他自身的铭印。他以此建立了基督教上帝与中国传统神灵之间的联系，然后将中国文化中人格神化了的"天"，与基督教的"上帝"相结合，塑造了一个前所未有的神格。这样一来，在面对普通大众时，就可以十分肯定地说，基督教中的上帝，并不是风尘仆仆的外来神明，而是真实存在的本土神灵，非常符合中国的传统意识。这种融合的尝试，弄不清楚是不理解还是有意为之，也弄不清楚是为了宗教还是为了政治。这让洪秀全本人以及所有太平天国精神信仰的部分，显得不清不楚。

除了将基督教中的"上帝"改称"皇上帝"以外，洪秀全还会偶然使用"神爷"这个更具世俗化的称谓。在马礼逊版的《圣经》中，"Jehovah"（耶和华）被译成"爷火华"，并在此前还加上了一个"神"，全称为"神爷火华"。见到这个称谓，洪秀全本人立刻将"上帝"简称为"神爷"，他的名字为"火华"。这个表述，是真正中国式的表述，非道非儒非释，而是民间那种真正具有家庭观念精神现象的表述。既浅显易懂，又亲切感人，十分利于宣传及推广。这是典型意义上的家庭式神学观。

---

① 简又文：《太平天国革命运动史》，第145页

天

局

按照这个思路，洪秀全把天长兄耶稣的妻子称为"天嫂"，因为《圣经》中的耶稣没有儿子。于是，洪秀全又将自己的儿子幼天王过继给耶稣，让他成为自己和耶稣的共同继承人。洪秀全这种将上帝之家进行的人格扩展，并非为了上帝，而是为了他自己。

在洪秀全为上帝之家进行重组的同时，他还把那些无法与他的想法相衔接的各种故事，进行统一修改。到目前为止，按照本国风情，以及传播者个人意志去修改《圣经》的，洪秀全为第一人，也是最后一人。

在伦敦英国国家图书馆东方及印度分馆的收藏部，拥有早期两个版本的太平天国《圣经》：略有改动的郭士立版本《旧遗诏圣书》（包括《创世记》第 1 章至 28 章，编号 15116.6.9），以及已知仅存的《钦定旧遗诏圣书》复印本（从《创世记》到《约书亚记》，包含了洪秀全的全部修改内容，编号 15117.e.20）。从源头改起，一切为我所用，惟我是尊。洪秀全的内心并无宗教的神圣感，也无信仰的敬畏之心。在他的脑中及笔下，没有什么不可能，也没有什么不可为。

按照史景迁转引吴良祚和罗文奇《太平天国印书校勘记》中的记述，洪秀全对《圣经》中的修改之处为：旧版《创世记》第 1 章第 26 节称"上帝说，让我们造人"，洪秀全修改成了"上帝说，我要造人"。旧版《创世记》第 12 章第 13 节，有亚伯拉罕要求妻子撒莱保护他不受法老之害，洪秀全将之改成了亚伯拉罕妻子"吾祖之灵"来保护。旧版《创世记》第 19 章第 1 节，有"那两个天使晚上来到所多玛"，洪秀全修改更直接，他写道"真上帝来到琐顿"。而在洪秀全修改的第 13 节、15 节、16 节，上帝代替了天使，直接驾临尘世行事。其中更为大胆的是，居然将耶稣以"上帝长子"（为洪秀全作次子作铺陈）的身份写进了《旧约》之中。在《出埃及记》中的第 4 章第 24 节、25 节，摩西返回埃及途中，妻子西坡拉给儿子革舜做了割礼。在洪秀全修改的版本中，耶稣也在现场。

对于洪秀全而言，处理《圣经》中的人物雅各更显麻烦。上帝曾亲赐此人以色列之名。旧版的书中写得清清楚楚，雅各先是不顾手足之情，夺取哥哥以扫的长子名分，后来又得母亲之助，欺骗垂死的父亲以撒，受了父亲原先想给以扫的祝福。这个情形不太道德，洪秀全觉得细微的改动不足以掩饰，干脆重写了《创世记》第 25 章第 31 节至 34 节，以及第 27 章的大部分。

雅各的欺骗行径，被洪秀全修改后，洪的笔墨又涉及雅各的第四个儿子犹大。洪秀全删掉了犹大与儿媳他玛乱伦之事，但并未删除犹大其余的故事。因为犹大的故事对于《圣经》和以色列十二部落的命运至关重要。犹大和他玛生下双胞胎法勒斯和谢拉，其中的法勒斯在《马太福音》中被奉为约瑟的先祖。而且，犹大本人曾经最受父亲宠爱，并得到父亲临终非凡的祝福。洪秀全别无他法，只能删掉犹大与他玛故事的全部，并重写了一段与之长度相当的篇章。在这些重写的篇章中，洪秀全将自己对性与酒的看法，以及对乱伦和生育的看法，均巧妙地移植进去，使自己的想法以《圣经》的神圣面目出现。这个工程是浩大且复杂的。我们能够想象，洪秀全在战火纷飞的年代，在幽深的所谓"王宫"之中，费尽心思地修改这些外来宗教典籍的原作。他对这些经典并无诚挚的敬意以及深刻的感怀，有的是从个人理解的角度，十分随意地删改这些约定俗成的故事，从而煞费苦心地经营自己超越世人的崇高的人设，这是精神懦弱的表现。

对经典的删改是一个方面，对自然的人格化的自诩，则是最要命的。自然现象在洪秀全的眼中，也被赋予了各种神格，并将这些神的元素附加在各种爵位上。洪秀全自称为"洪日"，即"朕即太阳"。杨秀清为"圣神风"，这里所指的风，是上帝所有、供上帝驱使的神秘力量。萧朝贵为"雨师"、冯云山为"云师"、韦昌辉为"雷师"、石达开为"电师"、秦日纲为"霜师"、胡以晄为"露师"。众师毕至，所有的自然现象都为天王所驱使，天王不是王，成了真神。这与基督教中的核心教义"爱"，并由此而衍生出的种种美德，相去甚远，而且愈来愈远。

同样是读《圣经》，洪秀全从中看出的是"公平"的概念，这是他的个人理解，并将这个理念堂而皇之地放进国号之中，可见洪秀全对此的重视。虽然这个理念并非《圣经》的核心，但是，洪秀全将其从中抽出来，与中国传统的儒家思想相结合，形成了一套符合中国当时国情的信仰体系，这是洪秀全的高明之处。在军事斗争十分激烈的年代，太平天国的基督信仰中，也充斥着生命永恒，以及天堂与地狱的真实存在。对那些作战勇敢、服务真诚且满怀信仰的信徒，给予最为崇高的奖励，许诺他们能有一个满足荣耀的新生。怯懦畏战、通敌变节或怠惰不忠者，则统统诅咒他们下地狱。被洪秀全删改过的基督教基本义，完全融入了实用主义的内涵。拜的依然是上帝，但解决的并非心灵和信仰的问题，更多的是政治及军事的问题。简又文先生指出：

> 太平天国的基督教信仰从始至终都不曾出现过教会组织。与之最为相近的就是拜上帝会，而金田起义之后，拜上帝会就自行转化成了太平军。但是，太平信徒们确实有专供礼拜仪式的特殊场所。在每一个政府部门、每一位大小官员的府邸及每一座军事指挥所里，最好的房间都被改装或预留为"天父堂"，作敬拜上帝之用。所有太平天国的"教堂"中最为富丽堂皇的，就是位于天王府正中心的荣光大殿。然而，虽然基督教为太平天国的国教，但是在天国占领的城市和区域中却没有一座教堂。这似乎很矛盾，但其实是因为太平信徒们都以类似拜祭祖先的方式在自己的家中完成礼拜。①

简又文先生固执地认为，太平天国的革命运动，更多的是一场宗教革命。他所有的论述，都围绕着这一立论展开。这是一家之言，且又能自圆其说，就无所谓对，也无所谓错。然而，所有外来宗教在中国实现本土化的过程，其实质就是世俗化的过程。只有在世俗化中，其教义或信仰才能被理解和接纳。世俗化中当然就涉及政治和军事，宗教服务于这两个领域，都是争先恐后，或者是理所应当的。不能说是洪秀全利用了基督教，也不能说是洪秀全背离了基督教的原始教义。就当时的情况来看，洪秀全看重的应该是基督教的组织形式，以及其特有的传播方式，这两种东西可以让洪秀全能够顺利地达到其政治目的和个人的抱负理想。但是，在基督教本土化的过程中，洪秀全的所作所为，的确是有所创新的。也正是因为这些创新，使洪秀全看起来既像是宗教领袖，也像是政治领袖。

---

① 简又文：《太平天国革命运动史》，第152–153页

洪秀全不仅删改《圣经》、创作"圣经"，他还对中国传统的文字及典籍，也加以删改，包括新造一些字。如改"魂"为"魸"（以示天上无鬼），改"玺"为"鎠"（指金质的玺印），改"福"为"禟"（寓意为锦上添花），改"國"为"囯"（意为天王居中）。与此同时，还推行避讳制，如"上"字在太平天国中为"上帝"专用，便以"尚"字代，故"上海"又称为"尚海"等等，改的随意，用的方便。这与洪秀全思想中的"斩邪留正"的反叛思想，一脉相通。

删改或修改的本质是不认同。如果连对基本教义都不认同，或对主要传统文化的载体都不认同的话，就很难把洪秀全本人的这些文化行为看成是一种继承或创新。所有的一切，都源自洪秀全本人的内心。他在长达十多年的时间里，不理朝政，不谙军事，一心删来改去，主要还是为了表达他内心的世界。但是，由于洪秀全的内心创伤过于深重，内心世界的逻辑层面又异常混乱，再加上其思想的多元化程度又令人极难摸到头绪，这些删来改去的否定态度，到底想表达出一种什么样的思想内涵，恐怕很难有一个标准或定论。

就拿洪秀全从基督教教义中抽出的"平等"的概念来讲，就十分矛盾。德国哲学家恩格斯曾经指出：

> 一切人，作为人来说，都有某些共同点，在这些共同点所及的范围内，他们是平等的，这样的观念自然是非常古老的。但是现代的平等要求与此完全不同。这种平等要求更应当是从人的这种共同特性中，从人就他们是人而言的这种平等中引申出这样的要求：一切人，或至少是一个国家的一切公民，或一个社会的一切成员，都应当有平等的政治地位和社会地位。……基督教只承认一切人的一种平等，即原罪的平等。此外，基督教至多还承认上帝的选民的平等，但是这种平等只是在开始时被强调过。①

洪秀全承认一切人的原罪平等，因而也承认一切人拜上帝的平等。但是，他

---

① （德）恩格斯：《反杜林论》，载《马克思恩格斯选集》第三卷，第 444-445 页

从未承认过一切社会成员，都具有平等的政治地位和社会地位。他的这种貌似"平等"的理念，竟然成为太平天国的理论基础。从后来的历史看，这种理论基础至少是脆弱的，并在一定程度上是颓废的。

从本质上讲，洪秀全对基督教经典教义的删改，并非持否定的态度；他对自己掌控的宗教团体的改造，也并非一种组织创新；他更没有能力将西方外来的"上帝"，改造成革命者的"上帝"。改来改去，其中都有他自己的影子。我们可以肯定地讲，对于宗教文化而言，洪秀全的态度是消极的。特别是到了后期，他所看过的各种原生教义，与他的行为主张搅在一起，让他的思绪模糊不清。他从外来宗教中挑选出来的某些适合农民战争需要的内容，已然随着战争的失利，也变得无影无踪。

从生活到思想，一颓再颓，已颓无可颓了。洪秀全在《劝世良言》中曾经写过这样的诗句：

普天之下皆兄弟，灵魂同是自天来。

上帝视之皆赤子，人自相残甚恻哀。

洪秀全说到的，都是他做不到的。

（五）

结语：对于太平天国的颓局来讲，它并不是一种局面，而是一种潜质。这种东西，从一开始的萌芽到最后的结束，实际上是贯穿于太平天国运动的全过程。

我们一直十分小心地避免说太平天国是一场运动，但是，它的确就是一场运动。与权力无关，与国家亦无关，有关的只是它的思想。在中国近代史的开端，由太平天国所带来的思想冲击，正面和负面的，积极或消极的，都潜在其中。并不令人费解，只是让人惊讶。

洪秀全从"文人"到"帝王"，他所信仰的宗教从"东方"到"西方"，他所经历的日子从"农历"到"天历"，他所使用的汉字由"传习"到"自创"，这里有一条十分明晰的文化线路。正是由这样的文化影响，掀开了中国近代史上最为特殊的一页。承认也好，否定也罢，它就真实地存在过，而且，一直影响到今天。

看一个人是否消极，首先要看他生活的态度，以及对生活的要求。生活同时也是衡量一个革命者革命程度的尺子。很难想象一个革命者整天关心的仅是与自己有关的生活细节。细节决定成败，这是当今世界的流行语，它也是过往世界血的教训。

革命者所信奉"人定胜天"的理念，从根本上讲并不符合自然规律。自然轮回，一年四季，风霜雨雪，从来也没有以人的意志为转移过。人要驾驭自然、改造自然，一定要三思。

当权者能够把握和信仰的真理，除了自然以外，就是芸芸众生。民众的人情冷暖、生老病死，永远是一个社会应该关注的重点。民众是一个大概念，阶级的概念只是其中的一个。在战争及自然灾害面前，阶级与阶层都是一样的。因此，当政者当谋民众，执政者当执人心。

信仰也是必要的。信仰并不是信心，信仰是可以改变的。这里的"改"与"变"中，"改"可以是"删改"，"变"可以是"突变"。所以，没有必要将信仰神圣化。洪秀全也好，太平天国也罢，看起来更像是利用了信仰，而非是真的有信仰。至于太平天国所谓的"天下一家"的理念，并不是信仰，那是真真切切的口号。只是，这句口号染上了太多的鲜血。

颓废之局也并非都鄙俚不堪。有时，这种看似摇摇欲坠的态势，也是可以维系人心的。至少，它并未真正经历刀戮火焚。

一人进，全局进；一人颓，众人颓。对于一个新兴的政权来讲，进取之心就是生命力。囿于太平天国的体制，按照忠王李秀成的说法，"天王号为天父天兄天王之国，此是天王之计，将此来情，云天上有此之事，瞒及世人。……

称天朝天军天民天官天将御林兵者，皆算其一人之兵。……恐人霸占其国。"①

这是感慨，也是实情。

颓者，废也。颓伤其志，废改其心，太平天国焉有不亡之理？

---

① 转引自王庆成：《太平天国的历史和思想》，第 287 页

第八章

败局

（一）

军事斗争的成败，是左右整个太平天国大局的关键所在。太平军攻下南京之后，以此为首都，首先谋划的军事行为就是北伐。当时，由于顺利进军南京，沿途湖南、湖北、江西、安徽等地众多民众入伍，太平军的总数一度达到五十万人。其中能征善战者有十多万人，是真正的精兵强将。

从 1853 年至 1856 年，太平军的军力配置，主要分为三个部分：

第一部分，卫戍军，是以东王杨秀清为首，统领四万多人，驻守天京。北王韦昌辉负责天京的城防，以对付清军江南大营的向荣部队；罗大纲、吴如孝等驻防镇江，防御长江下游；曾立昌驻防扬州，以对抗清军江北大营的琦善部队。

第二部分，北伐军，由林凤祥、李开芳、吉文元、朱锡昆、黄益芸等为首，统领二万多人的精锐部队，北伐中原，主要目标是推翻清王朝。

第三部分，西征军，先后由赖汉英、杨国宗、韦俊、石贞祥，以及翼王石达开、护天侯胡以晄、顶天侯秦日纲等率领，溯江而上，沿长江流域征战。

这种兵力配置，其战略方向上没有太大问题，其资源的整合情况也是竭尽全力。目标全国，剑指中原，初心并未改变。但是，江南、江北大营尚在，长江重要粮道的安全仍需企稳，此时分兵具有相当大的风险。特别是北伐的目标并非要解江南、江北大营对天京之围，西征军的主要战略任务也仅为解决天京的粮草问题。如张德坚在《贼情汇纂·卷十一》中所述："贼之他窜或有另意，于江广则专为掳粮。"北伐的太平军，则是一支重兵，但其兵力配置却无法支撑起战略企图。据《贼情汇纂》称：

> 迨陷江宁，老贼尽居显职，无复卑官矣。其后令众北窜，派出督队老贼三千为最高，即比年之上犯两湖者，亦只老贼千数百人而已。

将是老将，兵是老兵。其任务为"师行间道，疾趋燕都，毋贪攻城夺地靡时日"（《清史稿·洪秀全传》），这个任务，恐难以胜任。陈恭禄先生认为：

> （太平天国）其军中多为悍不畏死之农人，铤而走险之贫民，乘势附从之会众，自出永安围后，入于扬子江流域，附者日多，势力愈厚，群众心目之中，信其果得上帝之助，其气正锐，宜于进取。清兵自屡败后，军心丧沮，琦善统掌北方之精锐骑兵，力战北方之一军，而林凤祥竟得从容改道北上。洪秀全苟或悉众而北，清兵御之，固不知鹿死谁手也。持久则太平军失其锐气，将致军粮不继，纪律散失，引起民众之恶感。其时忠君之思想未衰，皇帝之威信尚在，历时既久，具有才能之大臣，可得从容布置。太平军乃处于不利之地，天王之尤失策者，则其不肯遣兵东下，席卷东南富庶之区，善治其民，不扰上海之商业，而与外人言和，购买火器，训练军队，乃听清官治理其地，自海运输漕米，接济北京也。虽然，此实偏于理想之空论，即便洪氏侥幸成功，不过以暴制暴，且其狂妄之思想，摧残文化，祸犹未可知也。[①]

这个论断下得有点晚。但是，话糙理不糙。实际上，太平军北伐从一开始，并未遇到像样的抵抗。

当时，清政府在长江以北的兵力，主要部署在黄河下游，以防太平军自扬州直接北上。1855年6月，黄河在河南兰封县（今兰考县）铜瓦厢决口改向东北流经山东入渤海前，是经河南兰封向东走山东曹、单两县南部，由徐州东南至清江

---

① 陈恭禄：《中国近代史》，第121页

浦夺淮入海。山东巡抚李僡奏请，以江宁将军托明阿带归化、绥远兵三千五百人，会同江南河道总督杨以增守清江浦（今淮阴市），刑部侍郎奕经带密云兵一千，另拨给山西兵一千守清江浦王家营，兖州总兵百胜带山西兵二千，守桃源县（今泗阳镇）北岸重兴集，陕西镇总兵郝光甲带陕甘兵二千，守宿迁顺河集，李僡则率兵一千二百，驻宿迁城北，游击张遇祥守山东黄河渡口至刘家口、董家口两处，曹州总兵三星保往来策应。咸丰皇帝批准了这个作战方案，并分令托明阿、奕经前往清江浦、王家营。又令署金州副都统瑞昌带盛京兵赴淮、徐，会同署四川总督慧成布防，理藩院尚书恩华带吉林兵赴直隶，会同直隶总督讷尔经额择要驻扎。这个安排，不可谓不重视。但是，太平军势如破竹，连克凤阳府、怀远县、蒙城，并于当年的六月攻下安徽的亳州。至此，北方门户河南已成探囊之地。

从亳州到开封，从开封到汜水及巩县，从怀庆到沧州，从沧州到天津，太平军与清军殊死血战，互有胜负，但太平军已成强弩之末。其间，太平天国曾两次派出援军，均受阻于道中，未能完成增援任务。北伐使命悬于一线，但太平军并未知晓。

在整个北伐的过程中，怀庆之战可圈可点。

1853 年 7 月 8 日，北伐的太平军包围怀庆府城（今沁阳）。怀庆位于丹河与沁河以南，控制怀庆，太平军便可通过大丹河从水路到达临清，然后再从那里通过大运河进军天津。因此，怀庆对清军来讲是战略要冲，对太平军来讲是志在必得。

但是，怀庆府由知府余炳焘、河内知县裒宝铺、都司穆特布率清兵三百多人及当地团勇壮丁一万余人据守。太平军屡攻不下，转入相持。特别是太平军擅长的"穴地攻城"战术无法奏效，伤亡极大。龚淦《耕余琐闻》：

> 七月二十七日，贼远去千余，到晚取粮回者二三百，如此者三日，二十九日贼已空矣。城上人不知，隔夜见灯火较多于平日，当贼潜遁时，恐城中知觉在木城往复驰走，望着竟不能掌虚实，以为贼尚多而不敢出，去两日始知。

陈恩伯《复生录》：

（太平军）因城外扎有多兵，恐被近袭，密令各营县（悬）挂羊犬，
使脚鼓，并焚草入灶，俾官兵望有烟，然后拔队北窜。贼去数日，官军
探始知，已偷越八百里太行山矣。

双方斗智斗勇，可见一斑。太平军围困怀庆五十六天，前期全力攻城，后期
伺机歼敌。从全局的角度看，怀庆一役，虚耗弹药，损兵折将，延缓了北伐进军
的时间。以致达到天津时，已进入冬季，给不习惯北方天气的太平军南方士兵带
来了极大的困难，也给清廷调兵遣将、从容布防预留了较为宽裕的时间。怀庆一役，
始为北伐埋下夭折之最重要的伏笔。怀庆城当时已弹尽粮绝，太平军仍无法破城。
虽然围攻怀庆时，太平军的战术运用已日臻完备，但此时的太平军，战力已非比
当日。《虏在目中》：

（太平军）以三军居中，六军分左右翼，伪丞相之旗居中，分开门
户，滚牌几数十面，隐住大炮。俟伪指挥将军由左右抄出，则滚牌手一
散，大炮打出，左右继以抬枪、鸟枪，众贼呐喊，遂就势冲出。官兵为
贼所惑，每在此时，人声、炮声，其势甚大。……约十余合之后，故退
二三十步，复一拥而进，谓之"回马枪"。贼每战皆施此计。视官兵稍
败，则左右之军追上，两军一合，后军随后一围，如连环之式，用长矛
混战。大约贼之阵势，皆不出一分一合之法。[①]

这是一种训练有素的灵活作战的阵法，较之清军只知正面进攻的战法要高明
许多。在陌生的地域，在气候恶劣的"敌占区"作战，北伐的太平军面临的困难
是无法想象的。战术上的先进，并不能导致战略上的主动。虽然北伐的太平军在
怀庆攻略战中无果而终，但是，他们仍然得以拔营起寨，一路向北。

时人陈善钧《癸丑中州罢兵纪略》：

贼入豫后，计失府城一，州县城二十。虽逆贼尚不嗜杀，而其间
家破人亡，不堪思议。

---

① 《太平天国资料》，第22、24页

这个议论，发人深省。

1853 年 9 月 29 日，太平军在山西和直隶的交界处休整。他们与在怀庆之战中与之激烈搏杀的直隶总督讷尔经额及经文岱的回撤部队形成遭遇战，并一举击溃近万人的清军。清军猝不及防，四散奔逃，太平军缴获了大量物资。在怀庆之战中表现神勇的讷尔经额，因此次战役的败局，被褫夺了总督的官位，并处斩监候。

按照简又文先生在《太平天国革命运动史》中的叙述，太平军继续北上，途经多座城市，也偶尔短暂地占领过几座城市。但是，北伐的队伍却始终不断地行军转移，以免被清军再次包围。到了 10 月 10 日，疲惫不堪的太平军在占领深州之后才得以稍事休息，但很快又被近万名有组织的乡勇包围在城中。乡勇由于缺少弹药，只能困守待援。10 月 16 日，第一拨清军的增援部队大约六千余人，在胜保、西凌阿、善禄和经文岱的带领下抵达战场。次日，太平军尝试突围，但并未成功。10 月 22 日，北伐的太平军突围深州，并折向南行，占领交河县。胜保与僧格林沁分别移师河间府和固安县。北伐的太平军至此遇到他们前所未有的强劲对手。

早在太平军开始北伐之时，清廷为阻止其北进，曾传谕北方各地办团练自卫。

《沧县志》：

> 咸丰三年粤军渡江，沿运河北上，谕各州县办团练。

《东鹿县志》：

> 廷议，以四方多敌，命直省各州县，仿湘淮团练法。

实际上，北方的团练也是一种民间武装，它与南方一样，也划分为"团"和"练"两大类。团练的各级首领，分别由地主、武举、监生、绅士等担任，清廷的地方官吏和在籍的官员也在团练里挂名，有的更是直接指挥。这种亦官亦民的武装，人员易于发动，训练易于统一，粮饷也易于筹集。平时散之，战时聚之，有大有小，有强有弱。到了后期，还由一村一县的团练发展到数县团练结盟联合的组织，具有一定的战斗力（参阅：《沧州志·卷八》），给北伐的太平军造成了极大的麻烦。这种民间武装组织，与清廷的北方精锐悍将相结合，使北伐的太平军的优势以及群众基础丧失殆尽。到了 10 月底，精疲力竭的疲惫之师，已抵达天津的静海，这里距天津城不到五里。这也是太平天国的北伐军能够到达的最北之地。京城就在眼前，但至此再未有进。

北伐军进至此地，虽未再有进展，但影响已是巨大。根据简又文先生的描述，清廷做出了许多紧急的部署和安排。咸丰皇帝不仅将京畿防务的最高指挥权交给了他的叔父惠亲王绵愉，而且急令远在关外和蒙古的步兵、骑兵进京勤王。胜保及僧格林沁等清廷悍将，也奉命相互协同，共同保证京城的安全。①

太平军在天津城周围的战斗，始成为此次历时五个多月的北伐之战的绝唱。虽然天津是一座府城，却没有常驻的高阶军吏，驻防的兵力也屈指可数。直到管理盐务的文谦兼理防务时，才在一些官员和乡绅的协助下，组织并训练了由数千罪犯和雇佣军组成的乡勇。知县谢子澄奉命指挥作战，他于11月1日成功击退了太平军先头部队的两次进攻，并迫使他们撤退到杨柳青。获胜的乡勇既赢得了时间，又迎来了胜保和僧格林沁的援军。

静海之战持续了整一个月。林凤祥和林开芳坚守阵地，并未退却。清军日夜强攻，甚至动用了从北京运来的四十余门重炮及数百枝的步枪与火枪。太平军则以不断地加固碉堡，以及增挖深沟与之周旋。此时的僧格林沁，已取代胜保掌握了全部的指挥权，亲率三万余名清军，对太平军展开了最后的围歼。身处险境的李开芳与林凤祥，竟然在如此险境中突出重围，向东南逃至连镇，并迅速形成布防。

连镇之战极其惨烈，双方对峙九个多月。林凤祥仅率数千太平军坚守连镇，对峙僧格林沁的三万余人，最后弹尽粮绝，全军或被杀或被俘，无一人投降。连镇之战结束，僧格林沁在高唐设立大本营，围剿先期突围出去的李开芳残部。此时，太平军仅千余人，而清军还有万余人。在随之而来的惨烈战斗中，太平军与清军均遭遇到极大的伤亡。僧格林沁为避免更大伤亡，引运河水淹没了太平军占据的村庄。据邹西野叟《蛮氛汇编》中记载，走投无路的李开芳在北伐军最后剩下的八十八名高阶军官和士兵的陪伴下，于咸丰五年四月六日，走出被水彻底淹没的

①　简又文：《太平天国革命运动史》，第170、171页

村庄。李开芳及其部将黄懿端等八人随即被押送京城，并遭凌迟处死。

至此，太平军北伐之师纵横八千多里的史诗般的征程，终于落下血色帷幕。关于北伐的最后一幕，陈恭禄先生有这样的记叙：

> （十月）及至严冬，北风怒号，砭人肌骨，冰雪交至，不堪作战。清兵则多生长北方，视为固然。僧格林沁采用以围为攻之策，督兵力战，颇有成效。明年二月，林凤祥率兵突围而去。《山东军兴纪略》曰："冰雪塞涂，贼病多死，能行者手足谬沫，委弃兵仗。"清兵追杀甚惨。太平军向至阜城，洪秀全遣将黄生才等入皖，纠合皖民，侵入山东援之，连陷城镇。胜保奉命御之，而黄生才竟能攻下临清，声势大张。无如人众地瘠，无粮可掠，胁从者散去，胜保灭之。林凤祥自阜城南逃连镇，马队陷据高唐，一八五五年，均为清兵攻陷，由是北伐军消灭。①

太平军的北伐，历时两年，转战六省，既无援军，亦欠粮草。面对数十倍之劲敌，顽强奋战，浴血拼搏，应该是一曲人间悲歌。其意义不用说，其影响亦声震华夏。但究其本质，仍是太平天国败局之始。李秀成在总结太平天国重大失误之时认为：

> 一、误国之首，东王令李开芳、林凤祥扫北败亡之大误。二、误因李开芳、林凤祥扫北兵败后，调丞相曾立昌、陈仕保、许十八去救，到临青（清）州之败。三、误因曾立昌等由临清败回，未能救李开芳、林凤祥，封燕王秦日纲复带兵去救，兵到舒城杨家店败回……②

李秀成谈到的天朝十大失误，其中北伐就占了三条。对焉错焉，评价已无意义。北伐之战结束数年之后，太平天国与清廷都通过封赏嘉奖的方式，来肯定这次战役。太平天国方面，李开芳、林凤祥、吉文元、朱锡琨、黄奕芸等均被封王，其名字还被勒石纪念；清政府方面，僧格林沁晋升为亲王，世袭罔替，其列将德勒克色楞，被封为贝勒，西凌阿被封为男爵，随后被任命为钦差大臣。一将功成

---

① 陈恭禄：《中国近代史》，第 122 页
② 太平天国历史博物馆：《太平天国文书汇编》，第 543 页

万骨枯。这里所枯之骨中，既有三万余名太平军将士，亦有八千多名与僧格林沁相同民族的蒙古族将士。而其中林凤祥、李开芳所遭受的凌迟之痛，虽疼及骨髓，但已被世人忽略。

简又文先生曾经动情地写道：

> 至于无数无名的参加北伐却尸骨无还的太平军圣兵，他们的革命热情和他们对待平民足以引为榜样的宽仁态度，被永远铭刻在一首广为流行的山东民歌之中："长毛哥！长毛哥！一年来三遍，也不多。"[①]

行文至此，潸然泪下。太平天国的北伐之战，虽然未能接近目标，但却是最为接近理想的一次征战。

悲壮不是战争的目的，但浩气一定有历史的敬畏。北伐之战并无胜与败，只有歌与泣。

（二）

从军事战略学的角度来看，太平天国的西线战场，也就是太平军的西征战役，是左右整个天国大局的最为重要的战场。西线战事不仅事关其战略物资的蒐集及储运，还事关首都天京的上游屏障，更事关作为纯粹军事组织的太平军的陆军及水师的合成协同程度。西线战事的每一次反复，都牵涉天京的安危，也牵涉太平天国最高决策层的变化。西线之乱，就是太平天国内部之乱；西线之败，则是天国完败的不祥征兆。

太平天国的西征战场，沿长江展开，血雨腥风，惊涛骇浪，战况随天国起伏而变化。1853 年 5 月中旬，也就是北伐军从浦口北上之后不到二十天，西征军亦登船从天京出发，溯江而上，兵发沿江诸省。

从军事战术的角度来看，西征军恰恰是开创了我国现代军事学中运动战的典

---

① 简又文：《太平天国革命运动史》，第 180 页

型战例。无论是围攻南昌还是挺进两湖，无论是武汉的攻与守，还是九江、湖口的大会战，以及治理湖北、安徽和江西的基地，均体现出了机动灵活，打得赢就打、打不赢就走，占得住就占、占不得住就跑的方略。看起来眼花缭乱，并无头绪，实际上是将中国历史上曾经辉煌一时的"流寇主义""游击主义"，真正转化成了机动灵活的运动战和迂回战。这个探索，一直贯穿于整个西征过程，并且成为西线战场最为重要的战略成果。

如果以经略长江为时间划分的话，那么，整个西征的战役时间跨度应该是十年。这个十年，既是太平天国从起始至高潮，再由高峰至衰败的过程，也是太平军各路英雄豪杰与清廷的各色人等，你方唱罢我登场的过程。西线战事，更像是一个大舞台，天上地下，陆上水中，前后左右，东西南北，城头变幻大王旗。特别是整个战事，直接催生出了太平军的掘墓人——湘军和淮军，这是整个西征战役意料之外的恶之花。

对于太平天国来讲，西征当然是一个重大的战略。但是，如何决策的，其战略意图以及阶段性的目标为何，并无可靠的材料判断。从西征军的人才配置来看，天国高层对此是高度重视的。按照现有材料判断，西征的第一个目标，是要攻取安徽省的省会安庆、江西省的省会南昌。第二个目标应该是从湖北进入湖南，然后传檄两广。至于第三个目标，应该是整个南部中国。如果北伐成功，西征的成果与北伐连成一片，天京即为全国之首都。清廷最好的结果，还是回到遥远的宁古塔去放羊或牧马。

太平军西征的规模到底如何，历来众说纷纭。规模决定影响，规模有时也说明性质。战争胜负的天平，有时的确由规模来决定。

关于西征的船只。据清将向荣《奏报》："（6月3—6日）先后由船只千余，鸣锣张帆，风拥直前。……其船中或六七人，或二三人不等。"[1] 据《江西守

---

① 《中国近代史资料丛刊续编·太平天国》第七册，第138—139页

城日记》："（五月）十八日寅刻，贼艒千余蚁至，环泊德胜、章江两门外。"①

据同治《南昌府志》："（五月）十九日，贼船约八百余艘泊七里街、周公亭及盐仓、司马庙等处。"（《南昌府志·卷八·兵志》）据时人毛隆保《见闻杂记》："（五月）二十日下午，张福等归，云贼已于十八日到省，约船四百余号。"（同上书，第二册，第58页）时人黄辅辰《戴经堂日钞》："（六月）初一日，本日遇江南带勇之宋姓云：四月二十七日，贼船出江宁，至九江者三千余只。……（七月）又陈竹伯、方伯书，前闻逆船千余自南京逆流西上。"②

关于西征的人数。据江西巡抚张芾奏报："逆匪上窜时，不过数千人。"③据同治《新建县志》："六月十七日，近乡民有自贼中逃归，缒上城供者称，老长发兄七百余人，沿途协众从约六七千人，船虽多，半空，可计破之。"（《新建县志·卷六十五·兵氛》）《见闻杂记》："（六月）初旬，现在贼不满万人，附省村落，俱未大遭荼毒。"④《戴经堂日钞》："贼船出江宁，至九江者三千余只，约贼数万人。……（七月）初七日，得宽翁幕宾由省探得岳州府信，江西贼匪多系空船，虚插旗帜。（七月）十一日，又见江西探信，长发贼只二百余人，胁匪约三四千人，扎营德胜门、章江门，并对河停泊。"⑤

这些记叙，前后不一，兵不厌诈。但是，西征的兵力规模，仅仅是战役性的，而非战略性的。实际上，此次西征的先头部队，总的船只数"千余只"较为可信，总的兵力为"六七千"，亦较为真实。

关于增援的情况。第一次西征的援军，由石祥祯、韦俊等率领。据《中兴别记·卷八》："（1853年8月28日）杨秀清遣伪国宗韦俊、石祥祯、石镇仑等

① 《太平天国史料简辑》第二册，第391页
② 《太平天国资料》，第57页
③ 《中国近代史资料丛刊续编·太平天国》第七册，第188页
④ 《太平天国史料简辑》第二册，第61页
⑤ 《太平天国资料》第58页

驰赴江西，为赖汉英援应。"① 《江西守城日记》："（六月）二十四日，贼船
添泊数十只。……二十八日，连日接据安徽按察司张印塘报：贼船数百上窜，湖
口县复禀称：贼船已入湖口。"② 第二次西征的援军，由石达开统领。据《中兴
别记·卷九》："（咸丰三年）八月己未（1853 年 9 月 25 日），是时，贼杨
秀清遣翼王石达开率船六百余艘，逆流上犯，占据安庆省城。"③ 《东华续录·卷
二十三》："（1853 年 10 月 3 日）李嘉端奏，贼船六百余只，停泊安庆府城外，
乘夜入城，现贼匪不下五六千人。"

两次援军，加上先头部队，总的人数也就万余人，并不足以对西线地区形成
压迫型的威胁。西征军的第一场硬仗，即围攻南昌达九十天之久，围而猛攻，攻
而未克，锋头尽挫。

按照时人夏燮《粤氛纪事·卷三》的记述：负责南昌防务的江西巡抚张芾，
很幸运地遇到了在先前长沙保卫战中被封为湖北按察使的江忠源。此人有勇有谋，
在被清廷派遣去协助向荣围攻天京的路途中，同时接到两个消息，一是令他前往
安徽，因北伐的太平军已抵达凤阳；另一个是赣抚张芾的求援信，南昌事急，江
忠源审时度势，亲率一千三百余名乡勇，四百里急行军，奔袭三天三夜，终于赶
在太平军达到南昌之前两天，先期抵达战场。

江忠源统筹指挥当时南昌城中一万多名守军，沿城墙布置防御火力，焚毁了
城外所有民房，并两次挫败了太平军的"穴地"攻击战术，坚守不出，以守待援。
江忠源不断地向南京的向荣、长沙的骆秉章以及曾国藩请求援兵，后者迅即派出
数千人的兵力驰援南昌，缓解城防压力。太平军第二波约两万人的援军在石祥祯
和韦俊的指挥下，亦到达战场。但是，南昌城防坚固，太平军攻势不断被瓦解，
双方损失惨重。

---

① 《太平天国资料汇编》第二册，第 136 页
② 同上书，第 136 页
③ 同上书，第 144 页

天

局

太平军的增援部队,在南昌城外与清军的增援部队屡屡交锋。太平军的老将曾天养,与清军悍将江忠淑、夏廷樾、罗泽南数度交锋,互有胜负。但是,面对南昌城,太平军仍是无计可施。

守城主帅江忠源曾亲历长沙战役,十分熟悉太平军的战法。时人林福祥《守南昌府记》:

> (江忠源)于城根埋瓮,使人坐其中,侧听以司声息。(所有掘土之声)即由内挖下,挖即通,即用铁球下击,并熬桐油稀粥灌下,亦毙贼无数。

同治《新建县志》:

> 贼于章江外累掘地埋火药,屡为官兵起获。盖每埋火药,即有贼投诚标示,官兵随即起出,屡次皆然。……多备布袋装沙及多备石块,以及随塌随筑之用。……又易沙以棉,浸而湿之,倅仓促间,便于捉挈。①

太平军最为擅长的攻城术,均被富有经验的清军一一瓦解,战况十分激烈。久攻不下,太平军无奈撤退,乘船向北转移。有意思的是,按照时人王闿运《湘军志》的记载:成功逼退太平军的清将江忠源所部有近万名乡勇,紧随太平军其后追击。但其部下以苦战三月要求封赏,遭到江忠源拒绝后,乡勇竟一哄而散,放弃追击,这也是笑话。可见,爱财之人可以不畏死,但爱财之人可以不守义。

南昌之役,是牵动全局的一次战役。如能攻下南昌,太平军不仅可直接消灭清军的有生力量,而且可以从赣西直插湖南,把湘军扼杀在摇篮里。可惜战役目的未能达到,使整个西征蒙上了一层失败的阴影。

北伐和西征,是太平天国两面出击的重大战略。最高统帅层以为自己"万方之所悦服,亿众之所向往。……以江西为囊中之物,可便手探取也"(晏家瑞《江西战叠纪闻》)。这不是轻敌,而是高看了自己。然而,战场是残酷的。

---

① 《太平天国史料简辑》第二册,第77-78页

太平军西征战役标志性的失败，并非在江西南昌，而是在安徽的庐州。1853年9月，翼王石达开奉命由天京至安徽，主持上游军政全局。以安庆为大本营，在安徽占领区布置防务，编调军队，编设乡官，料理民事。这是太平天国首次全方位地治国理政。石达开聪慧明理，颇得民心，使安徽成为天京上游地区一个可靠的兵源与粮草供应基地，确保了天京十年的相对稳定与喘息。但是，太平军仅占有安徽的局部地区，而石达开的兵锋，在攻克练谭镇、桐城、舒城之后，已指向皖北重镇——庐州府。

清廷咸丰帝对皖北局势十分关注，在一份上谕中指出：

> 安庆被贼占据，庐州又在危急。李嘉端既经罢斥，周天爵（前漕运总督、督办安徽团练）复值患病。该处近颍、亳，切须防贼北窜。（《东华续录·咸丰朝·卷二十三》）

此项重任，又交予江忠源。此人由于在蓑衣渡伏击战与长沙、南昌保卫战中均取得胜利，也就在两年的时间内，由一默默无闻的署理知县，渐次被擢升为安徽巡抚，成为封疆大吏。但是，在太平军西征之役中，庐州成为江忠源的滑铁卢。

此时太平军的西征战局，连曾国藩都心惊肉跳。他在致友人的一封信中，这样写道：

> 田家镇之破，两湖尽失藩篱，日日皆在忧危之中，譬若幕巢漏船，无可之安。此闻黄州业被窜据，巴河新筑坚垒，此下，如九江、安庆、芜湖、太平滂水各城，并为贼巢，长江之险非复我有。吕鹤田（即吕贤基）业已殉难，江岷樵（即江忠源）抱病六安，不能前赴新任。东南局势真堪痛哭。①

按照《江忠烈公遗集·卷三》的记载，江忠源已悉舒城失守。庐州距舒城仅有一百二十余里，若太平军进军迅速，极有可能在江忠源到达防地之前即被攻占。

---

① 《曾文正公全集·书札·卷三》，第16页

此时的江忠源"一面在六安连夜布置守城等事，一面飞咨署抚臣刘裕鉁赶紧于庐郡妥为布置"。同时，他又向朝廷表示："倘贼由舒至六，臣誓与城存亡；若由舒至庐，臣也不敢俟病痊愈，但能扶掖上舆，即当带兵赴援。"

江忠源抵达庐州以后，连夜布置城防。其亲信湖南举人邹汉勋与候选训导邹吕郇共守西门；云南参将惠成、候补直隶州知州李承恩驻守南董门；池州府知府陈源兖驻守时雍门；已革职的庐州知府胡元炜驻守威武门；署合肥县知县张文斌、候补通判许亦清驻守拱辰门。其余文武官员均驻扎城上，分段守御。布政使刘裕鉁日则总理军务，夜则周历各城，严密巡查。据《军机处录副奏折档案·革命运动类》卷773第11号记载，庐州水西门城墙最低，城外坡垅独高，防守最为吃重，江忠源亲自驻守其处。

此时的守将江忠源信心满满，他还向朝廷表示：

> 自当于万难措手之时，力求有济。俟庐郡布置稍定，即当督率兵
>
> 勇前往攻剿，不使贼匪北窜一步。（《江忠烈公遗集·卷三》）

江忠源的信心也不是空穴来风。此时，在咸丰皇帝的严厉督促之下，江南提督和春已至徐州，兵科给事中袁甲已进驻蒙城，均已奉旨援庐。同时，清廷又诏命江西、山东、河南邻近三省，各拨解饷粮数万两至庐州。甚至，咸丰还让江忠源截留广东解部银十五万两以充军饷。清廷想在庐州与太平军决一死战。

庐州既为安徽省的临时省会，又为河南屏障，清廷高度重视是有道理的。这一次，太平军有了先机。

此时的太平军，在胡以晄的指挥下，将庐州死死围住。架云梯，搭浮桥，逼城根，掘地道，以火炮轰城，并且成功击退由寿春镇总兵玉山从滁州而来的援军，切断了庐州与外界的交通线。此时，江忠源仍固守待援，"雇集民夫从月城开壕，分三路向外迎掘，翼可拦截"（《军机处录副档案·革命运动类》卷774第4号），企图"步步为营，渐逼城下，内外夹攻，开通道路，迅解重围"（同上书，卷772第11号）。

江忠源虽身经百战，但关键时候，盼不来救兵，只能求助神灵。他又是读

祭文，又是求城隍，"军饷告急，借贷已穷，子药无多，诸物不备，援兵虽集，未能直抵城下，脱有不虞。……恳请城隍约限：日内，率尔爪牙，助我城内外兵勇，协力同心，迅解重围"（《江忠烈公遗集·文录·卷二》）。

围城三十六日后，太平军攻陷庐州。1854年1月15日，四更鼓后，大雾迷漫，咫尺不辨。太平军再次炸塌水西门城墙，内应兵勇骤将垣上灯火一齐熄灭，昏暗中，太平军皆以长绳系城垛垂墙而下，乘势杀入。城内兵勇慌不择路，纷纷逃命。江忠源自刎未遂，又投水关桥外古塘自尽。布政使刘裕鉁、池州知府陈源兖等文武官员皆被杀。署庐州知府胡元炜向太平军投降。（参阅：《江忠烈公遗集·卷五》）

太平军攻克庐州之后，很快消灭了留在城中的官绅、乡勇。因城内百姓曾助力江忠源守城，太平军遂大施报复，居民人等自尽者十之三四。胡以晄以攻克庐州有功，被晋爵位"豫王"，并为皖北军政首脑。清廷在丢失庐州之后，即以江南提督和春督办庐州军务，以漕运总督福济为安徽巡抚，会办军务。太平军与清军为争夺庐州，重新开战。两年之后，庐州易主。

太平军能攻克庐州，与胡以晄、曾天养等人的军事能力远超攻击南昌时的太平军主将赖汉英有关，也与清军未能统筹军力，各自为政，不能协同有关。西征之役最大的失误，实际上是打出了湘军团练这一太平军的劲敌。庐州之役中，正是湘军统领曾国藩的拥兵自重，避而不战，才使江忠源之流的希望一再变为失望，失望终成绝望。

曾国藩在写给江忠源的信函中称，"自九月以来，每思练勇六千，概交阁下统带，为澄清中原之用。屡函与阁下言及"[1]。在写给他人的信中，曾国藩也一再提及练勇援皖之事，"岷樵勋望日隆，全握兵柄是意中事。鄙意欲练勇万人，概交岷老统带，以扫荡、澄清之用"，"欲练勇六千，概求吾党忠义诚朴之士为统领，而一归江岷樵调度，以澄海宇之具"[2]。庐州被困后，江忠源数次飞函曾国藩，

---

[1] 《曾文正公全集·书札·卷三》，第38页

[2] 同上书，卷四，第8页；卷二，第45页

咸丰帝亦下诏严饬曾国藩率勇援皖，可他一再以练勇未就为由，万般推脱延宕。庐州之败，曾国藩难辞其咎。但湘军的崛起，已是势不可挡。

1854 年 6 月，清军调齐兵力，攻下庐州附近的含山、舒城、六安，太平军据守的庐州成为孤城。此时的主将胡以晃已被褫夺了王位，降为"护天豫"，并被杨秀清召回另有任用。庐州被围之时，太平军出动多达万人的援军，包括从安庆赶来救援的石达开，均无能为力，怏怏而归。清将和春与福济再次协同作战，向庐州发起最后的攻击。

时人萧盛远是和春的幕僚，其撰写的《粤匪纪略》，详细描述了庐州之战况：

> （十月初一）三更后，俄而城内四路呐喊，官军在城下一齐接应，登时火光四起，官兵沿梯而上，守城贼匪梦寐惊觉，不知官兵多少。我军刀砍矛刺，立杀多名。顷刻之间，满城喊杀，声振山谷。逆匪已睡熟，猝不及防，开门夺路纷纷奔逃，自相践踏。官兵会合民众，尽力刺杀。和帅同都统麟瑞、常清、郑魁士等扼住各要口，痛加剿洗，计毙敌三万有奇，生擒二千余名。于初二日丑刻，将庐州府城克复，众志成城，真绅民之力也。[①]

庐州失守，太平军在皖北的势力岌岌可危。到了 1856 年的秋天，除了安庆以北的桐城以外，太平天国在皖北的所有城市均落入清军之手。

很难评价太平军西征的战果，城市的得而复失，失而复得；控制地区的时而扩大，时而缩小；所集粮草的时而众多，时而寡少，这都不是最重要的。只是西征的战事，在战火纷飞之中培养起了两支劲敌——湘军和淮军，这是出人意料的。

西征战场，曾经是太平天国最为广阔的战场，也是太平军最有取胜把握的区域。将士浴血奋战，所据区域也治理有方，民心的向背以及社会舆论，虽有反复，但总体上是对太平天国有利的。简又文先生曾经引述传教士丁韪良（William A. P. Martin）根据一位书商对其家乡抚州情况的描述：

---

① 太平天国历史博物馆：《太平天国史料汇编》第三册，第 1201 页

（抚州）府城原有三千官兵驻守，一遇险象发生，即弃城而遁，留下大炮，甚至其他军械，尽资敌人。太平军到，屯东城下，居民开城迎之。乃遣八人骑马先入，巡行各街道，安抚百姓。大队乃继续进城。其后派队四出，在各村镇募兵，持有"奉命招兵"大旗，迅即招得志愿兵几至万人，除食物衣装外，每人每日亦得钱一百。各府县均设民政官员。本地绅士被邀合作，有被任重职者，而一般士人则被雇用为书手先生。他还提到，有一少年曾在江西太平军服务多时，得抚州后，欲还籍省视媚母。太平军长官准其荣归，赠其"老太太"以银两丝绸。此事表现他们敬老崇孝，予人至好印象，使人感服……太平军减税至半额，禁止部下屠宰耕牛。凡有暴行祸民者，严刑惩罚，以故深得民心。而清军则尽反其道，肆行强暴，屠宰农民耕牛，强掳人民妻女，勒索人家财物。太平军政治严明而有力。而其官方宣言，于1853年初起时尚为华饰，而今再看则文体完备，融润心怀，颇有江南学士之风。①

这样看来，西征之役是太平军最为接近目标的善治之役。但是，从军事上来讲，西征的一败再败，天京上游的各险要丧失殆尽，已辟疆土未尽巩固，新开区域已遭飘摇。战线过长，兵力分散，屡遭强敌，并不能决战决胜。战术和战略上都有重大缺陷，这也并非个别有才华的将领、一众不畏死的兵卒所能回天的。

军事斗争，斗到最后，争的就是战略。一着不慎，满盘皆输，已经不是军事而是政治了。1855年1月1日，太平军西征部队陆续撤入安徽境内，以及江西的湖口县，曾国藩趾高气扬地宣称：

长江之险，我已扼其上游，金陵贼巢所需米石油煤等物，各路多已断绝，逆船有减无增，东南大局，似有转机。……臣等一军以肃清江南，直捣金陵为主。（《请饬各路带兵大臣、督抚择要防堵片》）

一路西望，满目悲凉，太平军已无回头路。

---

① 简又文：《太平天国革命运动史》，第236页

天
局

（三）

　　如果说太平天国真的有一份战争规划方案的话，那么，太平军的东进，一定是在其最为重要的位置上。

　　从军事上来看，北伐更像是虚晃一枪，以夸张的方式去实现前期天国所提的口号；西征的主要使命是确保天京上游的安全，以及能够拥有最为稳定的粮草基地。东进则不一样，因为天京以东的广大地区，经济富饶，人口众多，且濒江近海，最为适合长期经略，形成稳定的占领区，从而为争取全国性的胜利奠定基础。此外，在宁杭沪一线，集中着当时刚刚萌芽的资本主义的生产方式和流通方式，上海已是列强的租界，大规模的建设与管理在当时最为先进，也令太平天国大开眼界。如果一体化考量太平天国的宏观布局，东征之路，东部战线，应是洪、杨思考的重中之重。但是，东进计划真正得以推进，已到了洪仁玕以及陈玉成的时期。伴随着"天京事变"之后的太平天国形势江河日下，整个东征的进程笼罩在一片失败的阴影之中。这个阴影，最终奠定了太平天国整体走向覆灭的黑暗之中。

　　洪仁玕是这个计划的主导者。《洪仁玕自述》中，有详细的叙述：

　　　　四月初一日，登朝庆贺，且议进取良策，吾王意在救安省，侍王意取闽、浙，独忠王从吾所议云：为今之计，自天京而论，四（西）距川、陕，西（北）距长城，南距云、贵、两粤，俱有五六千里之遥，惟距苏、杭、上海，不及千里之远。厚薄之势既殊，而乘胜下取，其功易成。一俟下路既得，即取百万买置火轮二十个，沿长江上取。另发兵一枝（支），由南进江西，发兵一枝（支），由北进蕲、黄，合取湖北。则长江两岸俱为我有，则根本可久大矣。①

　　这个计划并非战略规划，但它可以满足太平天国一直以来力争占领上海的意图。天王同意了这个计划，任命颇具军事才华的李秀成作为东进军的统帅，并要

① 太平天国历史博物馆：《太平天国文书汇编》，第553–554页

求他在一个月之内占领苏州和常州。

参加此次行动的其他将领业已确定，有李世贤、杨辅清、黄文清及刘玱林，其部队一并归李秀成指挥；陈玉成的部队渡江佯攻扬州，使清军无暇进攻天京，也无法骚扰南岸李秀成的行动；吴如孝和吴定彩则受命解救张洛行。诸部队均按时间节点出行。至此，前后耽搁了七年之久的东进计划得以实施。李秀成在给征北主将张洛行的一封信中，有如下的设想：

> 迨后骇闻江北圣营失利，即于今春与师进剿，幸赖天威主福，自攻克菁弋、广德、四安、武康、杭州各省郡，复行顺扫临安、孝丰，而仍回广德，与各大队进取建平、溧阳、东坝、高淳、句容、溧水等县。后即分途进剿，乃于三月二十七日将京外长城妖穴扫荡一空，而九服（洑）洲妖艇，亦于其时期率潜遁，南北两岸通行，京围立解。窃思京都地临大江南北，原有全城汤池之固，然必铲平南方妖穴，方可永平奠磐石之安。故今拟定指日率师下扫，荡杭、常、镇，翼图开疆拓土，而环宇萧菁。①

这个想法如能实现，既可解天京的当时之困，也可谋江南的长久之安。

清军方面，和春、张国梁、王俊等在镇江逐渐收拢了江南大营被击溃后的散兵游勇，再加上由浙江南来的清军部队，一共大约一万三千人，开始布置丹阳、镇江一线的防御。

时人萧圣远《粤匪纪略》：

> 九月，和帅移节丹阳，途次全椒，马失前蹄，愈时方醒。休养一日，二十三日行抵丹阳。二十四日接受大臣关防。奉旨：福兴著驰赴江西会办军务。十月十六日，和帅扎营句容。十八日，督师进攻，急图直逼城下，左膀被贼枪伤。奉到朱批：主帅专司调度，不应亲身赴敌，著赏给如意拔毒散。十一月，因兵勇缺饷数月，苏省每月只给银四万两，他省

---

① 太平天国历史博物馆：《太平天国文书汇编》，第246—247页

协济多未解到，望饷甚殷，本省不肯筹给，具折上陈。……未及两旬，

两饷银已旺，每月竟可得四五十万两，是敷军兴之用。士卒饱腾，军心

鼓舞，出于意外。[1]

实际的情况还是有出入的，清军一度因为欠饷拒绝作战。主帅和春则从刚到大营的饷银中，对每个士兵克扣达四两之多。张国梁等副将试图劝说清军士兵作战，但效果甚微。清军防线在太平军的第一轮攻击之下，即告崩溃。偏将王俊、熊天喜被杀，张国梁身负重伤，马失前蹄，溺水而亡，钦差大臣和春则败逃常州。李秀成则收敛张国梁的尸体，将其厚葬。张国梁原为广西贵县一名盗匪，后投降清军，在湖南、天京一带与太平军血战，胜绩颇丰，咸丰帝曾称他"东南半壁倚为长城"（参阅：郭铸《向张二公传忠录》、陈继聪《忠义纪闻录》）。张国梁被毙时，年仅三十三岁。

东进的太平军拿下常州，则是兵不血刃。5 月 20 日，太平军先锋到达常州城外时，两江总督何桂清则找借口离开，城中长老、乡绅哭求总督留下守城，但何不为所动。当发现数千民众跪地焚香求他不要离开时，何桂清竟下令亲兵向人群开火，造成十余人死亡，逾百人受伤（参阅：1860 年 7 月 10 日《北华捷报》第520 期《义军纪闻》）。清军则趁机劫掠放火，先行扰民。大量的城市居民也因听信谣言，惧怕太平军的到来，而选择自杀（参阅：吴曼公《庚申常州守城日记》）。

太平军拿下常州之后，杨辅清向南攻击宜兴；刘官方返回皖南；李秀成则转而向苏南重镇无锡进军。清军主帅和春则吞鸦片自杀，但其部下巡抚徐有壬掩饰了其真实死因，称其"呕血而亡"，为和春争取到了例行的封赏。在常州四散奔突的清军，沿途继续洗劫村庄，与军纪良好的太平军形成强烈反差。

太平军攻占无锡和苏州，并未遇到太大的抵抗。特别是在攻取苏州时，里应外合，有近二百名清军早已投降了太平军（参阅：潘钟瑞《苏台麋鹿纪》）。守城

---

① 太平天国历史博物馆：《太平天国史料汇编》第五册，第 1204 页

官员徐有壬等五人自杀殉城之后，李秀成还按照官员葬礼习俗，为徐有壬更换寿衣，收殓入棺并手书"忠臣徐中丞之棺"，表达了对他忠于职守的敬重（参阅：许瑶光《谈浙》）。至于其他被俘的清廷官员，无论汉籍还是满籍，一律提供盘缠，许其自由离去。太平军的这种善意，也为自己招募到了五六万人的投诚队伍，数量不少，但是，投诚人员也因品行太差，给太平军埋下隐患。

简又文先生认为：

> 关于占领苏州一事，恰巧有大量可信的证据证明，太平军占领苏州之时，没有财物受损，没有房屋被烧毁，双方也没有人员损失（除去巷战中抵抗和自杀者）。而太平军在这样一座富庶的城市里，的确从官员府邸和富家大户那里征收了大量的钱财细软，上缴天朝圣库。但是据中外证人亲眼证实，所有破坏和毁弃均可追溯至城池易手前一天清军的头上。①

真正使太平天国东进之役陷入两难境地的，并非军事，而是外交。

1860 年初夏，太平军从苏州出发，李世贤首先于 6 月 13 日占领吴江，14 日占领平望，15 日攻占嘉兴。江苏的昆山、太仓、嘉定、江阴、青浦等县，包括松江府，均被太平军拿下。这样，太平军就从北、西、东三面围住上海，并期待一举成功。此"举"并非军事，而是外交，这恰恰是太平天国最不擅长之举。

上海当时隶属于江苏省的松江府。1842 年依《南京条约》，上海与福州、宁波、厦门、广州等一道，成为对外通商口岸。在上海城内，还分别有英、法、美三个缔约国用于商业和居住的"租借地"，简称"租界"。其中，美国与英国的租界于 1863 年合并，称为"公共租界"。每个租界均有其租用国的行政管理部门，区域内还建有繁华的市场以及其他流通机构，为外国居民集中提供食品和其他商品。"巨大的西洋船载满了丝绸、茶叶等珍贵货品，慢慢地沿黄浦江向北，经过长江

---

① 简又文：《太平天国革命运动史》，第 348 页

的吴淞口，最终驶入广阔的大洋。"①

当太平军在上海的外围开始集结时，英国与法国的海陆军正在此待命，准备以武力迫使清廷接受《天津条约》。上海的官员，包括上海知县刘郇膏、代理道台吴煦，以及从苏州逃至城内的江苏巡抚薛焕，正竭力动员这些外国的军队协防上海。

此时的李秀成相信了一些来访苏州的外国传教士的非官方承诺，即外国军队并不参与协防。到达攻击位置以后，李秀成才恍然发现，不仅租界被严密地防守起来，就连上海的城墙上也有大约三百名法国士兵，以及九百名英国士兵协防。

在进攻前的一周，李秀成曾致信驻上海的英国全权公使。此信的原文，现藏于耶鲁大学拜内克古籍善本图书馆。据简又文先生转述，信的内容是向外方介绍了太平天国的意义，以及在苏南一带取得的军事成就，并解释了太平军需要占领松江和上海的必要性。同时，向英国人表达了善意，明确自己的部队不会伤害英国人及其财产。这封严肃的外交信件，不仅被错投至美国领事馆，而且仅在一些无关紧要的人员手中被传阅。英方的主事者并未了解到太平军方面的立场。这是偶然还是天意，后来的一切有着十分明了的证明。

在李秀成与英法等国进行外交沟通的时候，有一些长期游历于中国的传教士也混迹期间，或而参访，或而传话，或而探信，总之十分复杂，所传递的信息也五花八门。到了最后，天真的李秀成竟然认为，外国人会非常欢迎他的部队，上海亦将和平取得。但最后结果并非如李秀成所愿，甚至走向他愿望的反面。

简又文先生描述这场外交危机：

> 从那时开始直到太平天国覆亡，安约瑟和杨格非（传教士，洪仁玕的好友）不懈地恳求外国恪守绝对中立的原则，并想尽一切办法唤起公众对这些矢志建立基督教中国的革命者的同情。悲哀的是，安约瑟、杨格非及太平天国的领袖们都没有意识到，这场革命失败的命运已定。

---

① 简又文：《太平天国革命运动史》，第 352 页

其中一条判定标准便是，太平天国不像清廷那样善于处理和开埠通商诸国间的关系。如果说接下来太平军在上海的失利是整个运动走向终结的征兆，那当是因为太平天国首次遇到了他们尚无法理解的事物。[①]

不是太平天国不明白，而是在整个中国近代史的开端，外敌入侵，政治紊乱，东西碰撞，人心浮杂，这世道变得太快了。

对此东征战役，李秀成被俘的自供曾十分详细地总结道：

> 为今虑者，洋鬼定变动之。……鬼子到过天京，与天王及（叙）过，要与天王平分地土，其愿助之。天王云不肯：我争中国，欲相（想）全图，事成平，天下失笑，不成之后，引鬼入邦。此语是与朝臣谈及后（不）肯从。鬼云：尔天王兵而虽众，不及洋兵万人。有我洋兵三、二万众，又有火舟，一手而平。鬼云：我万余之众打入北京，后说和，今上（尚）少我国尾（欠），尔不与合，尔天朝不久，待为我另行举动。[②]

这里，有李秀成想象的成分。但是，他能意识到这种威胁，也算是有先见之明。至于后来曾国藩、李鸿章之流所兴之洋务运动，与此话有无关系，或正话反听，反话正说，也是说不定的事情。

上海之役的过程是复杂的，充满了谎言与欺骗，以及善意与恶行。军事斗争反倒是其次的了。当时，李秀成仅带了三千余名只有简单装备的太平军。这些太平军竟然并不是正规作战的军卒，仅仅是一些亲兵和随从。守城的清军以及大量的英国士兵便向他们开火，李秀成惊慌失措，此时还严令士兵不准还击。在太平军不断绕城躲避的时候，英国水兵包括锡克士兵，仍然不断地向他们开火，这样的死伤竟达数百名。[③]

据 1860 年 8 月 25 日的《北华捷报》第 526 期，包括俞樾同治《上海县志》

---

① 简又文：《太平天国革命运动史》，第 359 页

② 太平天国历史博物馆：《太平天国文书汇编》，第 543–544 页

③ 简又文：《太平天国革命运动史》，第 360 页

天
局

第十一卷记载，在太平军与英国士兵进行周旋的时候，法国士兵却开始了在城内的肆意滥杀纵火，大火连续烧了五天五夜。攻城的第三天，李秀成的大约三万人的援军到来，并试图从两侧接近上海城。但是，均被守城的清军以及英法两国士兵击退。停泊在苏州河上的两艘英国战舰，也向太平军猛烈开火。李秀成从未见过如此强大的火力，他也无法相信眼前发生的一切，甚至，他自己的面颊也被弹片击伤。无可奈何之下，李秀成下令撤军。

8 月 24 日，太平军从徐家汇撤军。即便如此，李秀成还强压怒火，最后在徐家汇天主教堂的门上，留下了他的一张告示，即命令全军不得损害外国人及其财产、房屋和教堂设施。这件事情，被刊登在《泰晤士报》（印度版）1860 年 10 月 24 日的社论之中。

简又文先生详述道：

从后来出现在中国和印度英文期刊中的大量相关评论和报道中可以发现，公众对英国和法国军队的野蛮行径感到震惊。与外国军队毫无廉耻的胜利相对应，太平军被普遍认为是虽败犹荣。[①]

简又文先生的同情，并不能掩饰太平军首领对形势的误判。教训是血淋淋的，失败的经验则是灰色的。指挥并策划东进的李秀成，临终之前断言洋人终成大患，并非对清廷讲的，应该是对自己说的。

形势大好的东进，本来已经为太平天国积累了他们所急需的一些胜利。但是，由于上海之役的失误，再加上江浙其他战场的失手，使后期的太平天国军事行动，如临终前的回光返照，终究未能成事。

东进未进，东方仍然是一望无际的大海。

---

① 简又文：《太平天国革命运动史》，第 361 页

（四）

如果说太平天国是一个国家的话，首都被攻陷，则应该是这个国家覆亡的标志。从 1862 年 5 月，湘军统领曾国荃驻扎天京南部的雨花台，到 1864 年 7 月天京城陷，其时二载有余，其间血流成河。据说，曾国藩曾在太平门一侧勒石刻碑，上曰"穷天下力，复此金汤。苦哉将士，来者勿忘"。这是一个事实，也是一个传说。

在天京攻防战之前，太平天国的战略形势发生了根本性的逆转。第二次鸦片战争爆发，清廷逐渐形成了"借师助剿"的策略。太平天国内部的任人唯亲、滥设官府、滥封诸王，以及画地为牢，已不足以形成前期那种坚如磐石的信仰以及组织力量。庐州的失陷，陈玉成的败亡，常州、苏州保卫战的失败，特别是左宗棠湘军的攻入浙江，使天京渐成一座孤城。奉命回援的李秀成，在雨花台地区与湘军血战四十余天，亦未能攻破曾国荃的大营。至此，天京城陷已是板上钉钉的事实，也就是时间的问题。

1863 年 9 月 21 日，李秀成上朝面奏天王"京城不能保守，曾帅兵困甚严，濠深垒固，内少粮草，外救不来，让城另走"，否则，"合城性命定不能保"，"灭绝定矣"。当时，清军并未合围全城，尚有一丝空隙，李世贤部亦可从浙江北部转移至江西，可随时接应突围的太平军。坚守在常州、湖州、杭州的太平军，也可作为转移的后卫，牵制住追击的清军。但是，建议被天王拒绝。此时的天京，按照李秀成的描述：

> 国内无粮，九帅之兵严困，内外不通，无粮养众，京内繁繁，每日穷家男妇叠在门前求为救命。库无存银米，国事未经我为，后见许多流凄（涕）苦叫，我实无由，不得已将自己家存之米谷发救于城内穷人，将自谷米发救穷家之食，自辖部官兵又不资云（匀），再不得已，将家内母亲以及妇女手（首）饰金银概变给为军资，家内无存金银者，因此之来由也。自发此谷米救过此穷人，亦不资（济）于事，后将此穷苦不能全生情节启奏天王，求放穷人之生命。主不从衣（依），仍言（然）严责：

天局

不体国体，敢放朕之弟妹外游。各遵朕旨，多备甜露，可食饱长生，不由尔奏。无计与辨，言（然）后出朝，主有怒色，我亦有不乐之心。①

这种局面，天王天父天兄还有什么天的，应该谁都无力回天。此时，江浙战场上的太平军已被清军分割包围，曾被洪秀全寄予厚望的陈得才部已被堵在鄂、皖交界地带，难以夺路东援。洪秀全竟认为"铁桶江山"，坚如磐石，而且"朕之天兵多过水，何惧曾妖乎"？

1864 年 6 月 1 日，天王病逝。临终前的最后一道诏旨："大众安心：朕即上天堂，向天父天兄领到天兵，保固天京。"满城安危，系于虚妄之中，令人唏嘘。

李秀成的这番描述，极有可能就是现实。

6 月中旬，清军占领紫金山第三峰龙脖子。此地又名地保城、富贵山，并在此架设百余门大炮，日夜不停地轰击内城。清军在炮火的掩护下，进逼城根，轮番猛扑。最后，清军从挖掘的地道内埋设炸药，炸塌城墙二十余丈，蚁聚蜂拥，一举冲入内城。守城主将李秀成率残部折回太平门出城。7 月 19 日，天京正式沦陷，天国亦应声覆亡。

清军入城之后，依然是焚掠及屠杀。昔日繁华之地，顿成瓦砾灰烬。十九世纪末，谭嗣同曾至金陵，他写道：

> 顷杀金陵，见满地荒寒气象。本地人言："发匪据城时，并未焚杀，百姓安堵如故。终以为彼叛匪也，故日盼官军之至。不料官军一破城，见人即杀，见屋即烧，子女玉帛，扫数悉入于湘军，而金陵遂永穷矣。"至今父老言之，犹深愤恨。②

按照曾国藩的奏折，天京一役，有超过"十万"的"叛匪"被杀死。此数字与曾氏的道德人品一样，显然有所夸张。可靠的数据认为，天京陷落之前，城内人口为三万余人，半数为士兵，"能守城者，不过三四千人"（李秀成语）。整

---

① 《太平天国文书汇编》，第 535 页

② 茅家琦：《太平天国通史》（下册），南京大学出版社，1991 年 8 月版，第 111 页

个战事之中，守城将士宁死不屈，不少人自焚殉难，鲜有降者。其中，胜军之将与败军之将的身后，都是一样多的枯骨，并无两样的景致。

唯一幸运的是，太平天国的幼天王从天京逃出。他与李秀成等人穿过太平门附近的废墟，向南而去，并一直逃至皖南的广德。但是，终究未能逃出死亡的阴影。

天京之役，并不是清军与太平军的收官之战。在其后的岁月里，不到一年半的时间，经历镇平保卫战，以及嘉应州保卫战之后，汪海洋、胡永祥等残部，在广东嘉应黄沙峰一带，被清军左宗棠部歼灭。

时人魏秀仁在《咄咄录》中，是这样总结整个太平天国命运的：

　　时大功告蒇，行赏受厘，户部左侍郎呈廷栋疏言："万古之治乱在朝政，百士之敬肆视君心，事不贵文贵其实，下不从令从其好。"又言："治乱决于敬肆，敬肆根于喜惧，从古功成志遂，人主喜心一生，而骄心已复，官寺即有乘此喜而贡其谄媚者矣，左右即有因此喜而肆其蒙蔽者矣，容悦之臣即有迎此喜而工其谀佞者矣，屏逐之奸即有窥此喜而巧其夤缘者矣。……一人肆之于上，群小煽之于下，流毒苍生，遗祸社稷，稽诸史册，后先一辙，推原其端，只因一念之固喜入骄而已。"

　　奉上谕，着交宏德殿，用资观览。

从军事到吏治，还是有明白之人。此话是清廷大臣讲给皇帝听的，倒像是讲给太平天国天王听的。听与不听，都已晚矣。

关于天京陷落最主要的原因，还得从清军统帅曾国藩的深谋远虑说起。湘军是清军，但湘军又不全是清军。从1862年开始，曾国藩就明确了步步为营夺取太平天国的战略基地，最后攻陷天京的方案。其谋划与人员配置，十分周全。从中国古典军事艺术的基本原则来看，此规划堪称完美。但凡太平天国此类的所谓"裂土封王"与"叛乱"，必会紧守其"根"。因此，必须先剪其"枝叶"，再行剿其"老巢"，这样才能最终将其肃清。如果面对流窜的盗匪，就必须采取守势，或通过在重点区域将其驱逐，或通过不断地包围和截击，将其困死（参阅:《曾国藩奏折》，《剿平粤匪方略》第二百二十六卷）。

天
局

天京之役，并非一城一池的得与失。曾国荃当时为江苏布政使，所率部队总数约两万人，其中包括刚从湖南新招募的八千湘军，以及一部由朱洪章指挥的贵州雇佣兵，其战力极强。此时的太平军所有主力均在其他战场苦战，天京防备极其空虚脆弱。当李秀成和李世贤动员了所有兵力到天京勤王，又导致了浙江和江苏的守备空虚，使得在那里作战的左宗棠和李鸿章占了便宜。正如曾国藩在其家书中所说的，在浙江和江苏作战，本来是想牵制太平军，使之无法驰援天京。但是，曾国荃在雨花台战胜了大量太平军，反而帮助了左宗棠和李鸿章，这也是曾国荃的"无形之功"（参阅：《曾国藩家书》，1863 年 7 月 1 日，即同治二年五月十六）。

战役从来都是服从战略的。天京之陷，似不可避免。1863 年 11 月 25 日，曾国荃与萧庆衍将他们的大营移至孝陵卫后，天京城东一百五十里之内的地区已被清军牢牢控制。曾国荃下令沿城东和城南边缘，开挖一道又深又宽的壕沟。当四十八个营共计一万多名湘军进驻这条壕沟之后，绝境中的李秀成已彻底绝望。他在《自述》中多次提到过这条令他印象深刻的"深壕"。这是一条死亡之"壕"。当年，大约有十三万居民逃离了这条深壕，视死如归的太平军将士，在这里洒尽了他们最后一滴血。

天京失陷，天国倾覆，天王也在此前奔向了他日思夜想的天父身边。

（五）

结语：梳理太平天国的败局，是一件很残酷的事情。战场上的失败，最根本的还是源于政治上的失败。对于太平天国来讲，有些失败是可以避免的，但是未能避免；有些失败的损失是可以控制的，却无法控制。结果导致一败再败，希望尽失。对于累积的失败，拿不出根本性的解决办法，最后的结果是一败涂地，不复有生。再宏伟的理想，再美妙的上帝，再绚丽的太平景象，一切都将随着失败，化为乌有。

北伐似一柱"高香"。看起来十分高妙，立意是全取中国。但是，孤军深入，救援乏力，折戟沉沙。除了吓出清廷一身冷汗之外，并无战略影响。

西征是一地水银。控制长江中上游，构建稳定的粮草供应基地，推广由天王构想的宏大牧民方略。想法是想法，但身在湘军及淮军的腹地，打出了他人的斗志，也是意料之外的事情。在其占领地，口碑虽好，人心虽有背向，还是架不住反复割据，终是不甚了了。

东进如一捧细沙。江浙为富庶之地，银粮取之容易，但苏浙之民治理困难。人人都有一本政治账、经济账，至左、李攻入此地，其战略与战术比太平军略高一筹，太平军处处被动，捉襟见肘，已是强弩之末。

至于天京之役，则为一潭浊水，更不需多言。

回顾彼时形势，北、东、西等战役方向，均无大错，且极有智慧，但均无功而返，优势尽失。与主帅谋划有关，与统帅的判断有关，但与浴血的士卒并无关联。这些出生入死的士卒，不论因何目的当兵为卒，但其生命均是鲜活的。虽然鱼龙混杂、良莠不齐，但是，喋血疆场、死无葬身之地，也是让人十分感慨。他们中，肯定有对天国的强烈热爱者，对天王的绝对忠诚者。在这些不同方向的战役之中，他们仅成为历史书上的数字，并未成为历史故事中的主角。这些中国历史上曾经有过的战争，那些战争中消失的各种各样的生命，也都有着十分壮丽的色彩。这些色彩，也许已化作类似于民族精神的东西，在后来的战火中涅槃重生。

天国败局，恐怕还是由诸多"天敌"造成的。看上去失败者是太平天国，实际上，惨胜者清廷也非胜利者。成败之局，成也是败，败并非无成。在太多的死亡面前，根本不会有任何赢家。

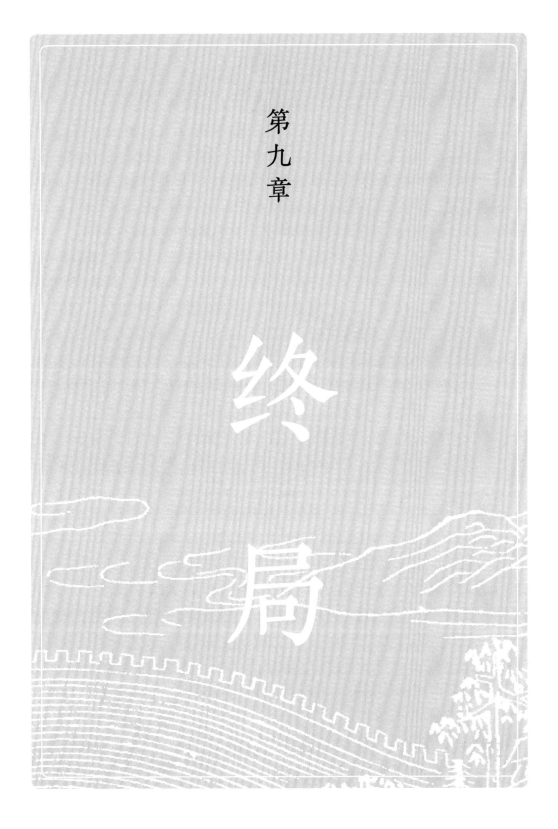

第九章

终局

（一）

曾国藩是何时成为"圣人"的，不得而知。但曾国藩极有可能成为另一个洪秀全，这是可以肯定的。在曾国藩与他的幕僚赵烈文精心删改李秀成供词的时候，有那么一刻，曾国藩的内心肯定有过波澜。陈寅恪先生在看到《李秀成自述原稿》卷末被撕毁的情况，也认为曾国藩不肯把原稿公布，必有不可告人之隐（参阅：1951 年 2 月 9 日《大公报·史学副刊》第五期）。

曾国藩与洪秀全，的确有着许多相似之处。曾国藩未能成为洪秀全，而洪之终，则是曾之始，这里面有极其偶然的因素。考察晚清社会的时局，曾国藩能终结洪秀全，则似乎又是必然的。

曾国藩是湖南人，曾氏宗族也就是一般的百姓人家。"吾曾氏家世微薄……五六百载，曾无人与于科目秀才之列。"① 至清道光十二年，即 1832 年，曾国藩的父亲曾麟书，才成为曾氏宗族的第一个秀才。道光十八年，即 1838 年，曾国藩考中进士。由于资质平平，曾国藩的科举之路十分坎坷。他十三岁即赴省城参加考试，一直考到二十二岁，前后考了七次才中了秀才。但其也的确厚积薄

---

① 曾国藩：《曾国藩全集·诗文》，第 331 页

发，转过年就中了举人。在两次进京会试失利后，道光十八年，也就是二十七岁时，取中三甲第四十二名进士。其后，更因在朝考中发挥出色，被授予翰林院庶吉士。

从父亲曾麟书读书起，到曾国藩中进士，前后不过四十多年。但是，这是曾氏宗族蛰伏五六百年的结果。曾国藩多次说他的发达，完全"赖祖宗之积累"[①]。

曾与洪相同的经历，却导致了不同的结果。洪找到了心中的上帝，而曾则感恩于列祖列宗的荫庇，这样的反差也是让人不可思议。

同样是书生，最后同样走上军事对抗的道路。一为颠覆者，一为终结者，二者之间的联系，也是让人心生涟漪。太平军与湘军，看起来是两军对峙，实际上，阵后站的都是读书人。

民国时期的军事战略家蒋方震认为：

> 湘军，历史上一奇迹也。书生用民兵以立武功，自古以来未尝有。谚有之，秀才造反，十年不成，而秀才既成矣。虽然书生之变相，则官僚也，民兵之变相，则土匪也。故湘军之末流，其上者变而为官僚，各督、抚是也，其下者变而为土匪，哥老会是也。

也就是说，曾国藩与洪秀全并非绝对的。湘军可成为太平军，太平军亦可成为湘军。军与军之间，并无太大区别。

读过书就是不一样。曾国藩管理湘军，首先制定的是一套"辨等明威"的军礼，把尊卑上下的封建等级贯穿到营制组织中去。他训练军队，重在思想性的训练，技术性的教练倒在其次。湘军之训又分为"训营规""训家规"两种。其家规之中，"三纲五常"又是主要线索，把礼教放在了法律和命令之上。这与太平军的"上帝"之训，则有异曲同工之妙。

曾国藩始终认为，"用恩莫若用仁，用威莫如用礼"（曾国藩清咸丰九年六月初四日记，见《曾文正公手书日记》第六册）。湘军的二把手胡林翼也认为，

---

① 曾国藩：《曾国藩全集·诗文》，第 188 页

"兵事为儒学之至精，非寻常士流所能几及也"（胡林翼复李鸿章信，见《胡文忠公遗集·卷六十七》）；又说，"敬慎不败，儒修之要领，亦兵机之上策"（胡林翼复曾国荃信，同上书，卷七十八）。与太平军的"拜上帝会"武装一样，湘军是一支由传统儒学武装起来的部队，其思想与价值观都由一根主线牵着。

罗尔纲先生认为：

> 在湘军以前，八旗早已衰朽，清代国家经制军队为绿营。绿营兵皆世业，将皆调补。国家对于士兵，本身登于名册，家口籍于兵籍，尺籍伍符，兵部按户可稽。国家对于将弁，诠选调补，操于兵部。至于军饷，则由户部拨给。故其全国绿营兵权，全握于兵部，归于中央。湘军既兴，兵必自招，将必亲选，饷由帅筹，其制恰恰与绿营制度相反，故兵随将转，兵为将有。到湘军制度代替了绿营制度，将帅自招的募兵制度代替了兵权掌于兵部的世兵制度，于是兵制就起了根本的变化，军队对国家的关系立即跟着改变。近世北洋军阀的起源，追溯起来，实始自湘军兵为将有的制度。早在清同治八年（1869 年），撰《湘军志》的王闿运经过湘乡城，目击其情况，如行芒刺中，他就已经预言"恐中原复有五季之势"，"知乱不久矣"。①

湘军的将领，可以从书生一步一步地上升为官僚，其重要人物可以做到总督、巡抚。清代定制，行省建置的总督和巡抚，委以行省大权，其下设承宣布政使司，主管一省的民政、财政，提刑按察使，主管省一级的按劾与司法。两司听命于六部，例可专折奏事，其事权独立，不受督、抚所干预，惟部臣始有管辖的权力，督抚对两司，仅为监督。因此，督、抚的权力虽大，但六部可以控制。全国权力通过六部集于中央。清代的中央集权，"事权之一，纲纪之肃，推校往古，无有伦比"（清梅曾亮语）。但是，清代这种政局，到了湘军的将帅爬上督、抚的舞台之后，就大为改观了。他们要有作为，并不愿受制于两司，首先把两司降为属官，接着

① 罗尔纲：《罗尔纲文选》，第 222 页

不听部臣之令，朝廷也不得不迁就这些手中有兵有将的诸侯。于是，督、抚专权的局面就形成了。咸丰年间，依靠湘军的湖南巡抚骆秉章，已经是"湘军日强，巡抚亦日发舒，体日益尊，至庭见提、镇，易置两司，兵、饷皆自专"的局面了（参阅：王闿运《湘军志·湖南防守篇·第一》）。

到了光绪末年，朝廷一兵、一卒、一饷、一粮，都不得不仰求于督、抚。"武昌起义，各省纷纷宣告独立，清皇朝中央无权，遂移清祚。当年曾挽救过清皇朝国运的湘军书生，而今还是由他们手造的晚清督、抚专政局面，把清皇朝断送了。"[1]

这甚至只是问题的一个方面。攻陷天京之前，湘军已是"各营相习成风，互为羽翼"（《曾文正公批牍·卷三》）。天国被灭，遣散回家，他们用生命换来的保举，一、二品大员的功名，仅值百十吊钱，岂有不造反之理？至于后来的长江流域的哥老会组织，大部都是由这些退役的湘军骨干组成。又过了二十年，辛亥革命，哥老会与同盟会一道，终结了清王朝。当终结者恢复了终结者的身份，终结的对象又发生了改变。

湘军的确为一支特殊的军队。它能够战胜骁勇的太平军，并非是偶然的。撇开双方的思想武装以及革命、民族、宗族的热情之外，其组织构成亦十分有特色。曾国藩为募兵亲拟《招募之规两条》：

招募兵勇，须取具保结，造具府县，父母、兄弟、妻子箕斗清册，各结附册，以便清查。募兵须择技艺娴熟、身强力壮、朴实而有农夫土气者为上。其油头滑面，有市井气者，有衙门气者，概不收用。（同治《湘乡县志》）

选将则注重"选士人""书生"，重视那些饱读诗书、有胆有识、文经武纬之才。湘军的军纪之严，也是非绿营可比。曾国藩亲订的营规军纪有数十条之多。这些制度，甚至影响了近百年来的中国军制。

到了咸丰四年初，湘军编练成军时，有陆师十二营，计五千余人；水师十营，

---

[1] 罗尔纲：《罗尔纲文选》，第 323 页

计五千余人；快蟹船四十号，长龙船五十号，三板船一百五十号，另有民船百余装载辎重。加上长夫、随丁、粮台、水手等辅助弁员，全军共一万五千余人。与金田起义后，从永安突围的太平军大致相当。至同治三年攻陷天京时，各路湘军总数已达四十万之众，与太平军鼎盛时间顺江而下占领南京时的兵力相同。

咸丰四年，即 1854 年正月，曾国藩从衡州率领湘军出发，与太平军正式交手。同年八月，占领武昌、汉阳。咸丰帝一时喜出望外，没有多加考虑，即下诏让曾国藩署理湖北巡抚，曾国藩以"母丧未除，遽就官职，得罪名教，何以自立"，婉拒关防。咸丰帝顺水推舟，随即取消任命，赏兵部侍郎虚职，"毋庸置理湖北巡抚"（《曾文正公奏稿·卷三》，《咸丰四年九月十三日谢恩仍辞署鄂抚折及折后朱批》）。

曾国藩的这个举动极为老练。同年十一月，湘军在九江大败。曾国藩在九江整治水军，开罪江西本地官僚，受到排挤及讥笑。曾国藩乃参劾江西巡抚和按察使司，得到咸丰帝的支持。当地乡绅踊跃捐赠湘军粮饷，湘军得以维持并壮大。曾国藩在致其弟曾国荃的信中（《曾文正公家书·卷五》，《咸丰七年十二月二十一日至沅浦九弟书》），描述了当时的情形：

> 余前在江西，所以郁郁不得意，第一，不能干预民事，有剥民之权，无泽民之位，满腹诚心，无处施展；第二，不能接见官员，凡省中文武官僚，晋接有稽语言有察；第三，不能联络绅士，凡绅士与我营款惬，则或因而获咎。坐是数者，方寸郁郁，无以自伸。

咸丰七年二月，即 1857 年，他借父丁忧之名，奔丧回籍。其间，还向咸丰沥陈下情，恳请在籍终制。看到咸丰帝期望他"假满后即赴江西督办军务，并署理兵部侍郎，以资统率"后，曾国藩即提出要求：

> 臣细察今日局势，非位任巡抚有察吏之权者，决不能以治军，纵能治军，决不能兼及筹饷。臣处客寄虚悬之位，又无圆通济变之才，恐终不免贻误大局。（《曾文正公奏稿·卷九》）

为了以退为进，曾国藩还向咸丰帝表示，自己要求把兵部侍郎缺也除去（同上书，《恭谢天恩吁请开缺折》）。此时，太平天国正经历"天京事变"，元气大伤，咸丰帝并不着急，于是旨准开缺。在权谋方面，曾国藩一开始还是处于下风的。经历此变故，曾国藩也"大悔大悟"，从中医悟得"阴柔之术"。为人处世，虚以为蛇，不能硬干，以"阴柔"以济"阳刚"，可终成大事。曾国藩在咸丰十年题友石书后："近姚惜抱论古文之法，有阳刚阴柔两端，国藩亦看得天下万事万理皆成两片。"（《曾文正公书札·卷十》）

这是学到了辩证法。

咸丰十年，即 1860 年闰三月，太平天国打垮了江南大营。四月，进军常州、苏州，绿营最大的一支军队被击溃。咸丰帝悔之晚矣。同月，始赏曾国藩兵部尚书衔，署理两江总督；六月，补授两江总督，并授为钦差大臣，督办江南军务。咸丰十一年，即 1861 年，命统江苏、安徽、江西、浙江四省军务，巡抚、提、镇以下悉归节制。同治元年，即 1862 年正月，命以两江总督协办大学士。此时，曾国藩身膺疆寄，大权在握，十分风光。不到四年时间，攻下天京，取得了对太平天国的决定性胜利。[①]

曾国藩的集权，其方式与行为，并非谋权，而是以权谋事。在其集中统帅下，湘军的战斗力无与伦比。其基本制度、管理方式、激励行为，均超过了用"拜上帝"的理论，以"天父天兄"等宗教思维武装的太平军。与其说是湘军的战力超过了太平军，还真不如说是湘军的理论武装似乎比太平军更强大。

与洪秀全相比，曾国藩的人格更加健全一些。曾国藩的朋友欧阳兆熊曾总结出曾氏的"一生凡三变"，即做京官时，以"程、朱"为依归；至出而办理军务，又变为"申、韩"，自称要著《挺经》，说明他强硬的手腕；咸丰七年从江西回家奔丧，又感悟"黄、老"处世的法则；到咸丰八年再次出山后，改用"柔道"行之，这是第三变（欧阳兆熊《水窗春呓》）。曾国藩的这种一变再变，让自己的内心去适应变化了的形势和环境，以自己强大的统驭能力去改变形势和环境，这是曾国藩的取胜之道。

---

① 罗尔纲：《湘军兵志》，中华书局，1984 年 1 月版，第 52、53 页

以"程、朱"之名为其增强读书人的资本，再以法家的霸道去推行自己的施政理念，与此同时，长袖善舞地周旋于复杂阴暗的上层官场，包括在终结太平天国之后，一方面即刻解散湘军，另一方面，又令李鸿章扩充淮军，使自己仍能拥有一手对付朝廷、对付皇帝的好牌，这种权谋手腕的灵活切换，恐怕是洪秀全、杨秀清都不曾想到的。他们至死也不会明白，是太平天国的战火培养了这位权力达人，也是太平军将士的鲜血，成就了这位所谓的"古今完人"。

曾国藩通过遗留下来的家书，来展现他的温情，也通过他保存下来的奏折，来体现他的聪慧。这一切，都还透着浓浓的血腥。

咸丰七年，曾国藩指示他在江西的部将李元度：

（严厉操切）示中所能言者，手段须能行之，无惑于妄伤良民，恐损阴骘之说，斩刈草菅，使民之畏我，远过畏贼，大局或有转机。（《曾文正公书札·卷五·与李次青》）

咸丰十一年，曾国藩写信给曾国荃、曾贞幹：

既已带兵，自以杀贼为志，何必以多杀人为悔。……虽使周、孔生今，断无不力谋诛灭之理。既谋诛灭，断无以多杀为悔之理。（《曾文正公书札·卷七·与沅季两弟书》）

曾国藩在淮河流域追击太平军赖文光部时，曾命令：

多余正法，以净根株。如全圩皆系莠民，请兵剿洗可也。（《曾文正公批牍·卷三》，《蒙城圩务桂令中行禀查阅东乡邹家圩情形》）

这些血腥杀气，一直笼罩在湘军和曾国藩的头上，怎么洗也洗不尽。

实际上，湘军对太平军的终结决战，并非在天京，而是在安庆。此战既可看出太平军战略的混乱，以及战役组织的失当，更可看出湘军统帅的战略定力，以及湘军士兵的坚忍与顽强。

咸丰十一年，也就是1861年正月底，太平军北路军在英王陈玉成指挥下，经安徽霍山、黄山进入湖北，击溃驻防在皖、鄂交界处的湘军主力；忠王李秀成率南路军，向江西玉山、广信进军，攻克临江、瑞州、武宁、义宁、靖安等地。

南北两路大军进击湖北、江西，清廷受到极大震撼。曾国藩在写给胡林翼的信中，是这样描述的：

> 黄州失守，武、汉危急，谓事局糜烂至此。南岸亦极决裂，江西省城涣散之至。……人人皆怀寇至即去之心，可危可忧。吾二人亲见楚军之所由盛，恐不幸又见其衰，言之慨然。（《曾文正公书札·卷十四·复胡宫保》）

此时的湘军，正由曾国藩亲自指挥围攻安庆，内外形势对攻城的湘军而言，极为不利。曾国藩在写给其子曾纪泽的信中，这样表露他的担心：

> 此次贼救安庆，取势仍在千里以外，如湖北则破黄州、破德安、破孝感、破随州、云梦、黄梅、蕲州等属，江西则破瑞州、吉水、新淦、永丰等属，皆所以分兵力，亟肆以疲我，多方以误我。贼之善于用兵，似较昔年更狡更悍。吾但求力破安庆一关，此外皆不遽与之争得失。（《曾文正公家训·卷上》）

正是曾国藩的坚持，太平天国南北两路会师武昌并解安庆之围的计划告于失败。同年八月，湘军攻占安庆。太平军伤亡两万余人。这也是一次著名的"围城打援"战例。曾国藩十分兴奋，他在通知湖广总督官文、湖北巡抚胡林翼、安徽巡抚李续宜的公函中，不无骄傲地认为：

> 不因鄂境极险之症，遽驰安庆垂成之功，危疑震撼，不少摇夺，卒得克此一城，裨盖三省。（《曾文正公书札·卷十六·致官中堂胡宫保李中丞函》）

从此，太平天国首都天京，丧失了最后一道屏障。天京之天，已尽塌大半。从此，湘军已尽握战事主动权，"将士一心，朝募夕发，天戈所指，几乎无役不从"（同治《湘乡县志》）。

从本质上讲，湘军与太平军一样，都是一支有灵魂的军队。湘军之胜，并非胜在军事能力；太平军之败，并非败在其战役素养。至于胜与负的砝码究竟为何，只有天知道。

（二）

能与湘军齐名的，当然是淮军。作为太平军的终结者之一，其建制与理念，与湘军并无太大的差别；其淮军的名号，得来也十分可疑，似不能深究。

淮军的主帅是李鸿章。据《淮军战事编》：

鸿章起翰林，咸丰三年奉命随侍郎吕贤基回籍团练，二月到庐，署抚周天爵邀至幕中。后粤贼大股窜至运漕，巡抚李嘉端奏派遣员黄元吉带安勇八百名，亳州知州李登州带凤、颍勇五百名，与鸿章所带练勇张桂芳、谭家保、徐德成等八百名，同赴巢县防剿。贼大股屡次扑东关，鸿章同黄、李等军大战，追贼出裕溪，遂复运漕镇。论功，于七月二十一日奉旨：李鸿章着赏加六品蓝翎。……四年，鸿章父文安回籍办理乡团，剿贼获胜。时江宁将军和春驻军庐境，鸿章奉派督带练勇，随都统钟泰驻扎巢之北乡下皋。……是年冬，鸿章带练勇随官军克复庐州城。论功，以道府记名。五年，复奏派办理营务，同水师黄国尧等以新造水师入巢湖，大获胜仗。论功，与克复巢县并案请奖，奏旨加按察使司衔。九年，曾国藩招入募（幕）府。适都统伊兴额奏派鸿章帮办淮军军务，经国藩奏留统带湘勇，同曾国荃在江西剿贼，收复景德镇。鸿章声明不敢仰邀议叙，寻春旨简放福建延建邵遗缺道，仍留曾营。至是，曾国藩密言其才可大用，宜统水陆东征，遂率陆师十一营乘轮船先下。既至，营上海城南。①

这份简历，十分完整。李鸿章是饱读诗书、身经百战之人。他的崛起，也有其必然的因素。李鸿章在曾国藩的力荐下任江苏巡抚，并根据湘军的组织形式和规约条律，组建了归他本人指挥的军队。这支军队本来疑似湘军，按照李鸿章的

① 太平天国历史博物馆：《太平天国史料汇编》第五册，第 1944、1945 页

籍贯，也就被俗称为"淮军"了。到底是十一营还是十三营并不重要，重要的是李鸿章赴任时率军所乘的，是七艘持有英国执照的蒸汽船，并在英国海军军舰的护送下被运往上海。李鸿章本人也在这些声势浩大的船队中，与他的六千五百多名士兵一道，开启了与太平军在东部地区的战役决战。

按照欧阳兆熊《水窗春呓·曾文正公事》记载，李鸿章因为当年在祁门被太平军包围时，离曾国藩而去，使曾国藩十分不满。时间不长，李鸿章又回到曾国藩的身边，曾国藩即遣他随曾国荃部供职。后与曾国荃又起纷争，旋即回曾国藩大营。李鸿章的军事历练，以及他的表达能力，均受到曾氏兄弟的认可。因此，在部署进剿东部太平军占领区时，李鸿章是首要人选。曾国藩的重要幕僚郭松林、杨鼎勋，以及湘军悍将鲍超，亦加入了李鸿章部。此一安排，"兵强"虽谈不上，而"将壮"则是显而易见的。可以预计的是，有曾国藩的大力支持，并有外国势力的鼎力相助，李鸿章想不成就一番事业都是困难的。

5月中旬，甫抵上海的李鸿章淮军，就配合由华飞烈、卜罗德等率领的四千六百多人的外军部队，围攻在太平军手中的奉贤县。这些大多由法国士兵组成的军队，装备精良，凶残暴虐，既攻击太平军，也大肆屠杀平民，然后用最为凶暴的手段掠夺财物。李鸿章则隔岸观火，并不盲动。

在军事谋略上，李鸿章极其成熟，出道即巅峰。《淮军战事编》：

> 是时，贼方由九洑州渡江，犯扬州甚急。朝旨以镇江为南北要冲，
> 屡下诏促巡抚往镇江，会都兴阿之师剿贼。鸿章既具疏谢，因复疏
> 略言："黄翼升淮扬水师四千人协剿东、西梁山，尚无下驶淮期。屡接
> 督臣曾国藩书，以'兵勇训练未熟，人数未齐，不宜出战'。臣从曾国
> 藩讨论军事数年，见其选将练兵，艰苦经营，不期速效。及来上海，接
> 见外国兵官，亦言其团练兵必须半年，乃可使战。江南大营平素绝不练
> 兵，兵勇习气最深。镇、沪各防，皆沿此弊。臣在上海，恐未即有代弱
> 为强之效，臣往镇江，亦未必无一傅众咻之虞。臣甫接任，一切尚未措
> 手，固未容舍此他去。职分所在，不敢畏难，当详加简阅选汰，如两三月

间整理就绪，付托有人，然后出江，周历北岸，以达于镇，无可内顾之忧"。①

这个安排，十分妥帖；这个说辞，也在情在理。颇具谋略的李鸿章，依托这支军队，持续攻下苏州、常州，为策应合围天京的曾国藩、曾国荃的湘军主力，贡献了淮军的智慧及担当。

为了报答曾国藩的知遇之恩，并不去抢曾国荃围攻天京的头功，李鸿章竟然拒绝了诏命。据《淮军战事编》：

> 诏仍命鸿章赴镇江助攻江宁，鸿章复疏密言："臣接督臣曾国藩书，颇以进攻金陵兵卒为虞。曾国荃亦言：'官军止能围西、南两面，深沟高垒，以水师为根本，以江面为粮路，先自固以围贼，非增二万余人，不能合围。'臣查金陵城大而坚，和春、张国梁统帅八九万，围攻日久，功败垂成。今苏、浙两省，遍地贼区，粘合一片，贼处处可进援，尤与昔年情形迥异。所恃楚师稳练，较胜他军；贼数众多，未尽精悍。曾国荃军数不及二万，不足合围。即未能制贼死命。此次李秀成等扑犯松、沪，负创而遁，闻将连合杭、湖贼众，赴救金陵。……可否容臣将沪事办妥，移师出江？……"疏入，诏缓镇江之行。

看起来理由是十分充分的，内底里却是给足曾氏兄弟颜面，让其风光攻城。这不是军事，而是政治。

在曾国藩的作战体系中，战略重点是天京，苏南、浙江是牵制太平军的战场，以减少围攻天京的阻力。但是，李鸿章与时任浙江巡抚的左宗棠，在外国军事势力的支持下，积极主动地发起进攻，使原本为辅助地位的苏浙战局发生了重大转变，渐由次要的牵制战场，上升为主要战场。这样，太平军兵力更加分散，严重加速了太平天国的覆亡。作为李鸿章统领的淮军，以偏师出现在苏南战场，却起

---

① 太平天国历史博物馆：《太平天国史料汇编》第五册，第1945页

到了关乎全局的影响，这也是曾国藩没有想到的。

首先是苏州战役。1863 年 1 月，常熟守将钱桂仁突然投降，苏州北部出现一个大的缺口。李秀成在苏州闻变，即派会王蔡元隆守太仓，阻扼从上海的来援之敌。又派慕王谭绍光攻下福山港，从而关闭了从常熟入江通往上海的门户。然后，亲率精兵从苏州赶往常熟，攻破北门、西门营垒。此时，李秀成接天王诏，被迫分兵驰援天京。淮军趁势突破福山，守住常熟。

常熟失陷，苏州门户洞开，李鸿章遂剑指太仓。1863 年 2 月 14 日，所谓"常胜军"统领的英人奥纶率军二千五百余名，"携重炮、野战炮、臼炮二十二门"，会同李鸿章部七千人进攻太仓。炮重人众，太平军虽英勇抵抗，但寡不敌众，毙敌两千余人后，蔡元隆撤出太仓，南下嘉兴府。此一役，"常胜军"统领奥纶去职，戈登上场。

戈登有勇亦有谋，在进攻昆山时，水陆并进，以水师和火轮炮艇控扼阳澄湖、巴城湖，以及青阳江，并集中兵力攻击由苏州至昆山的陆路交通要塞正义镇。攻下该镇后，太平军守城后路被切断，往西突围又受阻，旋败。太平军战死达三万余人，被俘七千余人（参阅：《东华录·同治卷二十一·李鸿章奏稿》）。

至此，苏州东面、北面，屏障尽失。同年 6 月，李鸿章制订了攻陷苏州的战役计划。他将所部一分为三：以程学启部水陆师为中路，由昆山进逼苏州；以李朝斌水师为南路，从泖淀湖进克吴江；以李鸿章、刘铭传、黄翼升部水陆师为北路，从常熟楔入苏州府城与无锡县之间，配合中路对苏州实施合围。同时，李鸿章还令戈登的"常胜军"移往昆山，专备各路援应。

此时，苏州已成死局。李秀成主张弃城，但遭到慕王谭绍光的拒绝。其他诸王因有降清之意，也不愿离开。李秀成率部万人沿光福岩、灵岩山一带小路离开苏州，进驻无锡以东的茅塘桥，为苏州守军作最后的策应。李鸿章此时亦亲临苏州娄门督战，城内的守将，包括纳王郜永宽、比王伍贵丈等人，降清意决。其实，李秀成早知诸将之降意，网开一面，并不强求。他认为：

> 现今我主上蒙尘，其势不久，尔等是两湖之人，皆由尔便，尔我

不相害。现今之势，我亦不能留尔。①

叛将献城之后，即被李鸿章屠杀。苏州陷落后，天京之东南屏障及饷源业已尽失，天京危在旦夕。李鸿章应对有方，无论是战略计划，还是战术策应，均体现出较高水准。有些地方，甚至超出了他的老师曾国藩。特别是利用外援，以及外援所用的先进武器方面，走在了湘军的前列。这使战争走向了另外一种形态。

当时，李鸿章的淮军以及戈登的"常胜军"所使用的是后膛炮，炮弹有弹壳用来装填火药，射程极远且威力巨大。太平军使用的是前膛炮，无弹壳且炮弹为铁球，二者杀伤力相差甚远。此外，淮军大多用上了来福枪，而太平军大多数仅为大刀和长矛。李秀成在《供词》中亦认为，"苏杭之误事，洋鬼作怪"。洪仁玕也说，"如洋人不助敌军，则吾人断可长久支持"。

新式的武器，新的战略伙伴，新的攻城方略，使淮军在苏州战场上大出风头，成为太平天国终局中的关键之局。等到常州落入淮军之手，苏浙已无片刻生机。生死存亡的危局，已千钧一发。

《淮军战事编》：

> 淮军枪炮队雄天下，用西洋军火，以长炸炮攻城垣，而以短炸炮击贼阵及营垒，所向无不克。枪队军士习英、法二国号令，步骑弥精严，盖始于程学启部。李鸿章前后累列水陆各军出力文武员弁疏请奖叙及万余人，又自提程学启而下死战者数千人，请于无锡惠山建淮湘昭忠祠，并纪淮、湘将士死事战迹为昭忠录。②

鸟枪换炮，立祠昭烈，淮军已自成体系。李鸿章亦完成了由乡绅至幕僚、军事家至政治家的华丽转身。大炮一响，黄金万两，李鸿章个人资产也日益膨胀。《淮军战事编》：

> 初至沪时，止十三营，携曾国藩旧部楚师曰湘军，自招乡里健锐

---

① 太平天国历史博物馆：《太平天国文书汇编》，第 530 页

② 同上书，第 1978 页

曰淮军，嗣后次弟募淮军，合淮扬、太湖两水师，水陆增至一百四十营。当元年时，上海税厘所入，可供五万人，前巡抚之兵四万，以次溃散遣撤，牵足赡新军。然自汉口、九江设关分收洋税，海关税日减，军中帑项，恒恃厘捐。选用廉勤，劲治侵欺积习，严立法程，综核出纳，蕲于克济，盖至是共供水陆军需银八百五十九万两，而常胜军并英、法炮队各营教习洋弁口粮，及租用轮船，外洋军火购价，复靡银二百八十余万两。[①]

在与太平军的作战中，淮军的军事观念及军事装备均有了较大的飞跃。太平军虽是失败者，但是，太平军仍然是淮军的老师。正如李鸿章对曾国藩执师礼，但其眼界与手腕，已远超其师，是一个道理。

治军即治人，终局亦终势。从太平军的"天父天兄"，到湘军的"仁爱兼济"，再到淮军的"洋枪洋炮"，看起来是精神在向物质转化，实际上，是一种从迷信至传统至近代化的转变。这种转变，恰恰构成了中国近代史开端的特质。若无太平天国的兴起，很难说，就晚清社会的自身功能而言，恐怕极难形成这样的类型。

淮军的出现并成型，标志着在太平天国政治与军事的双重压迫之下，清廷的各种决策以及实施的方式，已经开始了一些改变。数千年的封建社会，数百年的封建王朝，生存还是毁灭，在当时并没有答案。虽然，太平天国试图给出一个答案，但是，答案并不正确。

（三）

在太平天国的终局之中，等到左宗棠出场，已是时局的尾声。但是，这并不意味着他的不重要。相反，出现的愈晚，愈可以压台，至少在时间轴上是吃重的。

1862 年 2 月 13 日，左宗棠就任浙江巡抚时，该省几乎所有地区都在太平天

---

① 太平天国历史博物馆：《太平天国史料汇编》第五册，第 1978 页

国的控制之下。浙南由李世贤坐镇,浙北由李秀成统辖。在浙江的其他地区,还有三支不受左宗棠节制的部队,各自独立地与太平军作战。

左宗棠上任后不久,英国人便为清军献上了宁波。起因是太平军在 1862 年 4 月 22 日,在欢迎刚刚晋升为首王的副将范汝成的仪式上,因火炮走火而误伤了外国租界中的中国人。英国海军司令何伯立即命令刁乐克船长,率领"争胜"号战舰前往宁波,要求太平军对此事件进行解释和道歉。在刁乐克 4 月 26 日达到宁波之前,他和英、法两国领事均收到了太平天国的信件。其中一封对此事件进行了解释,另外一封则是由驻防将军黄呈忠发出的致歉函。该做的显然都做了,出于尽快化解矛盾的目的,刁乐克也复信太平军:

> 我们对贵方发来的解释和道歉函件深表满意,并对贵方与我国及法国保持友善的意愿印象深刻。请允许我向贵方表明,我方此时并不坚持要求贵方撤除炮阵,但我们仍然坚持要求贵方撤去其中火炮。……我方再次向贵方申明,我方官长诚挚地希望保持中立,并在宁波与贵方和平相处。直至上次事件发生之前,我们对贵方的行为均表示满意。请放心,我方不会破坏我们之间的友好关系。①

但是,在刚刚发出以上表示和解的信后,刁乐克又于 4 月 28 日发出了另外一封信,态度大为改观:

> 我率领大军而来,要求贵方对前日之事表示严正的道歉。……我已经认定你们正在城墙之外修造一个大型炮阵,而它已经严重地威胁到外国人定居区的安全。因此,我要求贵方立刻停止建设该阵地,并将所有城墙上指向我们定居区的火炮全部拆除。②

刁乐克还下了最后通牒,如二十四小时内不撤除,英国与法国的部队将摧毁该阵地并占领宁波城。太平军守将黄呈忠及范汝增一再解释:

---

① 简又文:《太平天国革命运动史》,第 437–438 页

② 同上书,第 438 页

天

局

我们并没有任何进行威胁的想法，我们也不可能背弃自己所立下的和平之宣言。我们不能够撤出阵地或其中的火炮，如果贵方坚持之前的态度和要求，便说明贵方意图挑起与我方之矛盾。如您愿意，自可领兵攻城；如果您愿意，可以向我方发起进攻。我们将默默地进行防御。[①]

此时，在左宗棠的指挥下，原宁波道台张景渠与原来广东的一支水贼船队突然进攻宁波。张景渠即刻找到刁乐克，二人商量了共同进攻的策略。此后，英、法联军获得了进攻宁波的借口，船坚炮猛，清军与外援一举拿下宁波城。看起来清军在此扮演了次要的角色，但是主角并非那么光彩，出尔反尔，不守诺言，已为历史所铭记。《中国内陆贸易报告》：

无论是用光明正大的手段还是用邪恶肮脏的伎俩，何伯司令的决心是收复这个地方。而完成这个计划所采取的模式，成为大英帝国的荣耀之上无法洗刷的耻辱。[②]

1862 年 5 月 31 日，左宗棠已将大本营从江山移至衢州，并在那里与刘培元的三千二百人的新募湘军部队会合一处，协同作战。太平军的李世贤则退回金华，尔后又被召回天京应援。左宗棠在英法联军的配合下，陆续拿下慈溪、奉化、余姚、上虞。其间，洋人的身影一直在其左右。绍兴与萧山的失守，使整个浙东地区重归清军手中。

从双方军事态势来考察，整个浙江战场中，太平军的确处于清军的战略包围圈之中，回旋的余地比较小。左宗棠所率湘军，在北、东、南三个方向，均能得到清军和洋人的呼应，且后方的补给线十分畅通。从双方的力量对比来看，太平军的兵力占有绝对的优势，约为湘军的七至八倍，武器装备亦相差无几，均拥有大量洋枪。淮军除了有一些火力较强的大炮以外，并不比太平军先进多少。太平军的综合战力甚至要强过淮军。而且，左宗棠对战区内的清廷所有力量，亦并非

---

① 简又文：《太平天国革命运动史》，第 438 页
② 《呤唎书》第二卷，第 538 页

能完全节制。但是，左宗棠以一己之力，扭转了战场的力量对比。虽然说太平军的内讧给了他一定的机会，但其超强的现场指挥能力，以及整合各种资源的能力，还是为他赢得了主动。实力据于优势而陷于被动，这种局面在太平天国的后期屡屡上演。

外军的参与，既是浙江战场的一个特点，也是太平军败局的重要因素。清军占领宁波之后，英国军官刁乐克还仿效上海组建"常胜军"的做法，募兵一千余人，组织"常安军"。担任宁波税务司的法国人日意格、海军军官勒伯勒东，也同样募兵一千五百多人，后增至四千五百人，号称"常捷军"。"勒伯勒东权受中国职任，带兵防剿"，由浙江巡抚及宁波道台节制，"左宗棠发信给勒伯勒东札付，既须事归权一"（《左宗棠文襄公奏稿·卷三》）。

左宗棠真正的战略意图，即为"出淳安、寿昌，攻严州，以规杭城"（《左宗棠年谱·卷三》）。在攻取金华之后，左宗棠有一番感慨：

> 金华府城最得地势，城垣坚固异常，考历代浙中兵事，均以此为关键，攻城之难十倍他郡，此次乘胜而可，实非愚臣意料所到。……浙事之转，以金华为一大关键。金华未复之前，宁波各军攻绍兴未能猝拔，迨十三日复金华，二十三日复诸暨，二十六日绍兴即随之而下。（《左文襄公奏稿·卷四》）

不久，左宗棠又攻下桐庐，这样，就控制了整个杭州上游地区。此时，刘典已抵富阳县境，距杭州八十里；蒋益澧进占临浦义桥，亦距杭州百余里，二军对杭州形成夹击攻势。

如此形势之下，再战杭州，已是探囊取物。左宗棠亲率所部返回严州，居中指挥，并饬各营：

> 勿贪克省城之功冒进而忘大局，勿惮江皖迂阻之劳，就易而昧戎机。（《左文襄公奏稿·卷四》）

胜券在握，仍能保持定力。此时，天助左氏，太平军内部又发生了严重的叛降事件。太平军的平湖、乍浦、桐乡、海盐、海宁守将，先后献城。左宗棠迅速改编叛军，令其充当前驱，与太平军自相残杀。在杭州最后的攻坚战中，左宗棠还屡次动用了以洋人为主的"常捷军",以凶猛的火力助其攻城。杭州守将陈炳文、邓光明撤出,余杭守将汪海洋亦同时撤离。在北走德清、武康途中,均遭湘军堵截,损失惨重。

左宗棠来到面目全非的杭州城。历经两年战事,城中人口仅剩十分之一,为八万余人。满目荒凉,硝烟弥漫。从 1862 年 2 月进入杭州,到 1864 年 8 月最后占领湖州,历时两年有余,左宗棠全取浙江,实现了曾国藩、曾国荃的战略安排。既配合了湘军攻取天京,又开辟了南部战场,牵制住李秀成、李世贤的北援意图,并防止了江浙太平军进军皖赣,包抄湘军后路的安排,可谓一举多得。在浙江战场,湘军对太平军,可谓是完胜。太平军高层一味地责怪是"洋人参与"的结果,虽有这样的成分,但并非决定性的因素。

浙江战场的完胜,湘军为终结太平军奠定的不仅是军事的基础,更是经济的基础。若以胜败论英雄,左宗棠是有智慧的。

左宗棠最为显著的特点,则是审时度势,善于整合资源。

"时"与"势"是处于不断的变化之中的,而"资"与"源"则是稳定的。以不变应万变,是需要极其灵活的方式与方法。

早在湖南时期,左宗棠即致函胡林翼,指出太平军的胜因主要是:

> 贼常为主而我为客,故贼眼而我忙,贼逸而我劳,贼设伏设险以待我,而辄中计。……以步步为营之法,同时渐进,逼近贼巢。贼知将合围,必并力来扑,则贼为客而我为主也。(《左宗棠年谱·卷一》)

早在鸦片战争初期,左宗棠坚决反对议和,认为洋人"性如豹狼,恶不可训",而到了他督办浙江军务时,则立即主张"购买洋人船炮,以资攻剿。……将来转战而前,必可终其力"(《左文襄公奏稿·卷一》)。

在与李鸿章的淮军联合作战时,左宗棠又尽显大局观。当清廷令淮军"进规嘉兴,以掣杭湖各贼之势"时,左宗棠大方承认淮军"力破坚城,厥功甚伟"。在围攻湖州时,他还主动联络李鸿章,请求"驻嘉兴之师与太湖水师,并力进扼湖州北路,以防越窜宜、溧"(《左文襄公奏稿·卷八》)。结果湖州由左、李两支清军同时攻克，左宗棠并不贪功。

面对这样的对手，太平军是十分吃力的。由守转攻，由强趋弱，由进而退，都是其势使然。至于左宗棠最为擅长的一手"剿歼"一手"降抚"，则并无太大意义。这里的问题，主要是出在太平军自身。如果没有左宗棠的"诱降"这一手，湘军似乎并非能如此迅速地拿下浙江。

左宗棠有句名言：

> 凡兵事未有不痛剿而能抚者，未有着意主抚而能剿者。（《左宗棠年谱·卷三》，第98页）

这不是两分法，而是他人心的 A 面与 B 面。

《清史稿·左宗棠传》：

> 左宗棠，字季高，湖南湘阴人。道光十二年举人，三试礼部不第，遂绝意仕进，究心舆地、兵法。喜为壮语惊众，名在公卿间。尝以诸葛亮自比，人目其狂也。胡林翼称之，谓横览九州，更无才出其右者。咸丰初，广西盗起，张亮基巡抚湖南，礼辟不就。林翼敦劝之，乃出。叙守长沙功，宗棠归隐梓木洞。骆秉章至湖南，复以计劫之出佐军幕，倚之如左右手。
>
> 宗棠用兵善审机，不常其方略。筹西事，尤以节兵裕饷为本谋。始西征，虑各行省协助饷不时至，请一借贷外国。沈葆桢泥其议，诏曰："宗棠以西事自任，国家何惜千万金。为拨款五百万，敕自借外国债五百万。"出塞凡二十月，而新疆南北城尽复者，馈运饶给之力也。初议西事，主兴屯田，闻者迂之。及观宗棠奏论关内外旧屯之弊，以谓挂名兵籍，不得更事农，宜画兵农为二，简精壮为兵，散愿弱使屯垦，然后人服其老谋。既入觐，赐紫禁城骑马，使内侍二人扶掖上殿，授军机大臣，兼值译署。国家承平久，武备弛不振，而海外诸国争言富强，虽中国屡平大难，彼犹私议以为脆弱也。及宗棠平帕夏，外国乃稍稍传说之。
>
> 宗棠为人多智略，内行甚笃，刚峻自天性。穆宗尝戒其褊衷。始未出，

与国藩、林翼交，气陵二人出其上。中兴诸将帅，大率国藩所荐起，虽贵，皆尊事国藩。宗棠独与抗行，不少屈，趣舍时合时不合。国藩以学问自敛抑，议外交常持和节；宗棠锋颖凛凛向敌矣，士论以此益附之。然好自矜伐，故出其门者，成德达材不及国藩之盛云。

论曰：宗棠事功著矣，其志行忠介，亦有过人。廉不言贫，勤不言劳。待将士以诚信相感。善于治民，每克一地，招徕抚绥，众至如归。论者谓宗棠有霸才，而治民则以王道行之，信哉。（《清史稿·四百十二卷·列传第一百九十九》）

对于左宗棠的评价并不是重点，重点是他对其恩师的不卑不亢的态度，以及他在处理西部地区时的开放态度。这两种态度，让左宗棠在所谓的清廷官场之中显得独具一格。正史上关于他在太平天国中的表现，鲜有提及，但是，他的这种性格恰恰是在那个历史阶段形成的。应该讲，他也是受到太平天国各种思潮影响比较大的一个人。他既是太平天国的对立面，也是太平天国的终结者。但是，他更是晚清社会中一位头脑颇为清醒的为政者。

乱世之中，乱军之中，保持定力不容易，有开放的意识就更难。这里的开放意识，更多地是指他的开放态度。秉持这样的态度，才会有后来的那些作为。

《清史稿》还记载，左"初与国藩论事不洽，及闻其薨，乃曰：'谋国之忠，知人之明，自愧不如。'志益远矣。"这种境界，晚清重臣之中，亦所罕见。

咸丰八年二十月，咸丰帝见入值上书房的郭嵩焘，特意向其询问左宗棠为何不肯出来办事，才干如何。郭答："左宗棠自度赋性刚直，不能与世合，所以不肯出；抚臣骆秉章办事认真，与左宗棠性情契合，彼此亦不能相离。……左宗棠才尽大，无不了之事，人品尤端正，所以人皆服他。"①

与曾国藩、李鸿章自拥湘军、淮军的万千兵马不一样，左宗棠所拥有的，除了腹中的诗书，便是刚直的个性。此三人在晚清官场，致力"引出一班正人，倡

---

① 郭嵩焘：《郭嵩焘日记》第一卷，湖南人民出版社，1981年5月版，第203页

成一时风气"，并聚集了一批亟思振作、较有生机的官僚团队，这恐怕才是太平天国被终结的根本原因。

咸丰十年，也就是 1860 年中，时值清军江南大营溃不成军，苏州危在旦夕，曾国藩与胡林翼、李鸿章、左宗棠，以及李元度、李翰章等人，曾在皖西南大别山南麓的宿松"畅谈累日"，"咸以为大局日坏，吾辈不可不竭力支持，做一分算一分，在一日撑一日，庶冀挽回于万一"[①]。

在这里，苦撑危局的并非那些权贵或政治掮客，而是一班有血性，且具担当意识的旧书生，这并非清廷的幸事。同样是这批人，其实还是有可能成为另外一个太平天国的。成也担当，败也担当，主要还是为谁担当。

（四）

在太平天国的终局之中，三位清廷"中兴名臣"次第登场，他们陪伴王朝走向不归之路。说是陪伴，在很大程度上，也可以说是他们一手造成的。

曾国藩未能成为洪秀全，这其中，应该有着极其复杂的历史原因。李鸿章及左宗棠，亦未能成为杨秀清或冯云山，究竟是其阶级属性所限，或是其文化程度所困，或是地缘性格的影响，抑或是所持灵魂信仰的异同，总之，历史并未按照太平天国所开辟的中国近代史的方向前进。天国之终局，是否就是革命之终局？并没有人回答这个问题。

李剑农先生在《中国近百年政治史》中指出：

> 日人稻叶君山说曾国藩的湘军，并不是勤王之师，其目的在名教，实无异于一种宗教军，此说大概是对的，但说曾氏无一语及于勤王，则非事实。[②]

---

① 曾国藩：《致李续宾》，载《曾国藩全集·书信》第二十一册，第 637 页
② 李剑农：《中国近百年政治史》上册，中州古籍出版社，2016 年 9 月版，第 79 页

天局

勤王忠君，是名教的一个重要的内容。看曾国藩的《讨粤匪檄文》：

> 粤匪窃外夷之绪，崇天主之教，自其伪君伪相，下逮兵卒贱役，皆以兄弟称之，谓惟天可称父，此外凡民之父皆兄弟也，凡民之母皆姐妹也。农不能自耕以纳赋，而谓田皆天王之田；商不能自贾以取税，而谓货皆天王之货；士不能诵孔子之经，而别有所谓耶稣之说，《新约》之书。举中国数千年礼义人伦诗书典则，一旦扫地荡尽，此岂独我大清之变，乃开辟以来名教之奇变，我孔子孟子之所痛哭于九原，凡读书识字者，又乌可袖手安坐，不思一为之所也。自古生有功德，没则为神，王道治明，神道治幽，虽乱臣贼子，穷凶极恶，亦往往敬畏神祇，李自成至曲阜不犯圣庙；张献忠至梓潼，亦祭文昌。粤匪焚毁郴州之学宫，毁宣圣之木主，十哲两庑，狼藉满地。……欲一雪此耻于冥冥中者也。[①]

在这里，曾国藩的说法主要是取悦于民间。至于师出有名，其名并非"名教"，还是"尊王"。

与太平天国作战的这些年，曾国藩在不断成长，他的看法也不会没有改变。同样一件事情，人在弱小的时候，是一种想法；人在强势的时候，肯定会是另一种想法。是否与外人道，不得而知。"尊王"是否有价值，"勤王"是否有意义，"称王"是否有可能，说和做恐怕都不是一回事。维护名教当然是一种说辞，排斥异教也许是一种愿望，看起来都是在体现一种神权主义，但其心思，有点像司马昭之心，路人皆知。

实际上，从清廷对曾国藩的态度变化上，即可见一斑。

咸丰四年，即 1854 年 8 月，湘军练成后出湖北作战，接连攻克武昌、汉阳，咸丰帝喜出望外，向身边的军机大臣说，"不意曾国藩一书生，乃能建此奇功"，

---

① 李剑农：《中国近百年政治史》上册，第 80 页

当时，即有忌劾曾氏的伴食军机大臣祁寯藻回答："曾国藩以侍郎在籍犹匹夫耳，一呼蹶起，从之者万余人，恐非国家福也。"咸丰帝经他提示，即谕："曾国藩既无守土之责，即可专力进剿，但必须统筹全局，毋令逆匪南北分窜。"又谕："曾国藩经朕畀以剿贼重任，事权不可不专。自桂明以下文武各员，均归节制，倘有不遵调遣，迁延畏葸，贻误军机者，即着该侍郎专衔参奏，以肃戒行。"（薛福成《庸盦文续编·卷下》，《书宰相有学无识》；曾国藩清咸丰四年九月十三日《谢恩仍辞署鄂抚折》，见《曾文正公奏稿·卷三》）

咸丰十年，即 1860 年 4 月，江南大营被击溃，清廷环顾全国，只有湘军能与太平军匹敌抗衡，于是对曾国藩又变了态度。在几个月的时间里，曾国藩既加太子太保，又拜协办大学士，并被任命为钦差督办江南军务。从前，虽一巡抚还靳而不与，如今，却异数诸恩，不惜一再频加。以爵禄来羁縻曾国藩，聪明如他者，焉能不知？

同治三年，即 1864 年春，曾国藩在给李鸿章的信中写道：

长江三千里，几无一船不张鄙人之旗帜，外间疑敝处兵权过重，利权过大，盖谓四省厘金，络绎输送；各处兵将，一呼百诺。其相疑良非无因。（《曾文正公书札·卷二十三·致李宫保》）

曾国藩在写给两广总督毛鸿宾的信中，还不无焦虑地说：

两接户部复奏之书，皆疑弟广揽利权，词意颇相煎迫。（《曾文正公书札·卷二十三·致毛鸿宾》）

这里的"煎迫"二字，有点意思。

曾国藩攻陷天京时，湘军在全国各地的总兵力已达四十余万，再加上李鸿章经略江浙的淮军近三十万，左宗棠所部的近二十万人，这个军队的总数已近百万，与出广西时的太平军相比，已是其二十倍的军力。要说曾国藩心中无想法，可能吗？

据罗尔纲先生考证，咸丰末年曾国藩任两江总督时，在家乡起新屋，其宅的上梁谓文即有"两江总督太细哩，要到南京做皇帝"（曾纪芬《崇德老人自订年谱》，

《同治三年纪事》）。

简又文先生曾见资料表明，湘军攻陷天京之后，曾国荃萌异志，曾与他哥哥劝进。国藩闻而彷徨无措，踯躅徘徊于室中通宵达旦。第二天，召其弟曰，人家待我们还好，何忍出此？事乃寝[1]。

据时人梁溪坐观老人《清代野记》所述，湘军攻下安庆，彭玉麟授安徽巡抚，迎曾国藩东下，船来抵岸，即由彭的差弁迎了上来，送书一封，上写"东南半壁无主，老师岂有意乎"？曾氏脸色大变，急言"不成话，雪琴试我，可恶可恶"。言毕将此信碎搓成团，吞下肚去[2]。

这好像是个传说，但其内在的逻辑还是有的。彭玉麟是湘军的水师大将，跟随曾国藩起兵，是曾心腹中的心腹。此人反洪亦厌清，清廷许他的高官，如安徽巡抚、兵部侍郎、漕运总督、两广总督什么的，他都坚辞，给的俸禄也分文不取。时人讲他是高风亮节，其实是心中窝着一团火（参阅：《彭刚直公奏稿·卷三》，《辞署两江总督并请开巡江差使折》）。他愿"以寒士始，以寒士终"，不愿受爵禄。其掌握长江上游之后，反清似也在情理之中。

曾国藩与洪秀全之间，究竟是差了一个"不肯"，还是差了一个"不敢"，似乎并无答案。

在太平天国的终局之中，有一个人，对曾国藩能走上洪秀全之路，是寄予希望的，那就是李秀成。在太平天国历史研究中，对于忠王李秀成研究的分歧最大，因为有一份经曾国藩精心删改的《李秀成供述》摆在那里，白纸黑字，但其深意却极少有人明了。与"伪降"与"乞降"没有关系，李秀成在通篇供词中，对曾国藩大加恭维，就十分可疑。这是违背太平天国一流将领、一流人品、一流智慧的李秀成思维逻辑的事，但它毕竟发生了。

---

① 罗尔纲：《罗尔纲文选》，第 273 页

② 同上书，第 273 页

曾国藩在同治三年六月的日记中，就有"取伪忠王详供"的记载。李秀成开始写《供词》，可知确是曾国藩让他写的。这原是一件无需表白的事，但到了《供词》的开头，李秀成却表示是因"承德宽刑"而写。文字还有表述，如"实见中丞大人有德之人，深可佩服，救世之人。久悉中堂恩深量广，切救世人之心，玉驾出临，当承讯问，我实的未及详明，自行甘愿，逐细清白写呈老中堂玉鉴"。并且一再表示，"我主势已如斯，不得不写呈中堂、中丞之玉鉴，可悉我主欲立朝之来历，坏国根源素（诉）清，万不隐蔽，件件载清"。在写完前部，请求"宽限"时日之时，又再次表示，"今自愿所呈此书，实见老中堂之恩情义厚，中丞恩容，佩服良谋，实人鸿才，心悔未及，中丞大人情愿难酬，是以我心自愿，将国中一切供呈"。此类话语，既不符合李秀成的性格，也不符合李与曾所见面数天，详谈一、二次的情况，何恩之有？何威之能？实在不甚明了。唯一能解释的，就是李秀成表白的"情愿难酬"什么的，是作为败军之将，他看出了曾国藩的能力。并且，因与洪秀全的后期纠缠，李秀成心灰意冷，总觉曾国藩是一个可以替代洪秀全的角色。也许，这才是李秀成真正的用心。

李秀成并非畏死之人，而是心思极其缜密之人，留此口供，实是万般无奈。若能促使曾国藩的"谋反"，也不枉费一番心机。只是，曾国藩的确是有贼心无贼胆，等到有胆的时候，贼心又没了。

美国学者解维廉在一本《曾国藩与太平天国》的书中，记载了这样一段曾国藩与慈禧太后的对话：

问：汝在江南事都办完了？

答：都办完了。

问：勇都撤完了？

答：都撤完了。

问：遣撤几多勇？

答：撤的二万人，留的尚有三万。

问：何处人多？

答：安徽人多，湖南人也有些，但只有几千。安徽人极多。

问：撤得安静？

答：安静。

问：汝一路来可安静？

答：路上很安静。先恐有游勇滋事，却倒平安无事。

问：汝出京多少年？

答：臣出京十七年了。

问：汝带兵多少年？

答：从前总是带兵，这两年蒙皇上恩典，在江南做官。

问：汝从前在礼部？

答：臣前在礼部当差。

问：在部几年？

答：四年。道光二十九年到礼部侍郎任，咸丰二年出京。

问：曾国荃是汝胞弟？

答：是臣胞弟。

问：汝兄弟几个？

答：臣兄弟五个。有两个死在军营，曾蒙皇上非常天恩。（叩首）

问：汝从前在京，直隶的事自然知道。

答：直隶的事臣也晓得些。

问：直隶甚是空虚，汝须好好练兵。

答：臣的才力怕办不好。[①]

这个对话，看不出曾国藩统兵数十万终结太平天国十数年横行的豪气，倒是看出了他的奴颜婢膝。

曾国藩当然不是洪秀全。同是落第之人，洪秀全是满身愤怒，曾国藩则是自责，

---

① （美）解维廉：《曾国藩与太平天国》，王甜译，哈尔滨出版社，2014 年 12 月版，第 189–190 页

这就是差别。但是，曾国藩的确与李鸿章、左宗棠一道，以另外的方式终结了清王朝，这是后话。

美国耶鲁大学教授 F.W. 威廉姆斯指出：

（太平天国）这场运动爆发于 19 世纪中期，不管是从发展规模还是从受到的镇压程度来看，其意义并未得到人们公正的评价。虽然在亚洲，也有其他一些波及范围很广、需要耗时去镇压的起义运动，但是如果要找出一个和太平天国运动一样规模巨大，而且完全被一个具有组织领导能力的天才镇压下去的起义，我们就不得不回到大流士时期或哈沙时期去寻找。

曾国藩是此计划的建议者，在现代历史中几乎很难找到像他这样的人。黑尔博士把他比作华盛顿，认为他们有相似的性格特征。然而，这位美国英雄为美国独立做出了伟大的贡献，成为国家首脑，而曾国藩却未获此殊荣。但他依然效忠于大清国，尽力挽救那个最终证明不值得挽救的王朝，他是一个活在人们心中的忠诚之士，可却不为世界所知。因此，向世界展示他所做的贡献和永恒的荣誉，有助于我们重新认识中国文化的潜力。①

有意思的是，许多国外的历史学家，是通过太平天国来了解中国近代历史的。如同我们通过太平天国的终结，来了解这些终结者的心态是一样的。

（五）

结语：太平天国的终局落幕，与晚清所谓"中兴名臣"有关。这三位权臣（曾、李、左），在清廷体制内脱颖而出，重创太平军。与其说是湘军或淮军大败了太平军，莫若说是清廷制定的"团练乡勇"制度，发动群众，以人民战争对

---

① （美）解维廉：《曾国藩与太平天国》，第 2 页

抗人民战争，以读书人对付读书人，以传统文化应对外来文化的一种胜利。但是，此种胜利过于依赖偶然出现的人才，"出则易"，"辈出则难"，它并没有稳固的基础。

回顾三位名臣的人生经历，或者说是取胜的经历，应该有三个特点：一是重视人才。晚清吏治腐败，是其统治动摇的根本，与前期重臣穆彰阿、耆英等相比，曾、李、左则是一股清流；二是忠义血性。曾国藩以"不要钱、不怕死"六字自矢，有一定的担当意识；三是讲究抱团。三人均深知唇亡齿寒的道理，鄙弃"败不相救、胜则相嫉"之恶习，在战略、治军、吏治等方面共识颇多。这种合作，就是合力。

太平天国的终局，洪、杨、李、陈、石等人的终局足以惜，但更可惜的是他们对对手的强大之处，并无所知。从东到西，从南到北，屡败屡犯同样的错误。这不是一个成熟的政权，以及成熟的政治体系之中能够发生的。因此，太平天国的终结是历史的必然，更是这些草莽英雄们悲剧性格使然。

人生处处是舞台，终结当然并非终点，也有可能是新的起点。在这个起点之上，曾国藩终究未能成为洪秀全，给予清廷最后致命的一击，这也是他的性格造成的，此无它。

人才是最重要的，时人张集馨《道咸宦海见闻录》：

（道光帝）捐班我总不放心，彼等将本求利，其心可知。科目未必无不肖，究竟礼义廉耻之心犹在，一拨便转。得人则地方蒙其福，失人则地方受其累。①

举贤任能，搜罗寒畯，以求仕途清、民心靖，这在历朝历代都是困难的事情。从某种意义上来讲，曾国藩之流所捍卫的清朝政权，虽然是摇摇欲坠，但毕竟还算是领土完整。那时的列强对于中国的觊觎，如果是对付一个四分五裂的中国，可能会获得更大的利益。对于曾国藩、李鸿章以及左宗棠而言，忠诚与血性并不

① 转引自夏春涛：《太平天国与晚清社会》，第 205 页

是他们的全部，残忍和血腥，有时也是他们的代名词。

唯一让人对战场终局感到欣慰的是，经历太平天国之后，这批晚清重臣对于对外关系在国家民族之中的位置，显然有了新的认识。至于对这些历史人物的评价与臧否，则是另外一件事情。

从本质上讲，太平天国的确开创了一种新型的文化，而终结这种文化类型的，恰恰是另外一种文化。这种文化崇尚经典，践行操守，同时又有其鲜明的开放性。是对是错，是优是劣，此时不好说，还需静观其变。

第十章

变局

（一）

当曾国藩在两江总督任上垂垂老矣的时候，李鸿章的实力正在迅速崛起，而李秀成最为担心的事终将发生。至于清王朝有累卵之危，各种变化相继发生——军变、法变、洋变以及宪变，这一切变化所构成的变局，均与太平天国发生过深刻的联系。只是，有些人承认，有些人默认，有些人否认罢了。

曾国藩之后，真正影响中国的是李鸿章。此人算是晚清名臣中的半个思想家，他的性格及眼界，他与新皇与旧臣之间的关系，让他在清末时期的政治舞台上大展拳脚。他务实与务洋的操作理念及手法，不仅一手导致了清廷的覆亡，而且导致了国门的开启与闭合。

在那些让人不知所措的时间段里，发生了"洋务运动"。这个运动最早的起源当然与太平天国有关，这个运动的主要构想时期，也是在那个时间段里萌发的。洋务运动不是太平天国运动的继续，但是，洋务运动是从技术层面上的一次革命，其意义和作用，并不逊于太平天国运动。它并非以夺取政权、改造社会为目的，而是以夺取市场、改造人心为目的。从文化的角度来看，二者的关联度很高。

《清史稿》将李鸿章列为"中兴名臣"，称其"独主国事数十年，内政外交，常以一身当其冲，国家倚为轻重。名满全球，中外震仰，近世所未有也"（《清史稿·列传一百九十八》）。这个评价，谈不上恰如其分，但也是较为中肯的。在晚清政坛的变局之中，李鸿章有着其特殊的价值，其所思所为，特别是其主导的洋务运动，对于中国近代史的开端来讲，的确具有十分重要的影响力。

李鸿章曾经说过：

> 千古变局，庸妄人不知，而秉钧执政者亦不知，岂甘视其沈胥耶。
>
> 鄙人一发狂言，为世诟病所不敢避。[1]

晚清变局，最先审其变化成局的，依然是李鸿章。他不仅是一位当事者，而且是一位代表者。梁启超《李鸿章传》：

> 四十年来，中国大事，几无一不与李鸿章有关系。……李鸿章为中国独一无二之代表人。是中国近四十年来第一流紧要人物，读中国近世史者，势不得不曰李鸿章；而读李鸿章传者，亦势不得不于中国近世史，此有识者所同认也。[2]

理解了李鸿章，就理解了所谓"中兴名臣"在镇压太平天国过程中形成的主要思想体系，以及可以清晰地窥见这批太平天国的对手，是如何用另外一种方式，同样加快了清廷覆亡的进程。

战争造就了淮军及李鸿章，战争同样也形成了洋务运动中需要解决的重要的及首要的问题。终结太平天国之后，这一班终结者刚从硝烟中安静下来，首先想到的是"军变"，或者说是"变军"。这是晚清变局中最早的，也是最为引人注目的变化。作为手握重兵的封疆大吏以及权臣，推动军事的"求强"目标，是李鸿章洋务运动的核心。李鸿章认同中国必须"师夷长技"，做到"尽得西洋之长技为中国之长技"（魏源《海国图志·筹海篇三》），推动军事装备的"西化"。所以，李鸿章迅即提出了"变易军制""裁撤绿营""巩固海防"等主张，"师

---

① 顾廷龙、戴逸：《李鸿章全集·信函一》第二十九册，安徽教育出版社，2008 年 1 月版，第 413 页

② 梁启超：《李鸿章传》，百花文艺出版社，2000 年 5 月版，第 2 页

其所能，夺取所恃"①。强军不是目的，确保清王朝的江山社稷才是根本。

变军先变制。对于李鸿章来讲，淮军当年与"洋枪队"进行联合作战，不仅吸收其先进的武器系统，而且对其训练以及体制进行了深入的研究。他向曾国藩表示：

> 夷兵于十九日进剿东南江所属之周浦镇，当即克复。其队伍整齐，枪炮又准，攻营最为利器，贼甚胆寒。②

虽是联军，但李鸿章早就留了一手，可谓有先见之明：

> 长江通商以来，中国利权，操之外夷，弊端百出，无可禁阻。英、法于江浙各口力助防剿，目前小有裨益，但望速平此贼，讲求戎政……我能自强，则彼族尚不至妄生觊觎，否则后患不可思议也。③

李鸿章的判断不仅准确，而且有一定的前瞻性。他认为：

> 惟鸿章所深虑者，外国利器强兵百倍中国，内则狎处辇毂之下，外则布满江海之间，实能持我短长，无以扼其气焰。盱衡当时兵将，靖内患或有余，御外辱则不足。若不及早自强，变易兵制，讲求强军，仍循数百年绿营相沿旧规，厝火积薪，可危实甚。④

此时，李鸿章不仅完胜了太平军，而且是在"平捻"的路上，既思内忧，且虑外患，这是实战出真知。

至于具体的做法，李鸿章向清廷建议：

> 兵制关立国之根基，驭夷之枢纽，今昔情势不同，岂可狃于祖宗之成法？必须尽裁疲弱，厚给粮饷，废弃弓箭，专精火器，革去分汛，化散为整。选用能将，勤操苦练，然后绿营可恃。海口各项艇船、师船

---

① 《筹议制造轮船未可裁撤折》，载《李鸿章全集·奏议五》第五册，第107页

② 《上曾制帅》，载《李鸿章全集》，第二十九册，第77页

③ 《复户部大堂罗》，同上书，第二十九册，第212页

④ 《复陈察院》，同上书，第二十九册，第338页

概行屏逐，仿立外国船厂，购求西人机器，先制来板火轮，次及巨炮兵船，然后水路可恃。①

李鸿章进一步认识到：

> 绿营弁兵惰窳已久，就中挑选加饷操练，外貌即似整齐，实恐难当大敌，此各省近来练兵通病。练勇则无成效者，饷额有多寡，人地有生熟。又，绿营文法太密，牵制苦多，不能尽废其法与人而别开生面也。②

李鸿章的意思很明确，八旗兵、绿营兵、团练乡勇统统不可用。可造之材，可用之兵，只有淮军。

淮军本来就是湘军的升级版。其建制、训练方法、军械，以及规章制度都略胜一筹。在与太平军血战浙江之时，为筹集军饷，李鸿章控制了一部分关税，并增加了厘金的额度。重饷之下，淮军比传统的湘军更加吃苦耐劳，亦更加顽强凶悍。特别是与"洋枪队"进行联合作战以后，李鸿章更加大开眼界，看到了洋枪的火力强大、洋兵的训练有素、洋人军事组织的高效和统一。李鸿章对曾国藩讲：

> 鸿章曾往英、法提督兵船，见其大炮之精纯，子药之细巧，器械之鲜明，队伍之雄整，实非中国所能及。其陆军虽非所长，而每攻城劫营，各项军火皆中土所无，即浮桥、云梯、炮台，别具精工妙用，亦未曾见。……鸿章亦岂敢崇信邪教，求利益于我，惟深以中国军器远逊外洋为耻，日戒谕将士，虚心忍辱，学得西人一二秘法，期有增益而能战之。③

正是在李鸿章的主导下，以淮军为先导，清廷军队改变训练方法，换装先进武器，整个军队的战斗力亦有所提高。特别是在中法战争中，清军小试牛刀，取得镇南关大捷，一举击败了法军。这个战果亦是军变的效果。

太平军纵横江南十多年，水师强大是太平天国的特色。清军在与太平军的作

---

① 《复陈察院》，载《李鸿章全集》，第二十九册，第 339 页

② 《裁并通商大臣酌议应办事宜折》，同上书，第四册，第 108 页

③ 《上曾中堂》，同上书，第二十九册，第 187–188 页

战中，从内河到长江，从洞庭湖到太湖，水师亦愈战愈勇。湘军及淮军，由水师而海防，高度重视国家防御，以及除陆师以外的军兵种建设，这也是洋务运动的重中之重。

清政府是内陆型政府，其外敌来犯，大都集中在北方和西部的大陆地区，水师建设以及海防意识均十分薄弱。水师大抵为木板及摇桨战船，海防除查禁走私之外，接近废弛。第一次鸦片战争以后，清廷初尝西方"船坚炮利"的苦头，但亦苦于无可奈何。至太平天国覆亡，湘军、淮军经历战火锤炼，其薄弱环节及主要需求一目了然。李鸿章为睁开眼睛关注海防的第一人。

有意思的是，李鸿章甚至较为极端地提出了放弃"塞防"，集中财力来构建"海防"，这是一个大胆的举措。不光放弃"塞防"，李氏还提出要放弃"新疆"，这就是笑话了。事实上，清廷派了左宗棠去收复新疆，同时，也采纳了李鸿章强化海防的建议，可谓是"两手都硬"的做法，还算明智。

1875 年，李鸿章上奏：

> 洋人论势不论理，彼以兵势相压，我策欲以笔舌胜之，此必不得之数也。……历代备边多在西北，其强弱之势、主客之形皆适相埒，且犹有中外界限。今则东南海疆万余里，各国通商传教往来自如，麇集京师及各省腹地，阳托和好之名，阴怀吞噬之计，一国生事，诸国构煽，实为数千年来未有之变局。轮船电报之速，瞬息千里；军器机事之精，工力百倍。炮弹所到无坚不摧，水陆关隘不足限制，又为数千年来未有之强敌。[①]

有实力才有话语权，实力是后盾；有变化需要谋对策，有对策才能防未然，海防的重要性昭然若揭。李鸿章更是痛心疾首地指出：

> 国家诸费皆可省，惟养兵、设防、练习枪炮、制造兵轮之费万不可省。求省则必屏除一切，国无与立，终不得强矣。[②]

---

① 《筹议海防折》，载《李鸿章全集》，第五册，第 159 页
② 《筹议制造轮船未可裁撤折》，同上书，第五册，第 107 页

李鸿章甚至认为：

> 海防百年不可用，一日不可无备。[①]

这是极具远见的判断。李鸿章不是理论家，他的重点，亦非提出一套所谓的理论化体系。他仅用这些判断，去构建了晚清政府具有近代特征的海防体系。这个体系，时至今日，仍有极强的战略针对性。

一是防范日本。彼时日本，通过明治维新已摆脱民族危机，走上了扩张侵略之路。早在 1870 年，李鸿章就明确表示：

> （日本）近在肘腋，永为中土之患。[②]

李鸿章还认为：

> 日本小国尔，近与西洋通商，添设铁厂，多造轮船，变用西洋军器，彼岂有图西国之志，盖为自保计。日本方欲自保而逼视我中国，中国可不自为计乎？[③]

在另外一份名为《筹办铁甲兼请遣使片》中，李鸿章还分析道：

> 泰西虽强，尚在七万里之外，日本则近在户闼，伺我虚实，诚为中国永远大患。今虽勉强就范，而其深心积虑，觊觎我物产人民之丰盛，冀惮我兵船利器之未齐，将来稍予间隙，恐仍狡焉思逞，是铁甲船、水炮台等项诚不可不赶紧筹备。[④]

这些见解，至今读来，背脊仍阵阵发凉。甲午海战之后，北洋水师全军覆亡，不是李中堂无能，而是清廷水师太无能了。战略上判断准确，有时并不能带来战役上的成功，相反，只能带来深深的惋惜。

二是强化防御。中国是一个有着漫长海岸线的国家，中国人爱好和平，即便在外患堪忧的情形之下，中国的战略规划仍是防御性的。两次鸦片战争之后，近

---

① 《复刘仲良中丞》，载《李鸿章全集》，第三十一册，第 498 页
② 《筹议日本通商事宜片》，同上书，第四册，第 217 页
③ 《筹议制造轮船未可裁撤折》，同上书，第五册，第 107 页
④ 《筹办铁甲兼清遣使片》，同上书，第六册，第 170 页

海防御的设计显得尤为重要，防则宜固，防则有距。李鸿章主张在海防要塞大规模设立炮台，拒敌于国门之外。他指出：

> 中国兵船甚少，岂能往堵敌国海口？上策固办不到，欲其自守亦非易言。自奉天至广东沿海延袤万里，口岸林立，若必处处宿以重兵，所费浩繁，力既不给，势必大溃。惟有分别缓急，择尤为紧要之处，如直隶之大沽、北塘、山海关一带，系京畿门户，是为至要；江苏吴淞至江阴一带系长江门户，是为次要。盖京畿为天下根本，长江为财赋奥区，但能守此最要、次要地方，其余各省海口边境，略有布置，即有挫失，于大局尚无甚碍。①

近海防御，主要是构筑工事，布置火力。按李鸿章的想法，北方与南方，重要与次要，都有所考虑。就军事安排来讲，也不失为一个较好的选择。

李鸿章高度重视京畿的防御，在 1871 年于天津的大沽口新设了炮台，他的想法是：

> 臣思海疆要口，不可不设兵防备，即不得不逐渐培修。……今各国洋人进距堂奥，海口之险彼此共亡，门户已为洞开，而防务未便弃置。②

自此，中国沿海在奉天、山东、浙江、福建、广东等地，均修建了新式炮台，对近海防御的战略安排，起到了一定的支撑作用。

三是组织海军。在淮军与太平军鏖战之时，水师还不能称为海军。既非独立军种，其装备与战法亦是古典形式的，况且，水师与海军的活动区域也不太一样。大江大河亦非大海大洋。在李鸿章的心里，将水师变为海军，恐怕也是一个美梦成真的好机会。

分区设立海军，这个想法起始并非李鸿章的，而是福建巡抚丁日昌的。这个想法并不复杂，只有几条：

---

① 《筹议海防折、附议复条陈》，载《李鸿章全集》，第六册，第 162 页
② 《查阅大沽炮台片》，同上书，第四册，第 312 页

1. 海外水师专用大兵轮船及招募驾驶之人。2. 沿海择要修筑炮台。3. 选练陆兵。4. 沿海地方官宜精择仁廉干练之员。5. 设东北南三洋提督，以山东益直隶为北洋提督立于天津。以浙江益江苏为东洋提督，立于吴淞。以广东益福建为南洋提督，立于南溪。6. 每洋各设大兵轮船 6 号，炮艇 10 号，三洋提督半年会哨一次。

当时，因经费有限，决定重点建设北洋及南洋海军，重中之重是北洋水师。至中国甲午海战之前，北洋海军"由四艘铁甲舰组成主战舰队，由十二艘巡洋舰和炮船组成防守舰队，由两艘炮船组成练习舰队，由四艘炮船组成额补舰队，另外还有由六艘水雷船组成水雷舰队，共有各种舰船二十八艘"[1]。

分区成军的原则，具有一定的超前性；舰队的构成类型，具有一定的规模性。如果不是慈禧太后要修颐和园，这支舰队的规模可能还要大一些。至于甲午海战中为何完败于日本海军，其原因就比较复杂了。

1885 年，清廷成立了海军衙门，国家的海防得到统一管理，各地的船坞、炮台、船厂，以及海军经费的使用和管理，有了扎口的部门。但是，先进的建军理念、各区海军的综合协调以及战时各军种的协调作战，彼时尚未得到关注。

建设一支强大的海军，为何成为李鸿章的一个梦想，这也是百思不解的事情。1891 年，他在检阅海军后，给朝廷上奏：

> 北洋兵舰合计二十余艘，海军一支规模略具，将领频年训练，远涉重洋，并能衽席风涛，熟精技艺。陆路各军勤苦工操，历久不懈，新筑台垒，凿山填海，兴作万难，悉资兵力。旅顺、威海添设学堂，诸生造诣多有成就。各局仿造西洋棉花药、栗色药、后膛炮、连珠炮、各种大小子弹，计敷各舰操习之需，实为前此中国所未有。综核海军战备，尚能日新月异。目前限于饷力，未能扩充，但就渤海门户而论，已有深固不摇之势。[2]

---

① 梁启超：《李鸿章传》，第 41 页

② 《巡阅海军竣事折》，载《李鸿章全集·奏议十四》第十四册，第 95 页

以军种建设推动军事变革，以军事变革谋"师夷之长"，这个思路应该没有问题。只是，甲午海战之败成为李鸿章永远的梦魇，是人祸还是天灾，是定局还是变数，是一人之过还是群臣之责，历史恐怕会有一个公论。

1875 年，李鸿章在一份奏折中写道：

> 臣付思今日中外交涉局势，为千古所创见，此间海防筹办机宜较他处尤难。凡事非财不行，而北洋三省财力最窘，另无可筹之款；凡事非人不举，而北省文武洋务不熟，殊乏可用之材。惟是京畿门户所系，各国观听所属，若因循不办，终惧无以自主。若切实大办，只愧力不从心。臣谬任通商数年与兹，外示羁縻，每遇事变之来，徒恃镇静；内修备御，究其竭蹶之状，实信寻常。[①]

在这个军事变局之中，李鸿章遇到的是"人"与"钱"的问题。以当时的状况，李鸿章是以一己之力部分解决了这两个问题。当时，日本畏惧北洋海军的实力，多年不敢与中国交手，在一定程度上延缓了中国走向半殖民地的时间和程度，这也是事实。从本质上讲，如果说李鸿章是一个失败者的话，他失败的原因，"上受制于腐败之清廷，中受制于保守之同僚，下受制于愚昧之国人"[②]。

终局者成为失败者，这并不在情理之中。就政治之局而言，从来都是一个局套着一个局，从而成为一个永无止境的连环之局。

（二）

洋务运动究其本质，还是学习运动。在晚清政坛和社会的变局之中，如果说军事之变是基础的话，那么，教育之变就是根本。培养人、教育人，看起来是培养所谓洋务人才，其实培养的都是封建王朝的掘墓人。清廷当然不知道，李鸿章

---

① 《督办北洋海防谢恩折》，载《李鸿章全集·奏议十四》第六册，第 314 页
② 李守孔：《李鸿章传》，（台湾）学术书局，1985 年 11 月版，第 5 页

可能也不知道。

1862年，北京"同文馆"正式开办，上海也同时设立了"外国语言文字学馆"，主要是培养语言人才。

李鸿章认为：

> 彼西人所擅长者推算之学、格物之理、制器尚象之法，无不专精务实。泐有成书，经译者十才一二，必能阅其未译之书，方可探赜索隐，由粗浅而入精微。我中华智巧聪明岂出西人之下？果有精熟西文，转相传习，一切轮船、火器等巧技，当可逐渐通晓，于中国自强之道似有裨助。①

看起来说的是手段，其实也着重于内容。李鸿章在主持上海江南制造总局期间，除了大量制造军事装备以外，"计自1868年开始译书，至1879年6月至，共出版所译西书98种（未刊者45种）而销售则达到31111部"②。

李鸿章突出抓了海军人才的培养，这既是配合其建军战略的需求，且同步引入了西方先进的教育理念与机制。李鸿章认为：

> 海军人才以学堂为根本，北洋现有各师船需才甚殷，非多设学堂，不足以资造就。堂内学生课堂有洋文、洋语、史论、算学、海图、星相、测量、格致诸务，必须研究数年，方能略窥蕴奥。及挑入练船，又须练习风涛、沙线、帆缆、轮机、机械、雷炮各艺。计非十年之久，不能克业。是则水师学堂之设，实为海军切要之图。仅止天津一堂，储材无多，恐难敷用。经北洋海军提督丁汝昌于威海卫之刘公岛择购民地，添建水师学堂。③

军事教育当然是军事建设的基础，同样也是社会教育的范本。这些学堂的设立以及教学的开始，标志一个真正以科学知识为体系，以现代教育规律为前提，以强军强基为根本的新式教育体系，正在努力构建之中。等到天津武备学堂设立，

---

① 《请设外国语言文学学馆折》，载《李鸿章全集·奏议一》第一册，第208页
② 王尔敏：《中国近代思想史论》，社会科学文献出版社，2003年8月版，第19页
③ 《威海添建学堂片》，载《李鸿章全集·奏议一》第十四册，第134页

以及西药学堂、天津电报学堂设立，就标志着在清朝末年，具有现代教育特征的教育体系，在中国旧有的科举以及私塾体系内脱颖而出，既成为社会文明与进步的象征，也成为从根本上否定旧制度和旧的知识体系的前奏。新兴教育的影响与军事影响不太一样，前者默默无闻，后者惊天动地。但是，前者推动的改变，是根子上的改变；后者所引起的变化，可能暂时还会停留在表面上。

"留美幼童"在晚清社会洋务风云中，的确是一道风景。容闳作为早期赴美的学者，曾向曾国藩、李鸿章提出，能否每年挑选12-14岁的幼童30人，共选择120人，分4年派出，留学期限为15年。除学习现代科技以外，也兼学国学。李鸿章极为重视，他认为：

> 如舆图、算法、步天、测海、造船、制器等事，无一不与用兵相表里。凡游学他国得有长技者，归即延入书院分科传授，精益求精，其于军政、船政，直视为身心性命之学。今中国欲仿求其意而精通其法，当此风气既开，似宜亟选聪颖子弟携往外国肄业，实力讲求，以仰附我皇上徐图自强之意。[①]

李鸿章同时还论述道：

> 设局制造，开馆教习，所以图振奋之基也。远适肄业，集思广益，所以收久之大效也。西人学求实济，无论为士、为工、为兵，无不入塾读书，共明其理，习见其器，躬亲其事，各致其心思巧力，递相师授，期于月异而岁不同。我中国欲取其长，使一旦遽图，尽购其器，不惟力有不逮，且此中奥窔，苟非遍览久习，则本源无由洞彻，而曲折无以自明。古人谓，学齐语者，须引而置于岳之间。又曰，百闻不如一见，比物此志也。况诚得其法，归而触类引申，视今日所为孜孜以求者，不更可扩充于无穷耶。[②]

① 《致总署论幼童出洋肄业》，载《李鸿章全集·奏议一》第三十册，第237页
② 《李鸿章全集·奏议一》第三十册，第238页

这不仅是教育家言，简直可称为思想家了。李鸿章还对留美幼童寄予厚望：

> 入选之初，慎之又慎。至带赴外国，悉归委员管束，分门别类，
> 务求学术精到。又有翻译、教习随时课以中国文义，俾识立身大节，可
> 冀成有用之材。虽未必皆为伟器，而人才既众，当有瑰异者出乎其中。
> 此拔十得五之说也。①

这是国家行为，也是奠基式的壮举。据统计，"这些留学生中从事工矿、铁路、电报业者30名，从事教育者5人，从事外交行政者24人，服务海军者20人"②。还有一种说法，即"留美幼童被清廷召回后，九十四人中有四十一人被分配到包括北洋水师、广东水师、福建船政、江南制造局、大沽鱼雷局在内的海军系统，接近半数"③。

看起来人数不多，但影响是巨大的。因为，它的支点在现代教育体系上。

有清一代，人们热衷义理、考据、辞章，都是传统教育的范畴。在清王朝文字狱的钳制下，所谓的教育，所谓的"教"与"学"，主要是致力于考证、训练与校勘。"言言有据，字字有考，只向纸上与古人争训诂形声。传注驳杂，援据群籍，佐证数百千条，反之身己心行，推之民人家国，了无益处。"④

教育之迂腐与陈旧，不堪入目，不堪以用，不堪延学。清代郑观应《盛世危言》：

> 虽豪杰之士亦不得不以有用之心力，消磨于无用之时文。即使字
> 字精工，句句纯熟，试问能以之义安国家乎？不能也。能以之怀柔远人
> 乎？不能也。一旦业成而仕，则又尽弃其所学。呜呼，所学非所用，所

---

① 《李鸿章全集·奏议一》第三十册，第238页

② 牛贯杰：《原来的李鸿章》，重庆出版社，2006年9月版，第135、138页

③ 钱钢、胡劲草：《留美幼童——中国最早的官派留学生》，文汇出版社，2004年2月版，第196页

④ （清）方东树、江藩：《汉学师承记》，（香港）三联书店，1998年6月版，第279-280页

用非所学，天下之无谓，至斯极矣。①

这个说法，切中了以科举为核心的中国传统教育之弊端。而李鸿章对教育的理解与改革，则处处体现了学以致用，这在百余年前的中国，实在是难能可贵。

李鸿章曾于光绪二年十一月二十九日一天之内，向朝廷上了《闽广学生出洋学习折》，向总理衙门上了《论学生出洋学习》两道奏书，他指出：

> 即如造船一事，近时轮机铁胁一变前模，船身愈坚，用煤愈省，而驶行愈速。中国仿造皆其初时旧式，良由师资不广，见闻不多，官厂艺徒虽已放手自制，止能循规蹈矩，不能继长增高。即使访询新式，孜孜效法，数年而后，西人别出新奇，中国又成故步，所谓随人作计终后人也。若不前往西厂观摩考察，终难探制作之源。②

从这个议论看，李鸿章又是一位很称职的工程师。

再看看清廷对手日本。甲午海战，不仅是日本军事上的胜利，而且是教育上的胜利。

日本民族，也是一个极其善于学习的民族。日本学者辻善之助曾经说过：

> 日本文化的特征之一，就是它的发达往往是由于受到与国外交往的刺激所致。因而，与外国交往盛衰非常明显地影响了日本文化的消长。日本文化是由日本民族自己发展起来的，但是如果无视与外国的交往，就不可能了解它的发展。③

与太平天国覆亡大致同期的日本，在1868年，全国就有"藩学"（以武士为主要教育对象的中等以上学校）210所，教学科目设有数学的141所，有洋学的77所，有医学的68所，有天文学的5所。理科所占比重，1800年已占

---

① （清）郑观应：《盛世危言》，陈志良选注，辽宁人民出版社，1994年9月版，第35–36页

② 《李鸿章全集·奏议七》第七册，第257页

③ 武安隆：《日本文化三题》，载《日本学刊》，1993年第3期

15% 左右，1853 年增至 35%。1853 年以后，洋学发展显著。1855 年，幕府把附设于天文台的洋书翻译机构（"藩书和解御用挂"）扩大为"洋学所"，后又几经扩充，至 1863 年改称为"开成所"，聚集了几十名洋学人才。京都、大阪、江户等地，均有著名的洋学塾。初等教育方面，1868 年前后，有以武士为教育对象的"乡学校"125 处，连同分校共 152 处；供"庶民"（主要是商人、地主）子弟入学的"乡学校""教谕所"有 418 处（1871 年）；供一般劳动者子弟学习的"寺子屋"，明治初年已达 15 530 处。与同期的东方各国相比，日本的教育普及程度较高[①]。

与洋务派"中体西用"教育理念相同的是，日本明治时代，也提出了"和魂洋才"的口号。日本的教育改革之父福泽谕吉，其一生都在向日本人输入西方文明，推动日本文明独立为己任，他认为：

> 保卫我们国家独立的办法，除争取文明之外没有别的出路。今天
> 号召日本人向文明进军，就是为了保卫我国的独立。保卫国家独立的办
> 法，除争取文明之外没有别的出路。[②]

日本教育改革的立意，明显要比咱的高明。这位改革之父还提出了一个十分有意思的观点，即学术、教育要独立于政治之外。他为了使官办学校独立出来，集中了全国有识之士以及德高望重者，专门成立了"学术社会中央局"，其主要目的是召开各种学术会议，掌握文书、学艺大权，研究探讨教育法、审查书籍、编辑辞书等，主张教育学术要彻底摆脱政府的一切干涉，宗旨是为了学术的进步与社会的安宁。他认为，着眼于未来的教育事业，不应受到眼前日本政治的左右。这个见解实为远见卓识。可是，时至今天，恐怕亦难做到。

实际上，日本教育改革最为成功的地方，则是日本政府制订和颁行了一系列

---

① 滕大春：《外国教育通史》第四卷，山东教育出版社，1992 年 7 月版，第 384–385 页

② （日）福泽谕吉：《文明论概略》，北京编译社译，商务印书馆，1992 年 8 月版，第 190 页

的教育法规和法令，使发展教育成为国家意志。

1872 年，日本政府仿照欧洲学制，制订教育规则，开始构建近代教育体系，制订并颁行《学制》，起草要员中大部分为留学归国者。

1879 年，日本政府颁行《教育令》，全面引入美国式的非强制的自由主义教育制度，并同步推广《改正教育令》，鼓励各府县发展实业教育。

1885 年，日本政府颁行《学校令》，将立宪政治与培养充实国民素养联系在一起，进一步确立了国家至上主义的教育体制，即国民教育制度。

据统计，明治维新以来，政府在二十六年的时间内，颁布了重要的教育法律、法令、法规达三十余件。[①]

相较而言，洋务运动中的教育改革，虽有近代教育的色彩，但更多的是服务和服从于军事大局，并未像日本明治时期的教育改革那样，从法治的角度，从国民教育的角度去推动变革。因此，二者的差距是显而易见的。

在晚清学者以及官僚眼中，日本是标准的蕞尔小国，但其能在短时期内维新改革，以洋图治，与其重视教育当然有极大的关系。实际上，没有教育的近代化，无论是中国还是日本，就不会有国家的工业化。

明治维新的教育改革，走了一条与晚清洋务运动中的教育改革不同的道路。在明治天皇颁布的《五条誓文》中，明确提出"求知识于世界，培育自立文明的国民"。这种教育改革的顶层设计，是真心想着把国家的命运系于教育之中的，的确是"誓言"而非"虚言"。

从太平天国一整套仿基督教的教育和洗脑体系，到曾国藩、李鸿章的一系列"中学为体、西学为用"的教育及培训体系，都扎根在中国传统文化的泥潭之中无法自拔。变局中虽有变化，但是杯水车薪，始终无法解决根本的问题。

---

① 王桂：《日本教育史》，吉林教育出版社，1987 年 3 月版，第 137、138 页

（三）

洋务运动的发明权，并不在曾国藩和李鸿章，而在恭亲王奕䜣、大学士桂良、户部左侍郎文祥。他们在 1861 年 1 月 13 日向咸丰帝上的《通筹善后章程折》中认为：

> 窃以夷情之强悍，萌于嘉庆年间，迨江宁换约，鸱张弥甚，至本年直入京城，要挟狂悖，夷祸之烈极矣。论者引历代夷患为前车之鉴，专意用剿。自古御夷之策，因未有外于此者。然臣等揆时度势，各夷以英国为强悍，俄国为叵测，而法、美从而阴附之。窃谓大沽未败以前，其时可剿而亦可抚；大沽既败以后，其时能抚而不能剿；至夷兵入城，战守一无足恃，则剿亦害，抚亦害。就两者轻重论之，不得不权宜办理，以救目前之急。……臣等粗知义理，岂忘国家之大计。惟捻炽于北，发炽于南，饷竭兵疲，夷人乘我虚弱而为其所制。如不胜其忿而与之为仇，则有旦夕之变，若忘其为害而全不设备，则贻子孙之忧。……谨悉心参度，统计全局，酌拟章程六条，恭呈御览。[1]

具体建议之中，有设立洋务机构，有确定参与人员，有规定洋务工作的定位及内涵，并明确经费开支等。当年的 3 月 11 日，奕䜣从礼部领到"钦命总理各国事务关防"，并选择原铁线局公所作为办公地点，洋务派正式登场。奕䜣在其机构成立第四天，又禀一奏：

> 窃臣等酌拟大局章程六条，其要在于审敌防边，以弭后患。然治其标而未探其源也。探源之策，在于自强。自强之术，必先练兵。[2]

其实，练兵非"自强"本源，教育亦非"图强"本源，法制才是"强身"之本。如果洋务运动真的能探得此源，则业已能得到灵魂，定能使晚清之变局，走上健

---

① 《续修四库全书·卷四一八·史部·纪事本末类·筹办夷务始末》，上海古籍出版社，2010 年 2 月版，第 314–315 页

② 同上书，第 330 页

康的轨道，即走上与现代文明接轨的轨道。可是，现实正好相反。

洋务运动最容易塑造的，就是对外交流的法则。

中国的传统文化，从大的方面来讲，还是根植于小农经济之中的。近代西方文明，则更多地是处在商品经济的土壤里。小农经济的内涵是保守以及忠君；商品经济的特征，是开放及尊崇个性。从文化的内涵上来看，前者并不具备自我调节以及更新的能力，后者则有一定的活力且具有扩张性。两种文化在一定的契机下碰撞与交流，其方向感均不太容易把握。

洋务运动的思想内核为"中体西用"，即在保留现状的同时，只吸收方式方法部分，这样运行起来难度就很大。

与运动有关的，有些是改革，但大部分是改良。改良的过程较为复杂，但容易保持平稳。所谓"洋务运动"，"洋"是帽子，"务"是实务，"运动"也就在一定的范围之内。即便如此，对数千年形成的传统思维模式来讲，冲击颇大。

奕䜣在一份奏折中写道：

> 外洋如英、法诸国，说者皆知其惟恃此船坚炮利以横行海外，而船之何以坚与炮之何以利，则置焉弗讲。即有留心此事者，因洋人秘此机巧，不肯轻以授人，遂无从窥其门径。……现在江浙尚在用兵，托名学制以剿贼，亦可不露痕迹，此诚不可失之机会也。若于贼平之后始筹学制，则洋匠虽贪重值而肯来，洋官必疑忌而挠阻，此又势所必至者，是宜趁南省军威大振，洋人乐于见长之时，将外洋各种机利火器实力讲求，以期尽窥其中之秘。……有事可以御侮，无事可以示威。即兵法所云"先为不可胜，以待敌之可胜者"此也。（《东华续录·同治朝·卷二十五》，《筹办夷务始末》）

以剿贼之名兴办洋务，以制内忧为名同时考量制夷，虽然互为因果，但均为权宜之计，而非治根之策。"御侮"与"驭民"，对于清廷来讲，都是两难的选择。

从清廷被迫签订《南京条约》开始至《辛丑条约》为止，西方列强以这些所谓的"国际条约"行为作为约束中国的一种法律形式，一步一步地攫取如领事裁判权、通商口岸和租界、协定关税、外籍税务司、内河航运，以及工业投资、鸦片贸易、劳务贸易、自由雇募等方面的特权，将中国逐步纳入所谓的"世界国家秩序"中。清廷对此类国际条约的生疏感，严重影响了其对外交往的规则制定以及话语权。

早在林则徐查禁鸦片之前，就着人翻译了瓦特尔的《国际法》中有关战争、封锁、扣船等部分，这是中国对西方国际法最早的学习。1862 年，清政府设立同文馆之后，美国传教士丁韪良（Willian Martin）在此任教，也翻译了包括《国际法》在内的一些西方社科著作。1864 年，清政府正式批准了丁韪良组织翻译惠顿（Henry Wheaton）所著的《国际法原理》（Elements of International Law），并更名为《万国公法》，分发至沿海各主要的通商口岸，遂成为清政府对外交往的依据。这也是晚清政府封建王朝，开始近代法治化进程的第一步。"王道即法""朕即是法"的情况，开始被注入了新的内涵。

《万国公法》的颁行，标志着西方国际法著作第一次完整地被介绍到中国来，因而在中国法律近代化的进程中，占有极其重要的地位。

当时国际通行的法律准则之中，有关国家主权、国家平等的基本原则，帮助了洋务派寻求中国在国际大家庭中的地位，并改造传统的对外关系交往的原则。端方在为丁韪良的《公法新篇》一书所作的序言中写道：

> （国际法）为各国交际之法。……夫天下之事变无穷，其所以应之者，准情酌理，因时制宜，遂亦莫不存法。五洲之大，万国之众，其所为公法者，非制一国，成非一时。要莫不出于天然之理，经历代名贤之所论定，复为各国交涉之所公许，非偶然也。……西人之公法，即中国之义理。……常人得之以成人，国得之以立国。……国自固其权利，人自笃其忠信；玉帛可以永敦，干戈可以永戢。

这种认识，相较皇权思维，是一大进步。对外关系的处理很重要，若能以此为武器，国家利益亦不至于损失过大。应该讲，洋务派通过译介国际法著作，初步树立了近代资产阶级的国家主权意识以及外交思想。

以此为观照，洋务派很快就发现了西方列强与中国签订的一系列条约，充满了盛气凌人的不公与不平。李鸿章认为：

> 以前中国与英法两国立约，皆先兵戎而后玉帛，被其迫胁，兼受蒙蔽，所订条款，吃亏过巨，往往有出地球公法之外者。（《李文忠公全集·奏稿·卷三九》）

张之洞认为：

> 古来列国相持之势，其说曰力均角勇，勇均角智，未闻有法以束之也。今日五洲各国之交际，小国与大国交不同，西国与中国交又不同，即如进口税，主人为政，中国不然也；寓商受本国约束，中国不然也；各国通商口岸只及海口，不入内河，中国不然也；华洋商民相杀，一重一轻，交涉之案，西人会审，各国所无也。不得与于万国公会，奚暇与我讲公法哉？（《张文襄公全集·卷二零三》）

法理上有依据，实操上有差别。于公于私，于国于民，都似不甚妥当。

彼时外交家曾纪泽，主张通过外交手段废除不平等条约。他认为：

> 改约之事，宜从弱小之国办起。年年有修约之国，即年年有更正之条。至英、德、法、俄、美诸大国修约之年，彼亦迫于公论，又不能夺我自主之权利。则中国收复权利，而不著痕迹矣。（《曾纪泽遗集》）

这个想法，有点天真。还是其父曾国藩老道，他说：

> 中国目前之力，断难遽起兵端，惟有委曲求全之一法。[1]

李鸿章亦叹：

> 中国有贝之财，无贝之才，均未易与数强敌争较，只有隐忍徐图。（《李文忠公全集·朋僚函稿·卷十一》）

李氏的"外须和戎""内须变法"，利用"隐忍徐图"，实现国家自强。想法都是好的，策略也都是对的，但对于中国这样的数千年文明沉疴积累太过的国

---

[1] 《曾文正公全集·奏稿·卷二十九》，第48页

家，只能是权宜之计。面对当时的历史现状，洋务派核心人物的开放思想，能到这一步，已是十分不简单。如无太平天国运动的倒逼，估计连这一步都走不到。对当时的中国来讲，最需要的恰恰是类似于太平天国这样的革命，恰恰是需要如同洪秀全一样的颠覆者，中国的面貌估计才能焕然一新。从某种程度上来讲，太平天国的价值，就体现在晚清的洋务运动之中；洪秀全的影响，似乎也在曾国藩、李鸿章之流的各类奏稿与信函之中。就治国理政而言，许多影响都是不动声色且潜移默化的，换句话讲，承认也好，否认也罢，影响均客观存在。

李鸿章的"以一应之"，以及"力持和议"，从根本上讲，是因为经历过战争残酷的人，大都不会再选择战争。不是怕了，而是懂了。虽然洋务派种种自强计划"终不得放手而为之"，"其功效茫如朴风"（《李文忠公全集·朋僚信函·卷十九》），但是，这种具有强烈的主权意识，且力图通过改变来挽回危局的思路，值得肯定。

从晚清的变局来看，经历过内乱，中国最需要的恰恰是一整套的法律体系的建设。在各种不平等条约的制约之下，如果清廷包括洋务派在内，利用这一时机，如同日本明治维新时的做法一样，构建符合当时中国国情的司法体系，对内依法办事，对外依法维权，予民法律地位，予商法条管理，予教法理普及，那么，其社会秩序可以形成一种新的平衡状态。梁启超曾经认为：

> 今宜采罗马及英、美、德、法、日本之律，重定施行，不能骤行内地，亦当先行于通商各口。其民法、民律、商法、市则、舶则、讼律、国际公法，西人皆极详明。既不能闭关绝市，则通商交际，势不能不概予通行。然既无律法，吏民无所率从，必致更滋百弊。且各种新法，皆我所夙无，而事势所宜，可补我所未备，故宜有专司，采定各律，以定率从。①

这是晚清学人第一次明确提出建立资本主义的法律体系。但是，随着戊戌变法的失败，这种改良政体的主张，也随之成为泡影。

---

① 《上清帝第六书》，载《戊戌变法》第二册，第200页

当清政府再次推出维新口号的时候，时间已是 1906 年。其所谓的"预备立宪""仿行宪法""大权统于朝廷，庶政公诸舆论，以立国家万年有道之基"等想法，已不被社会认可。当 1908 年清廷准备仿效日本先例，以九年为宪政筹备期，公布了中国历史上第一部宪法《钦定宪法大纲》，但时间已经太晚了。1911 年的辛亥革命，离洪秀全 1851 年的金田起义，就差了一个甲子。

在古代中国，皇权问题始终是革命的对象，皇权也是所谓中华法系的灵魂所在。皇权本身，则是一切法律和法治的对立面。

论中华法系的形成，"礼"是法文化的核心。汉代儒学大家将"礼"引入"法"，把《春秋》作为断狱的依据，这本身就与法无关，就是个笑话。到唐代礼法结合得到定型。《唐律疏议·名例》："德礼为政教之本，刑罚为政教之用，犹昏晓阳秋相须而成者。"以"三纲"为内容的"礼"，在中国社会的规则之中，从未受到过怀疑。

在"礼"的原则之下，皇权可以凌驾于法律之上，权力支配法律。"家法""族规"是国法的重要补充。家就是国，国就是家。法律通过保护家长、族长的特权，进而维护封建君主在封建大家庭中的地位。这个法理逻辑并不错，但是，在中国社会流行的时间太长了。

《唐律》是这种逻辑的代表作，从唐高祖武德二年制定的《五十三条新格》，到武德七年颁行《武德律》，到贞观时期的《贞观律》，特别是唐永徽年间的《永徽律》，律律不同，但律律相通。把律、令、格、式、典、敕、例等多种法律形式组合在一起，成为后世历代封建王朝的范本。当然，"礼"仍是核心。

张晋藩先生是中国法律史的奠基人，在其《中国法律的传统与近代转型》一书中，总结了中国判例法的发展过程及其作用，指出早在秦朝，中国古人就有了对判例的创制意识和价值认识，"建行事"是秦朝司法审判中具有法律效力的案例。"春秋决案"是儒家思想支配司法的开端。此后，历朝的决事比、故事、法例、断例等，标志着判例法在中华体系中的地位。由于中华法文化宣扬"敬祖考宗""师承先考"，因此，遵循先辈故事是传统。但是，传统的逻辑并不是现代的逻辑，更不一定是正确的逻辑。

成文的法与判例的法，都在维护皇权，这已与时代严重脱节。弄不下去的"法自君言"与"事决于法"是一对矛盾，通过改良是无法解决问题的，只有通过革命才能解决。洋务派当然并不明白这一点。

无论是太平天国运动也好，还是洋务派的师夷变法也罢，都已经触及了封建专制制度以及纲常名教。前者是暴力冲击，后者是柔性触及；前者是要毁灭旧体制，后者是要维修旧秩序。但是，二者在法制这个问题上，均未走得太远。有思想火花，但并无普遍的思潮。有心无力，有力无心。

太平天国与洋务派，在不同的时间段中，都在对西方文化挑战作出了回应。客观地讲，太平天国文化并不会全盘接受外来文化，即便是改造式的吸收，也是以我为主的吸收、为我所用的消化。因此，在文化与文明方面，太平天国的自有体系还是相对落后的。洋务派则不同，他们从战火硝烟中起来，以兴办实业为基础，以变法自强为宗旨，上下是可以贯通的，左右也是可以逢源的。伴随着列强的大炮，中国被奴役性的条约绳索驱入当时的世界秩序之中，是有机会可以如日本明治维新一样，借力走上近代化之路的。但是，这个理想并没有实现。

洪秀全的知识结构中，也有外来文化；洋务派的思想框架里，有更多传统的变易观。所以，谁也做不成事情。可以肯定地讲，在学习外来文化的过程中，洪秀全的心里肯定是那个帝王情节占了主体，而洋务派也是这个帝王情节在作祟。看起来是学习和借鉴外来文化及文明，实际上更多的是排外及排外的心理在支配。就中西文化比较而言，左宗棠认为：

> （西方文化）弃虚崇实，艺重于道，官师均由艺进。性惠敏，好深思。

> 制作精妙，日新月异，象纬舆地之学，尤征专诣。①

洋务派最杰出的代表，眼里只有物而无人；太平天国众多的领袖，眼里只有上帝和自己，都是"变"的不足的地方。就太平天国之后的变局来看，洋务派的

---

① 《洋务运动》第三册，第609页

变的范围，仅仅被限制在"军器、铁路、电信及其他器械"。但是，比起那些数千年一成不变的旧制与旧法，这些人，这些事，实在也是一个进步。

实际上，并非没有人看到体制的问题。曾任两广总督的张树声，在临终前上奏：

（西方国家）自有本末，虽礼乐教化远逊中华，然驯制富强，具有体用，育才于学堂，论政于议院，君民一体，上下一心，务实而戒虚，谋定而后动，此其体也。轮船大炮、洋枪水雷、铁路电线，此其用也。（《张靖达公奏议·卷八》）

这个议论，议到了关键处。求其"用"不若谋其"法"。太平天国做不到，洋务派也望尘莫及。这是时代的局限，也是社会继续谋变的重要动力。

（四）

就世界范围来看，十七世纪中叶，英国发生了资产阶级革命，政党以政治派别为基础，分别在英、法、美等国家相继产生。一般公认的是，现代意义的政党组织，起源于十七世纪七十年代英国辉格党、托利党，以及此后的美国联邦党和反联邦党[①]。此时的清朝中叶，经历过思想禁锢以及令人发指的"文字狱"，所有集会与结社一并被"悬为厉禁"。

当太平天国以暴力的方式，试图冲击清王朝之后，在经历了西方列强的坚船利炮以及宗教文化对传统农耕文明的冲击之后，近代中国人开始应变求存，以西方社会为摹本，开始推动中国的传统社会近代化的进程——从筹海到自强，从洋务到变法，以及不同的社会阶层开始传播西方的社会政治思想。其中，最早的政党观念也开始萌发。这个观念，既有别于太平天国的纯宗教式的组织观念，也有别于洋务派官僚体制中的派系观念。考察这些观念，可以让我们更加准确地认识当时的社会政治与经济基础，也可以让我们较为充分地辨识一种文化与另一

---

① 参阅：《中国大百科全书·政治学》，中国大百科全书出版社，1992 年 4 月版，第 470 页

种文化之间的联系。

洋务派的代表人物之一、清朝曾任驻英国公使郭嵩焘不无羡慕地写道：

> 西国均设朝党野党，使所以所见相持争胜。……法人君党凡三，民党亦三，议论视他国犹繁。（《致李傅相》，《养知书屋文存·卷十二》）

郭嵩焘与李凤苞谈及西洋两党制时认为：

> 自始设议政院，即分同、异两党，使各竭其志意，推究辩驳，以定是非，而禀政者亦于其间迭起以争胜。于是两党相持之局，一成而不可易，问难酬答，直输其情，无有隐避，积之久而亦习为风俗。……西洋一隅为天地之精英所聚，良有由然也。[①]

甲午海战之后，洋务运动实际已经破产，受其影响的一批知识分子冲破清廷的禁令，先后建立了一批具有政治色彩的团体，并创办了一批报纸与杂志。1895年，康有为在京创办"强学会"；1897年，谭嗣同在湖南成立"时务学堂"，次年兴办"南学会"；1898年，康有为在北京设立"保国会"，以国难当头为理由，用"保国、保种、保教"为旗帜，讲求变法，谋求自强。"保国会"在北京、上海设有总会，各省、府、县设有分会，其组织机构、权限职能明晰，俨然具有近代中国特色的外生型政党雏形。

梁启超认为：

> 彼时同人固不知各国有所谓政党，但知欲改良国政，不可无此种团体耳。[②]

康有为亦认为：

[①] 转引自闻丽：《辛亥革命时期的政党观念》，2006年4月博士论文，第17页

[②] 丁文江、赵丰田：《梁启超年谱长编》，上海人民出版社，1983年8月版，第41页

中国数千年未有政党也，甲午东败乃始倡之于京师，曰强学会。[①]

此时，辛亥革命已箭在弦上。

梁启超先生对政党的兴趣极大，并有着深刻的认识。他曾在《时务报》上撰文，介绍译自日本的《政党论》：

> 君主专制，黔首无力，国家以愚民为能，不复使知政治为何物。当是之时，安有政党兴起哉？及文明大进，世运方转，教化浃洽，国民智慧渐起，类能通晓治体，而国家亦令国民参与大政，相与议论，于是乎政党始兴，盖必然之理也。……不问时之古今，不论洋之东西，国家大权，必在一人或数人之手，以发国家之意志。又借以得到己立之意志，苟分此大权，赋与人民，则必有政党从此兴也。[②]

在中国传统文化中，对所谓政党的概念，虽早已有之，但早已不以为然。孔子认为"君子矜而不争，群而不党"（《论语·卫灵公》），这里的党，是指朋党，即利益小集团，"不党"的内涵是不与人结党营私。荀子亦认为"不比周，不朋党"（《荀子·强国篇》）。能够做到这些，则"无偏无党，王道荡荡"（《书·洪范》）。这里的"党"与现在的"党"的组织概念，还不是一回事。在古代中国，臣民的意识与公民的意识是对立的。皇权之下，焉有党存？

美国著名学者亨廷顿在总结传统的政治体系为何排斥政党的原因时，列出了这样几种：

> 1. 传统阶层及保守分子视党为一种分歧的力量，对政治权威行使及既有的政治秩序是一种威胁。2. 原有政治体系内的官僚体系与保守分子联合反对政党制度，因为他们虽然愿接受政治结构的合理化，但不愿接受政治参与的扩大。3. 有些政治体系虽接受人民有权利参与的观念，但

---

① 《民政部准帝国统一党注册论》，引自《康有为与保皇会》，上海市文物保管委员会编，上海人民出版社，1982 年 9 月版，第 314 页

② 《时务报》第十七册，1897 年，译日本杂志《政党论》，转引自闻丽《辛亥革命时期的政党观念》博士论文

反对参与者透过组织，认为政党反而阻碍了政府与人民的联系。4.政治体系的政治精英视政党为助长腐化和行政无能，它导致社会分裂与冲突。①

而皇权对政党的排斥，就是四个字"朕即天下"，不需要理由。因此，在晚清社会，由洋务运动而导致的开了一丝国门的门缝，让政党的概念进来之后，整个社会的政治理念、政治生态，以及政治的发展倾向，就变得让人不可捉摸。它到底是新鲜时髦，还是因循守旧；到底是分裂了社会，还是造成了冲突；到底是加剧了动荡和衰弱，还是传播了现代文明？后来的历史证明，它是及时的，也是正确的。

晚清社会，在太平天国的强力冲击之下，社会各个方面的潜藏危机均被激发出来。随着科举制度的废除，读书人通向政治晋升之路被阻断，但是，这股社会力量亟需在新的政治格局中谋求以新的方式呈现。中国近代史中的近代化，在很大程度上反映的是民族、宗教、地域以及社会各种利益集团猛增的多元化过程。有组织地将这样利益集团的诉求呈现出来，也就是在国家与个人之间建立起一种纽带，这种纽带是制度性的安排，并且，在社会中有一定的增长空间，建立政党，则是一种可以操作、可以控制、可以复制的有效形式。此时的政党，还未达到去探索国家权力再分配的问题。一旦关注此类问题，并且在重构中得不到实惠的时候，革命就是早晚的问题了。这一点，美国的开国领袖华盛顿，很早就意识到了：

> 政党往往干扰公众会议的推行，并削弱行政管理能力。它在民众中引起无根据的猜忌和莫须有的惊恐；挑拨派系对立，有时还煽动起骚动和叛乱。它为外国影响和腐蚀打开方便之门，后者可以轻易地通过派系倾向的渠道，深入到政策机构中来。这样，一个国家的政策和意志就会受到另一个国家政策和意志的影响。②

彼时的中国，在政党的草创时期，这个问题尚不会发生。但是，它作为一种

---

① （美）塞缪尔·P.亨廷顿：《变化社会中的政治秩序》，生活·读书·新知三联书店，1989年7月版，第537页

② 闻丽：《辛亥革命时期的政党观念》，2006年4月博士论文，第28页

弊端的存在，在后来的北洋政府以及民国时期，也是一种十分显著的存在。

在晚清社会至辛亥革命的前夕，对政党概念理解最深、议论最透，且方案最为完备的知识分子，并不是梁启超和康有为，而是唐才常。

唐才常（1867—1900），湖南浏阳人，清末维新派的领袖人物，与谭嗣同为同乡，戊戌变法失败后，逃往日本。唐才常曾与康有为商量，要效仿曾国藩。他也的确成立了具有帮会性质的"自立会"，设有"正龙头、副龙头、内八堂、外八堂"等名目，专心策动起义。唐才常代表了一批较为激进的知识分子，认为改良之路完全行不通，因而要学习日本的长州和萨摩两藩，举行起义。这个所谓的起义军很快就遭到败绩，原因十分复杂，但唐才常对政党的认识，还是值得关注。他的认识，实际上对维新立宪人物起到了政党基本问题的指导性认识作用。

唐才常在《湘学报》上发表《各国政教公理总说》：

（英国）政以党成，其党二：一曰公、一曰保。公党者，因时变通；保党者，守旧勿坏。二者视宰相新旧进退之，一出一入，循环无穷，而事乃济于平。……（法国）共国之党三：曰君党，志复君权者；曰民党，志保民权者；曰中党，中立二党间，无成见者，三党遇事辄龃龉，然以可否之多数定议。……然五洲强弱盛衰之枢纽，恒于议院觇之。有议院必有党，有党必有公私，固然其无足怪，然诸国明许以党，党亦明张旗帜，明异其途，以待权衡与党之多少而可否之，而事无弗举。故西人党亦党，不党亦私，私亦私，不私亦党。[1]

这个认识的前提，是要开国会，设议院，实行君主立宪。这个想法，是中国第一次公开讨论近代的政党问题，并表露出要在中国实践的倾向。但是，终因大局未变，此变亦难。

在整个晚清的变局之中，有一个问题是绕不过去的，即近代中国为何未能实现西方近代式的政党体系，而只能通过暴力革命的手法，它潜在的社会因素又是

---

[1] 唐才常：《各国政教公理总说》，《湘学报》第 9 期

为何呢？

太平天国之后的中国，仍然是封建王朝。皇帝未变，大臣未变，农耕文明的主要生活方式也未改变。它并没有因淮军、湘军的崛起，包括洋务运动的开展，从而导致经济、社会、政治以及文化诸方面的全面变革。因此，它缺乏孕育出新的社会结构和政治结构的土壤。在社会渐变过程中，那些新兴的利益集团，纲领还不甚明确，经济基础不够雄厚，政治诉求也不强烈，并没有足够的力量改变既有的秩序。而理解最透、认识最全的唐才常，仍然是选择走上暴力革命的道路，这其中是有着深刻的时代背景的。不是太平天国影响彼时的那个时代不够深刻，而是太平天国运动本身就不够深刻。

在西方列强之中，政党都是特殊群体利益的代表，尤其是垄断资本利益的代言人。他们对政治的干预与干扰是强烈的，这是利益驱动型政治。在议会这个舞台上，强力政治往往获得更多的利益。彼时的中国政坛，这样的利益集团尚在萌芽状态，君主以及"重臣"所构建的官僚体系，在政治生活中仍然起着决定性的作用。政党是近代化和民主化的产物，但在皇权的铁幕之下，基本没有生存的空间。

这也就是为什么在新兴国家或从传统专制王权经过革命而建立的国家中，所谓的"革命政党"（revolutionary party）、"建国政党"（nation-building party）或"动员政党"（mobilization party）更为普遍。这些政党，也可称为"整合政党"（parties of integration），其功能是整合社会的各种利益，以代表全体的共同利益而自居。因为这些政党的前身，多是为了争取民族解放或摆脱殖民统治，以建立民族国家为目的的政治团体。甚至在民族独立成功之后，为了继续从事建国工作，必须展开"政治动员"，强而有力的组织力量是不可或缺的要素，于是，革命一党体制，其实是有其内在逻辑的。①

这里需要关注的，并不是这种政党的转化，而是这种转化的社会环境和政治

---

① 参阅：Sigmund Neumann（ed.）Modern Political Parties. Chicago:University of Chicago Press，1956，PP.295–321

秩序。在太平天国的暴力鞭策之下，在洋务派和风细雨的吹拂之下，在维新派茫然不知所措中，晚清的社会开始关注并讨论政党政治问题。一方面，它令彼时的中国知识阶层的政治视野更加开阔；另一方面，它也是中国近代思想文化积累的重要组成部分。从政治学的角度来看，这种讨论，就是政治文明特有的一丝曙光。

太平天国时期所追求的政治理想，包括他们有意或无意地对政治秩序的探索和实践，理所当然地成为我们这个具有数千年政治文明史的财富，谨慎地回望这段历史，深刻地思考由各种嬗变所引发的社会阶层、结构、利益的变化，才有可能掌握这种变化的主动权。

从本质上讲，晚清变局之中的政党理论，是在中国传统知识体系之外出现的一个内在逻辑与之迥然有异的新的知识体系。这个体系，与彼时的社会有着极大的关联性。至于在一个时代众多人物中选择其代表者的思想及其语境，恰恰是一件重要的事情。时代并未选择那些在后来看上去合理的东西，但是，彼时的时代一样有价值和有意义。

在传统中国，历朝历代都有相互激烈争斗的政治团体，国人习惯地称之为"朋党"，这不是严格意义上的政党。政党观念的萌发，已迟至清朝的同光年间，而政党政治观念的普及，则又迟至清末的立宪运动。按照谢彬先生在1924年出版的一本名为《民国政党史》中所指出的：

> 政党之产生，一方固须人民具有政治常识，他方尤须政府能循法治轨道。政党藉舆论为后盾，发挥监督政府指导政府之本能，政府亦惟国利民福是求，不敢滥用权力，违反民意，始相制而终相成，而政党于焉兴起。[①]

后来的史实也证明，政党不仅可以创造历史，而且可以改变历史。究其组织形态和方式方法而言，其始于太平天国，这是可以肯定的。

从总体上来看，包括太平天国和洋务派的思想，在中国传统的思想体系中，

---

① 荣孟源、章伯锋：《近代稗海》第六辑，四川人民出版社，1987年9月版，第6页

并不占有十分突出的地位。其核心的内容和所倡导的原则，均是受到西方文化的影响而形成的。这些影响有大有小，有深有浅，时断时续，忽显忽隐。但是，它们毕竟是中国早期近代化思想的起源之一。正是这些思想的构建与传播，且不论它以何种方式进行推广，都深深地影响了彼时的国人以及彼时的知识界，并在一定程度上改变了国人的思维方式和生活方式。也就是从那个时代开始，人们开始有了新的变化，逐渐开始接受民主、自强、政党、教育等观念，并对暴力革命和武装斗争有了新的认识。至于最后中国走上了什么样的道路，从这个历史逻辑来看，它具有十分鲜明的导向性。

（五）

晚清变局，直到出现了孙中山，才真正看出太平天国的影响来。孙中山先生直接言明，自己就是洪秀全第二。

孙中山是在何时何地讲过这句话的，已不可考。在有关孙中山的童年故事里，有一位太平军的老战士，名叫冯爽观，经常在大榕树下给孙中山讲太平天国的故事。孩童时的孙中山，在与小伙伴们玩游戏时，也时常扮演洪秀全，于是孙中山就自诩为洪秀全第二。

这个传说，可能仅仅是个传说，其本身也说明不了什么问题。但是，直到辛亥革命之后，人们才普遍看出其中的联系。在农历的纪年中，每六十年一个轮回，上一个辛亥年，也就是1851年，正是太平天国金田起义的日子。

在历史的长河里，一个甲子的时间不算长，但是却意味深长。辛亥革命在中国近代史上的地位和作用，当然超过了太平天国运动。这种超越，并非因为它完成了太平天国未能完成的任务，而是它真正开辟了中国近代史的进程。这种开辟的方式与方法，与太平天国革命如出一辙、殊途同归。

孙中山是中国民主革命运动的先驱和领袖，是听着太平天国故事长大的。他于1866年（清同治五年）11月12日，出生在广东省香山县（今中山市）翠亨村，幼名帝象，谱名德明，后取名文，字逸仙，在避居日本时，曾化名中山樵，自署孙文，时人称孙逸仙。辛亥革命后，人们多称孙中山。①

1879 年，孙中山曾随母亲杨氏经澳门赴檀香山，并在当地教会所办的奥兰尼学校就读。虽是年少，但志存高远。日后，孙中山曾回忆这段学习，认为：

> 忆吾幼年，从学村塾，仅识之无，不数年得至檀香山，就博西校，见其教法之善，远胜吾乡。故每课暇，辄与同国诸同学诸人，相谈衷曲，而改良祖国，拯救同群之愿，于是乎生。当时所怀，一若必使我国人人皆免苦难，皆享福乐而后快者。②

1883 年，受兄孙眉之命回国，先后就读于香港拔萃学院、中央书院。此间，曾与好友陆皓东一起，在家乡捣毁寺庙神像，并双双在香港受洗加入基督教。这是得了洪秀全的真传。

影响孙中山思想的，首先是《圣经》，这也与洪秀全相类。

《南华早报》（South China Morning Post）在一篇社论中表示：

> 他（孙中山）属于人类极为少数的几个人，他们为了一个理念，敢于挑战几乎一切。当最终审判来临生活，他们是属于天国的人。③

这里的用语皆为基督教笔法。撰此社论的作者，即为同是基督徒的该报创办人兼主笔谢缵泰（1872—1938），他认为孙文之勇，完全来自《圣经》。

1895 年，孙中山曾在家乡发动过"乙未广州起义"，当时他与同僚陆皓东认为，香山县濠头村的团防力量极其薄弱，只消数十人便可夺得虎门炮台，只需组织"三千余人"的队伍，即可夺得广州。在 1895 年 3 月 16 日，孙中山与杨衢云等人商量起义事宜。孙中山认为：

---

① 张宪文：《中华民国史》第一卷，南京大学出版社，2013 年 10 月版，第 54 页

② 孙中山：《孙中山全集》第二卷，中华书局，1982 年 7 月版，第 359 页

③ Editorial，The Death of Sun Yat-sen，South China Morning Post（*Hong Kong*），Friday 13 March 1925，P.8

天
局

发难之人贵精不贵多，人多曾倚赖而莫敢先，且宜泄漏，事败多由于此。当太平天国时，刘丽川以七人取上海，今广州防兵之众，城垣之大，虽不可与上海同日而语，然而只有敢死者百人奋勇首义，则事便可济。[①]

刘丽川是上海小刀会的负责人，其也并未以七人取上海。乙未起义中，孙中山却被当地的会党及黑社会的头目所骗，起事当然未能成功。章太炎对孙中山的评价是：

公之天性，伉直自圣。[②]

这也是基督的形象，"冒险猛进""天真烂漫"。除了《圣经》之外，孙中山还受到传统文化的滋养及熏陶。孙中山在《建国方略》中明确指出：

人类进化之目的为何？即孔子所谓"大道之行，天下为公"，耶稣所谓"尔发得成，在地若天"，此人类所希望，化现在之痛苦世界而为极乐之天堂者是也。[③]

其中"天下为公"，出自《礼记正义》；"尔发得成，在地若天"，语出《主祷文》（The Lord's Prayer）。在孙中山这里，二者十分巧妙地融为一体。钱穆先生认为：

推敲孙先生政治意见的最大用心处，实与中国传统政治精义无大差违。[④]

孙中山至少在思想的主旨上，体现了中西文化最为高妙之处。

关于孙中山之名的由来，也很有意思。日本人平山周回忆：

总理来京曰："昨夜熟虑，欲且留日本。"即同车访犬养，归途

[①] 丘权政、杜春和：《辛亥革命史料选辑》上册，湖南人民出版社，1981年4月版，第12页

[②] 章太炎：《章太炎全集》第五册，《祭孙公文》，第356页

[③] 孙中山：《孙中山全集》第六卷，第196页

[④] 钱穆：《国史新论》，台北联经出版社，1998年6月版，第133页

过日比谷中山侯爵邸前，投宿寄屋桥外对鹤馆，掌柜不知总理为中国人，出宿泊帖求署名。弟想到中山侯爵门标，乃执笔书（姓）樵，曰："是中国山樵之意也。"总理号中山，盖源于此。[①]

这里，又能看出孙中山的平民本性，连姓甚名谁这件事也能如此接地气，至后所提的"三民主义"，应该是有其渊源的。

实际上，是章士钊先生将"中山樵"改为"孙中山"的，其在《疏〈黄帝魂〉》中写道：

> 时先生名在刊章，旅行不便，因易姓名为"中山樵"，"中山"姓，"樵"名。……顾吾贸贸然以"中山"缀于"孙"下，而牵连读之曰"孙中山"。始也广众话语，既而连章记载，大抵如此称谓，自信不疑。顷之一呼百诺，习惯自然，孙中山孙中山云云，遂成先生之姓氏定型，终无与易。[②]

孙中山性格刚烈，说到做到，在武装思想的同时，也积极策动了多起暴力起义。1907 年 5 月至 1908 年的 4 月间，在华南地区就接连爆发了六次起义。这个数字，既说明了孙中山的决心，也说明了晚清社会大厦将倾，墙倒众人推了。

黄冈起义。1907 年 5 月 22 日，发生于广东潮州府饶平县黄冈。许雪秋等人策划，聚集 700 余人，攻占黄冈，"成立军政府，布告安民，市廛不惊，四民安服"[③]。

惠州七女湖起义。1907 年 6 月，邓子瑜等人在广东惠州发起，聚合志士 300 余人与清军对抗。

防城起义。1907 年秋，发生在广东钦州防城地区，由王和顺率领，先行起事，攻取防城，再攻钦州时失败。

---

① 陈崧：《孙中山生平事业追忆录》，人民出版社，1986 年 6 月版，第 528-529 页

② 章士钊：《辛亥革命回忆录》第一集，中华书局，1963 年 9 月版，第 217 页

③ 邓慕韩：《丁未黄冈举义记》，载《辛亥革命》第二册，第 541-545 页

天

局

镇南关起义。此地为通往安南（越南）的咽喉之地。由王和顺、黄明堂、关仁浦策动，孙中山计划"由此集合防城之役退驻十万大山之中，会攻龙州，不图十万大山之众，以道远不能至，遂以百余众据三炮台以与敌战"[①]。

第二次钦州起义。1908 年 3 月，由黄兴率同盟会青年 200 余人，由安南入境，攻击钦州。双方对阵于马笃山，激战 40 余天。

河口起义。河口地处云南边陲，亦是通往安南之要地。1908 年 4 月，黄明堂率部百余人起事，在清军防营一部的策应下，迅即占领河口，并通令安民。队伍一时扩大至千余人。

此时全国形势之中，光复会在 1907 年 7 月于安徽、浙江发动起义；熊成基在安庆发动新军马炮营起义；倪映典在广州于 1910 年 2 月发动起义；秋瑾、徐锡麟在浙江、安徽发动起义。到了 1911 年 4 月，同盟会在广州发动了著名的黄花岗起义。

这些陌生的姓名，这些熟悉的手法，仿佛是太平天国之火，星星点点，似可燎原。

真正到了 1911 年的武昌起义，这是辛亥革命的第一声枪响，实际上，全国的形势是真的成了燎原之势。1911 年 10 月 9 日下午 5 时，湖北新军公推文学社社长蒋翊武为总司令，共进会领导孙武为参谋长发动起义。义军的起事命令第一条：

兴复汉族，驱除满虏。[②]

此次起义，正式敲响了清王朝覆亡的丧钟，完成了太平天国未能完成的事业。

辛亥革命不是太平天国的翻版，二者之间有着本质的不同。六十年一轮回，不是革命的轮回，也不是生命的轮回，而是时代的步伐向前进、文明的步伐向前进，这样的一个进程兴替。

---

① 邹鲁：《丁未镇南关之役》，载《辛亥革命》第三册，第 217 页

② 咏簪：《武昌两日记》，载《辛亥革命》第五册，第 46–48 页

孙中山曾经说过：

> 夫大《易》者，中国最古之书。孔子系辞，称汤武革命，顺乎天也。[1]

这里的"顺乎天也"之中的天，不是上帝，不是洪秀全，而是时代的逻辑。

毛泽东对孙中山的评价是：

> 孙先生的伟大，还在他的艰苦奋斗、不屈不挠、再接再厉的革命毅力与革命精神，没有这种毅力，没有这种精神，他的主义与政策是不能实现的。如像刚才读过的《总理遗嘱》开头一句所说："余致力国民革命凡四十年"，在这四十年中间，经过了多少艰难曲折，然而孙先生总是愈挫愈奋，不屈不挠，再接再厉。当着多少追随者在困难与诱惑面前表现了灰心丧志乃至投降变节的时候，孙先生总是坚定的。孙先生是坚持其主义的。在他一生，他的三民主义只有发展而无弃置。孙先生从没有弃置其主义于不顾的时候，他始终坚持了三民主义，并且发展了三民主义。[2]

这个评价，涉及孙的主义，也涉及孙的人品。人生不容易，主义才会不简单。

（六）

结语：晚清社会的变局之中，太平天国的因素，已经不是最重要的因素了。局中有变，在内外交困的社会秩序中，变局已是真正的险局，一着不慎，满盘皆输。事实上，即便有曾国藩、李鸿章、左宗棠这些所谓的中兴名臣，虽其有苦撑危局之心，但亦无扭转乾坤之力了。这不是个人的悲剧，而是时代的悲歌。

在晚清的变局之中，最先变化的是军事。"以夷制夷"的方法，最早针对的

---

[1]　《驳保皇报书》，载《孙中山全集》第一卷，第234页

[2]　《在纪念孙中山逝世十三周年追悼抗敌阵亡将士大会上的讲话》，《毛泽东文集》第二卷，人民出版社，1993年版，第111–112页

也是洋人。船坚炮利只是其表象，天文地理亦只是技术层面的东西，洋务派花大力气改变现状，能买则买，能借则借，看起来身强力壮，实际上还是纸糊或面塑的老虎。但是，毕竟有了虎形及虎威。洋务派也只能做到这儿了，不是他们不努力，而是眼界的确有限。

教育问题始终是个根本性的问题。变局之中，教育的改变是最令人期待的。可是，基本观念不改，旧有体制不变，旧瓶装上新酒，新酒依然不能保质。明治维新的成功，当然是教育的成功；洋务派运动的失败，其根源也是教育的失败。变局之中，教育开启了现代文明和近代化的一丝希望。

法制思维当然有了数千年，但是，近代法制文明中国一点也没有，这是一个不争的事实。国际法以及中华法系的严重对立，"朕即天下"的荒唐逻辑，让国门初开的中国尝够了不懂法、不知法，被邪恶之法奴役的苦头。而皇权仍在，官僚体系仍在，一切与法有关的变化均免开尊口。实际上，我们是有过这样一个契机的，可惜在积贫积弱的中国，此机会稍纵即逝，不纵也逝。

政党的概念也是变局之中的点点星光。可惜月明星稀，也就忽略不计了。所谓君主立宪，所谓执政党与反对党，所谓东方与西方，还真不是一回事。

历史轮回，时代兴替，终究会有其可以熟知以及可以把握的规律。似是而非的东西，在历史上终究会被澄清或忽略。太平天国并非因辛亥革命的兴起而变得更加伟大，因为，太平天国自身就很伟大；辛亥革命也不会因为部分承袭了太平天国的理想而变得有价值，因为，辛亥革命本身就极有价值。

汉代大儒董仲舒曾对汉武帝说："道之大，原出于天，天不变，道亦不变。"（《汉书·董仲舒传·举贤良对策》）历史上的变局，变来变去，大抵如此。

370

结

语

"局"在汉字之中，内涵十分丰富。《说文解字》："局，促也。从口在尺下，复局之。一曰博，所以行棋。象形。"它是用语标识参照的身体部位，为尺为范式。在这里，基本上还是"局面"或"布局"的意思。

与太平天国有关的局面，前文均已叙述，这里不再赘述，只是有所谓的局外之局，也就是文外之义、题外之话，在这里讨论。它不是结论，也非定论，只是讨论的另一个范畴。

长期以来，关于太平天国的研究，其学科归属极难确定，它超越了一般学术研究的范畴。它超越了历史学，超越了社会学，超越了政治学。总之，一种研究可以超越这么多学科的，也不多见。但是，它唯一没有超越的是人类学。

人类学学科，在二十世纪五十年代的全国院系调整时被取消了。能够利用人类学这种方式进行学术研究的人，少之又少。少的东西不是最好，而是不为人知。

关于人类学的学科内涵，是另一个话题。这里要使用的人类学的研究方法，是从文化的角度对人类进行的全面研究的方法。它不是局部的，而是全部的；它不是静止的，而是动态的。它研究所得出的结论，与一般学科所得出的结论，可能会不太一样。

太平天国覆亡之后，清廷基本毁灭了与此有关的书籍与文献，仅仅在其官方记录和私人札记中，有倾向性地，并且语带侮辱地保留了一些片断。说句实话，太平天国在整个中国历史之中，并非最重要的片断，但是，在中国近代史上，它的确是一篇绕不过去的章节。彼时的经历者绕不过去，现在的研究者也绕不过去。民国时期，祖国杂志社曾出版过一本《太平天国战史》前篇，孙中山先生为之作序：

> 汉公（作者）是编可谓扬皇汉之武功，举从前秽史一澄清其奸，俾读者识太平朝之所以异于朱明，汉家谋恢复者不可谓无人。[①]

此书的虚构成分较多，序者的情绪化也是显而易见的。

太平天国的研究一时繁荣，但并未奠定其学科归属，以及学术研究的科学地位。即便二十世纪二三十年代，国内已湮没的太平天国本身的文献，如它的印书、文书等，当年曾被一些传教士、商人、外交官、侵略者带往国外，而得以保存在诸多博物馆及图书馆中，其研究领域亦无大的波澜。桥是桥，路归路，其研究所受到的方方面面的制约，也是显而易见的。这些制约，有些是体制性的，有些是意识形态性的，但更多的是研究者自身的眼界与格局。有意思的是，许多功成名就的大学者，在此领域的研究，虽颇受尊敬但贻笑大方。这在世界历史学界，都是十分罕见的。

因此，关于太平天国运动的定性问题，本来仅仅是一个学术问题，后来却成为一个非学术问题，这就不是研究的缺陷问题了。

需要指出的是，在太平天国研究的过程中，有不少是为了突出某一普遍性的观念，是为了"纪念"或"配合"而写的。这种现象，实际上使历史研究变得单调而肤浅。也正是因为这种现象的广泛存在，也造成当今的太平天国研究每况愈下的现象。

有意思的是，许多国外的学者在研究东亚史时，十分注重对太平天国的研究。他们把这个时段里，中国与世界发生的联系，看得十分重要，且也十分有

[①] 据《民报》第拾号有此书上卷三版、中卷初版的广告，称上卷系 1904 年初版，转引自王庆成《太平天国的历史和思想》，第 493 页

趣。他们倒是不论对错，但是，他们也确实有深刻与肤浅的差别。

在当代太平天国的研究中，有一根主线始终存在的，那就是"阶级斗争"。史学大师利用过这种观点，学界幼齿也同样秉持这种方法。伟大导师卡尔·马克思曾经指出：

> 由于古代阶级斗争同现代阶级斗争在物质经济条件方面有这样的根本区别，由这种斗争所产生的政治怪物之间的共同点也就不可能比坎特伯雷大主教与最高祭司撒母耳之间的共同点更多。[①]

这段话具有重要的指导意义。

按照本书的人类学逻辑，太平天国的运动，其本质就是一场彻头彻尾的"文化革命"运动。这个结论，除了以上陈述的史实之外，它还有这样三个特点：

一是文化启蒙。太平天国所有关于宗教、家庭、妇女权益以及财富再分配的构想理念，都是彼时中国社会最为重要的思想启蒙。虽然它缺乏体系，涉及的区域也不够广泛，但其观念的先进以及逻辑的清晰，都达到了启蒙的段位及标准。后来的历史表明，无论是洋务运动、戊戌变法，还是辛亥革命，包括"五四"新文化运动，无不受到这一组观念的启迪。启蒙的价值是永恒的价值，启蒙的意义也超越了时代。其后中国近代百余年的历史，尽受其文化泽被，这是历史的真实，也是无法抹灭的光辉。从形式上讲，太平天国的这种文化启蒙，极像顾城那句："黑夜给了我黑色的眼睛，我却用它来寻找光明。"

二是文化颠覆。不是每一种文化都具有颠覆的能力，太平天国文化做到了。文化颠覆的概念，是一种激进的文化表现形式，从捣毁偶像、开科取士、删改《圣经》、定制《天历》，再到各种各样的充满仪式感和灵异感的称谓，以及各种与上帝沟通的方式，不仅颠覆了数千年的传统文化，而且颠覆了彼时社会生活的常识。从文化的角度来看，颠覆当然是一种否定，颠覆也不是一种进步，

---

① 《路易·拿破仑的雾月十八日》，载《马克思恩格斯选集》第一卷，人民出版社 1995年6月版第 581 页

颠覆的结果虽然是探索的结果，但结果并非都会被认可。但是，颠覆性的文化类型，永远只能是阶段性的，它的作用也只能是局部的，它最终的结果，还是要看整个社会和文化族群的认可程度。因此，颠覆只是一种使命。

三是文化窒息。人类学的学科概念中，有一种黑暗时代理论，它是讲文化的断裂与茫然，也就是文化窒息的状况。太平天国运动，就其文化属性来讲，其中有一部分就是这种文化类型。它不仅中断了历史的传承，也阻断了文化的交流。并且，通过暴力手段强行推广另一种文化。这种行为，不仅容易让社会产生窒息感，而且会让文化和文明的发展处于一种暂时性的休克。休克之中的文化，是一种保守的、颓废的、相对落后的文化。它不仅落后于时代，同样，它也落后于传统。这是文化的堕落。处于窒息阶段的文化，更具有破坏性。从历史上看，它还具有一定的欺骗性。

从总体上讲，作为文化革命类型的太平天国运动，在文化选择方面，是典型的极端主义的文化传统。它并不是来自西方，也不是根植于中国本土，而是二者交融时所产生出来的异化现象。这种文化类型，不认同现存的制度和秩序，质疑一切带有遵从性质的普遍价值，同时，对自己肩负的所谓社会责任感和历史责任感，有着莫名其妙的夸大和自信。这种文化类型，注定要上演一出悲剧，有时，也会是以喜剧方式呈现的悲剧。此类悲剧，都是由一些具有分裂人格，富于表演激情，且容易自我陶醉的领袖们自编自演的。

在这里，我们不需要更多地讨论这种文化类型的历史根源和社会背景，只需要把太平天国运动的全过程逐一扫描，便可得出可靠的诊断。与这种文化类型相对应的，是所谓的平均主义、唯物主义、个人英雄主义，以及充满了绝对化的血腥暴力主义。由此而构建的文化激进思潮，当它真正成为潮流和运动之后，对社会文化和历史文化的毁灭程度，实际上是不可控的。

由这种极端化的文化类型之中，所产生的极端化的思维方式，容易使所有的客观存在都处于一种剑拔弩张的状态。纵观太平天国的整个运动过程，从金田起义到天京陷落，看起来是一个连绵不断的战争过程，实际上是一种显而易见的文明窒息过程。可以讲，在整个过程之中，所有涉及的人，从高层领袖到底层士兵，一直都被禁锢在某种枷锁之中，有的是有形的，更多的是无形的。从本质上讲，这种枷锁是自己给自己打造并佩戴的。

激进的文化类型，是一种充满了激情的文化倾向，可以赋予它类似于革命的诸多光环。但是，激情过后，又会造成社会的失望与颓废。因此，在太平天国的"颓局"之中，我们会看到那些并不属于真正革命者的各种消极思维与行为。

文化上的激进主义，与民众本能的反抗心理，在一定的条件下可以迅速完成嫁接和融合，并且能产生出近乎原子裂变式的效应。这也是在太平天国革命的初期，为什么能够形成一呼百应、万众一心的状况的原因。它可以轻而易举地加剧政治紧张、民族对立以及社会分裂。一切以革命的面目出现，动员是容易的，但维持是困难的。因此，只有将激进的文化类型，有序地转化为理想的文化与文明模式，才能真正实现包括政治理想和社会理想在内的各种理想。

太平天国运动，看上去是一场以暴力为外在形式的夺取权力的运动，是一种简单而纯粹的政治行为。但是，其文化的理想与文化的目标，显然更为重要。这也就充分印证了，为什么洪秀全的主要精力，是历时十数年，独自一人在天王府中谋划各种文化策略而非军事策略。在文化领域中横扫千军，既是洪秀全的意志，也是他毕生的理想；在文化方面取得非凡的成就，也成为整个太平天国运动所追求的终极价值。

这样，就从根本上解释了整个太平天国运动中，到处弥漫"道德虚无主义"的现象，以及所有领袖级人物的人格变异和心灵扭曲，以至于出现李秀成之类的痛苦的反思行为，亦会被认为是与个人品行有关的背叛行为。人格可以背叛，文化不可背离。个人的道德修养在宏大叙事中，可以被抛在一边。而太平军内部，诸如洪秀全可以对背叛者进行"枭首""凌迟"，包括可以将犯错误的妻妾"点天灯"，都可以忽略不计。

太平天国以文化运动的方式出现，让近代中国出现文化断层的程度是无法想象的。太平天国在一定的历史阶段和地理区域中，打破了旧的世界，同时，也释放了此前所未有的文化暴力。新世界只能在蛮荒的文化沙漠上建筑，这是一件不可能持久的事情。

具有叛逆性和极端性的文化类型的出现并非偶然，其流传也并非不可能。只要土壤合适，这种缺乏心理之根和价值归宿的文化，一定会卷土重来。

任何文化类型，也都是具有底线的，它并不能保证一个把恶事做绝滥杀无辜的人，同时又是担当着拯救世界使命的人。与其消灭旧文化，捣毁旧世界，不如直面个人灵魂，真正从信仰的角度和伦理道德方面来完善自我，这样才会赢得历史的尊重。

与文化有关的革命，其目的并非毁灭文化，而是创造文化。当中国近代史进入辛亥革命以后的年代，特别是"五四"新文化运动的兴起，使隶属于那个时代的文化革命得以继续，并且，这种继续真正找到了正确的方向。

这一场以死亡近三千万人为代价的太平天国文化运动，最想告诉我们的是，以血腥暴力手段消灭敌人，以强制和机械的方式消灭旧的社会道德与秩序，并不能自然而然地保证新的社会理想和宗教理想的实现。与此同时，当仇恨在精神生活中占据主要地位的时候，人的道德感就会发生有害的蜕变。

任何时候，当人们沉溺于相互折磨和杀戮的文化时，就是文明堕落的开始。以文化革命呈现出的太平天国运动，必将成为中国近代史上最为重要的文化警示。这是局外之局，也是镜内之鉴。

最后，还是让我们回到前文提及的南京市长江路282号。在同一屋檐下，在刘刚先生的小号旋律中，洪秀全病逝于他的"太平天国"天王府，曾国藩终老于他的"大清国"两江总督府，孙中山离开了他的"中华民国"临时大总统宝座，还有其他……华屋珠帘，物是人非。历史充满了禅意和定数。

天若有"局"天亦老，人间正道是沧桑。

※ 说明：本书所涉时间，公历统用阿拉伯数字，农历用传统汉字。有关太平天国运动史料，包括太平天国自制的文书等，其中方言俚语，错字漏字，皆原文照引，不作校改，以保持历史原貌。

后

记

在南京这样的城市生活，总会与各种各样的历史不期而遇。2021 年与我们相遇的，是太平天国的历史。

关于太平天国的研究，曾经是历史学界的显学之一，如今是门可罗雀，无人问津。不光被历史遗忘，而且也快要被城市遗忘了。迄今为止，有关太平天国研究的话题，一些是写给学术读者的，一些是面向普通大众的，其中的大多数充满了荒唐与误解。世面上所缺少的，是对这样一场运动的客观描述以及理性思考。这里的客观，是史料的真实；这里的理性，是情感的节制。

我们当然有自己的观点。然而，在研究的过程中，我们把这些先入之见视为需要克服的障碍，而不是有待确证或沉醉其中的执念。虽然真理可能永远无法确定，但真相是可以接近的。我们并不能创造历史，应该只是史实的搬运工。

太平天国不是一个朝代，也不是一个国家，它只是一种历史现象。写作这本书的目的，并非是给这种现象明确一个对错，也不是由这种现象给中国近代历史造成的影响去下一个什么样的定论。我们只想进行严肃的思考，像这样的现象是如何发生的，并揭示其背景以及促使其爆发的各种催化剂。通过百余年前的这个案例，思考人类文化之中，到底是哪一种关系或方式，能够产生出完全无法预见的结果。并且，通过我们的研究，让曾经塑造过那个时代的非凡人物跃然纸上，并重温那些曾经深刻影响过现实生活的历史。这些历史有不止一种描述，不同的描述为不同的目的服务。

天局

所有关于太平天国的故事，不是政治故事，不是民族故事，也不是宗教故事，它是关于文化的故事。事过境迁，我们有责任向后代讲述一个真实的历史故事。当然，历史学终究离不开叙述者的主观性。从这个意义上讲，任何时代的任何史书，都仅仅是一家之言。完全真实的历史可能永远都不存在。

1882 年，法国学者勒南（Ernest Renan）在一篇名为《何谓民族》（What Is a Nation?）的演讲中认为：

> 民族是灵魂和精神的原则，其成分是过去和现在两样密不可分之物，一是共同拥有一份丰厚的记忆遗产；一是当前的一致，即一致生活在一起的欲望，一致把未经割舍接受来的主要传统长久保存的意愿。[1]

太平天国文化应该属于这样一种记忆。

1984 年，中国哲学家冯友兰先生说过：

> 百年来，中国人一直在十字路口奋斗。一直以为进步了，其实是绕了一个圈。需要奋斗的事还很多，要走的路还很长。[2]

这也是我们此时此刻的心情。

谨以此书献给我们的父亲吴昌达（1938.12—1983.3）、母亲罗树娟（1937.1—2020.6），愿他们的灵魂，在天国中永享太平。

感谢正清国医的侯国新、柳皓先生的热情相助。

作者

2021 年 4 月 20 日（谷雨）

---

[1] （以）丹尼尔·戈迪斯：《以色列——一个民族的重生》，王戎译，浙江人民出版社，2020 年 8 月版，第 7 页

[2] 宗璞：《不写对不起历史》，《三联生活周刊》，2019 年第 40 期，第 107 页